高校国語実践の省察と展望

中洌正堯・国語論究の会…著

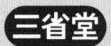

三省堂

まえがき

「国語論究の会」は、2003（平成15）年に、『表現する高校生―対話をめざす教室から―』（三省堂）を刊行した。それから10年を経過している。『表現する高校生』は品切れになっているが、平成21年告示の「高等学校学習指導要領」に登場した「『国語総合』の言語活動例」などを見るとき、今ならもっと活用されたであろうと思われる。高校生の表現・表現活動をとおして、教材との対話、筆者との対話、学習者・指導者との対話等を目ざしたものであった。

『表現する高校生』のいわば姉妹編である本書も、国語実践の基本精神は変わっていない。本書は、例会での研究発表を中心に、各自この10年間の実践、研究の中から3編を上限に自選したもので構成している。書名の「省察と展望」には、「省察」（過去の実践だが、こうすれば）・「展望」（現在の実践にも役立つのではないか）という意味をこめている。

編者は、国語教育の目的を、〈個別的にはよりよき言語生活者の育成という点にあり、総体的には国民の言語生活の向上という点にある。言語生活に求められるのは、表現と理解の知的生活（思考・感動の生活）であり、究極のところは、言語による文化の享受と創造の営みである。〉とし、西尾実らの学説を踏まえ、図1のような国語教育の枠組みを提示してきた。

図1

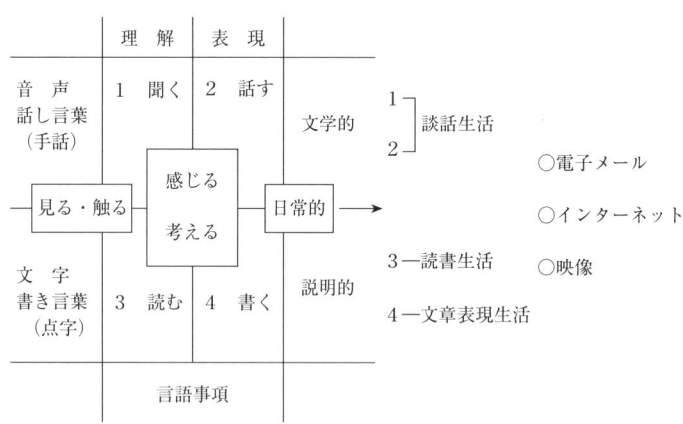

あわせて、国語教育の対象となる談話・文章を言語の性格から2大別して、図2のような構造図も掲げてきた。

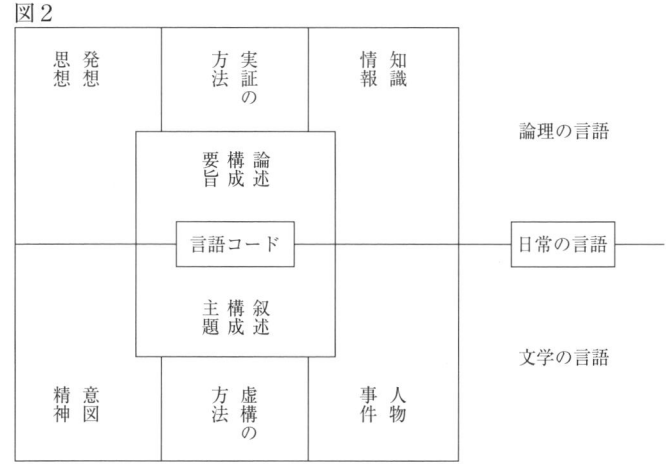

図2

　この構造図については、〈中心の「言語コード」は、それ自体の学習指導をもちつつ、外枠にまで及んでいくものである。中枠の論述・構成・要旨／叙述・構成・主題においては、関係把握力の育成をめざす。外枠の知識・情報、実証の方法、発想・思想／人物・事件、虚構の方法、意図・精神においては、批評力（自他に対する）の育成をめざす。〉としている。中枠は、読むことでいえば読解の方向、外枠は読書の方向である。実証の方法では〈仮説・実験・観察・調査・例示・資料・引用・論証など〉を学ぶ。虚構の方法では〈視点・描写・対比・プロット・伏線・クライマックス・比喩・省略など〉を学ぶ。

　寄せられた論考はこれらの枠組みや構造図の主としてどこにかかわるものであるかを勘案し、以下の章立てとした。

　　第1章　音声言語の表現　　　／　　第2章　読解の深化
　　第3章　随想・虚構の表現　　／　　第4章　学習総合の展開
　　第5章　読書の拡充　　　　　／　　第6章　言語表現の考察
　　付　章　高校国語実践の基本的課題

　各章は一つの角度からの切り込みである。各論考は発展的に他の章の論考とも連動する。そのことを明示するために、「学習指導要領」の言語活動例なども視野に置きつつ、章末に編者による各論考の「解題」をおこなった。

　平成26年5月1日

兵庫教育大学名誉教授

中洌　正堯

目次

まえがき ……………………………………………………………… 中洌　正堯　2
目　次 ………………………………………………………………………………… 4

第1章　音声言語の表現

音声言語に特化した「国語表現」の年間指導報告と考察 ……… 髙田真理子　8
ディベートとともに歩んだ17年 ………………………………… 池信　宏之　26
「永訣の朝」の視覚化から群読へ ………………………………… 熊代　一紀　34
第1章の解題 ………………………………………………………………………… 42

第2章　読解の深化

詩の解釈—授業の構造化を図る—
　　　—詩における喩の解釈を成立させる協働学習のあり方— ……… 山川　庸吉　44
学習者の主体的な読みを中心にした「羅生門」の読み ………… 大西　光恵　58
中島敦「山月記」による表現活動　—李徴についての八つの証言と枠組み作文—
　　　……………………………………………………………… 石田　誠　64
音読とクイズ形式で読む「舞姫」………………………………… 久保　瑞代　72
山田詠美「ひよこの眼」による表現活動　—レトリック単元「括弧に入れて」—
　　　……………………………………………………………… 石田　誠　82
教科内容を焦点化した「水の東西」の学習指導 ………………… 井上　雅彦　90
第2章の解題 ………………………………………………………………………… 98

第3章　随想・虚構の表現

『伊勢物語』を読んで恋愛エッセイを書こう …………………… 髙田真理子　100
物語を創作しよう—「私が江戸に生まれたら」—
　　　—楽しい「古典」の表現学習— ………………………… 山川　庸吉　108
作中人物になって手紙を書こう—「舞姫」の場合—
　　　—楽しい「現代文」の表現学習— ……………………… 山川　庸吉　114
「歳時記的方法」を用いた文章表現指導 ………………………… 大西　光恵　120
「カキナーレ」—二つの実践と考察— …………………………… 秦　　千依　126
現代の表現に迫る！　—新聞広告の批評文を書こう— ………… 髙田真理子　134
論理を育てる効果的な指導　—対立する思考を常に自己の内に—
　　　……………………………………………………………… 光武　一成　144
第3章の解題 ………………………………………………………………………… 150

第4章　学習総合の展開

授業を学習者と授業者の共同体へ　—自己評価の取り組み—……熊代　一紀　152
「生きることを考える」主題単元学習　—私論と実践のまとめ—
　………………………………………………………………遠藤　和子　158
第66回生 別冊学年通信『天地人』　—1、2年を対象とした「書くこと」の指導—
　………………………………………………………………竹内　芳子　182
第4章の解題 …………………………………………………………… 194

第5章　読書の拡充

読書指導の推進　— 一斉読書を基盤として—………………中西　英代　196
『長田高校の100冊』　—本の推薦文を書く1、2学年を対象とした読書指導—
　………………………………………………………………竹内　芳子　208
読書への道案内　—選書の意義と課題—……………………光武　一成　216
選択「国語表現」における読書と表現活動
　　—「ビブリオバトル」から「どくしょ甲子園」へ—………久保　瑞代　226
第5章の解題 …………………………………………………………… 236

第6章　言語表現の考察

言文一致文体の課題……………………………………………山口　　豊　238
文体的特徴に基づく作文指導…………………………………秦　　千依　244
生徒が活動する「程度を表す副詞」の研究　—定時制高校での調査研究—
　………………………………………………………………光武　一成　272
日中対照「助数詞」・「量詞」研究……………………………金川幾久世　280
第6章の解題 …………………………………………………………… 290

付　章　高校国語実践の基本的課題

高校国語における認識の深化と拡充…………………………河野　智文　292
付章の解題 ……………………………………………………………… 300

あとがき…………………………………………………………松本　邦夫　301
著者紹介 ………………………………………………………………… 303

第1章

音声言語の表現

音声言語に特化した「国語表現」の年間指導報告と考察

はじめに

平成14年度・15年度、「国語表現」（兵庫県立明石北高校／全日制普通科）において、音声言語に特化した指導を行った。本稿は、その2カ年の実践を比較検討することを通して、高校国語科における〈音声言語教育〉についての考察を行うものである。

1 「国語表現A」の位置

(1) 国語科における位置

「国語表現A」（2単位）は、私立文系志望の高校3年生を対象とした選択科目（25講座）の一つである。平成14年度告示の学習指導要領に音声言語の充実が謳われたことを受け、「話すこと・聞くこと」に特化した指導を行う講座として平成14年度に新設した。他の国語の講座としては、「書くこと」に特化した「国語表現B」・「現代語」・「古典講読」が開講された。

(2)「国語表現A」の学習目標

「国語表現A」では〈よき話し手・よき聞き手として自己を育てる〉ことを理念とし、以下の2点を学習目標として設定した。

> ❶「話すこと・聞くこと」に対する認識・理解を深める。
> ❷場に即した「話すこと・聞くこと」ができるようになる。

2 平成14年度 実践の実際

(1) 年間指導の概略（全50時間）

学習目標❶❷に則って、7単元を実施した。年間指導の概略を以下に示す。

① オリエンテーション（0.5時間）
これまでの自己の音声言語学習について振り返るとともに、「国表A」の学習目標を理解する。
② 単元1：友人紹介（3.5時間）
ペアでインタビューを行い、アイコンタクトを意識して、1分間で友人を紹介する。
③ 単元2：「話す」の基礎講座（4時間）
実戦演習を通して、情報をよりよく伝える話し方の基礎基本を身につける。
④ 単元3：3分間スピーチ（10時間）
「私の大切なもの／こと／ひと」というテーマのもと、ショウ・アンド・テル方式で3分間スピーチを行い、相互に評価し合う。
⑤ 単元4：ブックトークしよう！（11時間）
自分の設定したテーマに基づいて3冊の本をつなぎつつ紹介するスピーチ（10分以内）を他講座に出向いて行う。
⑥ 単元5：インタビュー＆聞き書き（18時間）
「人生の岐路」というテーマで、社会人を相手としてインタビュー（30分〜1時間）を行い、その内容を「聞き書き集」としてまとめる。
⑦「国表A」における学びの振り返り（3時間）
「国語表現A」の授業評価を行うとともに、自己の学びについて振り返る。

(2) 年間指導計画（単元配置）のねらい

生徒たちがこれまでに系統的な音声言語指導を受けていないことを想定し、表現活動が総合的に〈易から難へ〉と徐々にステップアップしていくよう単元を配置した。

観点別に見ると、A制限時間を「短から長へ」、B一方向の「話す・聞く」から双方向の「話す・聞く」へ、C目的を「伝える」から「聞き手の意欲を喚起したり行動を促したりする」へ、D内容を構成する際の情報収集の負担を「軽から重へ」、

E聞き手を「親から疎へ」となるよう設定した。

また、単元1～4は「話すこと」、単元5は「聞くこと」を主眼とするが、本番に至る準備の各過程ごとに、相互助言（リハーサルを含む）や質疑応答の機会を設定し、「話す・聞く」の「実」の場としての交流活動を設けるよう意識した。

表1

総合難度	易 → 難			
観点	単元1	単元3	単元4	単元5
A.時間	1分	3分	8～10分	30～60分
B.内容	聞＋話	聞＋話	読＋話	聽・訊
C.目的	伝達説明	伝達説明	説得	意欲喚起
D.内容形成	自己外部	自己内部	自己内部 自己外部	自己外部
E.相手設定	同講座内（高3）	同講座内（高3）	他講座（高3）	社会人（成人）

(3) 指導の詳細と検証
　　　―単元4「ブックトークしよう！」を中心に―

ここでは、「話す」の単元の集大成として設定した単元4「ブックトークしよう！」に焦点を当てて、学習指導の実際と生徒の自己評価シートの結果を報告し、成果と課題を明らかにする。

① 学習指導の実際（全11時間）

ブックトークとは、「①本の魅力を伝え、②本に対する興味を持たせ、③本を読むきっかけを作り、④本の世界の楽しさを知らせ、⑤本を読む習慣を身につけさせる」ことを目的として、「ある一つのテーマに沿って複数冊の本を順序立てて紹介する」パブリック・スピーキングである。

本単元において、生徒は自己内部の探索（テーマ設定）と外部からの情報収集・整理（書籍探索）を行いつつ、明確な目的意識と聞き手意識をもって表現活動を構成していくことになる。

全11時間の授業展開を以下に示す。

表2　（注）第2時と第3時の間に夏休みを挟む

次	時	学習活動	活動
Ⅰ	1	・オリエンテーション ・教師によるブックトークの視聴 ・教師の〃に対する評価	一斉 〃 個人
Ⅱ	2	・ブックトーク・テーマの設定 ・本の探索（最低5冊） ・読書情報カードの記入（5枚）	個人
	3	・本の選定（3冊）	班
	4	・ブックトーク・メモの作成	個人
	5	・第1次リハーサルと相互助言	班
	6	・ブックトーク・メモの推敲	個人
	7	・ブックトーク原稿の執筆	個人
	8	・第2次リハーサル	班
Ⅲ	9 10	・ブックトーク本番と相互評価	一斉
Ⅳ	11	・振り返り（授業評価/自己評価）	個人

② 指導上の工夫

「話す」は「書く」に比べて〈生放送性〉が高く、緊張や気後れが生じやすい。こうした音声言語のもつ特性が音声言語活動の質を低下させたり意欲を削いだりしないよう配慮する必要があった。そこで、各人が自信をもって音声言語活動に臨めるよう手立てを講じた。

❶ 授業者によるブックトーク実演とその評価
　　実演を視聴させることで活動の内容と形態を具体的に把握させ、評価させることでブックトークのポイントや工夫点を意識させる。

❷ 準備の細分化とワークシートの活用
　　学習者自身がその時間の学習内容を明確に自覚して取り組めるようにし、ブックトークの質を高める。

❸ リハーサル（＆相互助言）の設定
　　内容・音声表現技術の両面からブックトークの質的向上を図る。

❹ 評価項目の事前提示
　　よりよいブックトークのポイントを明確にし、工夫点・努力点を自覚させる。

❺ 他クラスへ出張してのブックトーク発表
　　聞き手を他講座の受講生に設定することで、

聞き手意識とともに音声言語技能のよりいっそうの向上を求め、総合的に言語主体としての自覚を高める。

③ **生徒作品（ブックトークの実際）**

聞き手を惹きつける工夫を凝らし、授業者・学習者ともに評価が高かった女子生徒2名のブックトーク原稿の一部を紹介する。

女子K（所要時間7分28秒）

> 　今から〈生きていく〉ということをテーマに三冊の本を紹介します。
> 　「生きていく」と聞いて、あなたはどんな姿を、またどんな生き方を思い描きますか？今回のテーマ〈生きていくということ〉の「生きていく」とは、生物的に「生きる」ということではなく、前向きに一生懸命生きる姿が中心となります。
>
> 1冊目：岩渕大起著『まだ17歳だけど人生って面白いと思う』（ポプラ社）
> 　＊著者のことばを一部朗読した。
> 2冊目：森　絵都著『カラフル』（理論社）
> 3冊目：ブラッドリー・トレバー・グリーブ
> 　　　　『The　Blue　Day　Book』（竹書房）
>
> 　これまで〈生きていく〉ということについて三冊の本を紹介しましたが、どうでしたか？
> 　生きていくということは、なかなか難しいことだと思います。ですが、1冊目で紹介した大起くんのようにプラス思考で何事にも一生懸命立ち向かえば、困難に当たっても、きっと楽しく生きていけるのではないでしょうか。また、生きていくことにおいて、基本的に人と人との関わり合いは避けて通れないものです。人とうまく付き合っていくのはとても難しいことだし、一度できてしまった溝はなかなか埋まるものではありません。しかし、自分の気持ち次第で変えられることができるということを、この2冊目で紹介した『カラフル』には書かれています。そして、生きていれば、誰でもブルーな日というのがあります。そんな日には、この3冊目で紹介した『The Blue Day Book』を読んでみてはどうでしょうか。活字が苦手な人でも気軽に読めるのが、この本の魅力の一つです。
> 　この三冊の中で、気に入った本はありましたか？　少しでも興味のある人は、どうぞ一度手にとってみて下さい。きっと私のように、「何か」が得られると思います。ありがとうございました。

女子H（所要時間7分38秒）

> 　今から〈ことば〉についてのお薦めの本を紹介したいと思います。
> 　皆さんは、本を読むのが好きですか？私は、読書感想文の時しか読まないぐらい、めったに本を読みません。そんな私にブックトークなんてできるのかなぁと不安に思いながら図書館に行ってみることにしました。──すると、以外（ママ）なことにもおもしろそうな本がいっぱいあってビックリしました。とりあえず読みたい本だけを読んでいたら、その読んでいた本の中で、ほとんどが一つのテーマにつながっていることに気づきました。そのテーマとは、〈ことば〉です。今から紹介する本は、「ことばを話す」「ことばを感じる」「ことばを伝える」という三つについての本です。
>
> 1冊目：有村伊都子著『もうちょっとで話し上手になれる』（明日香出版社）
> 　＊話し上手になるためのポイント三点を書いた紙を、順次黒板に貼っていった。
> 2冊目：ヨヅキ著『14歳　いらない子』（ポプラ社）
> 　＊詩一編を書き写した模造紙を黒板に貼り、朗読した。
> 3冊目：こどもくらぶ監修『手話でボランティア』
> 　＊手話で自己紹介を実演してみせた。（岩崎書店）
>
> 　〈ことば〉は気持ちを伝える大切なものです。

その伝え方はいろいろあるということを覚えておいて下さい。この三冊は特にオススメなので、ぜひ読んでみて下さい。もうすぐこの本を返却するので、明石の図書館に行くとあると思います。本に興味のない人も、一度は図書館に行ってみて下さい。文ばかりの本だけでなく、このような本も他にもいっぱいあります。今回の私ので、皆さんも本に興味を持ってもらえると、すごくウレシイです。

　それでは、これで私のブックトークを終わります。ありがとうございました。

④ **学習指導の有効性の検証**

　第11時に単元の振り返りを行い、各学習活動について「大変有意義」「有意義」「あまり役に立たない」「不必要」の4段階で評価させた。

表3　（丸数字は「指導の工夫」に該当するもの）

学習活動	肯定的評価	否定的評価
ア．教師によるブックトークの実演（❶）	84%	12%
イ．教師のブックトークに対する評価（❶）	84%	12%
ウ．学校図書館での文献探索	80%	20%
エ．読書情報カードの記入（5枚）	72%	22%
オ．読書情報カードの相互交流	80%	20%
カ．ブックトーク構想メモの作成	92%	8%
キ．第1次リハーサル＆相互助言（❸）	84%	12%
ク．ブックトーク構想メモの推敲	96%	4%
ケ．ブックトーク原稿の作成	84%	12%
コ．第2次（最終）リハーサル（❸）	96%	4%
サ．他クラスでのブックトーク実演（❺）	84%	12%
シ．ブックトーク学習の振り返り	96%	4%

　まず、指導上の工夫「❶ 教師によるブックトーク実演とその評価」（学習活動ア・イ）については、8割以上が肯定的評価をした。評価シートにも8割以上が「ブックトークはおもしろかった」と回答していること、本の提示の仕方や話し方についての率直なアドバイスがなされていることから、有効に機能したと判断される。

　次に、「❸ リハーサル（＆相互助言）の設定」（キ・コ）についても肯定的評価が8割を超えており、2割の生徒が実際にリハーサル後に本の順番を入れ替えた。「❺ 他クラスへ出張してのブックトーク発表」（サ）については、強い反感を示すだろうと覚悟していたが、予想に反して「大変有意義」4割、「有意義」4割と、8割以上が肯定的に受けとめていた。「単元の振り返りシート」の自由記述（資料2）からも〈聞き手意識の高まり〉がうかがえる。以上の点から、指導上の工夫❸・❺も有効に機能したと判断する。

　「❹ 評価項目の事前提示」については、評価項目に設定しなかったため、数値で有効性を示すことはできないが、第1次リハーサル時の「相互助言メモ」には事前提示した評価項目に関わる助言が見られる。このことから、評価の観点が生徒の内部で意識され、機能していると推察される。

　最後に、ほとんどの学習活動が8割以上の肯定的評価を得ていることから、「❷ 準備の細分化」についても有効であったと判断する。

⑤ **学習指導の成果と課題**

　発表時間には4〜10分間とばらつきはあるものの、生徒全員が自分の設定したテーマに基づき、3冊の本を、"身内"ではない聞き手にアピールすることができた。聞き手（他講座の生徒）による「評価＆コメントシート」（資料1）を見ても、生徒のブックトークへの評価は大変好意的であった。「一言コメント」にもブックトークそのものへの興味や発表者へのねぎらいの言葉・賛辞がつづられていた。このことから、学習者のブックトークは一定の水準に達していたと判断される。

　一方、技能面では大きな個人差が生じた。アイコンタクトもとることができず原稿の棒読み状態だった者から、視覚物を活用してプレゼンテーションの域に達したブックトークを行った者まで、技術面での開きはむしろ4月当初より大きくなった感がある。「評価＆コメントシート」（資料1）にも「声が小さい」「話すのが速い」「下ばかり見ていた」と指摘された者もおり、本人自身も「単元の振り返りシート」に同内容の反省を記している。これ以前の3つの単元を通して、音声表

現についての知識や意欲は高まっているが、基本的技能を全員が十分に身につけられたとは言えない状態である。

だが「振り返りシート」によれば、学習達成度に対する自己評価（5段階）は平均3.5（満点5）であった。仲間には甘くても自己評価は厳しい傾向のある高校生としては、本単元の学びを肯定的に受けとめている結果と言える。「振り返りシート」の自由記述「ブックトーク学習を振り返って」（資料2）にも、ほぼ全員が本単元での〈学び〉を何らかの面で肯定的に評価している。

以下は、「③生徒作品（ブックトークの実際）」で紹介した［女子K］の振り返りである。準備段階から聞き手の興味関心や分かりやすさを強く意識していることがうかがえる。

> まず、「聞き手をひきつけるテーマとはなにか？」を考えるのが難しかった。このテーマを決めた時、本を紹介するだけでなく、このテーマの「生きていく」ということが聞き手にとってもっとさらに楽しくなるような、前向きに積極的になれるようなトークをしていかなければならないと思い、自分なりにがんばりました。テーマにそって、しかも自分に衝撃が走るくらいの本を探すのはとても苦労しました。
>
> 次に、文章の組み立てですが、聞き手に一番よく伝わり、飽きることなく共感を誘い、本に興味を持たせるにはどうしたらよいのか？一番の課題でした。これには〈一文一情報〉がとても役立ちました。
>
> でも、私は準備も大切だと思いますが、やはり、人間対人間となった時、どう自分を表現するかが最も大切だなと思います。言葉は生きものです。同じ文でも自分の声のトーン、張り、表情、しぐさなどによってずいぶん変わります。今回のブックトーク学習で、私は「相手に伝えようとする気持ち」がどれだけ大切か学ぶことができ、とても有意義なものになりました。
>
> （女子K・自己達成度④/5）

他の生徒も「聞き手意識の高まり」「言語主体としての自覚と責任の高まり」に加え、「学習に対する達成感や自己肯定感」を素直に表明し、「伝えることの難しさや大切さ」「準備（内容をしっかり持つこと）の大切さ」「音声言語活動への意欲の高まり」について改めて言及していた。また「読書活動そのものへの興味関心の高まり」や「テーマや本についての理解・認識の深まり」など、他の言語活動への認識の広がりもうかがえた。

自由記述「ブックトーク学習を振り返って」の内容を分類したものを表4に示す。

表4　（大文字は女子、小文字は男子を示す）

学習活動に対する 達成感・充実感	A・B・C・E・G・H・I・J・M・N・O・c・d・e
伝えることの難しさ 伝えることの大切さ	A・E・Q・b・f・g
話すべき内容を しっかり持つことの大切さ	D・F・I・J・L・b
「話すこと・聞くこと」への 意欲の高まり	A・C・F・H・K・L
聞き手意識の高まり （言語主体としての自覚）	H・I・J・K・L・P・Q・b
読書活動への 興味関心の高まり	C・H・M・P・a
テーマや本の内容についての理解・認識の深まり	C・G・L・M・N

(4) 平成14年度 年間指導の検証
① 自己評価シートから

1年間のまとめとして、学習到達度についての自己評価（「意欲・関心・態度」22項目、「音声技術」24項目）を実施した。受講前と比べて今の自分に該当すると思うものを「5大変強く思う・4かなり思う・3少し思う・2どちらとも言えない・1あまり思わない・0全く思わない」の6段階で回答させた結果を高ポイント順に並べ替えたものが表5（①②）である。

ア、「意欲・関心・態度」面の成果（表5—①）

全体の平均値は3.24点であった。

生徒の多くが、「A・U自分の思いを述べること」や「J他者の話を聴くこと」は生きていく上

で大切だという認識を深め、「T他者に自分の思いを伝えることの難しさ」を痛感しつつも、困難に挫けることなく「I伝えたいという熱意を持って話す」ようになったと自己評価している（いずれも4.0以上）。また「V自己の音声言語活動への意識の高まり」も自覚している。十分という訳ではないが、「B・C人前で話すことへの抵抗感」とともに、「K・P他者とコミュニケートすることへの抵抗感」も薄まっている。また「M・O・L話を聴く時の主体的な構え」の芽生えも認められる。（いずれも3.0以上）これらの点は、成果として挙げることができる。

一方、1.4点と最も低かったのが「Nメモを取りながら聞く」である。4月当初から口頭ではメモの重要性を説き、実際に聞き取りメモを取らせたりはしたが、体系的な指導を積み上げられなかった。当然の結果と言える。また「R・S国表Aでの学びの日常生活での活用」を「していない」と回答した者が半数弱いた。残念ながら、生徒たちにとって国表Aでの学びと日常の言語生活とは乖離した状況にあったことがうかがえる。

ただ、総合的には「国語表現A」での学びを通して生徒の「話すこと・聞くこと」への関心や意欲を高め、音声言語主体としての自覚を促すことができたのではないかと判断する。

表5—①　「意欲・関心・態度」面

		意欲・関心・態度	平均
話	A	自己の思いを述べることは必要不可欠なことだ。	4.5
他	T	他人に伝えたり訴えたりすることの厳しさを痛感した。	4.5
聞	J	他人の話を聴くことは有益で大切なことだと思う。	4.4
他	U	他人に伝えたり訴えたりすることの大切さを痛感した。	4.1
話	I	分かりやすく「伝えたい」という熱意を持って話している。	4.0
聞	K	他人の話を聴くことが好きだ（億劫ではない）。	3.8
他	V	自分の音声言語生活への意識が高まったと思う。	3.7
聞	M	話し手の真意を考えながら聞いている。	3.4
聞	O	話し手が話しやすい雰囲気を作るよう努めて聞く（表情・態度等）。	3.2
他	P	他人とのコミュニケーションが億劫ではなくなった。	3.2
聞	L	興味のない話でも最後まできちんと聴こうとする。	3.1
話	F	TPO（時間・場所・目的・聞き手）を考えて話す。	3.0
話	B	人前で話すことへの嫌悪感・拒否感覚が減った。	3.0
話	C	人前で話すのも結構いいなと思う。	3.0
話	D	聞き手に不快感を与えない身なりや態度・姿勢を心がけている。	2.9
話	H	しっかりと「話す」ための準備を整えて臨んでいる。	2.9
他	Q	他人とのコミュニケーションに意欲的・積極的になった。	2.9
話	G	耳で聞いて分かる用語や話の組立てに留意している。	2.8
話	E	「話の目的」やテーマを意識している。	2.8
他	R	「国表A」での学びを日常生活での説明・報告・発表に活用している。	2.5
他	S	「国表A」での学びを日常生活での対話・話合いに活用している。	2.1
聞	N	他人の話を聴く時は、大事なことはメモを取りながら聴いている。	1.4
		平均	3.2

イ、「音声表現技能」面の成果（表5—②）

全体の平均値は3.05点であった。

「音声表現技能」面では、残念ながら4.0を超えた項目はない。3.5以上あるのは、「聞くこと」がタ・ニ・ツの3項目、「思考力・認識力」がヌ・ノの2項目のみで、残念ながら「話すこと」で該当する項目はない。「あまり／全く思わない」と回答した者が多かったのは「イ知人でない人相手のアイコンタクト」で、約半数が「どちらとも言えない」と答えたのが「カ声のメリハリ」「ケ聴衆の反応に応じた音声調整」「サ耳で聞いて分かりやすい話の組み立て」「ス制限時間の遵守」「テメモを取りながらの視聴」の5項目であった。知識や意欲はあっても実際にできている訳ではないという状況が明らかとなった。ただし、これらの技能は、よほど訓練を積まないと社会人でもなかなかできるものではない。

「話す」については「できるようになった」という手応えを十分に与えてやれたとは言い難いが、「ア知人相手のアイコンタクト」・「エ声の大きさ」・「ウ明快な発音」・「オ話す速さ」・「ク間」については向上が認められる（いずれも3.0以上）。また、「ソ総合的に『話す力』が向上したと思う」の平均は3.4にとどまるが、具体的回答は「5大変強く」が5名、「4かなり」が6名、「3少し」と答えた者が6名であった。十分ではないにせよ「話す力」の向上はあったと判断される。

表5—②　「音声表現技能」面

		音声表現技術	平均
聞	タ	話し手の顔を見ながら話を聴くことができる。	3.9
他	ヌ	この1年で自分なりの考えや意見を持つことができるようになった。	3.9
他	ノ	この1年で「思考力（物事を考える力）」が向上したと思う。	3.8
聞	ニ	総合的に見て、この1年で「聞く力」が向上したと思う。	3.6

聞	ツ	聞き手としての積極的な反応を返しながら聴くことができる。	3.5
話	オ	「場」（人数・広さ・目的等）に応じた速さで話すことができる。	3.4
話	ソ	総合的に見て、この1年で「話す力」が向上したと思う。	3.4
聞	チ	理解しようと努めながら最後まで粘り強く聴くことができる。	3.4
話	セ	自分の「話す」について正当な自己評価をすることができる。	3.3
聞	ト	常に相手が何を言いたいのかを考えながら聴くことができる。	3.2
話	ア	知人20名以上の前でアイコンタクトをとりながら話すことができる。	3.1
話	ウ	聞き取りやすい明快な発音で話すことができる。	3.1
話	エ	「場」（人数・広さ・目的等）に応じた声の大きさで話すことができる。	3.1
話	ク	必要に応じて効果的な「間」を取ることができる。	3.1
話	シ	聞き手の興味関心をひきつける視覚物を準備・活用することができる。	2.9
聞	ナ	話を聴いた後で、あいまいな点は質問をすることができる。	2.9
話	ス	制限時間を有効に活用して話すことができる。	2.8
話	コ	「話の目的」をおさえて脇道にそれない話をすることができる。	2.6
話	ケ	聴衆の様子や反応を見ながら、音声を調整することができる。	2.5
話	サ	耳から聞いて分かる「話の組立て」を考えて話すことができる。	2.5
話	カ	話の内容や展開に応じて、声の表情を変えて話すことができる。	2.5
話	キ	「一文一情報」で話すことができる。	2.5
聞	テ	話の要点をメモに取りながら聴くことができる。	2.3
話	イ	知人でない20名以上の前でアイコンタクトをとりながら話すことができる。	1.9
		平均	3.0

② **授業評価シートから**

1年間の終わりに授業アンケートをとり、「大変有意義」と思った単元を2つ選ばせるとともに、すべての単元についての感想（授業評価）を自由に記述させた。その結果を支持率の高かった順に示したものが表6である。

表6

1位	単元3 3分間スピーチ「私の大切な○○」	15人(65%)
2位	単元4 ブックトークしよう！	13人(57%)
3位	単元2 「話す」の 基礎講座	10人(44%)
	単元5 インタビュー＆聞き書き「人生の岐路」	10人(44%)
5位	単元1 インタビュー＆友人紹介	8人(35%)

まず、学習内容そのものについては、すべての単元に対して支持があり、評価理由もしっかり書けていたことから、妥当であり、実施の価値はあったと判断する。

支持率1位「3分間スピーチ」は、国語表現Aでの初めての実戦単元であること、自分自身にとって大切なものを認識し直す貴重な機会となったこと、友人の「大切な○○」を聞くことへの興味が大きかったことなどから、学習者の印象に強く残ったと思われる。

支持率2位の「ブックトーク」は、「3分間スピーチ」での〈学び〉を踏まえてステップアップできた実感を持てたこと、聞き手の他者性を高めたことで聞き手意識が高まり、準備から発表に至るまで言語主体として行動できたこと、伝えたい内容を他者に受けとめてもらえた本物の喜びを味わえたこと、個人設定テーマであったため人のブックトークを聞くことが楽しみであったこと、本の魅力や読書の大切さに改めて気づかされたことなどから、「話すこと」の集大成として難度の高い単元設定だったにもかかわらず高い支持を得た。

第3位の「基礎講座」は10名（44％）の支持ではあったが、アンケートに○をつけなかった者でも「もっと多くやりたかった」「学期に1回ずつやって定着を図ったほうがよい」「来年もぜひやった方がよい」とのコメントを寄せていた。自己の話し方への認識を新たにさせる内容であったこと、「話す」の基本的な知識を獲得できたことが、〈学び〉の必要感を喚起したものと思われる。

評価が分かれたのは、同3位の「インタビュー＆聞き書き」である。相手の話を傾聴し、相手の言葉に即応して相手から行動（話す）を引き出す「訊く」を行いつつ、聞き取りメモをとる、という難度の高い言語活動が要求されることから、「難しくてついていけなかった」と挫折感を吐露した者もいた。また、インタビューに関わる活動（3時間＋課外）よりもその結果を「書く」作業（4時間）に時間と労力がかかったことへの否定的な感想もあった。一方、「『聞く・聴く・訊く』ことの大切さがよく分かった」「聞く力がついた」「相手のことがよく分かった」「話を聞いたことがこれからの人生の参考になった」「1年のまとめにふさわしい単元」「実社会で応用でき、将来にきっ

と役立つ」という支持の声も少なくなかった。

次に、単元の配列（年間カリキュラム）についても「易から難への系統性としては概ね妥当」との評価を得た。ただ「流れはよいが、準備の時間を少なくして実践をもっと多くやりたい」と書いた者も複数いた。言語活動の質を確保しようとすれば準備を入念にせざるを得ない。そのための時間を授業で確保してやらないと学習者の負担が大きくなりすぎる。「言語活動の質の確保」「学習者の負担」「実践回数」の合致点をどこに置くか、難しい問題である。

③ 反省と次年度にむけての課題

以上の検証結果に、授業者の問題意識も加え、平成14年度「国語表現A」年間指導についての反省と今後にむけての課題を2点まとめる。

❶ 音声言語技能の向上・定着をいかに図るか

「アイコンタクト」「発声・発音」「話の組み立て」については、それぞれ「友人紹介」「3分間スピーチ」「パブリック・スピーキング基礎講座」においてトリタテ指導（焦点化した基礎練習）を行ってはいたが、（4）①イ（13ページ参照）で明らかにしたように「意欲・関心・態度」面ほど十分な成果をあげたとは言えなかった。「メモの取り方」にいたっては体系的な指導を施せていなかった。知識と違って技能の習得には反復練習が不可欠であるので、継続的に指導の機会を設けていく必要がある。

❷ 独話形態の「話すこと・聞くこと」に終始した点をいかに改善するか

系統的指導ということを重視して平成14年度「国語表現A」を展開してきたが、対話活動（たとえば、ディベートやパネル・ディスカッション、討議等といった双方向の「話す・聞く」）を〈学び〉の対象として扱うことができなかったのは大きな反省点である。もちろん、各単元において相互批正・相互交流を意識的に設け、双方向の「話すこと・聞くこと」を「実の場」として行ったが、学びの主題としては取り上げられなかった。ただし、単元数・授業時間数ともにこれ以上増やすのは難しい。「対話」を〈学び〉の対象として取り上げるためには、実施した単元のうちのどれかとの差し替えを検討する必要があろう。

3　平成15年度 実践の実際

(1) 年間指導計画立案の基本方針

前年度の成果と課題を踏まえ、以下の5点を15年度のカリキュラム立案の基本方針とした。

> ❶「独話」指導の系統性については妥当と認められたので、「基礎講座→3分間スピーチ→ブックトーク」という流れは踏襲する。
> ❷ 聞き手意識を高め、伝わる喜びを「実」のものとするため、徐々に聞き手の〈他者性〉を高める。
> ❸ 音声言語技能を高める手立てとして基礎練習の単元を設定する。
> ❹「対話」形態の「話すこと・聞くこと」を「学び」の対象に据えた単元を設定する。
> ❺「話すこと・聞くこと」への認識の進化と言語主体としての自覚の涵養のため、「国語表現A」での〈学び〉を振り返る時間を確保する。

(2) 年間指導の概略

上記の基本方針に基づき、9つの単元を設定・実施した。実授業時間数は全48時間であった。単元名と設定意図（時間数）を以下に示す。

① オリエンテーション（1時間）

コミュニケーション・ゲームを通して、「国語表現A」の学習目標を理解する。

② 単元1：60秒で自己紹介（2時間）

1分間の自己紹介を評価し合うことを通して、現在の自己の「話す・聞く」の課題を把握し、以降の単元に備える。

③ 単元2：パブリック・スピーキング基礎講座
（5時間）

実戦演習を通して、情報をよりよく伝えるための基礎基本（知識と技能）を身につける。

④ 単元3：3分間スピーチ（9時間）

「私の大切な○○」というテーマでショウ・アンド・テル方式のスピーチを行い、「独話」における技能の向上を図る。

⑤ 単元4：ブックトークしよう！（13時間）
自分の設定したテーマで3冊の本を紹介することを他講座に出向いて行い、一層の「独話」技能の向上を図る。
⑥ 単元5：「聞くこと」の基礎講座（3時間）
（3）に詳述する。
⑦ 単元6：群読をしよう！（10時間）
（3）に詳述する。
⑧ 単元7：「話す」の基礎体力づくり（2時間）
発声、発音、滑舌の基礎演習をゲーム感覚で行い、「話す」の基礎的技能の定着を図る。
⑨ 「国表A」における学びの振り返り（3時間）
「国語表現A」の授業評価・自己評価を行い、「話すこと・聞くこと」への認識を深めるとともに、言語主体としての自覚を高める。

基本方針に基づき、昨年度の実施内容から変更したのは、単元1および単元5～7である。
実戦的な演習単元の設定・配列にあたっては、
❶「独話（一方向）から対話・会話（双方向）へ」、
❷「易から難へと徐々にステップアップ」
の2つの系統性を意識した。

表7

総合難度	易　　　　　→　　　　　難				
形　態	独話	＜独話	＜独話	＜対話・会話
観　点	単元1	単元3	単元4	単元6
A.時　間	1分	3分	8分	－
B.内　容	話聞	話聞・訊	話読・聞	話聴
C.目　的	伝達説明	伝達説明	説得	問題解決
D.内容形成	自己外部	自己内部	自己外部 自己内部	自己外部 自己内部
E.相手設定	講座内（高3）	講座内（高3）	社会人（成人）	講座内（高3）

カリキュラムとして表には出ていないが、前半の「独話」単元においても、コミュニケーション・ゲーム、質疑応答やリハーサル＆相互助言など（単元3・4）等の交流活動を設け、後半の「対話」単元への布石として学習指導を展開した。
また、実戦的な演習単元の前に、「話すこと」「聞くこと」それぞれのトリタテ指導を行う基礎単元を配置した。

(3) **学習指導の実際と検証**
変更した単元のうちから、単元5・単元6について取り上げる。
① **単元5：「聞くことの基礎講座」から**
ア、授業展開（全3時間）
技能面での〈学び〉の実感を十分に持たせてやれなかったという昨年度の反省を踏まえ、「聞くこと」の基礎練習単元として設定した。
単元目標として、次の2点を生徒に提示した。
①「聞くこと」についての認識を深める。
②「聞き方」「メモの取り方」についての基本的な技能を身につける。
授業展開は、以下の通りである。

時	学　習　活　動
第1時	1）3つの「聞く」（聞く・聴く・訊く）についての講義を、メモに取りつつ聴く。 2）聞き取りメモを相互評価する。
第2時	3）〈すべての情報を正確に聞き取る〉テスト3種とその答合せを行う。
第3時	4）〈必要な情報を正確に聞き取る〉テスト2種とその答合せを行う。 5）「聞くの基礎講座」の振り返り（自己評価・授業評価）を行う。

機械的な聞き取りテストには乗ってこないのではないかという危惧に反して、生徒は楽しみつつ真剣に取り組んでいた。
イ、検証　～単元の振り返りシートより～
5種類の聞き取りテスト（設問数14）の結果は平均42点（満点55）であった。生徒らは簡単に満点がとれると思っていたらしく、「単元の振り返りシート」には「意外と聞き取れていない」「正確に話を聞くのは難しい」「普段、いかに聞き流しているか分かった」「聞くことに集中しているととても疲れた」「自分に必要な話か否かを見極めるのは不得意だ」「聞くことは日常的にしているけど、聞いたことについて考えるということがあまりなかった」といった、反省や感想が綴られていた。わずか3時間の小単元であったが、「聞くこと」の大切さや自身の「聞くこと」のありよ

うを改めて意識させることができた。

また、単独での実施でなく、次単元のための準備として位置づけ、「話し合い・聞き合い」へとつなげたことが、生徒に高い有用感を持たせた。

② 単元6:「話し合い&群読」から

ア、授業展開（全10時間）

「独話」に終始したとの昨年度の反省を踏まえ、双方向の「話すこと・聞くこと」への学びにつなげるべく、総合単元として設定した。

単元目標として、次の2点を生徒に提示した。
① よりよい話し合いの担い手となる。
② 音声表現技能を高める。

授業展開は、以下の通りである。

第Ⅰ次：話し合いⅠ　コンセンサス・ゲーム

時	学　習　活　動
第1時	1）単元目標とゲーム要領を理解する。 2）課題を聞き取り、メモする。 3）自分の意見（順位）と理由をシートに書く。
第2時	4）討議により班としての順位を決定する。 5）ルールに従って、勝敗を判定する。
第3時	6）前時の話し合いの録画ビデオを視聴し、よりよい話し合いのポイントを抽出する。 7）第Ⅰ次の学びを振り返りシートにまとめる。

第Ⅱ次：話し合いⅡ　話し合いの秘訣集づくり

第4時	8）振り返りシートをもとに、話し合いの意義について再確認する。 9）各人で「話し合いの秘訣」を抽出する。
第5時	10）各人の「話し合いの秘訣」の適否や表現の適正について、班で吟味・検討を加え、班の「秘訣集」を作る。

第Ⅲ次：話し合いⅢ　群読台本づくり

第6時	11）教師の要領説明とＣＤを聞き、「群読」についての理解を深める。 12）詩「生きる」（谷川俊太郎）を下読みし、群読のねらいと群読のための個人台本を作る。
第7時	13）話し合いにより、班の群読台本を作る。 14）「よりよい話し合いのための秘訣集」を使って、話し合いの自己評価を行う。

第Ⅳ次：群読発表＆相互評価

8	15）群読のリハーサルを行い班台本の推敲をする。
9	16）群読発表を行い、相互評価をする。
10	17）本単元の学びを振り返りシートにまとめる。

イ、検証　～単元の振り返りシートを中心に～

「単元5：聞くことの基礎講座」に続けて、単元前半（第Ⅰ～Ⅲ次）では「話し合い」を学習活動の中心に据え、「練習」（コンセンサス・ゲーム）→「応用」（秘訣集づくり）→「実の場」（群読台本づくり）の3段階で構成した。前の学習活動での学びがすぐ次の活動に生かせるという展開は、生徒の学習意欲の喚起に有効であった。

「単元の振り返りシート（自己評価）」（資料3）を見ると、これまで「話し合い」そのものを真正面から学ぶ経験がなかったためか、自明とも思える〈話し合いの意義〉〈話し合いのポイント〉について認識が深まったことを評価していた。

単元後半（第Ⅳ次）には、「効果的に音声表現する技能を高める」ことを目指して「群読発表」を設定した。

詳しくは後述するが、「国語表現Ａ」の学びについての自己評価シートからは、昨年度よりも技能面での向上に対する実感を持たせてやれたように思う。2つの基礎練習単元とともに、本単元での学びが有効に働いたからではないかと考える。

振り返りシートには次のような感想もあった。

> 群読をすると聞いた時は、無理だ。声そんなに出ないよ。とか話し合いをしている時に、これで本当に言いたいことが伝わるのかな…ってとても不安でした。でも、声に出して練習することで合ったり、合わなかったりしましたが、「楽しい」と思えたのです。声に出して自分の意見・発表するのが苦手だったのに、声を出して読む（感情を入れて）というのはなんて楽しいんだ。おもしろいんだと思いました。1人で読んではそっけない文でも皆で読むとこんなにかわってくるなんて群読最高☆と思いました。
> （女子）

ただ、単元の振り返りシート（授業評価）には、

群読のための練習時間（リハーサル）の確保を強く望む声が少なくなかった。第8時には「リハーサル→その録画を視聴→台本推敲→群読練習」という活動を設定していたが、1時間では不足だったようだ。生徒たちは受験シーズンだったにも関わらず本番当日に自主的に早朝練習を行っていたのは、高い学習意欲の表れであるとともに、練習時間設定不足の証左であるとも言えよう。単元目標を考えれば、間の取り方・声の高低・強弱・抑揚など効果的な音声表現に十分に配慮させ、それを現実に自身の発声器官を使って表現できるよう、練習時間をあと1時間は確保すべきであった。

(4) 平成15年度 年間指導の検証
―授業評価・自己評価シートより―
① 自己評価シート／昨年度比較から

昨年同様、「国表A」の学びについて6段階（12ページ参照）で自己評価させた。その結果を昨年度と比較する。

受講人数が異なるため単純比較はできないが、「意欲・関心・態度」面では全体平均4.07と昨年度より0.8点UP、「表現技能」面では全体平均3.6と昨年度より0.6点UPした。

ア、「意欲・関心・態度」面の成果

表8－① 「意欲・関心・態度」面

分類	番号	意欲・関心・態度	平均	差
他	21	この1年の学習活動で、他人に何かを伝えたり訴えたりすることの大切さを痛感した。	4.8	0.7
他	20	この1年の学習活動で、他人に何かを伝えたり訴えたりすることの難しさを痛感した。	4.8	0.3
聞	10	他人の話を聴くことは、（自分にとって）有益で大切なことだと思う。	4.7	0.3
話	1	他人に自分の思いや考えを述べることは生きていく上で必要不可欠なことだと思う。	4.7	0.2
他	22	この1年の学習活動で、自分の音声言語生活（話すこと・聞くこと）への意識が高まったと思う。	4.6	0.8
話	9	一人でも多くの人にできるだけ分かりやすく「伝えたい」という思い（＝熱意）を持って話している。	4.6	0.6
話	4	人前で話す時は、聞き手に不快感を与えないような身なりや態度・姿勢を心がけている。	4.4	1.5
話	6	人前で話す時は、常にTPO（時間・場所・目的・聞き手）にふさわしいかを考えている。	4.2	1.2
話	7	人前で話す時は、耳で聞いて分かるように、用語や話の組立て等を留意している。	4.1	1.3
話	3	人前で話す（それに対して聞き手からの反応をかえしてもらう）のも結構いいなと思う。	4.1	1.1
聞	15	他人の話を聞く時は、話し手が話しやすい雰囲気を作るよう努めている（表情・態度等）。	4.1	0.9
聞	13	他人の話を聴く時は、常に話し手の真意（＝何が言いたいのか）を考えながら聞いている。	4.1	0.7
聞	11	他人の話を聴くことが好きだ（億劫ではない）。	4.1	0.3
話	5	人前で話す時は、常に「話の目的」やテーマを意識して話が逸れないように心がけている。	3.9	1.1
他	17	他人とコミュニケーションをとること意欲的・積極的になった。	3.9	1.0
話	8	人前で話す時は、しっかりと「話す」ための準備を整えて臨んでいる。	3.9	1.0
他	16	他人とコミュニケーションをとることが億劫ではなくなった。	3.8	0.6
聞	12	興味のない話でもとりあえず最後まではきちんと聴こうとする。	3.7	0.6
他	19	「国語表現A」で学んだことを、日常生活の中の対話や話し合いの時にも活用している。	3.4	1.3
他	18	「国語表現A」で学んだことを、日常生活の中の説明・報告や発表の時にも活用している。	3.4	1.0
話	2	人前で話すことへの嫌悪感・拒否感が減った（＝人前で話す度胸がついた）。	3.3	1.2
聞	14	他人の話を聴く時は、大事なことはメモを取りながら聴いている。	2.9	1.5
		平均	4.07	0.8

昨年度と同様、「21・20・1自分の持てる情報を他者に伝えることの難しさと大切さ」「10他者の話を聞くことの大切さ」等、「22話すこと・聞くことに対する意識」「9熱意」の高まりについては、4.5以上と自己評価が高かった。

4.0前後で昨年度より1.0前後UPした項目は8つある。人前で話す時には聞き手を意識して「4身なりや態度」「6TPO」「7耳で聞いて分かる用語や組立て」等に心を配り、話を聞く時には「15話しやすい雰囲気づくり」「13真意を考える」等、相手の身になって聞く姿勢を心がけるようになったとの回答結果は、音声言語主体としての自覚の高まりを示すものと受けとめてよいだろう。

昨年度2.5以下だった「19・18学びの日常生活への転化」「14聞き取りメモの習慣化」は、3.0前後にUPした。決して高い数値ではないが、昨年度より1.0～1.5UPした点は評価できる。

イ、「音声表現技能」面の成果

表8－② 「音声表現技能」面

分類	番号	意欲・関心・態度	平均	差
聞	39	他人の話を、理解しようと努めながら最後まで粘り強く聴くことができる。	4.3	0.9

音声言語に特化した「国語表現」の年間指導報告と考察

聞	38	話し手の顔を見ながら話を聴くことができる。	4.3	0.5
他	45	この1年の学習活動で、自分なりの考えや意見を持つことができるようになった。	4.2	0.4
話	37	総合的に見て、この1年の学習活動で「話す力」が向上したと思う。	4.1	0.7
他	46	この1年の学習活動で、「思考力(物事を考える力)」が向上したと思う。	4	0.2
聞	42	常に相手が何を言いたいのかを考えながら聴くことができる。	3.9	0.7
聞	44	総合的に見て、この1年の学習活動で「聞く力」が向上したと思う。	3.9	0.3
話	30	必要に応じて効果的な「間」を取ることができる。	3.8	0.7
話	27	話す「場」(人数・広さ・目的等)に応じた速さで話すことができる。	3.8	0.4
聞	40	聞き手としての積極的な反応(うなづき・笑い・驚き・質問等)を返しながら聴くことができる。	3.8	0.3
聞	43	他人の話を聴いた後で、あいまいな点は質問し、確認をとることができる。	3.7	0.8
話	26	話す「場」(人数・広さ・目的等)に応じた声の大きさで話すことができる。	3.7	0.5
話	23	知己(気心の知れた知り合い)の人たち(20名以上)の前でアイコンタクトをとりながら話すことができる。	3.6	0.4
話	36	自分の「話す」について正当な自己評価をすることができる。	3.6	0.3
話	33	耳から聞いて分かる「話の組立て」を考えて話すことができる。	3.4	0.9
話	32	常に「話の目的」をしっかりとおさえて、脇道にそれない話をすることができる。	3.4	0.8
話	34	聞き手の興味関心をひきつける視覚物を準備・活用することができる。	3.4	0.5
聞	29	「一文一情報」で話すことができる。	3.3	0.9
話	28	話の内容や展開に応じて、声の表情を変えて話すことができる。	3.3	0.9
話	31	聴衆の様子や反応を見ながら、声の大きさや話す速さを調整することができる。	3.2	0.7
話	25	聞き取りやすい明快な発音で話すことができる。	3.2	0.1
聞	41	話の要点をメモに取りながら聴くことができる。	3.1	0.8
話	24	知己でない人たち(20名以上)の前でアイコンタクトをとりながら話すことができる。	2.9	1.0
話	35	制限時間を有効に活用して(大幅に短すぎない&大幅に超過しない)話すことができる。	2.9	0.1
		平均	3.62	0.6

昨年はなかった4.0以上、または3.5以上で昨年より1.0近くUPした項目を見ると、「39最後まで聴く」「38話し手を見ながら聴く」「42相手の真意を考えながら聴く」「43不明点について質問・確認する」等があり、昨年度より聞く力の向上についての実感を持たせることができた。

また、「30話の効果的な間」は3.8と昨年より0.7UPし、「33話の組立て」「32話の目的」「29一文一情報」「28声の表情」「31声の大きさ・速さ」についても、3.5以下だが昨年より1.0近くUPしており、昨年度より話す力の向上についての実感を持たせることができたと言える。これらが昨年度3.4止まりだった「37話す力の向上」が4.1と0.7UPにつながったものと考えられる。

「41メモを取りつつ聴く」は昨年も最下位だったが0.8UPした点は評価できる。

② 自己評価シート／4月当初との比較から

本年度受講生の内的変化を確かめるべく、第1時(4/14)と第46時(1/19)の自己評価の結果を比較した。紙幅の都合上、結論のみ述べる。

「意欲・関心・態度」面は、4月当初に比べて1.42点UPした。最も伸び率の高かったのは「22音声言語生活への意欲の高まり」で2.6点UPであった。すべての調査項目において1.0～2.0弱のUPが見られることから、相手意識を持って音声言語活動に臨もうとする意欲・態度の向上、「話す・聞く」の主体としての自覚の芽生えがうかがえる。

「表現技能」面でも、4月当初に比べると1.4点UPした。調査項目のほぼすべてにおいて1.0前後UPしており、生徒たちが「～な技能が身についた」「～ができるようになった」との感触を抱いていることがうかがえる。比較的「話すこと」の基礎的技能への達成感が得られていた。

③ 授業評価シートから

ほぼ全員がすべての単元を「来年もぜひやった方がよい」と回答し、単元の配列についても「一年の流れとして妥当」と回答していたことから、昨年度よりも年間カリキュラム(単元の内容・配列)の妥当性は確保できたものと考える。

④ 考察(まとめ)

以上の検証や自由記述「国語表現Aを受講して」(資料4)から、昨年度より〈学び〉の実感を持たせてやれたと判断する。

その理由としては、昨年度の反省をふまえ、

❶ より系統性を意識した年間カリキュラムが構築できたこと
❷ 単元内での指導を精選・スリム化できたこと
❸ 「学びの主体」としての自覚を持たせる授業展開を心がけたこと

の3点が挙げられる。

❸について補足説明する。4月最初の授業で、

- 国表Aの学習目標を明示し、生徒に学びの目的を理解させたこと
- 年間活動計画の概略を明示し、生徒に年間の学習活動に対する見通しを持たせたこと
- 表現活動だけでなく準備や振り返りシート等も評価の対象とすることを伝え、表現のための準備や反省の重要性を意識づけたこと

の３つを行った。

加えて、

❹ 各単元内の学習過程において、相互交流活動を意識的に設けたこと
❺ 学習教材を有効に活用できたこと

の２点を挙げる。

❺について補足説明する。昨年度受講生の「ａ振り返りシート」「ｂ構成メモ」「ｃ習作ビデオ」「ｄ優秀ビデオ」の４種を学習材として活用した。これらの有用性について「３大変有意義　２有意義　１あまり役立たなかった　０必要ない」の４段階で評価させた授業アンケートの結果では、「ｂ構成メモ」「ｄ優秀ビデオ」が2.8と高い支持を得、学習者の学びに寄与したことがうかがえる。実際、「ｄ優秀ビデオ」を視聴した時の反応は上々であり、メモ作成時には、昨年度の「ｂ構成メモ」を見返す姿が散見された。また、リハーサル前に「ｃ習作ビデオ」を視聴させ、どのように改善すれば評価がランクアップするかを解説した時の反応も上々であった。

4　音声言語教育の課題

平成14・15年度の実践を通して痛感したのが、３年間を見通した指導の必要性である。

平成15年度の振り返りシートに、次のような感想があった。

> 僕が選択科目を選ぶ時に「国語表現Ａ」を選んだ理由は、敬語や上手な話の受け返し方を学びたかったからだ。しかし、話すことや聞くことの単元ばかりで一番学びたかった敬語は、藤村さんが来られたときの時間だけだったから、もう少し「話す」の基礎講座などで数時間取って学びたかった。（後略）　　　　　（男子）

「敬語の使い方」は、授業者も実施したいと考えながら扱えなかった学習事項である。また、基礎的な音声表現技能の向上の面からももっと練習時間を確保してやる必要がある。「対話・会話」活動の学習についても十分とは言い難い。しかし、新たな単元を設けたり、より入念な指導を加えたりすることは授業時間数の関係で極めて困難である。

考えられる解決方法は、基礎レベルの音声言語能力の育成については必修科目「国語総合」の中に系統的に位置づけて指導していくことであろう。選択科目「国語表現」に初歩から上級までのすべての学習内容を押し込めてしまうのではなく、「国語総合」との連携を図っていくべきである。そのためには、高校３年間の国語科教育を見通した指導計画を立てる必要がある。だが、大学受験に対応できるレベルの読解力の伸長を求められる高校国語科の現実には厳しいものがある。国語科教師個々が自覚をもって、さらには一致団結しなければ克服できない問題は少なくない。

おわりに

課題も多く残ったが、生徒たちが紛れもなく表現主体であることを、生徒自身も教師も実感できた２年間の学びとなった。生徒は一連の学習を通して、「自分とは異なる他者とことばで伝え合うことの難しさ」を痛感しつつも、「話し手（聞き手）としての誠実さを土台として自らの言語能力を磨いていかなければならないこと」、そして、「よき話し手たらんとすることが自己内部によい聞き手を育て、よき聞き手たらんとすることが誠実な話し手を育てるということ」を実感をもって学んでくれたように思う。克服すべき課題は多いが、高校生を主体的な言語主体として育てる授業を心がけていきたい。

（髙田真理子）

資料1　評価＆コメントシート（ブックトークを聞いて）

●本日は、私のブックトークを聞いていただいて、どうもありがとうございました。私のブックトークに対するコメントや感想をお願いします。今後の学習や音声言語活動に生かしたいと思いますので、アンケートにご協力お願いします。

| 実施日 | 10月4日 | ブックトーカー氏名 | 女子K |

[1] ①私のブックトークはおもしろかったですか。
とても（19名）・まあまあ（9名）・あまり（0名）・まったく（0名）・未記入（2名）

②どういう点がおもしろかったですか。あるいはおもしろくなかったですか。
・おもしろいというより、いっぱい考えさせられてよかったです。(3525 女子)
・話し方が友達とはちがっている感じでよかったです。(3324 男子)
・「生きていく」というテーマで、興味をもった。(3328 女子)
・本の紹介に自分の伝えたいことがにじみでていてよかったです。(3231 女子)
・1冊目の本を読んだら多分生きる上での大切なことを学ぶ気がする。(3234 女子)
・話の内容が興味深かった。(3418 女子)
・内容がとても分かりやすくて聞きやすかった。(3209 男子)
・その本のみりょくがいっぱい語られていて聞いておもしろかった。(3523 女子)
・自分にありえることなので、分かりやすかった。(3233 女子)
・テーマそのものが人間の根源的なものだったのですごく良かったと思う。(3507 男子)
・なんだか映画評論家のようなブックトークの紹介が興味がおもしろかった。(3423 女子)
・朗読がよかった。3冊目は写真と文章の関係がおもしろそうだと感じた。(国表Bの担当教師)

[2] ②「私がブックトークで紹介した本のどれかを読んでみたい」と思われましたか。
はい（26名）・いいえ（2名）・未記入（2名）

②（「はい」と答えた方のみ）特に興味をひかれた本はどれですか。その書名を書いて下さい。

1「人生っておもしろいと思う」	2「カラフル」	3『The Blue Day Book』
（10名）	（10名）	（16名）

[3] 私のブックトークの評価をお願いします。項目ごとにABCで評価して下さい。

テーマ・内容	ア．ブックトークのテーマは、明確で分かりやすかった。	A
	イ．ブックトークのテーマは、聞き手の興味深かった。	A
	ウ．本の紹介の仕方は、聞き手の興味をひくように工夫されていた。	A
	エ．本から本へのつなぎはスムーズで、工夫されていた。	A
	オ．テーマと3冊の本は、マッチしていた。	A
音声言語技術	カ．聞き手の方を見ながら話せていた。	B
	キ．声の大きさは、適当だった。	A
	ク．話す速さや間の取り方は、適当だった。	A
	ケ．聞き手の目や興味をひきつける視覚的な工夫がされていた。	B
態度	コ．一生懸命にブックトークをしていて、誠意や熱意が感じられた。	A

[4]
・励みになりますので、私のブックトークに対するコメントや感想をお願いし、全部読んでみたいと思うだけで生きることはいいことだと思った。(3525 女子)
・本の内容やテーマが違っているかなと思ったけど、すべての点で完璧だった。話し方、聞き手に対するねらい、とても興味になりました。(3315 男子)
・3冊が3冊とも読みたいと思いました。ブックトークは、声の大きさ、話し方、聞き手に対して好きになれるような私にとって本が嫌いな私にとってけっこう興味がもてたし、一回は読んでみたいと思います。(3530 女子)
・おつかれさまでした。緊張してない感じでとても落ちついていたカンジだった。また今度「ブルー…」かして。(3334 男子)
・さすが音楽部部長だと思いました。とても聞きやすかったです!! (3314 男子)
・内容があるもので、聞いてみたら読みたくなってきた。(3226 男子)

・2冊目の本がとてもおもしろそうだなあと思いました。人にとって「生きる」ということはとても大切なテーマなんだなあと思いました。(3427 女子)
・聞き手にとても話しかけるような口調が良かったと思います。話を聞いていて引きつけられるものがありました。"生きる"って改めて考えてみるとスゴイ事ですね。(3512 男子)
・生きる事について色々考えさせられる事があったと思う。無駄に生きる事は最低な気がしました。(3507 男子)
・いつも話しとうクハキと話せていてずっと聞きやすかった。最近大切な人がなくなったりとても落ち込んでいたから、私が「生きてるコトって楽しい!!」って伝えたくなりました。どうもありがとう。(3218 女子)
・本の一部など紹介するところなど、聞き手も読みたくなるように、聞き手を引き込むように話せていてとてもよかったと思います。私も読みたくなってきました。(3231 女子)
・やっぱり前向きに生きるってゆうことはいい事だと思う。そういうのをわかりやすく言っていて良かったと思う。なんか強力的なものを感じた。(3635 女子)
・テーマにそって、内容がわかりやすく、よかったです。生きていくということの楽しさを持って発表出来ていたのが伝わってきました。(3233 女子)
・「生きていく」とゆうことについてしっかり自分の意見を持っていて良かったです。(3234 女子)

・TVでも続きが気になってくるようなうまい説明だと思いました。(3423 女子)
・この説明は本当に評論家のようでした。おもしろそうなおきになってわかるようになるんじて、T(3423 女子)
・聞いていて楽しかったり、ちょっとまじめだったり、変化があって飽きないかんじです。(3423 女子)
・考えてみるときものないテーマとして3冊の本で伝えしかったと思う。(3629 女子)
・少し読んでも車いすの話で、少年のプラス思考がすごいと思った。そして、話し方は気軽な感じで聞き手にとって話しやすかったと思います。(3321 女子)
・考え方を分けてくれる気がしました。どれもおもしろそうだ。機会があるなら読みたいです。(3318 女子)
・2冊目の続きが気になりました。(3318 女子)

資料2 単元4「ブックトークしよう！」振り返りシート

女子B 達成度3	他のクラスの子は、私がすごくアガリ症だということをわからないから、すごくきびしい意見もあったりした。しかし、ブックトークをして、だんだん「アガリ症」がこくふくできつつあります。 言いたいことが混乱してしまって、まとまらなかった。でも、一生懸命やったことが認められて良かったです。
女子C 達成度4	私は「言葉」がテーマだったんで「言葉」について、自分も考えさせられてよかったと思った。 みんなのブックトークを聞いても、読みたい本が出てきたりして、今までそんなこと考えなかったこととかも共感できるところとかあってよかったと思いました。また本読みたいなぁって思えたし。 みんなの前で発表では5～10分でも、準備には、もっと時間をかけて、たりないくらいやったから、そういうのをわかってるとちゃんと聞こーって思ったし、聞かな損やなって思った。
女子D 達成度4	「自分の大切なもの」もそうだったけど、やっぱりブックトークも下準備が本番を大きく左右する。 テーマにそった本を選ぶにしろ、何かすごい大変だったような気がする。自分が本当に読んでほしいって思う本じゃないと、人にすすめることはできないなとも思った。色々えらんだ本を変えて、コレっ！って思う本は、どこか心が込もるせいか、みんなに伝わったところがあったのかなとアンケートを見て思った。 「リハーサル・練習をかさねた上で、自分が納得できる」が後悔のないブックトークつながると思う。
女子E 達成度3	ブックトークは前回の「私の大切な○○」よりもとても難しかった。短い時間の中で3冊もテーマにそってプレゼンテーションできるのかとすごく不安だった。考えがうまくまとまらなかった分、悩む時間も長くかかって、まとまってからも、提供物やいざ文にしてみたりと準備する中で、またうまくいかず、夜遅くまで手がけたこともあった。練習する時間があまりなく、ほぼぶっつけ本番の状態で発表した。一部くずれると、出来ていた所までくるってしまう。難しいなぁと思った。 他クラスでの発表ということで、余計緊張してしまったけれど、慣れ親しんだ人の前でするのとは違い、色んな意味で勉強になった。改めて「人に伝える」ということは大変だなぁと思った。いかに言葉を明確に伝えられるかだと思う。経験が一番‼だと思った。
女子H 達成度5	今回のブックトークで私は本のおもしろさを知りました。図書館に行くと、小さい頃は、子ども向けの所ばかり見ていて、大人向けの本ばかりの所は近づきもしなかったけど、今回で、子ども向け・大人向け問わず、いろんな本をおもしろく感じました。 本番を終え、ブックトークしたクラスにいた人に「よかったよ！」とか「手話、感動したわ」と言ってもらえてすごくうれしかったです。自分の本に対する思いが聴き手に伝わったことがすごく自分でも満足しています。 今回は、他のクラスでのブックトークだったので、興味をもってもらえるかすごく不安でした。他の子が聞き手に問いかけると、聞き手も興ちょうがとけ、リラックスしていたので、問いかけるのもいいなと、勉強になりました。今までの学習が、次のスピーチで役立つようにしたいと思います。
女子I 達成度4	ブックトークをしてまず一番感じたことは、やはり準備が命‼私は人より作業も遅く、前回の3分間スピーチでも準備が大切だということを感じたのに、その失敗を今回もしてしまいました。準備が長いほど自信もつくし、緊張もしないと思います。 今回は聞く人にわかりやすくするために前回よりもできるだけ短い文にしたり、紙に書いたり工夫できました！放課後のこってリハーサルしたり、思い入れが強かったです。視覚工夫をするなら段どりよくしないと時間がかかってしまうことを知りました。
男子a 達成度4	本を読むことの大切さ、本が人にどれだけのえいきょうを与えるのか、自分自身は本を読んで何を思ったか。他人はどう思ったか。人によって思うことが違うということも分かり、本は自分に欠かせない物ということを知った。
男子b 達成度3	ブックトークを終えて、相手に何かを紹介し説明することは、その紹介する物を完全に理解し、あらかじめ自分で自分の原こうにできるだけ質問してみるといいということがわかった。 あと、自分の気持ちを相手に伝えることは無理に等しいと感じた。全てを伝えることは無理なので、こちらから質問をあたえて考えてもらい、相手に理解しえもらうように努力する必要がある。
男子e 達成度4	今回のブックトークは、前回3分間スピーチとちがってとても本格的だったので、前回3分間スピーチよりも得たものがたくさんあった。それは全々知らない人たちに評価してもらうということです。この人たちの評価こそが本当の評価であり、あるいみ、評価シートを見て、たくさん学んだことがあった。この人たちに書いてもらった評価を見て、自分が悪かった所を直していこうと思っています。
男子f 達成度4	いつも同じクラス内なので、伝えたいことや自分が思っていることは伝わりやすいけど、今回のように他クラスでブックトークをすると、みんなは僕の伝えたいことを受けとめてくれようとするが、100％は伝わらない。僕も伝えたいことを100％伝えようとするが、実際は70％ぐらいしか伝わっていないように感じた。他人に伝えたい情報や事柄などを100％伝える難しさをこの授業や発表を通じて改めて思いました。
女子L 達成度4	やっぱり準備や練習が大切だと思った。メモを作って文章を組み立てたり、聞いてもらう人にどうすれば分かりやすく伝えられるか考えたり、緊張しないために練習したりすることは必要だと思った。 自分がする時はすごく大変だったけど、他の人がしているのを聞くのも大切だと思った。いろいろ考えられるテーマや、読んでみたい本もあったし、私もしてよかったなと思うことができたと思う。
女子M 達成度3	皆とは少し違って"犬"というすごく身近で分かりやすいテーマを選んだけど、反対に言うと、範囲が広く、"犬"の一言でどんなブックトークをするか悩みました。結果は全て絵本だったけど、鉛筆書きで言葉がなかったり、漢字がなく小さい子でもよめる本や色々な本を選んで、感想"3冊はマッチしている"で「A」をつけている人がたくさんいてこの3冊を選んで良かったと思いました。 いつもの国表Aの前で発表じゃなく全く国表のことを知らないクラスで発表だったし、友達もいたりしてすごく緊張しました。でも、国表Aで毎回発表していたら慣れてしまって緊張もなくなってしまうので今回のブックトークは（良い結果ではなかったけど）良い機会だと思いました。ちがう人のブックトークを見て初めて知った本や前々から知っていた本など色々あってブックトークをする方だけどたくさんの本が知れて良かったと思いました。
女子N 達成度2	一つ一つの本の特徴をそれぞれ説明するのが大変だった。その本の内容のどういう所がテーマにあっているかを説明するために、読んだので、その本の内容が前より深くわかったような気がする。"ありがたさ"というテーマにして、本を探したので、その本を読んで、自分も再度今ある環境のありがたさを感じられて、勉強になってとてもよかった。このブックトークがなかったら、こんなにじっくり"ありがたさ"ということを考えられていなかったと思う。それに少しでもまわりの人にわかってもらえてよかったです。

音声言語に特化した「国語表現」の年間指導報告と考察

資料3　単元6「群読の世界に浸ろう！」振り返りシート
■単元「群読の世界に浸ろう！」の学びを終えて

ア、自分が考えているより話し合った方が正解率があがるし、話し合いによって新たな自分の考えが持てるし、話し合うことでいろいろ得るものがあるということがわかった。また、話し合うといっても、それぞれ違った意見を持っているので、それをみんながなっとくした上で決めていくのはむずかしかった。多数の方に、どうしても少数の意見は聞き入れにくくなりがちになってしまう…。少数の意見も本当にそれはちがうのか、もしかしたらということを考えながら話し合っていくのが大切だと思います。話し合うということは、私たちが何も考えずにやってきたよりずっとむずかしいことだったということに気づきました。（女子）
イ、一番最初にコンセンサス・ゲームをした終了時、Tさんに「もっとしゃべっていると思ったけど、あまり話してなかったね。」と言われたのが印象的です。自分的にはいっぱい話しているつもりでも、現実は率で表すと確か20％前後だったと思います。その上、4人から8～9人と人数が増えるとより一層発言回数が減っていきました。内気だった人達が目に見えて成長してゆく中、何にも変わっていない私だけが1人残されている様で、不安は多々ありました。 　群読時での話し合いは人数や司会者の上手な配慮もあってか、満足のいく内容で終わったと思います。特に、4人中私だけが違う意見だったから、と言っても言わないまま進むのでなく、一応発言するのです。すると、他の人から「これは○○だから△△なんじゃない？」と自分が納得する解答が得られます。自分は他の人と違う意見だから、と言って発言しないのは損です。私はそれを学びました。 　群読の内容は練習時間の関係で、まだまだ反省すべき点が多く残りますが、話し合いとしてはいろんな意味でおもしろかったです。回りの人達の成長も目に見えて分かりました。私も他人の目から見て、「成長したな」と思われていたら幸いです。（女子）
ウ、この授業を通して思ったことは、自分だけの意見では本当にそうなのだろうか、これでよいのだろうかととても不安だったけど、皆と話し合いをすることでこーいう意見も大切なんだなと思った。自分1人ではなかなか進まなかったけど、話し合いをすることで色んな意見が飛びかい、色々と考えることができた。それに、自分の中で一部でしかなかった意見が色んな方向へと広がっていった気がします。 　意見を聞いて質問したり、反論したりすることがすごく苦手だったのですが、自分なりに考えて意見を持つことで『話し合い』に参加することができました。前までは、「自分の意見なんてなくても大丈夫でしょう。」と思っていたので、話し合いすることは他の人の意見を聞けて楽しいんだなんて気づかなかったです。自分の意見とも比べられるし、聞くことで考え方もかわってくるし、意見も反論も大切な一部だ、思いました。 　群読をすると聞いた時は、無理だ。声そんなに出ないよ。とか話し合いをしている時に、これで本当に言いたいことが伝わるのかな…ってとても不安でした。でも、声に出して練習することで合ったり、合わなかったりしましたが、『楽しい』と思えたのです。声に出して自分の意見・発表するのが苦手だったのに、声を出して読む。（感情を入れて）というのはなんて楽しいんだ。おもしろいんだと思いました。1人で読んではそっけない文でも皆で読むとこんなにかわってくるなんて群読最高☆と思いました。 　今までもそうだったけど、体験をする。ということが一番大切なんだ。と改めて感じました。楽しかったです。（女子）
エ、こういう発表するのはもうないと思うけど、今回この授業をして感情を入れて相手に気持ちを伝えるしゃべるというのはとても難しい事だと思いました。自分ではつけているけれどビデオで見た時にただ読んでるだけやん。と思いました。だからこの授業をして本当に自分の気持ちや熱意を伝えたい時にうまく役立てようと思いました。（女子）
オ、一人で考えるよりみんなで考えた方が良い結果がでると分かったし、話し合うにもいろいろ大変なことも分かった。今までは「話す」という授業をしてきましたが、今回は「聞く」ということを授業し、「話す」よりも大変だと分かった。でも、相手が何を言いたいのか理解しようと思いました。（女子）
カ、個人で考えた事よりも、班で話し合えば改善される場所が多かった。（男子）

23

資料4　平成15年度「国語表現A」を受講して

a	男 ④	《前略》一年間通して、結局自分ではほとんど成長していないような気がしなくもないですが、他の授業に比べ、縛られている感覚が浅く、のびのびと過ごせたと思います。僕個人的にも話すは好きな分野であるし、言葉を操る・使うというようなことは、僕の夢に通じているので、この国語表現Aは好きな科目でした（僕はどっちかというと書く方ですが）。 　少しわがままというか不満というか、スピーチがもっとしたかったですね。この教室で。確かに話す事だけが目的ではなく、聞く事も大事だし、全体通すとやっぱりこの授業で必要な（これから生きていく上でも）ものばっかりだと思ったので、しょうがないとは思いますが、僕はスピーチが一番楽しかったので、もっとしたかったです。 　国語表現Aの授業で「ああ、そうか」「なるほど」などと、学んだ事・再確認した事などは多かったですが、これから生きていく上で有効に活用出来るか、役に立つ事があるのかはまだはっきり分かりませんので、まだなんとも言えませんが、多少なりに今、「音声言語生活」について考えることや意識することもありますので、それは無駄にはしたくないと思います。《後略》
B	女 ⑨	「この選択授業をとって失敗したな」と思う教科はあっても国語表現Aを受構して後悔したことは1度もありません。口では「ブックトーク嫌だな」「人前で喋るの嫌だな」とか思っていても心の中ではそのプレッシャーと緊張感を楽しんだりしている部分も多々ありましたから。 　確かに高校1年の春。中学校とは全く異なった勉強方法に期待して入学しました。しかし、いざ授業が始まると、難しくはあっても授業の進め方や内容は中学と何ら変わりなくて少し残念に思ったのを覚えています。でも、国語表現Aは違います。この授業は「頭がいいから」とか「勉強ができるから」ではなく、1人の人間として私たちを評価し見てくれていました。分からない所がある→辞書・教科書で調べよう、となるのではなく、分からない所がある→人に相談する、新たな答えを自分で自力で探す、という考え方が今までになく珍しくて、それでいて私たちを成長へと導いてくれたと思います。《中略》これから卒業して大学行って社会人になって結婚してもこの授業のことは一生忘れません。頭が悪い私にとっては筆記ばかりの授業でなく、人間性を見てくれる授業はみんなが思っている以上に喜しいことなんですよ。 　最近はインターネットで知り合った人たちからも、「あなたの文章は読みやすくて分かりやすいね」とほめられました。勉強以外のことでほめられるのは恥ずかしいですが、とてもうれしかったです。きっと授業で習った「話すこと」が「書き」にも影響したのでしょう。本当に、人として育ててくれて感謝しています。ありがとうございました。
C	女 ⑧	《前略》一年間「国語表現A」を受講した中で一番良かったことはブックトークでした。自分が皆に伝えたい事があったので、自分で言いたい事をまとめるまでは良かったのですが…。リハーサルを行っている時、頭の中が真っ白になり何をいっていいか分からなくなったのですが、リハーサルを聞いていた友達が良い点・悪い点を言ってくれたので、2回目のリハーサルで上手くいったので良かったです。 　初めは正直「なんでこんな事しなくちゃいけないのか」と疑問に思う点がありましたが、今、授業を終わってみると、「して良かった」「絶対、将来に役立てよう」と思っています。「話すこと・聞くこと」についていろんな所で悩んだこともありましたが、反面、納得する事もあり、一年間、本当に楽しかったです。《中略》この授業をうけて、本当に良かったと思っています‼将来、絶対役立ててみせます‼本当に一年間ありがとうございました‼‼
D	女 ⑧	「3年になって授業の中で一番しんどかった授業は何ですか？」と聞かれたら、私は「国語表現A」と間違いなく答えると思います。それは、やはり今までうけてきた授業は聞いていなかったり、適当に流していたりしたけど、この授業では一回聞いていなかったり、休んだりしたら遅れをとってしまって自分の荷が重くのしかかってくるからです。それでも休んでしまったりした事はあったけど、その後が大変で他の授業よりもこの授業を優先して勉強していました。そのくらいしんどかったけど、勉強しようとする意識もこの授業に一番もっていたし、国表Aのおかげで「やる時はやらないと！」という意識がかなり芽生えました。 　もし、ちがう質問で「3年になって一番がんばった（自分の達成感を感じた）授業は何ですか？」と聞かれたら、自信をもって「国表A」と言えます。大変だったという方が勝っているけれど、真剣に授業をうけて、自分の考えで話を考えたり、発表したりは今まででなくて、知恵をしぼってがんばりました。途中で投げ出したりもせず、めんどくさがりな私がブックトークや3分間スピーチなどやりとげられたなぁと自分でも感心しています。その理由はやっぱり授業を受けている他の人のがんばる姿勢もとても良い刺激で、先生も自分でやりなさいなどと言うけど、私の発表やみんなが満足できるようにとアドバイスをたくさんくれました。これが私のがんばれた理由の一つになるかもしれません。そう思いながら一年がすぎていきました。授業が終わりなんだと思うと「やっとか…。」よりも、今はさびしい気持ちです。これから大人になってこの授業をうけてよかったと私は必ず思うと思います。また、この授業のことが役に立つ日も必ず来ると思います。本当に一年間あっという間だったけど、終わってみるとやりとげた気持ちが大きいのでうけて本当によかったです。《後略》
E	女 ⑧	この一年間を振り返ってみると、「つらいことも楽しいこともいっぱいあったな。」と思います。受講したての時は、不安や嫌だなと思うことが良くあったのですが、実際にやってみれば日々がすごく充実してたなと思います。その間も不安というものはありましたが、決して嫌ではありませんでした。むしろ「挑戦したい！」という思いでいっぱいになっていました。

		思い返してみると、スピーチやブックトークなどの発表はすごく嫌で嫌で逃げ出したいくらいでした。でも、<u>やりとげた後の感動といいますか、心境といいますか…それはすごく良かった</u>。あふれるくらいに色んな思いがこみあがってくるんですよ。あの時、逃げだしてたらこんな思いは一生知らないままだっただろうなと思います。何ごとにも挑戦して、体験していかないと『始まり』はしないんだなと改めて思います。《中略》準備も大変で半分あきらめかけた時もありました。話し合いがうまくすすまなくてどうすれば良いのか悩んだ時もありました。でも、やりとげた時の喜びもいっぱいありました。すべてが体験や経験することで得られること。<u>体験をして学び得たことも、知り得たことも今では『大切なもの』</u>となってます。この講座を受講していなかったらこんな思いを得ることはできなかったんだな…。そう思うと本当に受講してて良かったと思います。《後略》
f	男 ⑤	《前略》一年を通して考えてみると単元ごとの好き嫌いがとてもはっきりと分かれていた。それが成積(ママ)にもそのまま表れていたと思う。嫌いな単元で逃げていた自分が情けなく思う。「ブックトーク」が特にそうだ。何でもう少し頑張れなかったのか…、今そんなことを考えても仕方ない。ブックトークの内容から外れてしまうけど、<u>この単元からは逃げないことを思った。これからは何事にも逃げずに一生懸命やろう</u>と思う。 話すこと・聞くことの難しさ、アイコンタクトや一文一情報で話す、話し手の考えを読み取りながら聞くなど普段何気なく使っている「話す」「聞く」がとても奥深く感じた。これからこの授業で学んだことを忘れずにずっと使っていきたい。
g	男 ⑤	この一年を振り返ってみて、一番に思うことは、しんどかったです。特に、ブックトークの準備がしんどかったです。夏休みにさぼっていたから2学期に入ってとてもハードでした。本番を終えて、当然納得のいく内容ではなかった。夏休みに準備していたらなぁと後悔した。 次に思うことは、<u>しんどかったけど楽しかった</u>です。オリエンテーションやコンセンサス・ゲーム、群読は本当に楽しかったから、来年からもずっとしていくといいと思う。それに<u>今日の授業は何をするのかなぁ、と思うくらい楽しみにしていた授業</u>でした。 最後に、<u>自分自身話す力も聞く力もついた</u>と思います。《後略》
H	女 ⑧	早かった一年間でした。私は授業の中で一番自分のためになったのは国表Aだと思います。他の授業とまた別なことを学びました。国表Aで学んだことは社会に出た時の自分にすごく役に立つと思います。 初めての授業は今でも覚えています。とても楽しいゲームをしました。私はその初国表Aの授業でとても興味をもった。少しずつ少しずつ難しくなり、提出物が多くなってめんどくさいと思った時期もありましたけど、<u>今思えば提出物は自分が自分にけじめをつけるためのものだ</u>と思います。けじめのなかった私にはとても大きいなかべ(ママ)でしたが、すごい良い勉強になり、しかも自分にけじめをつける最高なチャンスになりました。 国表Aは「話すこと」そして「聞くこと」いわゆるコミュニケーションを中心にする授業で簡単そうにみえてとても深くて難しかった。「話す」のは得意と思っていましたが、国表Aのおかげで自分で気づかなかった一点をみつけました。<u>私はただたんにしゃべっていただけで目的もなにもない会話をしていたことに気づきました</u>。「話す」ことに対してだけあんなに自信があったのに、それに気づいて<u>ちょっと凹みましたが</u>、ある意味「<u>頑張ろう‼</u>」という気持ちも自分にうまれました。この一年間、私の中ではそれを目標にして授業に取り組みました。 「聞く」についていうと最初は全然できていなかったと思います。<u>自分のエゴに気づき</u>、少しでも相手の話しに耳を傾ようとしていましたが、やはり難しかった。相手の意見を聞いたらすぐに自分の意見を言いたがる自己中さにあきれるほど嫌だった。でもここで「<u>我慢</u>」を学びました。そして時間たているうちに相手の意見を聞くたのしさも感じることができました。この国表Aは<u>自分が気づいたことがない長所と短所を見せてくれました</u>。技術だけの勉強だけじゃなく人生の勉強でもありました。国表Aを選んで良かったと本当に思っています。《後略》
I	女 ⑨	《前略》初めに、自分のスピーチをしなくてはいけないと言われ、構成メモを手わたされたときは、どのようにしていいかさっぱりわからなくて、構成メモとにらめっこしながら考え、スピーチの時にも恥ずかしさで下を向いたり、小さな声だったり、相手に伝わっているかとか相手のことなんか考えず、ただスピーチするのでいっぱいいっぱいでした。 でも、次に「話す」の基礎講座で、相手にわかりやすい、伝えやすい話し(ママ)の構成の仕方、つまり最初に全体のことを言って、聞く人に今からどんなことを言うかわかってもらってから、そのことについて部分的に詳しく説明していくこと。1文は1情報で、相手がくぎりごとに情報の整理しやすくする(ママ)。自分はスピーチする側だから知っているけど、まったく知らない人に言うのだから聞く人の気持ちになって話すなど、いろいろなことを学んだ。 また、ブックトークでは、いちばん長い時間をかけ、何回も図書館にもかよい、相手にききやすいように、又、みんなの興味をひいて、この本を読みたいと思ってくれるように、文の構成を考えるのはとても大変でした。でも、ブックトークを終わった瞬間、<u>今まで頑張ってきた達成感と、何人もの人の前でスピーチした自信がつきました</u>。 いちばん最後にやった群読では「聞く」講座でやった話し合いをいかしながら、自分たち風の群読をつくっていき、放課後のこったり、朝はやくから集まったりして、大変だったけど、みんなで協力して、すごくたのしかったです。 国表Aは、勉強するよりも大変でした。でも、反対に、勉強するよりもたのしく、又、普通の授業では学べない、だけど、<u>人と人とが生きていくうえ</u>、コミュニケーションをとるうえで、とても大事なことを、この授業を通して学んだと思います。でも、学んだといっても本当に基礎だけだけど、この1年間学んできたことをもとに、これからも努力して、よい話し手、そしてよい聞き手になれるようにがんばっていきたいと思います。《後略》

ディベートとともに歩んだ17年

1 はじめに

　私はこの平成25年で教員生活25年目を迎えるが、そのほとんどの年で国語表現の授業を担当してきた。まさに、私の教師生活と共に過ごしてきたと言っても過言でない国語表現の授業であるが、その中で経験した様々な出来事が、私の教師観に大きく影響している。中でも、"ディベート"との出会いは私自身に最も大きな影響を与え、その後"ディベート"は私のライフワークとでも言うべき位置づけとなっている。

　本拙稿は、これまで取り組んできた"国語表現におけるディベート"を整理し、まとめたものである。

2 「国語表現」の授業の位置づけ

　私が、平成5年に初めて「国語表現」を担当した当時、勤務校におけるこの授業の捉え方は、"勉強が苦手で大学進学を断念した生徒たちの受け皿"というものであった。また、当時の国語表現の教科書を見ると、現在のように「多様な表現方法を学ぶ」といったものではなく、「小論文指導のための時間」という印象を受けるものであった。実際、当時この科目を選択した生徒は、入試に作文が必要だから選択したという生徒と、他に選択する科目がないので渋々選んだという生徒が多数を占め、"表現"そのものに関心を持って選択する生徒は少なかった。また、その頃の生徒は現在の生徒以上に"書くこと"対する抵抗感を持っていたために、授業では、書くことに対する抵抗感をいかにして無くしていくか、ということも大きな課題であった。そこで私は、生徒の実情を鑑み、単なる小論文指導ではない、彼らが実際の社会において体験するであろう様々な表現の場面を想定し、実際に様々な表現方法を体験する場であることを授業の基本に据えた。つまり、"実用日本語講座"とでも呼べる授業を展開しようとしたのである。具体的には、まず表記法・修辞法・敬語法等基本事項の解説に始まり、自己紹介の仕方・手紙の書き方・電話のかけ方等の実践、そしてコミュニケーションを扱った映像教材の活用等を通じて様々な表現を経験できるように工夫した。全体の大まかな流れとして、まず1学期は書くことを中心に表現の基礎についての知識を養い、続く2学期は話すことを中心に体験授業的な色合いを強める。そして最後の3学期は卒業制作として各自の望む方法で卒業記念の作品を制作する、という内容で授業を展開していった。(資料1参照)

　現在勤務している県立猪名川高校は、特色類型として「教育コミュニケーション類型」を設けている。これは、将来、生徒が幼教、保育、看護、福祉を目指すことを前提に、教育分野とコミュニケーション分野に力を入れようとするものである。その中で、2年生の「国語表現」は科目としても特別な位置づけがなされ、この類型の生徒しか受講できないものとして、広く表現力を身につけることを目的とした授業設定がされている。

3 ディベートの位置づけ

　私とディベートとの出会いは、平成5年に初めて国語表現の授業を担当するようになった時に、前任者からの引き継ぎを受けたことが最初である。当時、勤務校では、国語表現の授業を実施して7年目になっていたが、2年目の授業よりディベートを実施しており、その伝統を引き継いでぜひ実施して欲しいとの要望であった。その後、前任者が実施したディベート授業を見学したり、書店等で資料を揃えたりして授業に備えた。しかし、

当時は現在とは違い、学校の授業を想定したディベートの資料は決して多くはなく、かなり苦労をして資料を探した記憶がある。また、当時はインターネット等の情報ソースもないので、前任者からのアドバイスと数少ない資料をもとに、試行錯誤しながら、授業計画を立てていくこととなった。

　ディベートは、1学期の「書くこと」及び2学期の「話すこと」を踏まえての集大成として、2学期の最終項目として位置付けている。各自がそれまでに学んできた書く力・話す力の全てを用い、聴衆を納得させ、相手を論破し、そして自らの表現力を一段と高めていく。このような考え方に沿って、ディベートを位置づけている。

　書籍などに書かれているディベートの効果として多く見られるものは、

① 議論の訓練になる。
② 知識の統合に役立つ。
③ 目的に沿った効果的調査技術を習得する。
④ 複眼的思考を身につける。
⑤ 交渉力を向上させる。
⑥ スピーチを構築し、発表する能力を鍛える。
⑦ 今日直面する問題を解決したり、鋭く分析する力をつける。

等である。

　この中で私は、発表の準備のため自らの力で調査・分析する能力が養われることをディベートの最も大きな効果として意識している。そして実際の授業の場でも、ディベートでの発表そのものも大事であるが、それと同等に事前の調査・研究・考察も重視するように心がけている。

　また、私がディベートで重視する項目がもう一つある。近年ディベートは教育の様々な場面で活用されているが、それらのディベートは生徒への教育的な効果があることをを最大の目的としたものが多いように感じられる。しかし私は当初より"ディベートは討論ゲームである"という要素を重視しており、生徒達には、「ゲームで勝つ」ことにこだわってディベートを行うように、ということを指導している。ディベートのおもしろさを本当に感じるためには、教育的効果も大事であるが、やはり「勝つ」ことを目指すのが必要であると考えるからである。

4　ディベート授業の実際

　私の授業におけるディベートは、毎年ほぼ2学期末の11月から12月の1ヶ月間で実施している。最初の1週間は内容説明や班分け等の事前準備、資料作成に2〜3週間ほどかけ、最後の週で討論とまとめという流れで実施している。（資料2参照）

　本来ディベートでは、あらかじめテーマが与えられており、その論題に従って機械的に割り振られた2チームが討論を行うという形式が基本である。しかし、私の授業においては、テーマは生徒の意見を踏まえて決定し、グループも個人の希望に添って決めるという方法をとっている。これは、まだディベートというものが今ほど知られていなかった時に、論題もグループもあらかじめ決められているという方法に対して生徒の抵抗感が強かったために採用した方法である。その結果、ディベート本来の趣旨とは異なるという意見も聞かれるが、生徒達の資料作成がスムーズに行われやすいという面も持つ。また、テーマも生徒の意見を踏まえて決めるため、時流を反映したテーマ設定がされやすい傾向がある。（資料3参照）

　ディベートの説明や資料作成については、必要な資料を適宜配布し、生徒の作業の一助としている。また、初年度よりビデオによる記録を実施しており教師が評価する際に用いたり、ディベート終了後の振り返りの場面で用いたりしている。

5　今後の課題

　これまで実施してきたディベートを振り返ると、次のような課題が浮かび上がる。

(1) 基本事項説明の場合

1　ディベートは「ゲーム」であるということを納得させ、それにふさわしい意識を持たせるのが難しい時がある。

（生徒自身の経験やマスコミなどの影響によって、誤った先入観〔例えば、"ただ強い口調で相手を押し切ってしまえばよい"といったもの〕を持ちやすい）

2　立論・反対尋問・最終弁論の意味づけを理解させるのに苦労する時がある。
（意味づけを理解できないと、効果的な組み立てはできない。）

3　参考として、生徒に前年度のビデオを見せることの良し悪しがある。
（イメージを持たせやすいが、自分たちの討論が前年度の模倣になることもある。）

(2)　論題を決める場合

1　論題の設定はディベートの正否を分ける最も重要なものであるが、生徒の傾向、社会の情勢等によって論題が影響されることがあり、必ずしも効果的な論題が設定できるとは限らない。

2　生徒にとって身近である論題は生徒自身が興味を抱きやすく、意欲的に参加するが、その反面、議論が浅いものとなってしまうことがある。

3　賛否を問う形の論題を設定することが難しい。
（生徒達には、賛否の形式よりも、二者択一の形式の方がなじみやすい。）

(3)　班を分ける場合

1　生徒の多くが希望がする論題、少数しか希望しない論題のそれぞれがあり、希望が少なかった論題の場合、意欲を持たせにくい。
（ディベートは自分の意見に関係なく参加する、ということが十分に理解できていない。また、意欲を持たせることに時間を取られると、肝心の論の構成に時間を割けなくなる。）

2　自分の興味・関心ではなく、友人につられて班を決める生徒がいる。

(4)　資料作成の場合

1　終始雑談で時間を過ごす班がある。
（ただ好き勝手に言い合いをすればいいのだろうという先入観を持つ生徒がおり、資料を用いて聴衆を納得させる姿勢の無いまま終わることがある。）

2　論題によっては、有益な資料が学校にないことがある。

3　生徒それぞれの取り組みに差が出る。
（それぞれ分担して進めていくのではなく、一人の熱心な生徒に作業を任せてしまう生徒もいる。）

4　助言を入れるタイミングと内容が難しい。
（タイミングの悪い助言は生徒の意欲を途絶えさせる。また、内容に注意を払わないと、教師の意見を鵜呑みにしたままで論を進めてしまう。また、全く助言を入れなければ、とても偏った論ができあがる。）

(5)　ディベート本番の場合

1　議事進行がスムーズにいかない時がある。
（事前指導はしているが、本番では、発表者達が動揺してしまうこともある。）

2　生徒自身に判定させることの難しさ。
（生徒達は自分の意見に近い側に票を入れる傾向があり、必ずしも議論が上手であった側に投票するとは限らない。）

(6)　まとめの場合

1　現在は生徒それぞれに感想文を書かせ、教師が最後に講評するという形にしているが、より効果的なまとめの方法を考えなければならない。

以上のことが、今後の課題として考えられる。

6　終わりに

このようにディベートは、長年実施している割には課題がまだまだ多く、今後の研究の余地が多くあると考える。

現在の生徒は、以前に比べて自分を相手に伝えたいという欲求は強く、従って、書くことへの抵抗感は比較的少ない。しかし反面、自分が相手から受け取る力、つまりは「読む」力や「聞く」力は以前に比べて劣ってきているように思われる。ディベートは「話す」力をつけるための手段であると一般には捉えられがちであるが、ディベートは「話す力」だけではなく、「読む力」や「聞く力」を育成するために、とても有効な手段であると考える。

　これからも自分の"ライフワーク"として、このディベート授業のあり方というものを考えていきたい。

資料1　国語表現　授業展開例（平成24年度）

	テーマ	概　要
1学期‥表現の基礎‥‥書くことの実践	授業展開予定解説と序論	・自己紹介 ・年間計画
	現代語の表記について	・現代仮名遣いについての解説
	記号と改行	・記述記号の解説 ・句読点の打ち方 ・段落分けのポイント
	修辞技法	・修辞技法の解説
	原稿用紙の使い方	・原稿用紙の使い方の解説 ・全てひらがなだけで書かれた例文を原稿用紙に正しく書き直す。
	敬語法の説明	・敬語法の解説 ・敬語の概念と日常的な敬語表現の実際
	敬語小劇場	・提示された文章を、TPOを考えた上で適切な文章になおし、発表する。
	手紙の書き方	・手紙についての解説 ・身近な人に実際に手紙を書いてみる。
	新聞を作る	・体育大会について班別に取材をし、壁新聞を作成する。
2学期‥話し方の実践	文化祭舞台発表	・文化祭での舞台発表に向けての準備
	朗読	・文学作品を朗読する。
	口頭での説明	・図形を説明する。 ・ラジオショッピング体験。ラジオショッピングのノウハウから、口頭での説明方法について考える。
	道案内	・道端で道順を聞かれた場合を想定し、実際に、目的地までの道順を説明する。
	聞き書き	・聞いてメモしたものをもとに、整理して書き上げる。
3学期	ディベート	ディベートの実施（詳細は別紙）

資料2　ディベート　授業展開例

	配当	内容	概　要	留意点
ディベートのための準備	1〜2時間	ディベートの説明	・ディベートとは何かについて、基本的事項を説明する。 ・過去に実施したディベートのビデオを見て、参考にする。 ・次回までに、各自で論題を考えるよう指示をする。	・一般的な討論とは違い 1 結論が出なくても良い 2 勝敗を決める点をよく理解させる。 ・ディベートの様子が分かるように、解説を入れる。 ・自分たちの発表がビデオの模倣にならないように注意させる。 ・ディベートの論題として不適切なものとならないように注意する。

2〜3時間	論題の決定	・各自が考えてきた論題を出し合い、全員で投票して論題を決める。	・検討に十分、時間をかける。・ディベートとして成立しにくい論題になることを避けるように配慮する。
	発表班分け	・各自が興味を持った論題を選ぶ・一班の人数が多い場合は、それぞれの班ごとに調整する。	・興味本位で選ぶのではなく、発展性のある論題を選べるように配慮する・班ごとのクラス構成、男女比などに注意する
	役割分担	・各班ごと、及び全体での役割を決める。各班　班長・立論者　・反対尋問者　・最終弁論者全体　議長・書記　審判は、全員で行う。	・役割の内容を、十分に理解させておく。・役割は兼任してもよいが、できるだけ全員が何らかの役割を持てるように配慮する。
	方針決定	・各班ごとに論証方針を決め、必要な資料の検討をする。	・資料集めが順調に進むように、ある程度の指針を示しておく。
資料制作	4〜8	資料作成	・図書室にて発表のための資料を作成する。	・雑談のみに終わらないように常に巡回、状況を確認する。・進捗度を見ながら、必要に応じて適宜助言する。
		最終調整	・各班ごとに資料や展開方法についての最終確認をする。・各係に最終説明を行う。	・判定の基準について、再度徹底する。・印刷する資料があるかどうかも確認しておく。
討論	1〜2	本番	・討論を行う。・ビデオで録画をする。	
まとめ	1	感想・反省	・各自でディベートの感想をまとめる。・講評する。・時間があれば、全員で録画したビデオを見る。	・良かった点、悪かった点を、ディベートの観点を意識させながら説明する。

資料3　ディベート　テーマ一覧

1993年度

・女性は結婚した後も働くべきである。
・死刑は廃止するべきだ。
・アイスクリームを食べるときはコーンかカップか。
・学校に制服は必要である。
・女性は結婚したら仕事をやめて家庭に入るべきである。
・1999年に地球は滅亡する。
・男女間に真実の友情は成立する。

1994年度（当年度は2回実施）
その1

・同性愛は異端である。
・自殺するなら飛び降りか首つりか。
・脳死は死である。
・夏と冬はどちらがいいか。
・給食がいいかお弁当がいいか。
・カンジュースの細いカンは必要である。

- 暑い日はアイスを食べるかジュースを飲むか。

その2

- 今から人生をやり直すなら男か女か。
- 朝食はご飯かパンか。
- 不幸な大金持ちがいいか幸福な貧乏人がいいか。
- もし今後生まれ変われるとしたら男か女か。
- 制服は必要か不必要か。
- 旅行をするなら北海道か沖縄か。
- クリスマスは必要である。

1995年度

- 宇宙人は実在するか。
- 死刑に賛成か反対か。
- 夏か冬かどちらが良いか。
- 性格とLooksではどちらを選ぶか。
- 映画は劇場（映画館）で見るのがいいか家で（ビデオで）見るのがいいか。
- 一人っ子と兄弟がいるのではどちらがいいか。

1997年度

- 男が得か女が得か。
- 教師と生徒の恋愛は許されるか。
- 授業中の居眠りは教師が悪いか生徒が悪いか。

1998年度

- 整形するのは良いか悪いか。
- 高校生の愛は本物か遊びか。
- 教科担任は自分で選ぶべきか。

1999年度

- 巨人の監督は長嶋さんがいい。
- 公立の学校では私服がいいか制服がいいか。
- 夏がいいか、冬がいいか。

2000年度

- 世の中男が得か女が得か。
- 朝食にはご飯かパンか。
- 男の友情が強いか、女の友情が強いか。

2002年度

- 植物状態の人を生きのびさせるべきだ。
- 高校生のアルバイトは禁止だ。

2007年度

- 世の中は、愛か金か。
- 友達と遊ぶ時は家で遊ぶか外で遊ぶか。
- 兄弟は多い方がいいか少ない方がいいか。
- 大学に行くべきか行かないべきか。
- 好きじゃない異性にメールでハートの絵文字を使うか使わないか。
- 野球部は坊主にすべきか。
- 川西明峰高校で、携帯電話は学校に持ってきても良いか。
- このディベートは必要か。
- 受験生に対して、ディベートの授業は必要であるかないか。
- 学校にケータイを持ってきても良いか。
- 電話かメールか。
- 宇宙人は実在する。

2008年度

- クレヨンしんちゃんは子供に見せていい。
- 自転車に免許は必要か。
- 幽霊はいる。

- 古典という教科は必要か。
- 携帯電話を学校に持って来てもよいようにするべきである。
- 高校に携帯電話を持ってくることを許可するべきである。
- 高校生は学校の許可がなくても自由にアルバイトしてもよいようにするべきである。
- コンビニエンスストアの24時間営業を中止すべきである。
- コンビニは24時間営業をするべきではない。

- 子供にサンタさんの存在を信じさせる方がよい。
- タバコの値段を上げて税収を増やすべきである。
- 携帯電話を学校に持ってきてもよい。
- 成人を18才にするべきである。
- ゲームは悪いものである。
- たばこは廃止すべきである。

2009年度

- 映画は映画館で見るか家で見るか。
- 世の中に残すなら「あ」か「お」か。
- つきあうならば外見重視か中身重視か。
- 学校に制服は必要である。
- 生まれかわるなら男がいいか、女がいいか。
- タイムマシーンがあれば未来に行くか過去に行くか。

2010年度

- 平成22年東京都議会可決の、改正「東京都青少年の健全な育成に関する条例」中の第七条第二項は、今の日本にとって必要である。
- 高校2年生対象の全国進研模試は、公立高校において、全員強制受験とするべきだ。

2011年度

- 公立の高等学校に、個人用ロッカーは必要である。
- 高校生のアルバイトに、許可は不要である。

2012年度

- 結婚するなら、最高に外見が悪くて最高に性格の良い人よりも、最高に外見が良くて最高に性格の悪い人を選ぶ。
- ハンバーガーにピクルスは必要である。

・論題傾向
　1．事実論題……2
　2．価値論題……42
　3．政策論題……25

※1993〜2000年度…県立宝塚北高校
　2002〜2009年度…県立川西明峰高校
　2010〜2012年度…県立猪名川高校

（池信宏之）

「永訣の朝」の視覚化から群読へ

1 単元構想の動機

　詩の授業は難しい。授業で解釈をすればするほど詩を読む楽しみから遠ざかるような、詩の主題めいたものを語ることが詩人の哀切を台無しにしてしまうような、罪悪感とも言えるようなものを感じる国語教師は私だけではないだろう。詩の定番教材である宮沢賢治「永訣の朝」を授業するたびに、最愛の妹とし子を失う賢治の混乱や悲しみが万民済度の祈りへと昇華する過程を読み取らせてはいるが、学習者の「へぇー、そうなんだ」レベルの頭の理解しか残すことができない物足りなさを感じていた。

　頭だけの理解ではなく、もっと深いところで「永訣の朝」を体感させたい。そのために、とし子や賢治の声を学習者自身の声と共鳴させてみたい。そう願って、群読を試みた。「永訣の朝」を用いた群読のすぐれた実践はいくつかある（例えば家本2000）。他に中原中也の「サーカス」も群読の実践をよく見る。どちらも詩中に、不思議なリフレインが置かれ（「サーカス」なら3回の「ゆあーん　ゆよーん　ゆやゆよん」、「永訣の朝」なら4回の「あめゆじゆとてちてけんじや」）、次のような繰り返しも多用されており、群読の漸増法や漸減法、追っかけなどの技法に載せやすい。

〈「永訣の朝」の繰り返し〉
　みぞれはびちよびちよふつてくる（6行）
　みぞれはびちよびちよ沈んでくる（15行）
　みぞれはさびしくたまつてゐる（29行）

　おまへはわたくしにたのんだのだ（20行）
　おまへはわたくしにたのんだのだ（25行）

　ありがたうわたくしのけなげないもうとよ（21行）
　わたくしのけなげないもうとよ（44行）
　もうけふおまへはわかれてしまふ（38行）
　ほんたうにけふおまへはわかれてしまふ（40行）

　他にも、「永訣の朝」は男性である賢治と女性であるとし子の発話（または独白）から構成されており、役割読みをすることもできる。また、とし子の「方言における音数律的な『二』・『三』・『四』音」（近藤2011）は、アンサンブルやコーラスに向いている。

2 単元構想の動機

(1) プリント「『永訣の朝』文学評論」

　まず、教材として、次のような手順で学習者の意見を集めたプリント「『永訣の朝』文学評論」（資料1）を作る。

①学習者は、授業者の「永訣の朝」の範読を聞きながら、詩の中の語句について、「どうして～（文中の語句）と書いたのか」という質問カードを1問だけ書き、選んだ語句の載っているページ数と行数を書き加えて提出する。

②授業者は、そのカードを他の学習者に配布し、「～という感じを出すため」という形で、その疑問に答えさせる。

③答えが記入されたカードを回収し、次回の授業に、疑問と答をプリント「『永訣の朝』文学評論」にして配付する。

〈カードに記載された例〉

> 質問「どうして『まがつたてつぱうだまのやうに』と書いたのか？」
> 答え「『混乱してどこに行くかも分からない』という感じを出すため。」

「どうして〜と書いたのか」と質問させ、「〜という感じを出すため」と答えさせるのは、作者の表現意図を意識させるためであり、学習者が、作者と読者である自分との交流をメタ認知し読みを深める助けとなる。

授業者は、このプリント「文学評論」をよく使う。学習者から「みんなの考えが集まると、どんどん深い意味が分かってきて面白い」「楽しかった。自分たちで読み込んだ感じがする。またやりたい」「全員参加の授業って感じがする」という感想が聞かれ、授業が活性化するからである。また、学習者は1問ではあるが、しっかりと自分の答えを考える時間が与えられる。授業中に突然指名されて、非常な緊張感のなかで答えを考え、授業者と他の学習者がじっと待っているということもない。

(2) 詩全体を俯瞰できる視覚化

詩の一行一行を解説していく授業を展開すると、56行ある「永訣の朝」は、文学史も含めて4時間ほどかかってしまう。授業者にとっては、それは繋がった一連のものかもしれないが、他教科の授業も受けている学習者にとっては、切れ切れになり詩の印象は薄いものになってしまう。最愛の妹とし子の死に悲嘆し混乱する賢治が、それをとし子の言葉を頼りに祈りへと昇華させていく過程を1時間の授業で俯瞰させたいと考えていた。また、学習者が、「永訣の朝」をどのように群読をするかを考えるとき、前半の重苦しい混乱したイメージから後半の美しい聖なるイメージへと詩が変わっていく様子や、その中で、4回の（あめゆじゆとてちてけんじや）や繰り返しなどがどの箇所におかれているかが分かる方がよいとも考えた。

特別支援教育が推進されるとともに、認知の偏りのために、聴覚情報や文字情報の理解や記憶が苦手な学習者が、教室の中に少なからずいることが分かってきた。そのような学習者のために、授業者は、授業内容を視覚化したり構造化したりする努力が必要であるが、それは他の学習者の理解を助けることにも繋がる。

以上の2点の理由から、次のような手順で「永訣の朝」の詩全体を1時間の授業の中で俯瞰できるように板書しワークシートに記入させて、詩を視覚化する工夫をした。

黒板の全面に右上から左下に向けて斜めの直線を引く。詩の語句と、プリント「『永訣の朝』文学評論」に載せた意見を拾ったり、学習者に尋ねたりしながら、それらはどんな心情や雰囲気を感じさせるかを尋ねて、重苦しい混乱した雰囲気の語句は斜線の下半分へ、美しい聖なる雰囲気の語句は上半分へ記入する。学習者は、板書と同じく斜めに直線を入れ、その上に詩を載せたワークシートに、授業者の板書と共に記入していく（資料2：ワークシート「永訣の朝」）。

この板書に、例えば4回の（あめゆじゆとてちてけんじや）を書き入れてみると、前3回は、重苦しい混乱した雰囲気の語句の中に置かれているのに比べて、4回目は「死ぬといふいまごろになつて」「わたくしをいつしやうあかるくするために」「こんなさつぱりした雪のひとわんを」「おまへはわたくしにたのんだのだ」という賢治の気づきによって、詩が美しい聖なる雰囲気に変わっていくところに置かれていることが分かる。

(3) 4回の「あめゆじゆとてちてけんじや」

「永訣の朝」の学習に群読を用いようとする授業者として魅力的なのは、4回の「あめゆじゆとてちてけんじや」の読みをどう工夫させるかというところであろう。

1回目の「あめゆじゆとてちてけんじや」をなぜか認識できなかった賢治が、2回目を聞いて「まがつたてつぱうだま」のように「飛びだした」。3回目、4回目の「あめゆじゆとてちてけんじや」は、庭で空を見上げる賢治の頭の中で鳴り響いている。

賢治が、3回目と4回目のとし子の声を聞いている場所は同じでも、ワークシートに記入してみると、置かれている箇所の詩の雰囲気が、重苦しい混乱したものから美しい聖なるものへと変わっているという違いがある。この違いを、読み方で表現して欲しいところである。

では、1回目と2回目の「あめゆじゆとてちて

けんじや」の違いをどう捉えるか。言い換えると、1回目の「あめゆじゆとてちてけんじや」で賢治が動かなかった理由をどう考えるのか。

これについては、第2時の授業の最後で、自己評価用紙に自分の考えを書かせることにした。意見は大きく2通りに分かれた。一つは、「とし子の声が小さかったか、賢治が混乱していて聞き取ることができなかった」という意見、もう一つは、「実際にはとし子の声ではなく、賢治の思い出や心の中の声である」という意見である。

〈1回目についての意見〉

> ①とし子の声が小さかったか、賢治が混乱していて聞き取ることができなかった。
> ・死にそうで苦しんでいる妹の声が聞きづらい。
> ・最初のは声が小さくて〜
> ・自分の心が暗くて周りの声すら聞くことができなかった。
> ②実際にはとし子の声ではなく、賢治の思い出の中の声である。
> ・死にそうな妹と一緒にみぞれで遊んだ記憶を思い出して〜。
> ・昔、子どもの頃に、賢治がとし子から聞いたのを思い出した〜。
> ・妹のことを心から思っている賢治が、その妹の心の叫びが聞こえた〜。

この「あめゆじゆとてちてけんじや」について近藤（前掲）は、「かつてとし子の言葉すべてを臨終の日の実話とする意見もあったが、栗谷川や相馬の『現実の声』や『臨終時における直接的な台詞』でないとする考えが多くなっている」と述べている。学習者は、賢治が聞き取れなかったという従来の読みと共に、「幼少時の回想と組み合わせて再構成した賢治の心象風景」（相馬1998）や「いわば霊的な、四次元での声」（栗谷川1997）とも読み取っている。授業者は、「どちらの読みを採用しますか。この2通りの読みの違いが、群読で表現されるとおもしろいね」とだけコメントした。

以上のことから、4回の「あめゆじゆとてちてけんじや」について、次のような違いをどのように群読で表現するかという工夫を学習者に求めることになる。

1回目	賢治はとし子の部屋の中にいる。とし子の声を聞き取れなかった、またはぼんやりと回想している。
2回目	賢治はとし子の部屋の中にいる。とし子の声をはっきりと認識した。庭に飛び出していくきっかけとなる。
3回目	賢治は庭にいる。とし子の声は、頭の中で聞こえている。重苦しい混乱した雰囲気の中にある。
4回目	賢治は庭にいる。とし子の声は、頭の中で聞こえている。美しい聖なる雰囲気の中にある。

3　単元の全体像

〈自己評価用紙の記入〉

毎時間、学習者は授業の最後に自己評価用紙を記入し提出する（本書152〜157ページ）。これに授業者がコメントを記入し、次の時間の最初に返却する。授業に役立つものについては、指名して読ませる。

〈第1時〉
- 国語便覧から、宮沢賢治の生涯や作品を学ぶと共に、賢治と妹とし子の関係を知る。
- 学習の成果を、最後に班で群読で表現することを伝え、群読のCD（家本2001）を聞いて、自分たちのする群読についてイメージする。
- 授業者の範読を聞き、「どうして〜（詩の中の語句）と書いたのか」という質問カードを学習者同士で交換し、そのカードに「〜という感じを出すため」と答える。集めた質問と答えは、授業者が、次の時間にプリント「『永訣の朝』文学評論」にして配付する。

〈第2時〉
- 授業者が、第1時の自己評価から、「あめゆじゆとてちてけんじや」や情景描写に触れた意見

を読み上げて、学習者をこの二つに注目させる。

〈学習者のコメントの例〉

- 「あめゆじゆとてちてけんじや」を何回も繰り返しているのにどんな意図があるか気になりました。
- 永訣の朝には、たくさんの色が出てきている。出てきている色は寒色系が多い。

● 授業者は、第1時の質問カードの答えをまとめたプリント「『永訣の朝』文学評論」とワークシートを学習者に配付し、詩の語句をプリントから拾ったり学習者に尋ねたりしながら、心情や雰囲気を表す語句に言い換えて、重苦しい混乱した雰囲気の語句は下半分に、美しい聖なる雰囲気の語句は上半分に板書する。学習者は板書をワークシートに記入しながら、詩の雰囲気が、前半から後半へ変化していることを視覚的に理解する。
● 4回の（あめゆじゆとてちてけんじや）が聞こえた箇所を確認し、どのような状況でどのように聞こえたのかを考える。最後に、1回目の（あめゆじゆとてちてけんじや）について、「どうして前後に変わりがないのか」と学習者に尋ね、その答えを自己評価用紙に書かせた。

〈第3時〉
● 自己評価用紙に書いた1回目の（あめゆじゆとてちてけんじや）について、意見を発表する。
● プリント「『永訣の朝』文学評論」の自分たちの答えを参考にしながら、次の3点を考える。
  - 「ふたつの（9行目）」や「ふたきれの（28行目）」などの「2」のイメージが多用されている理由。
  - 「Ora Orade Shitori egumo」が、ローマ字で表記されている理由。
  - 「（うまれでくるたて／こんどはこたにわりやのごとばかりで／くるしまなあよにうまれてくる）」というとし子の言葉が、「おまへとみんなとに聖い資糧をもたらすやうに」「わたくしのすべてのさいはひをかけてねがふ」という賢治の祈りと決意に繋がること。

〈第4時〉
● 授業者は、「群読のためのワークシート」（資料3）を配付、アンサンブルやコーラス、漸増法や漸減法などの群読の技法（重水2007）についてCDを聞かせながら解説する。
● 班（8人×5班：多くは男子3人、女子5人）ごとに群読の計画について話し合い、計画がまとまったら練習をする。

〈第5時〉
● 群読の発表会。班で評価を話し合い、相互採点をする。

4 授業の具体像としての自己評価

(1)〈第2時：詩の視覚化〉の自己評価

1回目の（あめゆじゆとてちてけんじや）がどのような状況でどのように聞こえたかを自己評価用紙に書くように指示した時間であったが、その答えと共に、詩の視覚化について、たくさんのコメントがあった。非常に印象深かったのではないかと思われる。

〈詩の視覚化に対する自己評価のコメント〉

- ワークシートにまとめたら、言葉の変化から賢治の気持ちの変化がよく分かった。
- 私はずっと暗い気持ちで終わるのかと思っていたけれど、明るくなっていって、前向きに考えようとする賢治の気持ちが読み取れた。
- 妹と訣れる悲しみと、それに負けずに強く生きようという賢治の心の変化を読めた。
- 詩の流れにそってワークシートに書き込んでいくと、流れが分かりやすかった。暗いところと明るいところがだんだん変わっていた。

重苦しい混乱した雰囲気から、美しい聖なる雰囲気へと変化する詩の雰囲気が、賢治の悲しみや混乱から決意や祈りへの変化に繋がっていることを学習者は理解できたようである。

(2)〈第5時：群読発表会〉の自己評価

第5時の群読発表会後の学習者の自己評価から、次の3点のような学習の深まりが分かる。

まず、自分たちの意見を使って読み深めた詩の理解を、群読で多様に表現できた。「ふたつのかけた陶椀」や「ふたきれのみかげせきざい」、「二相系」という言葉を、賢治ととし子の2人の今までの生活を象徴するイメージを込めて、男女2人で読んだり、重苦しい混乱した雰囲気から美しい聖なる雰囲気へと詩が変化することを、後半に向けてだんだんと読む人数を増やし、最後の1行は全員で読んだりして表現した。

　二つ目は、群読に取り組むことで、学習者が、詩を深く理解できたと感じていることである。これは、群読をするための話し合いの中で、詩の読解を確かめ合うことができたこと、何度も声を出して群読の練習をしたことで、賢治やとし子の気持ちを体感できたことなどが理由であろう。

　三つ目は、互いの班の群読を聞き合うことで、互いの個性の違いを面白いと感じられたことである。その班独特の工夫された読みが披露されると、学習者の中から「ほー」という感嘆の声が聞こえた。

〈群読発表会後の学習者の自己評価〉

①詩の読解を、群読の技法を使って多様に表現することが試みられた。
- 賢治ととし子の二人をイメージさせるところを二人でずらして読んでいた班は、なるほどと思いました。
- 最後の「わたくしのすべてのさいはひをかけてねがふ」を全員一緒で読んでいる班が多かった。
- 「びちょびちょ」の表現とか良かったです（筆者注：前半で「びちょびちょ、びちょびちょ」というコーラスを入れていた）。

②群読をすることで、より深く詩を読むことができたと感じている。
- 詩の授業で、この形式ですると、とても詩の内容に近づけると思いました。
- 板書の書き写しや考察だけでなく、朗読を通して賢治の思いや心境を深く知ることができて良かったです。

- 今回、初めてみんなで読んでみると、詩から悲しい気持ちや明るく生きていこうという感じが分かってきた。

③群読を聞き合うことで、互いの個性を感じ授業がおもしろくなった。
- いろんな班の発表を聞いて、いろんな読み方をしていて面白かった。
- 授業を受けても、一人ひとり感じ方が違うという点が表れていたと思う。
- 色んな発表があって面白かった。それぞれの班が大切にしていること、強調したい部分が違うことに驚いた。

5　成果と課題

　学習者の自己評価を読むと、「群読を用いることで、とし子や賢治の声を学習者自身の声と共鳴させること」「理解を深め群読の工夫をするために詩を視覚化すること」は概ね成功したと思われる。しかしながら、授業数の関係から、群読のために、十分な話し合いや練習の時間を確保できず、パフォーマンスとしての群読の完成度を求めることは難しかった。また、詩中の語句を細かく解説する時間をあえて取らなかったため、理解の不十分な部分や誤読があったと思われる。

●参考文献
- 家本芳郎（2001）『CDブック　家本芳郎と楽しむ群読』高文研
- 家本芳郎（2000）『新版　楽しい群読脚本集』高文研
- 栗谷川虹（1997）「未来形の挽歌－無声慟哭試論」『宮沢賢治　異界を見た人』角川書店
- 近藤健史（2011）「『永訣の朝』の方言」『研究紀要／日本大学通信教育部通信教育研究所』第24号　日本大学通信教育部通信教育研究所
- 重水健介（2007）『すぐ使える群読の技法　基本から応用まで』高文研
- 相馬正一（1998）「鎮魂歌『永訣の朝』の虚実」『宮沢賢治　15』洋々社

（熊代一紀）

資料１　「永訣の朝」文学評論　（筆者注　実際には意見の下に学習者の名前を付けている。）

▶情景や行動の描写から
3　みぞれがふっておもては <u>へんにあかるいのだ</u>
・自分がこの世で一番悲しい

5　うす <u>あかく</u> いっそう <u>陰惨な雲</u> から
6　みぞれはびちょびちょふってくる
・賢治の心が暗くなっている
・暗くて不気味

11　わたくしはまがったてっぽうだまのように
12　このくらいみぞれのなかに飛びだした
・一点を目指してすごいスピードで急いでいる
・妹が死んでしまう前に雪を取りに急いで行った
・妹のために一生懸命みぞれを取ろうとしている
・まっすぐ飛ぶことができない、どこに行くか分からない
・悲しみでまっすぐ進めない

14　蒼鉛いろの暗い雲から
15　みぞれはびちょびちょ沈んでくる
・みぞれがどんどん水分を含んでくる
・良くない天候と自分を重ねて、妹との別れが辛い感じを出す
・賢治が理系を出ているから
・自分の気持ちを表している
・みぞれと自分の気持ちが沈んでくる

19　りんごをそのほりとした雪のひとわんを
・賢治のトシと別れたくない、まだ死を受け入れられない気持ちを出す、「きりりとした雪」で表現している

26　銀河や太陽　気圏などと
27　そらからおちてきたせかいのひとわんを……
・ただの空の雪ではない、特別な「銀河や太陽　気圏などとよばれたせかい」から降ってきた雪をあげたら
・妹が死んで壮大な宇宙へ旅に出た感じ

28　……ふたきれのみかげせきざいに
29
30　わたくしはそのうへにあぶなくたち
・としこの死で普通のみぞれですら自分がふぶき悲しい
・妹が死んだという辛さを涙にかえてみぞれで表した
・妹のためなら俺は何でもするという覚悟
・すぐに転ばないよう緊張感を持っている

42　くらびやうぶやのなかに
43　やさしくあおじろく燃えている
44　わたくしのやさしいいもうとよ
・妹の優しさと命が尽きてしまうような感じ
・妹のやさしさと姿を伝える
・妹が必死で生きようと頑張っている

45　この雪はどこをえらばうにも
46　あんまりどこもまっしろなのだ
47　あんな おそろしい みだれたそらから
48　このうつくしい雪がきたのだ
・りんごに自分のなみだで苦しまないようけ入るか
・早く美しい雪が来てほしい
・賢治のとし子の死に対する絶望と悲しみの感情

▶四回の（あめゆじゅとてちてけんじゃ）
・妹が生前言っている
・遠くへ行ってしまう妹にどうしても雨雪を食べさせてあげたい兄の気持ち
・妹がもうすぐ自分は死んでしまうと分かっていて、兄に最後のお願いをしている
・賢治にだんだん元気がなくなっているのを見せたくないために、何回も言って賢治を家から出す
・熱でなみだもあまりに熱いてみぞれが欲しくなった
・妹のかすかな声が何回も心に繰り返される
・ふぶきの中で、とし子の声で賢治がとし子から頼み事をされたと思っている。

▶「２」のイメージ
9　このふたつのかけた陶椀に
・二人が長い間使っているという感じ（3S）
28　……ふたきれのみかげせきざいに
31　雪と水とのまっしろな二相系をたもち
52　おまへがたべるこのふたわんのゆきに

▶(Ora Orade Shitori egumo) はなぜローマ字なのか。
・妹の気持ちを目立たせて妹が勇ましいという感じ
・ローマ字で、とし子が別の世界に行ってしまった感じ
・他などの部分よりも際立たせたかった
・たとえ賢治がかなしんでいても、私はしんでるきもちをしょうがないと思っている。
・一人で死んでいるという感じ

▶どうしてわたしはいま明るくるられるのか。
16　あたしとし子
17　死ぬといふいまごろになって
18　わたくしをいっしゃうあかるくするために
19　りんごをそのほりとした雪のひとわんを
20　おまへはわたくしにたのんだのだ
21　ありがとうわたくしのけなげないもうとよ
22　わたくしもまっすぐにすすんでいくから
・妹が安心して天国に行けるように、妹と約束している
・明日も元気に生きていく
・兄としてとし子にしてあげられることが明るく生きること

49　（うまれでくるたて
50　こんどはこたにわりやのごとばかりで
51　くるしまなあよにうまれてくる）
53　わたくしはいまこころからいのる
54　どうかこれが天上のアイスクリームになって
55　おまへとみんなに聖い資糧をもたらすやうに
56　わたくしのすべてのさいはいをかけてねがふ
・ふわっとした雪が大きなアイスクリームになって、天国の人にプレゼントする。天国の人の平和を願っている
・妹が天国でも幸せでいてほしいという兄の願い
・雪をたべるとアイスクリームのような資糧をもたらしたらな
・雪がみんなのところへ降るように、貧しい農民のところも資糧をもたらしてほしい
・「おまへ」「みんな」に聖い資糧をもたらすまうに願っている
・妹のとし子が天国で行って幸せに暮らしてほしい
・妹や他の人に幸せになってほしい

資料2　ワークシート「永訣の朝」

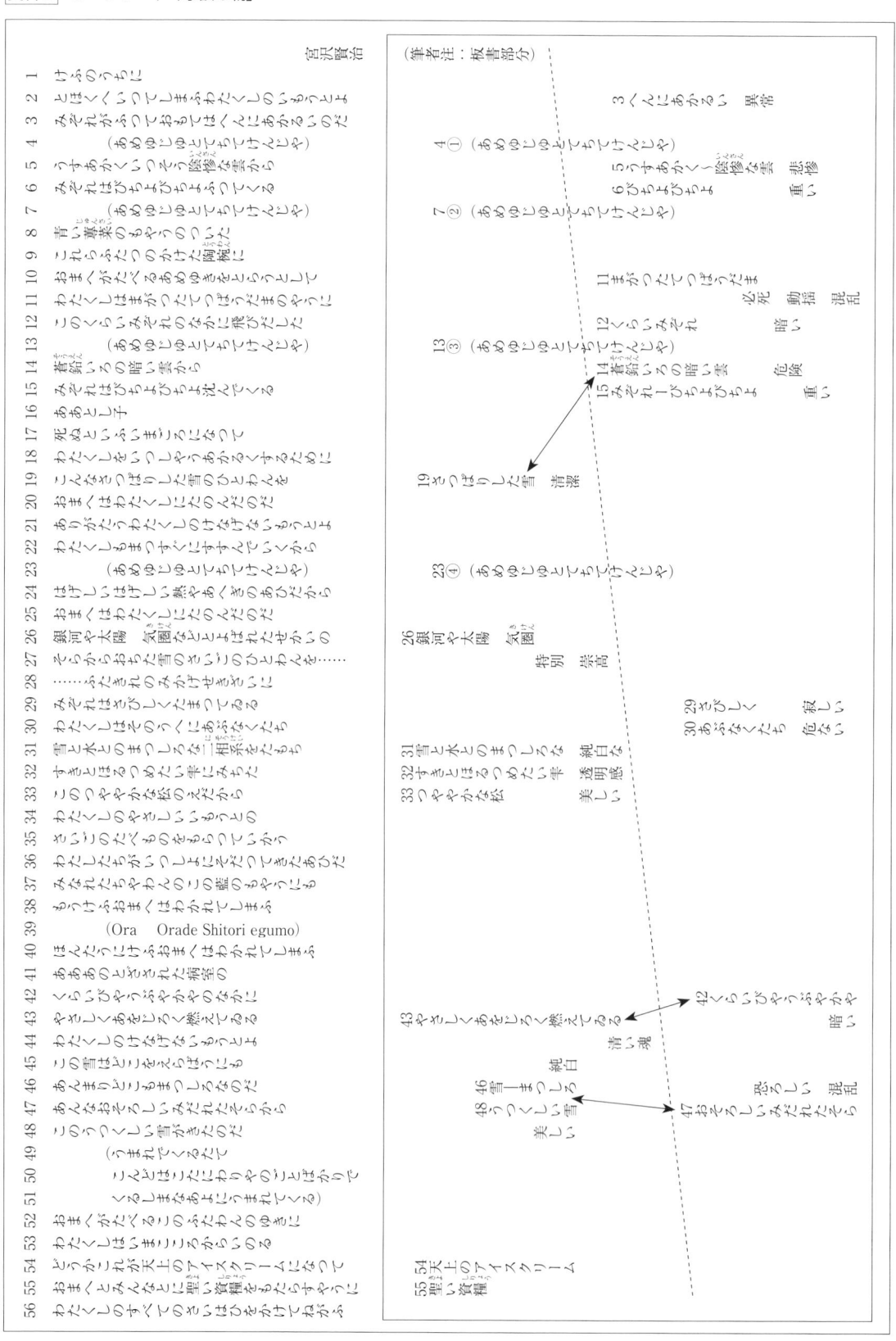

宮沢賢治　　　　　　　　　　　　　　　　（筆者注：板書部分）

1　けふのうちに
2　とほくへいつてしまふわたくしのいもうとよ
3　みぞれがふつておもてはへんにあかるいのだ　　　　　　3　くにがあかるい　　異常
4　（あめゆじゆとてちてけんじや）
5　うすあかくいつさう陰惨な雲から　　　　　　　　　　4①（あめゆじゆとてちてけんじや）
6　みぞれはびちよびちよふつてくる　　　　　　　　　　5　うすあかく　陰惨な雲　悲惨
7　（あめゆじゆとてちてけんじや）　　　　　　　　　　6　びちよびちよ　　　　　重い
8　青い蓴菜のもやうのついた　　　　　　　　　　　　　7②（あめゆじゆとてちてけんじや）
9　これらふたつのかけた陶椀に
10　おまへがたべるあめゆきをとらうとして
11　わたくしはまがつたてつぱうだまのやうに　　　　　　11　まがつたてつぱうだま
12　このくらいみぞれのなかに飛びだした　　　　　　　　　　　　　　　　必死　動揺　混乱
13　（あめゆじゆとてちてけんじや）　　　　　　　　　　12　くらいみぞれ　暗い
14　蒼鉛いろの暗い雲から　　　　　　　　　　　　　　　13③（あめゆじゆとてちてけんじや）
15　みぞれはびちよびちよ沈んでくる　　　　　　　　　　14　蒼鉛いろの暗い雲　　危険
16　ああとし子　　　　　　　　　　　　　　　　　　　　15　みぞれはびちよびちよ　重い
17　死ぬといふいまごろになつて
18　わたくしをいつしやうあかるくするために
19　こんなさつぱりした雪のひとわんを　　　　　　　　　19　さつぱりした雪　清潔
20　おまへはわたくしにたのんだのだ
21　ありがたうわたくしのけなげないもうとよ
22　わたくしもまつすぐにすすんでいくから
23　（あめゆじゆとてちてけんじや）　　　　　　　　　　23④（あめゆじゆとてちてけんじや）
24　はげしいはげしい熱やあへぎのあひだから
25　おまへはわたくしにたのんだのだ
26　銀河や太陽　気圏などとよばれたせかいの　　　　　　26　銀河　太陽　気圏
27　そらからおちた雪のさいごのひとわんを……　　　　　　　　　　特別　崇高
28　……ふたきれのみかげせきざいに
29　みぞれはさびしくたまつてゐる　　　　　　　　　　　29　さびしい　　　寂しい
30　わたくしはそのうへにあぶなくたち　　　　　　　　　30　あぶなくたち　危ない
31　雪と水とのまつしろな二相系をたもち　　　　　　　　31　雪と水のまつしろな
32　すきとほるつめたい雫にみちた　　　　　　　　　　　32　すきとほる　つめたい雪　透明感
33　このつややかな松のえだから　　　　　　　　　　　　33　つややかな松　美しい
34　わたくしのやさしいいもうとの
35　さいごのたべものをもらつていかう
36　わたしたちがいつしよにそだつてきたあひだ
37　みなれたちやわんのこの藍のもやうにも
38　もうけふおまへはわかれてしまふ
39　（Ora　Orade Shitori egumo）
40　ほんたうにけふおまへはわかれてしまふ
41　あああのとざされた病室の
42　くらいびやうぶやかやのなかに　　　　　　　　　　　42　くらいびやうぶやかや　暗い
43　やさしくあをじろく燃えてゐる　　　　　　　　　　　43　やさしくあをじろく燃えてゐる
44　わたくしのけなげないもうとよ　　　　　　　　　　　　　　　　　　清い魂
45　この雪はどこをえらばうにも
46　あんまりどこもまつしろなのだ　　　　　　　　　　　46　雪一まつしろ　純白
47　あんなおそろしいみだれたそらから　　　　　　　　　47　おそろしいみだれたそら　恐ろしい　混乱
48　このうつくしい雪がきたのだ　　　　　　　　　　　　48　うつくしい雪　美しい
49　（うまれでくるたて
50　こんどはこたにわりやのごとばかりで
51　くるしまなあよにうまれてくる）
52　おまへがたべるこのふたわんのゆきに
53　わたくしはいまこころからいのる
54　どうかこれが天上のアイスクリームになつて　　　　　54　天上のアイスクリーム
55　おまへとみんなとに聖い資糧をもたらすやうに　　　　55　聖い資糧
56　わたくしのすべてのさいはひをかけてねがふ

資料3　群読のためのワークシート

（　　　）班
リーダー（　　　）　書記（　　　）
メンバー（　　　　　　　　　　　）

問1　4回の（あめゆじゆとてちてけんじや）をどう読むか。

4（あめゆじゆとてちてけんじや）

この言葉を聞いたときの状況、賢治の気持ち
読み方（人数、工夫）

7（あめゆじゆとてちてけんじや）

この言葉を聞いたときの状況、賢治の気持ち
読み方（人数、工夫）

13（あめゆじゆとてちてけんじや）

この言葉を聞いたときの状況、賢治の気持ち
読み方（人数、工夫）

23（あめゆじゆとてちてけんじや）

この言葉を聞いたときの状況、賢治の気持ち
読み方（人数、工夫）

問2　(Ora Orade Shitori egumo) をどう読むか。

この言葉を言ったときのとし子の気持ち
この言葉を聞いたときの状況、賢治の気持ち
読み方（人数、工夫）

問3　(うまれでくるたて こんどはこたにわりやのごとばかりで くるしまなあよにうまれてくる) をどう読むか。

この言葉を言ったときのとし子の気持ち
この言葉を聞いたときの状況、賢治の気持ち
読み方（人数、工夫）

問4　前半の重く悲しい雰囲気から、後半の明るく美しい雰囲気への変化をどう表現するか。

読み方（人数、工夫）　　　　　行目から

問5　ほかにどんな読み方の工夫ができるか。（何行目、どんな解釈で、どんな工夫をするか。）

第1章の解題

1　音声言語に特化した「国語表現」の年間指導報告と考察（髙田真理子）

　筆者が実践のライフワークとして力を入れてきた領域である。筆者は、究極の課題として、高校生の将来の言語生活を見すえ、高校3年間の音声言語教育のありようを模索している。本論考は一公立高校での2年間にわたる年間指導の報告と考察である。

　平成14年度は、五つの単元（友人紹介／「話す」の基礎講座／3分間スピーチ／ブックトークしよう！／インタビュー＆聞き書き）を核とした展開である。平成15年度は、前年度の成果と課題を踏まえ、七つの単元（60秒で自己紹介／パブリック・スピーキング基礎講座／3分間スピーチ／ブックトークしよう！／「聞くこと」の基礎講座／群読をしよう！／「話す」の基礎体力づくり）を核にしている。単元間の有機的な関連にも配慮がなされ、ここに、年間カリキュラムの原型を得たと見ることができる。

2　ディベートとともに歩んだ17年（池信宏之）

　筆者自ら〈私のライフワーク〉と言うディベートは、「国語表現」の授業の一つとして位置づけられている。1学期は〈表現の基礎〉〈書くことの実践〉、2学期には〈文化祭舞台発表〉〈朗読〉〈口頭での説明〉〈道案内〉〈聞き書き〉などの学びがあり、それらが3学期の〈ディベート〉に集約される形になっている。

　本論考は、ディベートに関する実践上の基本事項を整理し、意義と課題を集約したものである。筆者はディベートの最も大きな効果として、〈発表の準備のため自らの力で調査・分析する能力が養われること〉をあげている。ディベート実践上の課題を〈(1)基本事項説明の場合／(2)論題を決める場合／(3)班を分ける場合／(4)資料作成の場合／(5)ディベート本番の場合／(6)まとめの場合〉に分節してきめ細かく述べているのも、17年の積み重ねの結果である。資料のテーマ一覧も今後の分析対象にすることができる。

3　「永訣の朝」の視覚化から群読へ（熊代一紀）

　〈頭だけの理解ではなく、もっと深いところで「永訣の朝」を体感させたい。そのために、とし子や賢治の声を学習者自身の声と共鳴させてみたい。そう願って、群読を試みた。〉授業者のねらいは明確である。ただ、ねらいを達成するためには手立て（手引き）が必要である。本実践では、〈「永訣の朝」文学評論〉〈ワークシート「永訣の朝」〉〈群読のためのワークシート〉の3点が用意された。

　文学評論は、「永訣の朝」の表現について問いのカードを書き、それを順繰りに回し、やってきた問いに答えを書くという学習活動をする。次の時間はその問いと答えを一覧表にしたものを検討していく。ワークシート「永訣の朝」は、詩の構造把握（イメージの視覚化）のための協議と記入の学習活動である。これらの学習活動をふまえ、群読のためのワークシートでは、ポイントとなるフレーズをどう読むかを協議する学習活動に入る。

第2章

読解の深化

詩の解釈―授業の構造化を図る―
―詩における喩の解釈を成立させる協働学習のあり方―

1 問題の所在

(1) 詩を読むという行為のしくみ

詩を読むとき、読者は言葉の表意的意味を通じて表意的心象を喚起しながら読んでいる。そして喚起された心象に何らかの喩の意味を与えながらテクスト全体を貫く統合的な意味を解読しようとしている。解読し解釈されたこの統合的意味を仮に概念と呼んでおく。概念は連続する喩の意味を結束できたときに成立するが、うまく結束できないとこの詩は何を言っているのかわからないということになる。そういうとき読者は自己内対話を繰り返し、表意的心象を見直したり喩の意味解釈をやり直したりテクストの結束構造を再点検したりしつつ再度統合的意味の結束を図り概念化しようとする。概念が合理的に形成されるとさらに種々の記憶群と連合し想が構成される。

これを図示すると図1になる。

図1

| 読者 → テクスト → 言葉 → イメージ → 意味 → 概念 → 想 |

表意的意味　表意的心象　喩の意味の連鎖　統合的意味　envisionment

マクロ構造調整

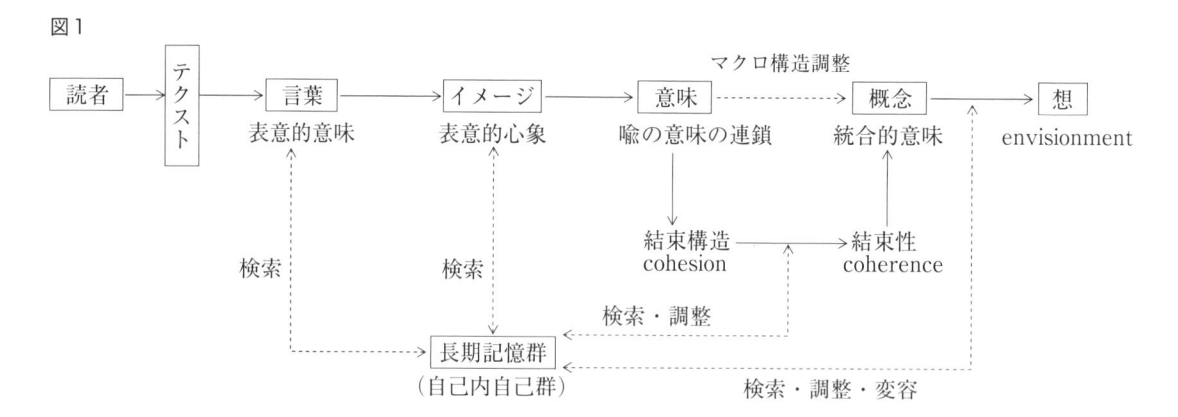

結束構造 cohesion ― 結束性 coherence

検索　検索　検索・調整

長期記憶群（自己内自己群）

検索・調整・変容

表意的意味の把握は比較的容易であるが表意的心象は読者によって異なり、喩の意味にいたると個々の読者ですら多義的となる。それは心象を喚起したり喩の意味を写像する時にアクセスする連合野が個人によって異なるからであり、さらに個の内部で関連する複数の記憶が同期的に再生されるからである。そのため読者によっては喩の意味の統合に困難をきたし立ち往生することがある。また結束構造の不分明なテクストも喩の意味の結束を困難にする。そんなとき読者はテクスト解釈に統一性をもたらすためある時は表層的に、ある時は深層的に喩を解釈し意味を結束させようとするが、それでも解釈不能に陥ることも珍しくない。

(2) 集団で読むということの問題

ところで上のような説明は読者解釈の多様性を前提としている。読者は各人異なったコンテクストの持ち主であるから多様な解釈を行うのは自然なことである。しかし高校の授業になると事情がいささか異なってくる。"正しい解釈"が教示されたり読者（学習者）解釈が一義的に統一されたりすることがしばしば見られる。その原因は生徒の学習評価に関わる制度上の問題と文学的文章に関する教師自身のテクスト観にあると考えられる。

このような注入的、制御的な読みに陥らず、上に示した個々の読者（学習者）の解釈過程の自然性を損なうことなく詩の授業を成立させるにはどうすればよいのであろうか。

また"正解のない課題（喩の解釈）"の学習評価テストはどのような問いにすべきであろうか。

文学的文章の場合、学習共同体としての授業の構造特性を踏まえつつ読者解釈の多様性を保障する方法として、個々の学習者が表出した感想や解釈などを集団で認知しながら個の読みを深めていくことが挙げられる。詩の場合、表出された個の解釈を集団で重畳しながら喩の意味と概念を協働して構築し個に再帰させることで個の解釈の自然性と多様性が保障されると考えられる。

また詩の学習評価テストは、テクストの解を求めるのではなく協働学習活動の再認テストで学習活動の参加度を測ることが望ましいと考えられる。

2 実践

(1) 対象
学年制普通科第2学年　36名

(2) テクスト (注1)

```
　　　夜がやってくる　　　　石原吉郎
① 駝鳥のような足が
② あるいて行く夕暮れがさびしくないか
③ のっそりとあがりこんで来る夜が
④ いやらしくないか
⑤ たしかめもせずにその時刻に
⑥ なることに耐えられるか
⑦ 階段のようにおりて
⑧ 行くだけの夜に耐えられるか
⑨ 潮にひきのこされる
⑩ ようにひとり休息へ
⑪ のこされるのがおそろしくないか
⑫ 約束を信じながら　信じた
⑬ 約束のとおりになることが
⑭ いたましくないか
```
(注：行頭の丸数字は、本稿のために入れたもの)

作家研究によれば、この詩はシベリアにおける作者のラーゲリ体験を語ったものということになっている。本実践はそのような先験的知識を持ち込まずテクストのみを解釈する協働学習である。

(3) 授業日程 (実質全4時間半)
表1

時	学習活動	学習内容	駆動する認知システム
①	1　通読 2　班討議 3　第1感想文を書く	2　表意的意味 3　初期想	2　初期想の生成 3　初期想の表出
②	4　第1感想文を読む 5　学習方法の理解（プリント配付） 6　イメージを想起する 7　プリントを回し読む 　（プリント回収）	6　表意的心象	6　表意的心象の想起
③	（プリント返却） 8　イメージを意味化する 9　設定課題（概念）を考える 10　班討議 11　発表・検証	8　喩の意味 9　概念	8　表意的心象の意味化 　結束構造の統合 9　問題空間の初期状態の設定 10　結束構造の検証・マクロ構造の検証、付与・結束性の構築・概念化
④	12　第2感想文を書く 13　第2感想文を回し読む 14　（作者に関する補足案内）	12　最終想	12　最終想の構築、表出
⑤	15　第2感想文を読む 　学習評価テスト（定期考査）		

注：14は教科用図書に掲載されている作者紹介を補足する読書案内である。

表1の「学習内容」「駆動する認知システム」は「学習活動」に図1を分節し配置したもの。

表1に授業構造、学習形態、指導形態、対話構造を対応させると表2になる。授業のL構造はリンドグレン（1956）に（注2）、学習形態、指導形態は山川（1997.2）にそれぞれ基づいている（注3）。表1と表2は構造軸を横にとったため紙幅の都合で図が分割されたものである。

表2

時	学習活動	授業のL構造	学習形態	指導形態	対話構造
①	1 通読	1 タイプⅡ	1 収斂	1 指導	1 自己
	2 班討議	2 タイプⅣ	2 拡散	2 支援	2 他者
	3 第1感想文を書く	3 タイプⅠ	3 収斂	3 指導	3 自己
②	4 第1感想文を読む	4 タイプⅤ	4 拡散	4 支援	4 他者
	5 学習方法の理解（プリント配付）	5 タイプⅠ	5 収斂	5 指導	
	6 イメージを想起する	6 タイプⅠ	6 収斂	6 指導	6 自己
	7 プリントを回し読む	7 タイプⅤ	7 拡散	7 支援	7 他者
③	8 イメージを意味化する	8 タイプⅡ（Ⅴ）	8 拡散	8 指導	8 他者
	9 設定課題（概念）を考える	9 タイプⅡ	9 収斂	9 指導	9 自己
	10 班討議	10 タイプⅣ	10 拡散	10 支援	10 他者
	11 発表・検証	11 タイプⅤ・Ⅱ	11 拡散	11 支援	11 他者
④	12 第2感想文を書く	12 タイプⅠ	12 収斂	12 指導	12 自己
	13 第2感想文を回し読む	13 タイプⅤ	13 拡散	13 指導	13 他者
	14 （作者に関する補足案内）	14 タイプⅠ			
⑤	15 第2感想文を読む	15 タイプⅤ	15 拡散	15 支援	15 他者
	学習評価テスト（定期考査）				

表1（表2）の6、8、9、10、11を図1に重ねてフロー化すると図2になる。

図2

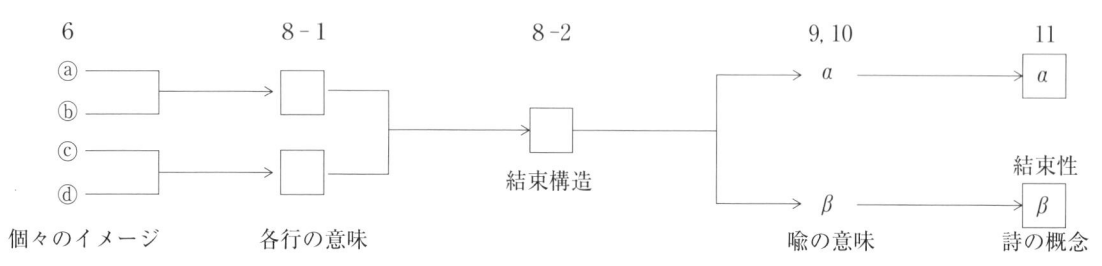

```
   6           8-1        8-2         9, 10        11
  ⓐ ┐
     ├─→ □ ┐
  ⓑ ┘      │
           ├─→ □ ─── 結束構造 ───┬─ α ─→ □ α
  ⓒ ┐      │                      │             結束性
     ├─→ □ ┘                      └─ β ─→ □ β
  ⓓ ┘
 個々のイメージ  各行の意味                  喩の意味    詩の概念
```

　図2は概念のスキーマ構造になっている。8-1は変数スロット（局所変数）、9、10はフィラー（媒介変数）、11はフレーム（大域変数）である。スロットは結束構造として意味統合し概念に結束していなければならず、フィラーと合理的に意味接合していなければならない。フィラーの値（喩の意味 α、β、…）を8-2に媒介し11が合理的に結束すれば詩の概念が成立したことになる。その結果、上位概念である何らかのシーンが個々の学習者に編成され図1の想を構成する。この詩の場合、タイトルにある「夜」は概念であると同時に値ともなっている。フィラーのデフォルト値は個々の学習者の喩の解釈の出発点である。

(4) 各時の内容
第1時の3　第1感想文を書く

　1の通読のあと、この詩は何を語っている詩か、班で話し合う。その後、感想文をそれぞれ自由に書く。話し合いを先にするのは、何も思い浮かばず白紙で提出する学習者を出さないためである。

以下に生徒の表現を5例示す。

> 生徒P　まず感じたことは、暗くさみしいという感じだった。夜になると一人になるので、一人になることがこわくないのか、不安ではないのかということをよびかけているのかと思った。それと、あたりまえのことがこわいのかと思った。
>
> 生徒Q　私はこの詩を読んで、この詩からはすごくさびしさが伝わってきた。夜が来ることにおびえていて、自分の死が近いような印象をうけた。そして、死が近づいているのに何もできない自分を責めているような気がした。何を訴えているのかは、まだよく分からなかった。
>
> 生徒R　「約束を信じながら　信じた／約束のとおりになることがいたましくないか」というところで、この詩は普段当たり前に起こることに対して、それを「当たり前だ」と思うことに疑問を持たないのかと言いたいのだと思った。
>
> 生徒S　時間が夜に近づいていくごとに孤独のさみしさがつのっていくっていう話かなと班で話し合って思った。
>
> 生徒T　班で話し合った結果というものは、なかったが、この詩から、出てきたもののキーワードとして取り上げたもの、まず「駝鳥」「階段」「潮」「約束」この四つのキーワードを何かちがうものに例えているのかなと思った。

Pは「あたりまえのことがこわい」、Qは「死が近づいている」、Rは「普段当たり前に起こることに疑問をもて」、Sは「夜に近づいていくごとに孤独のさみしさがつのる」、Tは「何かちがうもののたとえ」などととらえている。

第2時の6　イメージを想起する

言葉のイメージ化を図る。表3の補助プリント（実物はB4横置き縦書き）の傍線部分のイメージを記入する。記入後、回し読む。

表3

	表　　現	→	イ　メ　ー　ジ	→	意　味
①	駝鳥のような足が				①
②	あるいて行く夕暮れがさびしくないか				②
③	のっそりとあがりこんで来る夜が				③
④	いやらしくないか				④
⑤	たしかめもせずにその時刻に				⑤
⑥	なることに耐えられるか				⑥
⑦	階段のようにおりて				⑦
⑧	行くだけの夜に耐えられるか				⑧
⑨	潮にひきのこされる				⑨
⑩	ようにひとり休息へ				⑩
⑪	のこされるのがおそろしくないか				⑪
⑫	約束を信じながら　信じた				⑫
⑬	約束のとおりになることが				⑬
⑭	いたましくないか				⑭

学習者の抱いたイメージ

上記の生徒5人が想起し言語化したイメージを示す。（数字のあとの空白は無記入）

生徒P　①のろりとした感じ　②ゆっくりとした感じ　③ドロドロした感じ　⑤適当な感じ　⑥時間はきっちりと進んでいる感じ　⑦高く暗い感じ　⑧むなしい感じ　⑨ひとり孤独な感じ　⑩疲れ切っている感じ　⑪さみしい感じ　⑫率直な感じ　⑬この世の当たり前のルールという感じ

生徒Q　①細くて長い　②自分から何か去ってさみしい　③何かに支配されて怖い　⑤あせっているような感じ　⑥その時刻を恐がっている感じ　⑦じわじわせまってくる感じ　⑧悪い方に行くしかできなくて自分を止められない感じ　⑨身動きができない感じ　⑩疲れている感じ　⑪さみしくて恐い　⑫希望にたくしている感じ　⑬それだけではつまらない感じ

生徒R　①長い　②ゆっくり　③ひっそり暗くやってくる　⑤いつのまにか　⑥夜になること　⑦一定の長さで　⑧時間がすぎていくだけ　⑨うもれて苦しい時間に　⑩ひとりだけ立ち止まる　⑪取り残される　⑫今あるものを十分だと思いこむ　⑬満たされない何かを無視する

生徒S　①　②ゆっくり　③ゆっくりとせまってくるような感じ、こわい　⑤何もわかってなさそうな　⑥不安　⑦　⑧　⑨孤独　⑩さみしい　⑪孤独　⑫信じている　⑬

生徒T　①細く長い足　②左右も見ずにただひたすらに　③ゆっくり重く上がりこんでくる　⑤自分自身の感覚　⑥その時から何か特別な時間　⑦その人の色々な段階があるのかと思う　⑧上じゃなく下ばかり見ている感じ　⑨孤独感　⑩孤独はイヤだからあえて一人に見せかけている　⑪自分の周りにいた者が一人ずついなくなっていっている感じ　⑫　⑬

第3時の8　イメージを意味化する

（発問と板書LⅡ型〔概念上はLⅤ型〕）

表3の各行ごとに比較的多いイメージを確認しつつ、文単位で意味化（スロット化）する。発問と応答を繰り返し、意味がイメージ群に相応しているか学習者の反応を確認しながら板書していく。

この過程は学習者に分散している個々のイメージを重畳させ単一の意味に弛緩させる（落ち着かせる）過程である。学習者間に類似のイメージがあればそれを束ねて全体を同様の意味に収束させる。個々の学習者の発言力や発表力を評価するのではなく全体のイメージ分散量を集団で共有するのである。（分散量は回収プリントで確認ずみ）

図3、図4はその構造の概念図である。

図3

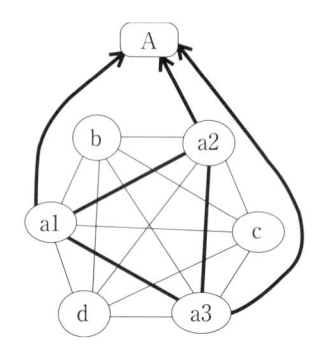

図3のa1〜dのユニットは学習者ごとのイメージを表している。ユニット間の直線は結合強度を表している。a群は類似的で互いに同調的なイメージ群であり、ｂｃｄはa群とは異質でかつ相互にも差異が大きいイメージ群である。a群は結合強度が強く互いに興奮して活性化し重畳して意味Aを表象する。ｂｃｄは結合強度が弱く互いに孤立して抑制し合い意味を表象できない。

図4はイメージa群に対しイメージb群が対峙している場合である。a群は結合強度が強く意味Aを表象する。b群も結合強度が強く意味Bを表

象する。cは孤立している。この場合、次の二通りが想定できる。意味Aと意味Bの差異が小さく互いに抑制するほどでない場合は、意味Aと意味Bは重畳し連合して意味A1に弛緩する。逆に意味AとBの差異が大きく互いに抑制する場合は、同一文中の他の文節との結束構造とスロットである他の文との結束強度によって選択的に収束する。この場合、意味A1は表象されず意味Bに対しより結合強度の強い意味Aに選択的に弛緩する。

このように個々のイメージがグループ化し集団の意味表象として収束できるのは、数十人の学習集団が全結合ネットワークではなく部分結合ネットワークだからである（藤澤2001）。

図4

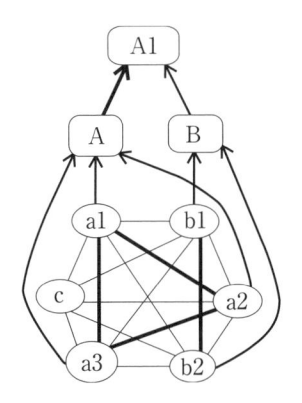

具体的な意味化の過程を表3の①②を例として次に説明する。

言語は映像ではないのでそのまま重ねることができない。そこで結束強度の強い複数イメージを連結させる。すると［①「駝鳥のような足が」②「あるいて行く夕暮れがさびしくないか」］は「長く、細く、やせていて、遅く、ゆっくり、過ぎて、沈んでいく〈夕暮れ〉がさびしくないか」となった。これを原文に近い長さに意味を収束させてみる。すると「細くやせた〈夕暮れ〉への道がさびしくないか」となった。この文は類似したイメージ群の平均的な属性値であるプロトタイプの表象である。ここで留意しなければならないことは［①「駝鳥のような足が」②「あるいて行く夕暮れがさびしくないか」］は「駝鳥の足のような何かが夕暮れに向かって歩いて行くが、その夕暮れがさびしくないか」とも「夕暮れが歩いて行く駝鳥の足のように思えるが、その夕暮れがさびしくないか」とも取れるが、教師解釈で制御せずあくまで学習者の抱いたイメージから意味を紡ぎ出すのである。

以下に全員のイメージ（紙幅の都合で一部を省略）から表象され意味化した結果を示す。矢印（→）のあとに結束した文意（表3の「意味」＝図2の8-1）を示す。各文末の形容詞（「さびしい」「いやらしい」「おそろしい」「いたましい」）の意味は語意どおりとした。アンダーラインは複数回答。プロトコルデータが記録されていないので個々の具体的な進行過程は再現できない。

①長い・細い・細長い・やせている・ぶきみ・気持ち悪い・のろり・のっそり・静か・着実
②おそい・過ぎる・ゆっくり・沈んでいく・自分から何か去ってさみしい・ひとりぼっち・向かってくる・離れていく・遠ざかっていく・寂しい・左右も見ずにただひたすらに
→ 細くやせた〈夕暮れ〉への道がさびしくないか。

③何かに支配されてこわい・あつかましい・近づいてくる・こわい・遅い・ゆっくりせまってくる・不気味・重い・ゆっくり重く上がりこんでくる・図々しい・重苦しい・ひっそり暗くやってくる・暗い・気づかないうちに来る・しずかにゆっくりしのびこむ・しんどそう・気持ち悪い・ドロドロした感じ・音も立てず静かに来る・重圧感
→ あつかましくやってくる、避けられない〈夜〉がいやらしくないか。

③の「避けられない」は意味収束過程で行った発問（「あつかましくやってくるもの」「ちかづいてくるもの」に対して自分〔作者〕はどうなの？）によって出た意見。集団的に同調し確認されたので意味を補強するため投入した。

⑤勝手に・こわい・嫌でも来る・知らないうちに・不安・何も考えず・何もわかっていなさそうな・人まかせ・いつのまにか・いいかげん・適当な感じ・自分勝手・当たり前・情けない・あせっているような感じ・自分自身の感覚

⑥不安・その時刻を恐がっている・死に近づく・決められた世の中のルール・その時から何か特別な時間・決まっている・時間はきっちり進んでいる・いつも通り・当たり前・夜になること

→ 知らないうちに〈その時刻になること〉に耐えられるか。

⑦規則正しい・長い・しんどい坂・じわじわせまってくる・どんどん過ぎていく・ずっと続いていそう・さびしい・順番どおりに決まっている・一定の長さで・ゆっくり下りていく・正確に・暗いところに連れて行かれる・出口に向かう・無機質・高く暗い感じ・その人の色々な段階があるのかと思う

⑧あともどりできない・むなしい・上じゃなく下ばかり見ている感じ・悪い方に行くしかなくて自分を止められない・老いぼれていく・一方通行・一回下りたらもう上がってこれない・つらい・つまらない・不満・目的のない・暗い・流される・深い・こわい感じ・時間がすぎていくだけ

→ 機械的に確実にやってくるだけの〈夜〉に耐えられるか。

⑨寂しい・一人だけ残される・さみしい・孤独・取り残された・独り・孤独な・苦しい・哀愁・人々の波に飲み込まれている・置いてけぼり・流れに乗れず残される・自分だけ周りから離れている・悲しい・こわい・一人ぽっち・ひとり孤独な感じ・身動きができない感じ・うもれて苦しい時間に

⑩睡眠・寂しい・ひとりだけ立ち止まる・疲れている感じ・ひとりで死ぬ・楽そうな・寂しく悲しい・孤独・きもちいい・人々の波から出られたとき・死、恐怖・楽になれるところ・やすらぎ・ひとりだけ立ち止まる・孤独はイヤだからあえて一人に見せかけている

⑪さみしい・独りぼっち・取り残される・孤独・さみしくて恐い・自分だけ死んでしまう・さきに行かれる・さびしく悲しい・自分以外はなにもかもどこか違うところにいる・裏切り・自分の周りにいた者が一人ずついなくなっていっている感じ

→ 一人だけ残され〈休息〉につくことがおそろしくないか。

⑫不安・死ぬと言われた時間に・ある事柄を待ち続けている・今あるものを十分だと思う・今日も同じだと思いながら・受け身の・切実・素直・力強い・つらい・完ぺき・心から信じている・本当は信じていない・率直な感じ・希望にたくしている感じ

⑬うれしい・安心・らくになった・いつもどおりの流れ・日常どおりになる・思い通りになる・当然・当たり前、なってほしくない・望みどおり・期待はずれ・死んでしまう・この世の当たり前のルールという感じ・それだけではつまらない感じ・満たされない何かを無視する

→ 〈夜〉は約束されたものだが、そのとおりになることが痛々しくないか。

以上の全行を結合すると以下になる。

図2の8-2の結束構造文

| ①② 細くやせた〈夕暮れ〉への道がさびしくないか。 |
| ③④ あつかましくやってくる、避けられない〈夜〉がいやらしくないか。 |
| ⑤⑥ 知らないうちに〈その時刻になること〉に耐えられるか。 |

⑦⑧　機械的に確実にやってくるだけの〈夜〉に耐えられるか。
⑨⑩⑪　一人だけ残され〈休息〉につくことがおそろしくないか。
⑫⑬⑭　〈夜〉は約束されたものだが、そのとおりになることが痛々しくないか。

第3時の9、10、11　意味を統合し概念化する
（班討議ＬⅣ型・発表ＬⅤ型・検証ＬⅡ型）

ここでタイトルにある喩「夜」の意味（概念）を固定し、結束構造文8-2（変数スロット〔局所変数〕のセット）の文脈全体の結束性を図る。そのため「夜」「休息」の意味を発問し、班討議で各自の解釈を表明し検証する。喩の意味はいくつになるかわからない。

この時点で想起交代する（意味や概念を変更する）学習者が出る。喩の解釈を再構築することは、相互評価活動による他者理解を学習活動の主たる構成要素とする協働学習の趣旨に沿っているばかりでなく、詩の自然な解釈過程そのものである。

討議後、指名による発表。挙手の結果、「夜（夕暮れ）」の意味は以下となった。

死＝19人　未来＝12人　日常＝2人

他には出なかった。「休息」の意味は全員が「眠り」となった。

そこで結束構造文8-2に「死」「未来」「日常」「眠り」（フィラーの値〔媒介変数〕）を投入し、テクスト全体の喩の解釈（概念）の成立の可否を検証する。

以下はその結果である。

「夜」＝「死」の場合

①②　細くやせた〈死〉への道がさびしくないか。
③④　あつかましくやってくる、避けられない〈死〉がいやらしくないか。
⑤⑥　知らないうちに〈死ぬこと〉に耐えられるか。
⑦⑧　機械的に確実にやってくるだけの〈死〉に耐えられるか。
⑨⑩⑪　一人だけ残され〈永遠の眠り〉につくことがおそろしくないか。
⑫⑬⑭　〈死〉は約束されたものだが、そのとおりになることが痛々しくないか。

「夜」＝「未来」の場合

①②　細くやせた〈未来〉への道がさびしくないか。
③④　あつかましくやってくる、避けられない〈未来〉がいやらしくないか。
⑤⑥　知らないうちに〈未来〉になることに耐えられるか。
⑦⑧　機械的に確実にやってくるだけの〈未来〉に耐えられるか。
⑨⑩⑪　一人だけ残され〈怠惰な眠り〉にふけることがおそろしくないか。
⑫⑬⑭　〈未来〉は約束されたものだが、そのとおりになることが痛々しくないか。

「夜」＝「日常」の場合

①②　細くやせた〈日常〉がさびしくないか。
③④　あつかましくやってくる、避けられない〈日常〉がいやらしくないか。
⑤⑥　確かめもしないうちに〈日常（同じことの繰り返し）〉になることに耐えられるか。
⑦⑧　機械的に確実にやってくるだけの〈日常〉に耐えられるか。
⑨⑩⑪　一人だけ残され〈眠り〉につくことがおそろしくないか。
⑫⑬⑭　〈日常〉は約束されたものだが、そのとおりになることが痛々しくないか。

「死」解釈は作者（注4）が自らのことを語っているとも、または一般的なことを語っているとも取れる。「未来」解釈は「死」解釈の閉塞的なイメージに対し、人生をなんらかの呪縛から解放して自

覚的に生きようとする意志や希望を語っているとするもの、「日常」解釈は日々のルーティンな過ごし方に対する警鐘と理解できる。

この作業を終えた時点で「日常」と取るのは無理ではないかという発言が出た。「日常」は"同じことの繰り返し"のことだがそれにあたる言葉が見あたらない、この詩は一方向的な感じしかしないと言うのである。「日常」と解釈した生徒は動揺が見られ適切な反証ができずに終わった。

最後に次回の第2感想文の予告。「夜」の意味は「死」か「未来」か「日常」か、自分の考えを明示して述べることを指示した。

第4時の12　第2感想文を書く

以下に上記の生徒5人の文章を示す。

生徒P　　「夜」＝死
　なぜ夜＝死と取ったかというと、「約束を信じながら信じた」というところで、死はいつか死ぬから約束されたものだけど、未来はいつ死ぬかわからないから約束されたものではないと思ったからである。死と受け取った場合、なんとなく生きて死んでいくというむなしさがひしひしと伝わってきた。だから、希望をもって生きろと言いたい詩なのかと思った。

生徒Q　　「夜」＝死
　私は「階段のようにおりて行くだけの夜」という所で、夜＝死と考えました。未来ならおりて行くだけではないと思う。死だからおりて行くだけで、上がることもできないのだと思った。全体的に暗い詩だったし、読んでいてもなんかむなしいような気になったから、私は死が間近にせまってきているように感じた。死がせまってきているのに自分ではどうすることもできずにいることに対して、悔しくないのか、もっと生きたいのにどうすればいいのか、というあせりのようなものがあるのではないかと、この詩を読んで思いました。

生徒R　　「夜」＝未来
　私は、夜＝死とも考えられるということを知って、この詩は奥深いなと思いました。私がなぜ夜＝未来と取るのかというと、12～14段落の「約束のとおりになること」というところが強く印象に残っていて、意味解釈したときに、死も未来も約束されたものだけれど、私は死がすぐやってくるように思えなかったからです。一秒前を過去と言うように、一定の速さで刻々と未来はやって来ていると思いました。

生徒S　　「夜」＝未来
　9、10、11行のところで、死の場合、一人だけ取り残され眠ってしまうとあるけれど、取り残されるということは死ではないと思う。死ならば死んでしまうのだから、取り残されるわけではないと思う。生きているからこそ取り残されてしまう。そして何も分からないまま、いつのまにか未来になり、一人だけ取り残されることがおそろしいのだと思う。未来はやって来ていると思いました。

生徒T　　「夜」＝日常
　私はどちらも言えないと思う。もし未来だったとしたら、なぜか、未来のことなのに全体的に"未来"というものから非常にいやな感じがあるし、しかもこんな未来が来るかどうかもわからないのに先にそんなこと言ってもどうかなと思うし、もし死だったとしたら、もしかすると、その人が死んだ直後に奇跡が起こって生き返るかもしれないし、だから何が起こるか分からないことを先に想像して言うことに私はどちらとも言えないと思う。では何ですか、と言われたら、何も浮かんでこなかったが、一つ言えることは、考えすぎだということだ。

傍線部はテクスト解釈、点線部は自己解釈である。P、Q、R、Sは特に不合理とは言えない。したがって想は成立している。Tは結束に失敗し想が破綻している。

Tの波線は思考停止である。協働学習では他の学習者からの指摘に対し考察を止揚する学習者がいる一方、学習集団によっては思考を停止する学習者が観察される。これは当該学習者の協働学習経験の深度のほか、学習者自身のスタンスに原因があると考えられる。山川（1997.2）の分類ではTの文章は排除型（異化型その１）である。この生徒が思考を放棄せず、結束構造を注意深く点検して意味を結束させ、概念との合理的整合性を図ることができれば、他の生徒を活性化しさらに深く思惟する有意義な契機を提供できたであろう。

3　学習評価テスト

(1) テスト問題

　以下に筆者が作成した学習評価テスト問題を示す。問題文中の生徒A、B、Cは、生徒の口頭表現と記述表現を踏まえて構成した架空の人物である。

設問　次の会話は「夜がやって来る」の解釈をめぐる生徒３人のやりとりです。よく読んで後の設問に答えなさい。

　　　　夜がやって来る
① ［駝鳥のような足］が
② ［あるいて行く］夕暮れがさびしくないか
③ ［のっそりとあがりこんで来る］夜が
　　いやらしくないか
④ ［たしかめもせずにその時刻に
　　なる］ことに耐えられるか
⑤ ［階段のようにおりて
　　行くだけの］夜に耐えられるか
　　潮にひきのこされる
　　ように⑥［ひとり休息へ
　　のこされる］のがおそろしくないか
　　約束を信じながら　信じた
⑦ ［約束のとおりになる］ことが
　　いたましくないか

A君「暗いな。なんて暗い詩なんだ。気分がうっとうしくなる」
Bさん「暗いわね。嫌な感じね。この人、夜が嫌なのよ。夜になるのが恐いっていうか」
A君「そんな感じだな。『　ア　』ってところなんか、孤独な感じがするな。自分一人だけがぽつんといる感じだもんな。すごいネクラな感じだな。毎日毎日、夜がやって来る、それがくり返されるのが耐えられないんだ」
Bさん「『　イ　』という比喩も、何だか細くてやせてるイメージだし」
A君「毎日繰り返される日常というか、当たり前のことに耐えられないんだな、この人は。でも、それぞれの文末で『〜か』って繰り返し呼びかけているから、自分のことじゃなくて〈君はそんな当たり前の日常に耐えられるか、そんな毎日でいいのか〉って読者に訴えているんだな」
Bさん「ちょっと待ってよ。それって変じゃない？　毎日の繰り返しって今言ったけど、そんなこと書いてないわ。時刻を表す言葉は『夜』と『　ウ　』だけしかないから私は、繰り返しっていう感じは全然しないわ。ただまっすぐ夜になっていくというふうにしか読めないんだけど」
Cさん「そうね。私もそんな気がする。〈毎日の繰り返しが嫌〉って言うんなら、朝とか日々とかってあっていいんじゃない？」
A君「なるほど、そう言われればそうだな。じゃ、〈当たり前の毎日の繰り返しが嫌〉じゃなければ何なんだ。やっぱり夜になるのが恐いのかな」
Bさん「そうよ。やっぱり夜が恐いのよ。夜になるのが。孤独でさびしいのよ、この人」
A君「しかしそれじゃ、あまりに単純すぎないか。先生が〈詩は何かのたとえだ〉って言ってたし。夜になるのが私は恐い、だけじゃつまんないよ」
Bさん「私もそう思うわ。私は、実はこの詩の『夜』は〈死〉を意味しているんじゃないかと思うの。なんだか知らないけど、この人、

死にかかってるんじゃないかしら」
A君　「病気か何かでかい？」
Bさん「それは分からないけど、たとえば『　エ　』ってところなんか、向こうから勝手にやってきて防ぎようがないって感じだし、『　オ　』ってところは、一歩一歩確実に何かが迫っているって感じがする。その何かがこの人の場合、死なのよ」
A君　「なるほど。確かにそう言われればそうだな。じゃ『　カ　』もこの人にとっては死んじゃうことなのかい」
Bさん「そうとしか取れないわ。〈死は永遠の『　キ　』〉って言うし。誰にだって『　ク　』されていることなのよ」
A君　「おおこわ。考えるとぞっとするな。しかし、それにしても暗すぎる。何とかならないのか。そんな解釈しかないのかい」
Cさん「〈「夜」イコール死〉じゃ、ほんとに救いがないわね。私はちょっと違うんだけど」
A君　「聞かせて聞かせて。このままじゃ暗くて死んでしまいそうだ。Bさんの霊にとりつかれたみたいな気分だ」
Bさん「何よ、それ」
Cさん「まあまあ。私はBさんと同じで、この詩は〈日常の繰り返し〉と読むのは無理があると思うの。そんな言葉はどこにもないし、A君は表現されていない言葉を自分で勝手に補って解釈しているのよ。それはやりすぎだと思うわ」
A君　「悪かったな。ほっといてくれ。おれは想像力があるからな」
Bさん「また勝手なこと言ってる。それで？」
Cさん「私は『夜』は死というより〈未来〉のことを言っているんじゃないかと思うのよ。すると少なくとも、Bさんみたいに、まもなく死ぬとか、死が目前に迫っているとか、そんな悲惨なイメージにはならないわ」
Bさん「なるほど。それで」
Cさん「それで、順番に読んでみると確かに暗い人生観に貫かれているような気はするわ。

例えば『　ケ　』のところなんか、ぼんやりしているうちに自分が何かになってしまっているって取れるし、『　コ　』のところなんか、未来は一段一段確実にやってくるって感じだし、『　サ　』なんて、決められたレールの上を歩いているだけの今の私たちの人生そのものみたいな気がする」
A君　「なーるほど。少しは救われた気がする。おれたちにもっと自覚的な人生を歩めって言っているのか。しかし、それにしても暗い人生なんだな、この人は」
Bさん「この人は、じゃなくて、私たちに気づかせようとしているんでしょ、あなたの説では。呼びかけているんでしょ」
A君　「そうでした」
Bさん「じゃあ、『　シ　』ってのは、どう取るの」
A君　「そこだ。どう取るの」
Cさん「まねするんじゃないの。ここは一番難しいところよ。私もずっと考えていたのよ。でもこう解釈したらどうかしら。休息はお休みのことだから、他の人ががんばっている時に一人惰眠をむさぼって、その間に皆から遅れて取り残される、っていうのはどう？」
A君　「ダミンって何だい」
Bさん「怠惰な眠りのことよ。あなたいつもむさぼっているじゃない」
A君　「おれは安眠をむさぼっているだけだ。ほっといてくれ。しかしそれじゃ〈兎と亀〉みたいな話になってしまうなあ」
Cさん「まあね。少しこじつけみたいな気もするけど〈「夜」イコール死〉じゃ救いがなさすぎるって気がしたから」
A君　「しかし、これで三者三様の解釈になったわけだ。どれがいいんだろう」
Cさん「先生が言っていたけど、文学は読者によって解釈が違っていいんだって。とくに詩は、唯一絶対の正しい解釈なんてないんだって」
A君　「そりゃそうだ。ほんとのことなんて作者じゃないとわからんし」

Cさん「でも、作者だって自分が書いた作品がどう読まれるかまで責任はないのよ。どう解釈するかは読者の問題なのよ」
A君　「そりゃそうだ」
Bさん「A君は納得ばかりしているのね」
A君　「それを言うなら、理解が速い、と言ってほしいね。それにしても、暗い！　もっと明るい楽しい詩が読みたいよ！」

問一　『　　』ア、イ、エ、オ、カ、ケ、コ、サ、シについて、詩の中にある①～⑦の［　　　］から適切なものを選んで数字で答えなさい。同じ数字を何度使ってもよろしい。
問二　『　　』ウ、キ、クに、詩の中から適切な語句を抜き出して入れなさい。
問三　この詩の作者名を書きなさい。
(解答　問一　ア⑥、イ①、エ③、オ⑤、カ⑥、ケ④、コ⑤、サ⑦、シ⑥　問二　ウ　夕暮れ、キ　休息、ク　約束　問三　省略)

(2) 学習評価テストの検証

問一、二は学習活動過程の再認（recognition）テスト、問三はテクスト記載事項の再生（recall）テストである。

この再認テストは協働学習への内発的な参加度を検定する資料となる。テスト結果はごく一部の生徒が不正解であったほか好成績であった。テクストの空欄を埋めたり教師が教示した"正しい解釈"を選択するようなテストでは記銘学力しか測ることができない。重要なことは学習活動が協働作業で行われることと、内発的な参加の度合いを測ることである。

4　考察

本実践は、詩の解釈の授業に作家研究による先験的知識を持ち込んだり教師解釈を教示したりせず、読者である学習者の自然な読み（解釈行為）を集団で行うことの可能性を次の３点について実践的に検討したものである。

１点目は、詩の解釈（概念）をテクストのみから結束させるとき、言葉のイメージから喩の意味、概念へと収斂させることが内的に自然な過程であること（読みの自然性）。２点目は、集団で行う解釈は学習者のイメージを重畳し、テクストの結束構造を確認しながら概念を統合していくことが上記の自然性を損なわないこと（集団による概念弛緩の有効性）。３点目は、そのとき合理的に結束していれば概念が複数成立することになんら問題がないこと（解釈の多様性）を示した。

上記を実現するため、学習過程において通時的展開の中に並列分散的な処理機構を共時構造として組み込むことの必要性と有効性が示唆された。

また集団学習への内発的な参加の度合いは学習活動過程の再認テストで測れることが示唆された。

なお、この授業で培われた顕在的な学力は表現力であるが、それは協働学習による外部刺激（他者との対話）によって活性化された内部検索（自己内対話）過程である思考力を現している。

●参考文献……………………………………………
○Lindgren, H.C.（1956）*Educational Psychology in the Classroom*, John Wiley & Sons, 331-339.
○山川庸吉（1997.2）「『支援』概念を検証する－高等学校における文学作品の読みにおける授業方法としての『支援』概念の有効性の実践的考察」国語論究の会
○藤澤隆史・藤澤等（2001）「集団システムの安定性とコネクショニストモデル」守一雄・都築誉史・楠見孝編著『コネクショニストモデルと心理学』北大路書房、81-99

●注……………………………………………………
(1) 教科用図書は三省堂「国Ⅱ５９２」。
(2) 筆者はLindgrenを改訂し授業の実態に合わせてタイプ４をⅣとⅤに分節化している。
　　概略は以下のとおりである。
　　リンドグレンは、レクチャー方式とディスカッション方式を比較検証し、後者を「ディスカッションは批評的思考を刺激する手段として優位であったし、主体的出来事のより深い理解の達成において生

徒を促進するし、新しく習得された知識の応用法を作り、解釈し、推論を引き出すための能力に反映されるものとして優位であった」（前掲 331）とし、教師が教師中心の典型的授業方法であるレクチャー方式を採用しがちな理由として「教師が教室における対話の経路の数を増やしたがらない理由の一つは、青年や子供が言わなければならないことより、大人が言わなければならないことの方が重要であるという共通した信念である」（前掲　337）と指摘した。そして「教師と生徒のあいだの様々な対話の関係」を概念化し、以下のように「有効性の順に」整理した。（同　338）

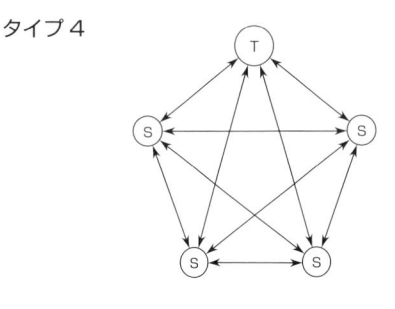

タイプ1

タイプ2

タイプ3

タイプ4

彼はこれらの四つのタイプについてそれぞれ次のように説明している。

タイプ1

最小効果的。教師はクラスの生徒たちと一方向の対話を続けることを試みる。

タイプ2

より効果的。教師はクラスの生徒たちと双方向の対話を展開することを試みる。

タイプ3

さらにもっと効果的。教師は生徒たちと双方向の対話を続け、そしてさらにいくぶん形式的基礎の上で生徒たちのあいだで多少の対話を許す。

タイプ4

最も効果的。教師はグループ内の共同参加者となり、彼自身を含むグループのすべてのメンバーのあいだで双方向の対話を仕向け、促進する。

リンドグレンが教師を対話者と位置づけていることと、1〜4の図が概念図であるため細部が省略されていることの2点からとくにタイプ4が現実的でないことを筆者は考慮し、教師を支援者と位置づけなおしてタイプ4を以下の2タイプに分節化した。タイプ5、6は生徒が36人いると仮定した場合の概念図である。白丸は生徒を、それを取り囲む円はグループを、Tは教師を表している。タイプ5、6とも全対話型である。

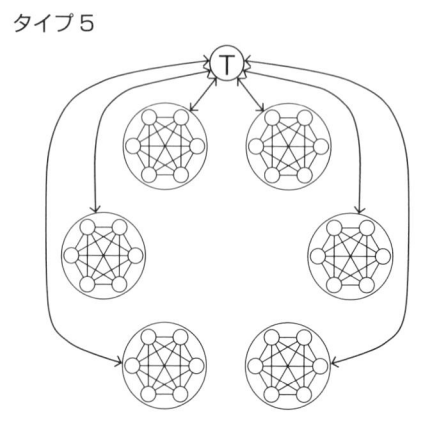

タイプ5

タイプ6

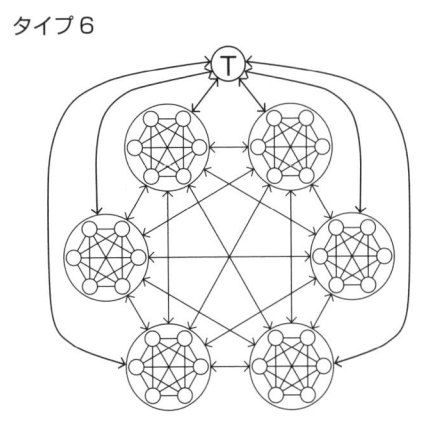

[図]

　上記のタイプ分けと表2の各タイプとの対応関係を表にすると別表1になる。

別表1

Lindgren		山川（表2）
タイプ1	→	タイプⅠ
タイプ2	→	タイプⅡ
タイプ3	→	タイプⅢ
タイプ4	→タイプ5→	タイプⅣ
	→タイプ6→	タイプⅤ

　タイプⅣ（タイプ5）はたとえば国語科の新聞作り、理科の実験、家庭科の実習、体育科の球技、芸術科音楽のパート練習、各教科の調べ学習などで活用される。国語科の読み（解釈）の授業においてはこれらの全タイプのうち、とくにタイプⅣとタイプⅤ（タイプ6）を通時展開の各節に適切に配置することにより、学習者の全対話を螺旋的に高め、集団における個の解釈行為を効果的に成立させることが可能となる。

　なお表2にあるL構造とは〈Lindgrenを踏まえたタイプⅠ〜Ⅴ〉の意味である。

(3)　「学習形態」「指導形態」「対話構造」はすべて主たるものを表記している。学習形態が拡散過程にあっても個の内部の収斂行動はつねに活性状態にあるし、支援中でも指導は適宜行われるし、他者との対話中もつねに自己内対話は進行している。

　なおテキストとの対話は解釈行為の前提であるので表記を省略した。

(4)　内包する作者（implied author）のこと。指導資料はこれを作家研究の観点から原作者（real author）とみなし、「夜」を死であると一義的に解釈して以下のように説明している。

　問　その時刻とはどの時刻か。
　答　夜。
〔解説〕夜が死の象徴ということが理解できていれば「死」「死ぬ時」でも可。（指導資料⑤30）

　特に、「死」の不安とさびしさを、「潮にひとりひきのこされる」心情とするこの比喩ほど、痛切で、しかも鮮やかに死の一つの本質を表現しているものは例がないといえる。「死」について話し合いながら味わいたい。（同31）

　作者は人間の存在について、暴力的な「死」の前では、無力で、いつ「死」に取り込まれるかもしれない、はかない存在としている。（同）

　話し合わなければならないのは死についてではなく、テクスト（作品）が何を表現していると読めるか、どう解釈できるかである。「死について話し合」うことは国語教育のしごとではない。

　内包する作者と原作者の関係については山川(2011.8)「物語の解釈－授業の構造化を図る－」（国語論究の会）参照のこと。

（山川庸吉）

学習者の主体的な読みを中心にした「羅生門」の読み

　文学テクストの表現は多様な読解を許容し、さまざまな分析読書が可能であるとされる。どのようにしたら、学習者の主体的な読みを呼び起こしつつ、多様な読みを生み出すことができるのか。「羅生門」の学習を通して、先行研究、先行実践の方法を参照しつつ、その可能性を探ってみた。
　実践のねらいは、次のとおりである。
- 文学テクストの表現が多様な読解を許容することについて理解する。(注1)
- テクストを解釈しながら、著者が伝えたいことが何であるかを検討し、自分なりの分析をすることにより、本文を読み進める。(分析読書)
- 「羅生門」の主題についての先行文献を読み、自分の読みと対比させる。
- これまでの読みを精選し、「羅生門新聞」を作成する。

　本稿は、2008年、6時間にわたって行った芥川龍之介の「羅生門」(『国語総合　現代文編』明治書院)を教材とした実践報告である。その概略を次に示す。

　　　国語総合　現代文　「羅生門」
　　　対象者　高一A〜Eクラス
1) 「羅生門」読後初発の感想を書く。
2) 分析読書の手法により、大段落ごとに自分の分析をしてみたい文章を選択して、なぜ筆者はそうした表現をしているのか、文章の背後に潜んでいる事柄や、心情、背景を分析する。
3) 次時に、皆の分析を紹介し、読み合うことにより、お互いの分析を確認し合う。
4) 「羅生門」の主題について、先行文献を紹介し、自分の読みと対比させる。
5) その後の下人を想像して書く。
6) 「羅生門新聞」を作成する。

1　授業の実践

(1) 初発の感想から浮かび上がる人物像

　「羅生門」読後、初発の感想を書かせた。疑問に思ったこと等を抽出させ、それぞれのクラスの感想を一覧にまとめて、お互いに読み合う場を設定した。

生徒の感想一例

> ① 最初の主人公の下人を途中で、男の人と呼び方を変えて、物語にからめていたことが印象に残った。最後に、主人公が悪い道に走り、消えてしまうという終わり方が面白かった。昔の時代背景など、よく分からない部分が、度々出てきた。下人の心が最初と変わってしまった理由がハッキリと書かれていない部分が不思議だった。
> ② <u>下人が、生きるために盗人になる物語</u>。(以下略)
> ③ この物語の中で、下人に対し、何度かある問題を持ち出している。飢え死にするか、盗人になるかというものである。下人のこの問題に対する答えは物語が進み、老婆と出会ったりすることで変わってくる。このような<u>ささいな出来事が男の運命を大きく左右した</u>のに驚いた。
>
> 　この下人の年齢は、多分二、三十代だと思う。永年、主人に仕えたというところから、十代ではないと思う。にきびがあるところから下人は若い年代だと思ったからである。

　初発の感想ではあるが、既に、下人の心の移り変わりの変化、下人の「飢え死にするか、盗人になるか」という極限の状況に追い込まれて選択を迫られている下人の姿を捉えている。ささいな出

来事に下人の運命が大きく左右されると記した③の学習者は、「サンチマンタリズム」に象徴されるように、物事に非常に左右されやすい下人の心情を漠然とではあるが捉えている。

②の学習者は、「下人が、生きるために盗人になる物語」という一文を最初に書いていた。石原千秋氏が、文学的文章の読解指導において提唱している要約文の書き方の中に次のような一節がある。

物語は、①「～が～になる物語」(「なる物語」)と、②「～が～をする物語」(「する物語」)とに大きく分けることができる。主語が一つで述語が一つの短い文章で、小説を物語にまとめたものである。(注2)

敢えて、書き方を指示したわけではないが、②の学習者は物語の読みを的確に捉えている。最初に、石原氏の提唱する書き方を提示するのも一つの方法であると感じた。

(2) 分析読書の手法により、読みを深める

> 分析読書の手法により、大段落ごとに文章を選択して、なぜ、作者はそういう表現をしているのか、文章の背後にあることがらを分析する。

一段落は、ワークシートを用いて、「羅生門」の基本的な設定を確認させながら、文学テクストの解釈について具体的理解を深めさせた。手がかりとなる表現を基に、「時間帯」「季節」「時勢(時代)」「場所」「登場人物」がそれぞれどのように設定されているかを確認する事により、「羅生門」の世界が、時間的にも空間的にも境目にあり、主人公の「下人」もまた社会的に「境目」にある不安定な存在であることに気づかせていった。「洛中」「洛外」を図示しながら、すでに羅生門が境界であることを確認した。また、「羅生門」がなぜ羅城門ではないのかという問いかけをして、「生を羅(からめと)る＝生の実相を究める」ということに気づかせていった。

具体的な表現を自由に解釈して読むことの重要性を確認し、生徒の疑問をふまえながら設定した課題について考察していく学習活動を行なった。読みの交流を行なう中で、「雨は遠くからざあっという音を集めてくる」「夕闇は次第に空を低くして、見上げると門の屋根が斜めに突き出した甍の先に重たく薄暗い雲を支えている」という表現が、下人の心象風景を映し出していることに、やがて学習者達は気づいていくのである。

(3) 情景描写からの心象風景の読み取り
実際の分析の一例

雨は、羅生門を包んで、遠くから、ざあっという音を集めてくる。	・都が音を一点に集めるほど静まりかえっていることや、下人の孤独感を表している。 ・「下人しかいない」ことを強調している。他のことが考えられず雨の音を聴くしかない下人の心境を表している。
夕闇は次第に空を低くして、見上げると門の屋根が、斜めに突き出した甍の先に、重たく薄暗い雲を支えている。	京都はすさんでいるのに、いつものように日が暮れていく。「斜めに突き出した甍の先に重たく」という表現から、下人の「重苦しい」心や、寂れた京都の様子が感じられる。

雨や、夕闇の情景描写が、実は下人の心象風景を映し出していることに、学習者は、分析を通して気づき始めていることがわかる。下人の心象風景については、高橋良久氏の『生徒の読んだ「羅生門」』を参考にさせていただいた(注3)。高橋氏は、「下人を追い詰めるもの」として、雨が大きな役割を果たしていることについて言及している。「夕闇は次第に空を低くして、見上げると門の屋根が斜めに突き出した甍の先に重たく薄暗い雲を支えている。」という陰鬱な風景が、陰鬱な下人の心の具現化であると高橋氏は述べている。心象風景が映し出されている情景描写を分析する

ことにより、下人の心をより暗く重くする雨が、実は下人の心の状態を表す心象風景であることに、学習者達は気づいていった。

2 表現の工夫を学び合う

「羅生門」は、題材、文章構成、比喩表現などともに優れた手法の用いられた作品である。こうした作品の表現の工夫を学び、表現の工夫を発見し、自らの表現にそれらを役立てることにより、文章表現はより豊かになっていく。そのためには文章鑑賞において、各自が見つけた表現技法や工夫を伝え合い、他者の作品を読み合う中から、さらに、新しい表現上の工夫を学び合っていくことが重要である。

(1) 視点の変化を物語る比喩表現の分析

「羅生門」の作品の中には、多くの比喩表現が用いられている。たとえば、「一人の男が猫のように身を縮めて、息を殺しながら、上の様子をうかがっていた。」という表現がある。この表現の分析をした学習者の読みを以下に示している。

> ① 人気のない静かなところでたった一人、猫のように足音一つ立てずに慎重に行動している様子がわかる。
> ② 一人の男という表現が、少しずつ変化しているように見えた。今までずっと下人目線でいたのが、周りから下人を見た時の様子に切り変わることで、下人がどのような姿なのか、どのような様子なのかがわかった。
> ③ 物音一つしない暗闇の中で、ただ一人動いている下人を強調するための作者の工夫だと思います。
> ④ 老婆[ママ]の二人とも畜生のように落ちぶれている、エゴイズムも強く表に出していることを表わしているのだろうか。

①の学習者は、男が実に慎重に行動することができる人物であることに気づいている。②の学習者は、一人の男の表現の変化について言及している。今までの下人目線から、周りから下人を見た時の様子へと視点が変化していくことに気づいている。③の学習者は、ただ一人、暗闇の中でそっと動いている下人を強調する筆者の表現の工夫を読み取っている。④の学習者は、動物を用いた比喩表現が、ただ単に危険に対して身構える動物的な本能を感じさせる効果のみならず、下人が、実は老婆と同様に、「畜生」のように落ちぶれているエゴイズムをも彷彿とさせるものを強く表出していることを読み取っている。

こうした学習者達の読みの分析は、他者と交流することにより、さらに読みを深めていった。

(2) 新しい人生への踏み出しとしての「にきび」の描写の変化の分析

作中に、「にきび」の描写があるのは、四箇所である。最初に出てくる「右の頬にできた、大きなにきびを気にしながら」という表現からは、下人の若さの象徴として、それゆえの危うさや、感情の揺れなどが示唆されるものであるが、このにきびは、老婆に近づくにつれて、徐々に変化していく。「赤くうみを持ったにきび」、「赤く頬にうみを持った大きなにきび」そして、最後のにきびの表記は、「不意に右の手をにきびから離して」とある。こうした「にきび」の変化について、次のように分析した学習者がいた。

> 最初の内の小さな「にきび」から大きな「にきび」へと変わっていったのは下人の心の中の悪の変化が関係していると思う。下人が最後に盗人になろうと決心した時には、悪へ向かう心と「にきび」を重ね合わせて悪があふれ出て、迷うことなく進んでしまった。手を「にきび」から離すことによって、昔の下人ではなくなってしまい、新しい人生を踏みだした。

上に挙げた生徒は、これまで悪に向かうための象徴であった「にきび」から、下人が手を離すことによって、下人が、新しい人生への踏み出していく一歩になっていく変化であると捉えている。高橋氏は、「育っていくにきび」として、うみが悪の象徴となっているのではないかと言及してい

る。小さな「にきび」から大きな「にきび」への変化は、悪へ向かう心を表現しているという学習者の分析は、高橋氏の言う悪の象徴に近いものを感じる。そして、「にきび」から手を離すという下人の行動は、思考から行動への転換、決断して新たに踏み出す姿を映し出していると言えよう。

個々が分析した作品は、次時にフィードバックさせて、どの作品分析がよかったのか、その理由を分析させた。他者の作品の分析を読むことにより、分析の観点を学び、次の分析に活かしていくことができていった。

3 「羅生門」から読み取ったことを書く

(1) 「羅生門」の主題についての先行文献と自分の読みとの対比

「羅生門」の主題について、五人の先行文献からの抜粋を紹介して、一番共感した人の要旨を捉えさせた。

五人の先行文献は、明治書院資料集を用いた。概略を以下に示す。

- 下人の心理の推移を主題として、生きるために、各人各様に持たざるを得ないエゴイズムをあばいているものである。(吉田精一「芥川龍之介」より)
- 人間そのものの中に本質的にまぬがれがたくもっている、善と悪の姿をみている。(駒尺喜美「芥川龍之介の世界」より)
- 「羅生門」のドラマはいかなる救済をも拒否する。地上的な、あるいは日常的な救済をすべて絶たれた存在悪のかたちである。(三好行雄「芥川龍之介論」より)

まず、先行文献の中から共感したした一人を選び、要旨をとらえさせた。次に、その人を選んだ理由、その論拠をまとめさせた。

M君は、駒沢氏の論を挙げている。

> ① 共感した人の要旨を捉える(駒尺氏)
> この話は、「善と悪とを同時に併せ持っている人間の姿」を読者に伝えている。自己中心とは完全に言い切ることはできない。

> ② 駒尺氏を選んだ理由　その論拠
> 下人は「正義」に走ったり、「悪」の道に入ろうとする。すぐに移り変わる心を持つ人間のはかなさ、矛盾が感じられる。

M君は、人間の姿が、実は、善と悪を併せ持っており、すぐに、「正義」に走ったり、「悪」の道に進もうとするその変遷の心を持つ人間のはかなさや、矛盾を包括していることを読み取っている。
一方、Tさんは、三好氏の論を選択している。

> ① 共感した人の要旨を捉える(三好氏)
> この話は、「地上的な、あるいは日常的な救済をすべて絶たれた存在悪のかたち」を読者に伝えている。
> 人間存在そのものが、人間であるゆえに永遠に担い続けねばならない痛みであり、生きていることにまつわるさまざまな悪や苦悩の根源である存在悪について示唆している作品である。

> ② 三好氏を選んだ理由　その論拠
> 下人の「老婆の引剥をする」という行為が、実は、飢餓の極限であり、人は確実に死ぬという人間存在に課された絶対条件の中において取らざるを得ない行動に裏打ちされていたというところに共感する。人間存在の苦悩のゆえという箇所に、下人の苦悩が伺える。

Tさんは、下人が「老婆の引剥をする」までに追い詰められた背景には、極限の飢餓の状況があったこと、そして、下人の苦悩が、人間存在の苦悩に起因していることを読み取っている。

本来ならば、作品の主題を書くことが作品の読み取りにつながっていくが、敢えて五人の先行文献の要旨を読ませることにより、誰の論が自分の読みに近いのかを明らかにしていくことにより、それぞれの作品世界の読みを拡充していった。

(2) 「下人のその後」を想像して書く

「羅生門」初出の末尾が、「下人は、既に、雨を冒して、京都の町へ強盗を働きに急ぎつゝあつた」

であることは周知の事実である。初版本では、末尾が「急いでいた。」と変わり、さらに改稿されて、「ただ、外には黒洞々たる夜があるばかりである。下人の行方は誰も知らない。」という現行の終わり方になっている。決定稿は作者によって「二年半もの歳月」をかけた後に改稿されたという事実がある。なぜ、初出の末尾は改稿されたのだろうか。

その後を不明にすることにより、下人の運命は限定された方向付けから自由になり、深い謎に包まれたものとなり、読者の自由な想像力に委ねられるという表現効果を活かしていきたい。

「下人の行方は誰も知らない。」という文章で終わる「羅生門」のその後を自由に想像させて書くことは、読み取った物語の世界を、さらに深化発展させることができるのではないかと思われる。

(3) 作品世界を読み取り、続きの物語を書く

結末部分の表現の効果を読み取り、「羅生門」のその後を自由に想像して書く、もしくは、作者がこの作品を通して伝えたいことは何かを選択して、文章にまとめさせた。

次に挙げるのは、下人のその後として、物語の続きを書いた生徒作品である。

> 下人は、寒く、暗い中、一人で歩いていた。手にはしっかりと老婆からはぎ取った服を抱えている。下人は、それにしてもこの嫌な感触は何だろう、生きるために、老婆と同じことをしてしまった自分も、老婆と同じ軽蔑されるべき人間かもしれないと下人は後悔の念に苛まされていあた。と、明かりの見える小屋が見えた。
> 今日はそこで寝よう。下人は、ほっと小屋にたどり着き、暖をとった。老婆から奪ったこの服は明日、お金にしたなら、これからの生計を考えよう、でも、二度と泥棒に手を染めるのはよそうと下人は心に決めていた。京都の町を出ようか、出まいか、下人は夢うつつの中で考えていた。

芥川龍之介は、読者に自由に下人のその後を想像できるように結末部分をあえて削除していたが、上記の生徒は、芥川が描いていない下人の心の葛藤を見事に表現している。

(4) 「羅生門新聞」を通して読みを深め、他者の作品と読み比べる

最終的には、京都の校外学習をふまえて、「羅生門新聞」を作成させた。これまで、分析してきた自分の読みを再度ふり返り、精選してまとめていく作業も含めて、新たな観点から、「羅生門」の外の情報、作者の情報を交えながら作成することを確認していった。作品は、文化祭に展示し、優秀作品は全校生徒に配布される文集『文華』に掲載された。題材は、「羅生門のおもしろさ」「現代に問われる人間の本質」「芥川龍之介へのインタビュー」「この時代の背景に迫る」等多岐にわたっていた。

学習者の読みを集約する形での新聞作成は、書いて終わりという従来の方法よりも、文化祭展示という形をとり、他者の作品を読み比べることによって、他者の作品の工夫を学び、学習者自身も自分の作品のふり返りを行なうことができ、学ぶことが多かったように感じた。

「羅生門新聞」の生徒作品
「羅生門でまたも引剥」－都の治安悪化　浮き彫りに－

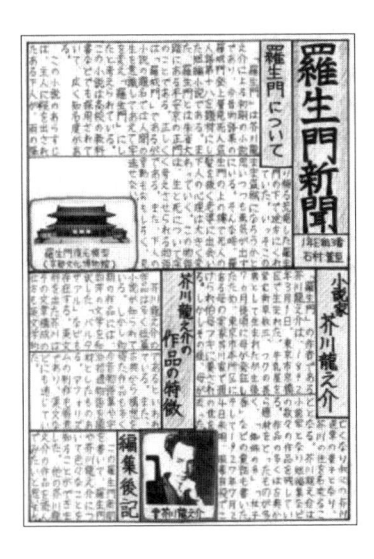

4 ディベートへの展開による読み深めへ

　今回は、小説の結末部分、下人の行方の想像を書かせたが、「下人が老婆を引剥ぎしたことは是か非か」というディベートを行ったことがある。文学作品のディベートは、立論の根拠を小説の中から見つけることにより、再度作品を深く読み直していくことを可能にする。時間がない時は、紙上ディベートを書かせて、他者と交換して、逆の立場から反論を書かせることも面白い。実際に、紙上ディベートを行ったことがあるが、自分の論以外の反論を書くことにより、さらなる読みの交流を深めていくことにつながっていくと感じた。

●注……………………………………………………………
(1) モーティマー・J・アドラー、チャールズ・ヴァン・ドーレン著／外山滋比古、槇未知子訳（1997）『本を読む本』講談社学術文庫

　　本書による分析読書は、次の3つのステップをふまえると評している。(1)何についての本であるか見わける。(2)内容を解釈する。(3)批評する。本校では、中学より読書の授業があり、こうした手法を用いている。

(2) 石原千秋（2006）「小説の自由とは何か」月刊国語教育2006・5別冊『今求められる読解指導開発マニュアル』東京法令出版
(3) 高橋良久（2007）『生徒の読んだ「羅生門」―新しい解釈を求めて』渓水社

（大西光恵）

「羅生門」－現代に問われる人間の本質－過去からの警告

中島敦「山月記」による表現活動
—李徴についての八つの証言と枠組み作文—

はじめに

中島敦「山月記」の発展的表現活動として創作コース〈李徴についての八つの証言〉と評論コース〈李徴の最後の咆哮は「満足・感謝」か、「不満・羨望」か〉を設定した。学習者はどちらかを選択する。

創作コースでは、小説に明示されてはいないが想定されうる八つの立場（視点）と考えるヒントを示した。考えるヒントは想の展開を促すもので、何を、どう書けばよいかで迷う学習者の支援になったと思う。

評論コースでは、基本的な組み立てとして〈a. 意見、b. その理由・根拠、c. 予想される反論とその根拠、d. 再反論とまとめ〉を設定した。段落の書き出しを示す枠組み作文の一種である。小論文指導の第一歩としても有効である。

本稿では、まず、実践の成果たるべき生徒文例を紹介し、次いで創作コース、評論コースそれぞれの課題とヒントを詳述する。最後に「山月記」や枠組み作文の応用例を提示する。その中にも生徒文例を紹介しているので併せて読んでいただきたい。

1 生徒の表現

(1) 創作コース ［李徴についての八つの証言］
①共に進士に登第した者が語る若き日の李徴についての証言

隴西の李徴は非常に学識があり、優れた才能があって若くして官吏登用試験に及第するほどの優秀な人だった。そして役人としても着々と順調に地位を得ていたが、李徴は非常に自分の意志が堅く、決して妥協しない性格で、大変自尊心が強かったため、いつしか官を退いてしまった。李徴は自信過剰でいつも人を見下したような接し方をしていたから周りの人からはあまりよく思われていなかった。だけど私は袁傪と同様、李徴を嫌ってはいなかった。

李徴は生まれつき持っていたすばらしい才能に加え、周囲からの期待などによって自分は頑張ってみんなのためにこの国をもっと豊かにしなければならないという大きすぎるプレッシャーによってああいう性格になってしまったと思うんだ。だからあまり李徴のことを悪く言うのはやめてほしい。ああ今、李徴はどこで何をしているんだろうか。（男子S）

②江南尉だった李徴に恩義を受けた浮浪者の証言

いらっしゃい。え、お客じゃないんですか？ 李徴さまについて聞きたいって？ いいですよ、あの方は私の恩人なのです。

もう何年も前になります。私は、職のない浮浪者をしていまして、食べる物もなく餓死寸前になったことがありました。その時に通りかかったのが李徴さまだったのです。李徴さまは私が倒れているところへ来て「大丈夫か？」と声をかけて下さったのです。普通のお役人ならそんなことはしませんよ。しかし、あの方は声をかけ、その上、決して少なくないお金まで下さったのです。そうして私がお礼を言うのも待たず、立ち去って行かれました。この店は、その時のお金を元手に開いたのでございます。あの時の恩義は決して忘れることはできません。

ところで李徴さまがどうかなさったのでございますか？ あの方なら随分と偉くなられたでしょうね。え、行方不明になられた？ そうですか、ずっとお礼が言いたかったのですが…。それでは行方がわかりましたらこの店にお越し下さるよう、お伝え願えますか。ええ、また今度はお客としてゆっくり来て下さいまし。（女子K）

③一地方官吏だった李徴に税を取り立てられた農民の証言

え、李徴？李徴って言いますと、あの行方不明になったお役人の李徴さまのことですかい？　李徴さまねえ…。お役人のことをこう言うのも何ですけど、とても気味が悪くて、嫌な人でしたよ。

税の取り立ても厳しくて、前の○○様以上。そりゃあ、きつかった。天災やら何やらで食って行くのもやっとなのに、無理やり取って行かれたこともありますよ。それにあの方、じぶんの上司に当たる●●様のことを無能だ無能だって、毛嫌いというか…、まあ馬鹿にしてましたでしょ？　私らの前でもこぼしてましたもの。そんな無能の下にいる李徴さまは何様のつもりだって思い…、あ、いえ、●●様は無能じゃありませんよ。そりゃあいい方だ。勘違いしないで下さいよ。

李徴さまの何が一番怖かったって言えば、あの目ですね。どこ見てんのかわからん様なうつろな目でじっと見られた日にゃあ、三日は夢に出る。そんなんでしたから夜中に大声出して消えちまったと聞いたときは、思わず皆で喜んでしまいましたよ。（女子M）

④虎になった李徴に親を食われた子うさぎの証言

母は殺された。一匹の大きな虎に食い殺されたのだ。その時のことは脳裏から離れない。

虎は突然、茂みから現れ、母ののど元に牙を突き立てたのだ。風神のごとき素早さで、鬼神のごとき荒々しさで。そのあまりに衝撃的な光景に、体はすくみ、動けないでいた。やがて虎は屍となった母を口から離し、こちらを向いた。

殺される。そう本能が告げた。

が、飛びかかってこようとした瞬間、虎に異変が起きた。殺気は見る見る薄れ、眼光は悲しげになり、ついにはこちらに背を向けてしまった。まるで己の行為を後悔するように。

助かったと、ほっとすると同時に怒りが込み上げてきた。仲間が食われるところも見てきた。それは自然界の運命だ。だが、あの虎は母を食い殺し、後悔しているのだ。それでは余りに母がみじめではないか。

虎に復讐を誓い、そっとその場を離れた。（男子K）

⑤虎になった李徴の咆哮を聞く獣の証言

あの李徴とやらの咆哮を聞いたとき、かつてのワシを思い出した。ワシも元は人間じゃ。奴が変身するよりずっと前から虎になっておったが、今でも人間としての意識は残っておる。近頃は、意識が戻ってくる時間が長くなっている。以前は酔う時間にも、今日は酔わない。そういう日々が続いていた時に、奴が現れたんじゃよ。

最初、奴の咆哮を聞いた時は、ある意味、安心したんじゃ。「ワシだけではなかった」。しかし奴はワシとは反対にしだいに酔う時間が長くなっていった。そしていつも悲しく寂しい咆哮をしていた。

そんなある日、奴は誰かと再会した。その男が去って行った後に聞いた咆哮は、いかにも激しく、「ケリを付けたぞ」とでも言いたげな感じじゃった。ワシが思うに、奴が虎になりきれなかったのは、片付けなければならないケリが残っていたからではないか。それが酔う時間に歯止めをかけていたのじゃろう。奴はすっかり虎になった。李徴という人間の面影はどこにもない…。（男子S）

⑥李徴の告白を聞き、詩を書き取った部下の証言

私達は丘の上に着き、林の草むらから道に躍り出た虎を見て、気がついた。あれが李徴という人だということに。

私は不思議に思っていた。いつも任務に忠実な袁傪氏が、何故、姿も見えない奇妙な人物と話をしているのか。しかも楽しげに、懐かしげに話しているではないか。私にはその光景が何とも不思議で仕様がなかった。

しかし、私もその見えない人物の話に徐々に聞き入っていた。その人は「詩を残したい」と言った。袁傪氏は私に彼の言葉を書き取るように命じた。私は急いで筆と紙を用意し、彼の言葉を耳に入れ、手を動かした。

私にはその詩がすぐれているのか、そうでないのかは分からないが、一字一句間違えてはならないと緊張して書き取った。

見えない人物と別れ、私達一行は丘を登った。そして丘の上から草むらから飛び出す虎を見て、袁傪氏の行動の意味や、詩の重みが少し分かった気がした。（女子S）

⑦袁傪から「李徴は死んだ」と知らされた李徴の妻の回想

やっぱり願いはかなわなかった。生きて帰って来ることを何よりも望み、子供を何とかなだめてここまでやって来たのに。でも、こうなることは何回も夢の中で見た。だから、覚悟はしていた。でも、実際に聞くと、とんでもない悲しい感情が沸き上がって来た。

李徴はとてもいい人だった。家族のことをいつでも考えてくれた。死ぬ前も絶対、家族のことを考えていてくれたと思う。

ただ、友人の少ないことがとても気になった。相談する相手がいないので、ひとり考え込む事が多かっただろうと思う。詩作にふけっていたのはいいのだが、人との交わりを絶つのは止めてほしかった。途中、家族が衣食で苦しいことがあった時、私達の意見を聞き入れて一地方官吏になってくれた時は、正直、ほっとした思いだった。やはり、いい人だった。李徴のことを思い始めると、何時間、何日続くか分からない。でもそれは心の中にしまい込んで、子供と一緒に新たな人生を歩んでいかなければならない。（男子T）

⑧李徴と別れて一年後の袁傪の回想

今思うと、一年前、李徴を名乗った虎と出会ったのは「もののけにだまされていたのではないか」という気になることもあるが、あの時、部下に書き取らせたこの詩を読み返すと、やはりあの虎は李徴に違いなかったと思う。そして、この詩とともに李徴の見方や感じ方などが思い出される。

人一倍自尊心が強く、その反面、自分を守ろうとする自嘲が多く、人に心を開くことを恐れている李徴とあの虎はやはり似ていた。そういうことから考えると、この詩に欠けているのは李徴の本当の思いではないかと思ってしまう。虎になっていたあの時でさえも、李徴はもとの李徴のままであった。

もしこの事を李徴に伝えることが出来るのならば、私は伝えたい。今も虎となり、苦しんでいるだろう李徴に。やはり私はもう一度あの道に行くべきなのだろうか。李徴にまだ人間の心が残っていることを信じて。私は、迷っている。（女子K）

(2) 評論コース［李徴の最後の咆哮は〈満足・感謝〉か、〈不満・羨望〉か］

①〈満足・感謝〉の表明である

私は、李徴の最後の咆哮は〈満足・感謝〉の表明であると考える。

なぜなら、自分が生きた証し、つまり自分の思いをこの世に残せたからだ。李徴が妻子のことよりも気にかけた詩業、それを通して自分が生きた証しを残せた。少なくとも袁傪の心の中には刻み込めた。これは李徴の最大の願いだったのではないだろうか。

一方、〈不満・羨望〉の表明だったとも考えられる。そりゃそうだ。人間から虎になったのだから。しかしどうだ。最初の方は文句ばかり言っていたが、次第に己の運命を受け入れ、人間だった頃の自分の欠点を反省しているではないか。その上、自分の詩を世に残し、さらに妻子の面倒も見てもらえるのだ。まさに「これに過ぎたるはない」だろう。

こう考えてくると、やはり〈満足・感謝〉の表明であるように思われる。仮に多少の不満が残っていたとしても最後の咆哮によってふっきれただろう。（女子M）

②〈不満・羨望〉の表明である

私は、李徴の最後の咆哮は〈不満・羨望〉の表明であると考える。

なぜなら袁傪に会ったからといって李徴の周りの環境が変わったわけではないからだ。確かに李徴の心は救われたかもしれないが、現実的には家族の事も、詩人としての夢もすべて袁傪に頼まなければいけないのだ。一人で生きる強さを求めた李徴にとって、自分一人では何も出来ない状況はとても辛いものなのではないかと思う。だから私はこの咆哮は、虎になるほどにまで強さを追い求

めたのに、一人では何も出来ないただの獣に身を堕した李徴の〈不満・羨望〉の表れだと思う。

一方〈満足・感謝〉の表明だという考えもあるだろう。それは袁傪との出会いによって李徴の願いがかなったという考えだ。獣になりきる前に自分の信念・生き様を残すことができたのだ。李徴は袁傪にとても感謝しているだろう。しかも家族のことも頼んだことによって李徴の罪悪感は薄れるはずだ。こうして考えると、最後の咆哮には袁傪への感謝も込められていると言えるだろう。

だが、私はやはり〈不満・羨望〉の表れだと思う。袁傪との再会は李徴に改めて自分の立場を思い知らせる結果になったのではないか。自嘲癖により自分を守ろうとするほど傷つきやすい李徴が、ありのままの現実を受け入れ切れるとは思わない。だから今回、袁傪と会い自分の思いを語った李徴はまさにその語ることによって、今まで目をつぶってきた現実を見てしまったのではないか。そして、そのショックは袁傪への感謝を薄れさせるほどに大きいものではないかと思う。だから私はこの咆哮は〈不満・羨望〉の表れだと思った。（女子N）

2 学習指導の展開

全文の読解を終えた後、読みを〈深める・広げる・創る〉表現課題として創作コースと評論コースを設定した。作文に1時間を確保し、未完成の者は宿題とした。後日、文例をプリントし紹介した。それぞれのコースの課題とヒントは次のとおりである。

(1) 創作コース
①ともに進士に登第した者が語る若き日の李徴についての証言
- 若き日の李徴について本文ではどう書かれていたか。
- 多くの者はそんな李徴をどう見ていたか。
- 理解者がいた可能性はないか。

②江南尉だった李徴に恩義を受けた浮浪者の証言
- 俗悪な大官に対し、李徴は自分をどう思っていたか。
- 平凡な上司なら浮浪者をどのように処置しようとするか。
- 李徴はそんな上司にどんな態度を取ったと考えられるか。

③一地方官吏だった李徴に税を取り立てられた農民の証言
- このころの李徴は、どんな気持ちで仕事をしていたか。
- 農民が李徴の悩みを知っていた可能性はあるか。

④虎になった李徴に親を食われた子うさぎの証言
- 子うさぎは弱肉強食を納得できるか。

⑤虎になった李徴の咆哮を聞く獣の証言
- 李徴の苦しみに気づいていた者がいた可能性はあるか。

⑥李徴の告白を聞き、詩を書き取った部下の証言
- 任務に忠実な袁傪が行列を止めてまで草むらの李徴と話すことをどう見ていたか。
- 李徴が虎になっていることに気づいていたか。
- 最後に咆哮する虎を見てどう思ったか。

⑦李徴は死んだと知らされた妻の回想
- 覚悟はしていたか、いなかったか。
- 行方不明になるまでの李徴をどう見ていたか。
- 子どもとどんな思いで暮らしてきたか。

⑧李徴と別れて一年後の袁傪の回想
- 超自然の怪異をどう思ったか。
- 李徴の詩を改めて読み直し、どんな感想を持ったか。
- 今は李徴をどう思っているか。

創作コースのねらいは、①視点を変えて読み直す②細部の造形を試みるの2点である。また考えるヒントは発想を進める手がかりであると同時に、組み立ての示唆にもなっていて枠組み作文の一種と言ってよい。文章を書くときには論点の整理が重要であると分かる。これは論理的な文章にも共通するので、しっかり押さえておきたい。

李徴の独白によって進められるこの小説を違った立場から見直すと李徴理解が広がり、深まる。例えば［②江南尉だった李徴］と［③一地方官吏だった李徴］の違いを考えることは新たな李徴像の発見につながる。また［④虎になった李徴に親を食われた子うさぎの証言］や［⑥李徴の告白を聞き、詩を書き取った部下の証言］は作品世界を立体的に想像することを求める。いずれも他者に訴えかける証言としてまとめるためには具体的な細部の造形が求められる。ここに創作コースの意義がある。

　読みを広げ、深め、創る批評的な読みと文学言語の表現に誘う課題である。

(2) 評論コース

> 課題：李徴の最後の咆哮は〈満足・感謝〉か、〈不満・羨望〉か。次の構成によること。
> a. 私は、李徴の最後の咆哮は「A」の表明であると考える。（どちらかを選ぶ）
> b. なぜなら…。（理由・根拠を述べる）
> c. 一方「B」の表明だという考えもあるだろう。それは…。（反対意見とその理由・根拠を述べる）
> d. こうして考えてくると…。それは…。結論として私は…。（「同じくらい」は不可）

　評論コースの課題とヒントのねらいは、①根拠を示して考えを述べる（引用と立論）②論の組み立てを身に付ける（文章構成）の２点である。創作コースの〈論点の整理〉とともに小論文指導の第一歩に位置付けられる。

　この評論コースは論理言語の鍛錬を目標にしている。語の定義を踏まえて論を構築する作業は緻密な作品理解に基づくことが必要である。

　また、書き出しの意見と最後の結論が繰り返しにならないためには、予想される反論とそれへの再反論を通して考えを深める必要がある。例えば次の文例は「尊大な羞恥心と臆病な自尊心」をもとに論を立てているのだが、残念ながら下線部が繰り返しになってしまっている。

〈文例〉
　僕は、李徴の最後の咆哮は〈不満・羨望〉の表明であると考えます。

　なぜなら李徴は自分の詩集が長安風流人士の机の上に置かれていることを夢にまで見ることから、<u>詩家としての名声を残すことに対してよほどの執着心があった</u>と思われます。そして、李徴は自分の運命に対して「思い当たることが全然ないでもない」と考えています。それは人間であった時の自分の尊大な羞恥心と臆病な自尊心が原因だったということにも気付いています。だからこそ「人間に戻りたい」という気持ちが大きいはずです。

　一方、〈満足・感謝〉の表明だという考えもあるでしょう。それは袁傪が超自然の怪異を素直に受け入れ、李徴の厚かましい願いをも引き受けてくれたことに対するものです。

　こうして考えてくると、袁傪に対しては〈満足・感謝〉の気持ちもあったと考えられますが、李徴の本当の気持ちは<u>詩家としての名声を残すことだった</u>と思います。結論として私は、李徴の最後の咆哮は〈不満・羨望〉だと思います。（男子K）

　基本的な構成による枠組み作文を繰り返し行うことで、論理的な思考力と表現力の基礎を身に付けることができる。枠組み作文は何を考え、どう書けばよいのかで戸惑う学習者に有効な支援となる。「これなら書ける」という気持ちを引き出したい。

3　評価

　平常点に算入した。着眼点のユニークさを主に見たが、優劣にはこだわらなかった。時間的な余裕があれば紹介文例をもとに相互批評なども取り入れられる。

4　発展

(1)「山月記」に茨木のり子『うたの心に生きた人々』序文（ちくま文庫）を読み合わせる

> 課題：「李徴の詩には何が欠けていたか」について授業では〈李徴の人間性〉という考え方を取り上げました。しかし茨木のり子は詩人を〈民族の感受性を、大きく豊かにするために、営々と、心の世界、感情の世界をたがやす人〉と言い、さらに〈すぐれた詩人はみな、その生きた時代の、息づかいを、脈はくを、魂の波を、おそろしいほどよく伝えてくれるのです〉とも述べています。
> 　李徴の詩に欠けていたのは〈李徴の人間性〉と〈詩人としての資質〉のどちらが決定的だったのでしょうか。君の考えを述べなさい。

授業では李徴の述懐を次のように読んだ。
① 運命「理由も分からずに押し付けられたものを、理由も分からずに生きていくのが、我々生き物のさだめだ」
② 性格「己の場合、この尊大な羞恥心が猛獣だった。虎だったのだ」
③ 人間性「本当は、先ず、この事（註：妻子の生活）の方を先にお願いすべきだったのだ、己が人間だったなら」

その後、上記の課題を設定した。茨木のり子『うたの…』は中・高校生向けに書かれた伝記シリーズの１冊で与謝野晶子、高村光太郎、山之口貘、金子光晴の四人を取り上げている。読みやすくて奥深い、大変、魅力的な本である。序文は文庫本で５頁足らずと短いので出来れば全文をプリントしたい。

授業の読みを相対化し揺さぶりをかける発問で学習者を混乱させる危険性がある。しかし自分の考えを確立し説得力を持って表現する力を養うためには、このような課題に取り組むことも有意義かと思う。

(2) 森鷗外「舞姫」太田豊太郎についての六つの証言

> 課題：次からひとつを選び、その人物の見る豊太郎について証言しなさい。

> １．セイゴンの港でひとり船に残る豊太郎を見た房奴の証言
> ２．藩校や大学で共に学んだ者が語る若き日の豊太郎についての証言
> ３．豊太郎と〈面白からぬ関係〉にあった留学生たちの証言
> ４．幾種もの新聞を読んでは美少女と帰って行く日本人（豊太郎）を見た人々の証言
> ５．ペエテルブルクで活躍する豊太郎を見た大臣の従者の証言
> ６．帰国して一年後の豊太郎についての相沢謙吉の証言

「李徴についての八つの証言」の応用である。他の作品でもいろいろな視点を設定できると思う。少し違う形だが「羅生門」で「下人の出会ったのが老婆ではなく、死者の供養をする捨聖だったなら」という発問をしたことがある。学習者自身の内面が投影された作文例を数多く得て感銘を受けた。

(3) 教材文の構成を利用した枠組み作文
① 更級日記「門出・源氏の五十余巻」

> 課題：次の筋立てで中学生向けのお話を作りなさい。（生徒文例は資料１）
> a. 主人公はある願いを持っているが、それが叶えられる状況ではなく不満に思っている。
> b. 状況が変化し、願いが叶うかと期待したが充分には満たされずがっかりした。
> c. おまけに別につらいことが起きて、余計に落ち込んでしまった。
> d. ある人のお陰で思いがけず願いが叶い、無上の喜びに浸ることができた。
> ［考える要素］主人公・願い・状況・変化・つらいこと・ある人・お陰

枠組み作文の応用例である。「門出・源氏の五十余巻」は更級日記の授業で取り上げられることの多い部分であり、その話型を利用して書く。読解教材を大きく離れるので、時間的に余裕のあ

る長期休暇の課題に適している。創作体験に取り組みやすくするために発想のヒント（考える要素）を示した。資料1で紹介した生徒はこれが初めての創作で、卒業後も小説を書き続けている。

話型という考え方は、例えば源氏物語・桐壺と長恨歌、玉鬘と竹取物語などの理解にも役立てることが出来るので、2年後半までには触れておきたい。

なお、この時には評論コースとして作品紹介の枠組み作文も設定した。

> 課題：次の枠組みに従って更級日記「門出・源氏の五十余巻」の作品紹介文（中学生向け）を書きなさい。
> 　a. 作者と作品の簡単な紹介
> 　「きょうは菅原孝標女が書いた更級日記を紹介します。…。」
> 　b. 「門出・源氏の五十余巻」のあらすじ
> 　「更級日記は作者が十三歳になる年、父親の任地だった上総の国（今の千葉県）から京に上る旅の門出から始まります。この頃、作者は…。」
> 　c. 読みどころ
> 　「この中では私は…が一番の読みどころだと思います。それは…だからです。」
> 　d. こんな人に薦めます
> 　「皆さんの中には…な人がいるでしょう。そんな人ならきっとこの作品を楽しく読めると思います。ぜひ一度、手にとって見て下さい。これで私の作品紹介を終わります。ありがとうございました。」

②向田邦子「子供たちの夜」（『父の詫び状』）

教科書掲載文は〈視覚的な刺激—視覚を中心とした思い出—聴覚を中心とした思い出—まとめ〉という構成になっている。

> 課題：次の組み立てで中学生に本校を紹介する文章を書きなさい。（生徒文例は資料2・3）
> 　a. この1年を思い出すきっかけとしての視覚的な刺激
> 　b. 視覚を中心とした思い出
> 　c. 聴覚を中心とした思い出
> 　d. まとめ

実践は2年1学期だったので、課題が「この1年」となっている。中学生に本校を紹介するという〈実の場〉の設定が有効で、真情あふれる文章が多くあった。中でも資料3は、本校ホームページに掲載されて好評だった。

理解教材の構成を話型化して表現活動に導くという方法は、さまざまな応用が可能である。例えば芥川龍之介「羅生門」なら、次のような設定が考えられる。

　a. 主人公の迷い
　b. 目撃した事への驚きと決断
　c. 当事者または第三者の弁明
　d. 逆の決断と行動

理解教材を離れて〈創る〉ことに主眼をおいた課題なので、学習者が混乱しないよう配慮する必要がある。〈実の場〉の設定が重要である。

（石田　誠）

資料1 （更級日記の構成を利用した生徒文例）

　僕には忘れられない恩師がいる。その先生は勉強だけでなく、生きていく上で大切な事を数えきれないぐらい教えてくれた。先生のお陰で今の僕があるように思う。

　しかし、先生は僕らが中学を卒業してからすぐに転任してしまった様で、先生のその後が全く分からない。おまけに僕は親の仕事の都合で大阪から東京に引っ越して来てしまった。あれから三年…。ようやく環境やコトバにも慣れてきた。そして少し落ち着いた今、再び思うことは──先生と話がしたい──。

　そんな時、中学時代の級友から電話がかかってきた。「同窓会をするから来ないか」。大阪まで行く…もしかすると先生に会えるかも知れない。そう思うと矢も盾もたまらなかった。

　新幹線の中、これまで何度も思い返したことを反芻していた。中学生のあの頃、僕は勉強する意味も自分の力ややりたい事も分からず、ただガムシャラに生きる道を探していた。全てに怯えていたあの頃、手を差し伸べてくれたのが先生だった。ありったけの優しさをくれた先生に、言えなかったお礼を言いたい。きっと今なら言えるだろう…。

　同窓会は予想以上の参加者だった。みんな懐かしそうに歓談している。が、僕はその輪に加われなかった。先生のことを尋ねてみるが、誰一人として知らなかった。その上、仲良しだった奴が交通事故に遭い、もう何ヶ月も意識不明の状態だと聞かされた。不意に涙が出た。鬱屈した気持ちに耐えられず、会場を抜け出した僕はそのまま東京に帰って来た。友の事ばかり考えていた。

　数日後、思いがけない事に参加者のひとりが先生の電話番号が分かったと知らせてくれた。僕が同窓会で先生の事を尋ね回っていたことを知って、調べてくれたのだった。感謝の言葉も充分に言えないまま、電話を切った。そして教えてもらった番号をダイヤルした。僕の手は震えていた。

　受話器から懐かしい声が聞こえる。（女子Y）

資料2 （「子供たちの夜」の構成を利用した生徒文例）

　今、放課後の音楽室は鮮やかな金、銀の楽器のある吹奏楽部の部室になっている。窓から入る日光に照らされ、誇らしげに輝いている楽器を懐かしいと思うのは何百回とその光景を見てきたからだろう。

　春、夏、秋、冬、四季それぞれの色や雰囲気は違うけれど、楽器に当たる光はいつも美しく、反射している光は白く透きとおっていた。

　吹奏楽部は本当に楽しい所で、友達や先輩の話し声や笑い声がいつも絶えない。部員のほとんどは初心者でも、一年たつと流れるような音色を奏でることができる。練習は易しくはない。だが、それぞれの音色が重なり合ってひとつになるのはとても気持ちがいいし、それだけで心が通じ合えるのは嬉しい。

　くじけそうになることもあった。だけど、友達や先輩に支えられて今までがんばってきた。得るものは大きかったと思う。勉強だけをするよりも成長できたと私は思う。（女子S）

資料3 （同前）

　私がこの高校に入学して最初に目にしたのは、とてもたくさんの桜の木でした。大きな桜がまだ中学生らしさの残った私達を、温かく包んでくれるように見えました。きっと皆この桜を見て「さすが本校」と思ったことでしょう。

　クラス写真は桜の木の下で撮ります。同じ制服を身にまとった生徒達。その姿はピシッとしていて、とてもきれいに見えます。

　撮影が終わると気持ちが安らぎ、友達同士の楽しい話し声、笑い声が聞こえてきます。ついさっきまで知らなかった人がもう友達になっていて、これからの学校生活に期待をふくらませているのです。

　本校生は、楽しむ時はおもいっきり楽しみますが、きっちりする時は本当にきっちりしています。あなたも本校に入れば、先輩と同じように素晴らしい人になれると思います。それに何と言っても、大きくて温かい桜の木が待っていてくれます。ぜひ本校に。（女子H）

音読とクイズ形式で読む「舞姫」

はじめに

　「舞姫」は、3年現代文の定番教材として多くの教科書に採録されているが、これまで担当してきた学年では、「羅生門」、「山月記」、「こころ」は必ずと言っていいほど取りあげてきたのに対し、「舞姫」は数えるほどしかない。その理由は、擬古文の長編であり、かなりの授業時間を要し、クラスの中での学力の隔たりが大きい総合選抜制度下のわが校では、多くの生徒が難儀するだろうと敬遠していたからであった。また、かつて取りあげた時、「豊太郎は最低のヤツだ」に類する感想ばかりで、生徒にとっても我々にとっても労多くして達成感を得にくい教材であったからだ。2009（平成21）年度、62回生で、さまざまな進路を目指す生徒が混在しているクラスで久々に「舞姫」の授業をしようということになった。

　しかし、授業を開始するに当たって、3人の担当者の間で意見が食い違ったことがあった。「舞姫」の現代語訳のプリントを配付するかどうか、という点である。個人的には、現代語訳は使いたくなかった。ある語句の訳し方一つを取っても、言葉の選び方に訳者の解釈が入ってしまう。参考資料だと断っても、現代語訳を配ると、生徒はそちらに頼ってしまい、原文とじかに向き合わなくなる。「舞姫」の魅力の一つは擬古文ならではの韻律であり、あくまでも原文をじかに読ませたいと主張し、それを最終的に受け入れてもらった。

　以下は、原文で行った「舞姫」の授業と、私の担当したクラスの生徒たちの学習後の感想である。

1　学習指導の展開

〈科目〉
　現代文（教科書：「現代文」第一学習社）

〈対象〉
　3年3組39名（男子16・女子23）文系
　3年4組40名（男子16・女子24）文系
　※両クラスとも看護系の生徒を含んでいる。

〈授業時数〉
　3組　18時間
　4組　16時間

〈授業目標〉
　1　鷗外の文体を読み味わう。
　2　人間の生き方について考える。
　　（時代背景、主人公の生いたち・性格、人物相互の関係性などをふまえて）
　3　読み方
　　a　作中人物に同化して読む
　　b　作中人物の関係性や物語の構造を分析的に読む。

〈授業展開〉
　1　音読する部分を指示し、プリントを配付し、読み取るべきポイントを示しておく。
　2　隣り合う2人1組で、形式段落を1段ずつ交互に音読し、言葉の切れ目・読み方などを確認し合う。
　3　2人で相談しながら、「舞姫クイズ」に答え、並行してあらすじを確認する。
　4　クイズで問題にした点に関して、さらに読み深めるための発問をして説明を求めたり、補足の解説を行う。

2　音読の比重の大きい授業

　導入で全員が音読を行う方法は、生徒全員を授業に引き込むために、同僚が用いていた手法である。同僚は前任校時代から、授業の最初に毎回2人1組で、その日、授業で扱う範囲を声に出して交互に音読させる。範読や指名読みでは集中力が

持続しにくい生徒も音読には乗ってきて、スムーズに内容に入れるという。その方法を「舞姫」の授業で使わせてもらった。音読は形式段落毎に、長すぎる場合は適宜交代して行うように指示した。生徒が音読をしたりクイズに答えている間は、机間指導をして、読めない漢字や言葉の切れ目などの質問に答えながら、解説すべき部分や注意を喚起する必要のあることがらを把握しておく。

45分授業のうちの、約20〜25分を音読とクイズに、残りの20〜25分を、クイズで問うた点をさらに深める発問とその考察解説に当てた。クイズは丁寧に読みさえすれば、「○頁の□行目の……」と「答（を含む表現）」を抜き出すことができる。必要に応じて、なぜ本文中のその表現に注目する必要があるのかを問いかけて、生徒に説明を求めた。生徒の言葉が足りない場合は補足して解説した。

生徒たちの多くは、最初はクイズを念頭に置いて読むどころではなかったようである。擬古文になじみがないため、読み聞かせ以前のたどたどしい読み方で、本文を正しく読むことに気を取られていた。また、音読の間はとりあえず元気に声を出して読み合うが、黙読し直して「クイズに答えてみよう」となると、とたんに集中力が切れてしまった。しかし、自分よりも読みの上手な相手に触発されたり、読み手が交代したときに、読む速さや声の大きさ・トーン・リズムなどに大きなギャップが生じないよう、徐々に呼吸を合わせて読めるようになっていった。また、エリスが登場するあたりからは、これから二人はどうなるのかという興味も増し、次第に物語の世界に深く引き込まれ、登場人物に同化して読む度合いが高まっていった。事後の感想にこのことがよく表れていた。

「舞姫クイズ」とは、右のような簡単なものである。音読の際、少しでもストーリーを把握しながら読めるよう、あらすじを理解するうえで最低必要なことをクイズにし、再読して文中からその答えに当たる表現を相談しながら抜き出させた。音読に当てた時間が多いが、擬古文の場合、音読が作品と向き合う出発点だと考える。

舞姫クイズ　　　　　（もとはB5判3枚　縦書き）

Q1　主人公は今（物語の冒頭部）どこにいるか。
Q2　主人公はどこかへ行く途中か、帰る途中か。
Q3　主人公の名前は？
Q4　主人公はどんな人物か。
Q5　いつごろ（いつの時代）が舞台となっているか。
Q6　大学卒業後、主人公は、
　　①　どこへ　　　②　何のために
　行ったのか。
Q7　ある日、主人公が出会った少女の
　　①　名前は　　　②　年齢は
Q8　少女はなぜ泣いていたのか。理由を二段階に分けて説明せよ。
Q9　それに対して主人公はどのように救いの手を差し伸べたのか。
Q10　主人公と少女の交流を、同郷人たちはどのように見なしたか。
Q11　主人公と少女の交際を知った官長は、主人公にどのように対処したか。
Q12　主人公と少女どの関係が変化するもう一つの契機はどのようなことか。
Q13　窮境に陥った主人公に救いの手を差し伸べたのは、誰か。それは、具体的にはどのようなことか。
Q14　また、窮境に陥った主人公にエリスはどのような救いの手を差し伸べたか。
Q15　救いの手を差し伸べた友人が、主人公と同じ都市にやってきたのはいつのことか。
Q16　また、同じ年の冬に少女の身にはどのような変化が起こったか。
Q17　友人は主人公を誰に紹介したか。また、その時に、友人は主人公にどのような助言をしたか。
Q18　友人と再会した一ヶ月後に、主人公に対して、誰からどのような仕事の話があったか。
Q19　主人公がその仕事から帰ってきたのはいつごろか。少女はその期間どのようにして主人公を待っていたか。
Q20　帰宅して数日後、友人から主人公にどのような申し出があったか。それに対して、主人公はどのように答えたか。
Q21　その後、主人公と少女はどうなったか。

クイズで尋ねたことを掘り下げるための発問とは、次のようなものである。

Q15　救いの手を差し伸べた友人が、主人公と同じ都市にやって来たのはいつのことか。
A　「明治二十一年の冬は来にけり。」

Q16　また同じ年の冬に少女の身にはどよのような変化が起こったか。
A　「舞台にて卒倒しつとて…物食ふごとに吐くを悪阻といふものならんと初めて心づきしは母なりき。」

発問1　ここだけ年号が、段落の冒頭部に明記してあるのはどうしてか。
発問2　相沢からの手紙見て「茫然たる面もち」の豊太郎を心配するエリスに、手紙の内容を伝えた時に省略されたことがらは何か。
発問3　大臣に会いに出かけるための身支度を調えている場面で、二人の様子はどのように描かれているか。なぜ豊太郎は「不興なる面もち」なのか。

　小説「舞姫」のなかで、年号が記されているのはこの部分だけである。クイズ15・16と発問1・2・3は、豊太郎の人生の第二のターニングポイントが、この「明治二十一年の冬」の、「エリスの懐妊」と「相沢からの手紙」であることに気づかせるための質問である。第一のターニングポイントである「エリスとの出会い」から、周囲の誤解を招くことになり、誹謗による免職、母の諌死という最悪の状況に陥った豊太郎であるが、相沢とエリスに助けられ、ささやかながらも幸福な生活を築きかけていた。この場面はそのような安定が破れ、崩壊に向かって動き始める転換点という意味で、物語展開上重要であることに気づかせたかった。発問の2と3は、対照的な二人の描写に注目し、特に豊太郎の態度や言葉の描写が、この後に起こるであろう事件を暗示していることに、気づかせたいという意図で投げかけた。

〈板書〉　　　　　　　注：本来は縦書き
　Ⅳ　二人の身に起こった変化
　★　明治二十一年の冬　　苛烈さ
　　a　エリスの懐妊
　　　　　↓
　　　豊太郎＝困惑──将来の不安
　　　　（もしまことならばいかにせまし）

　　b　相沢からの手紙──茫然たる面もち
　　　・天方伯に随行して伯林に
　　　・天方伯からの呼び出し
　　　　（名誉回復の絶好の機会）
　　　　　↓
　　　エリスには伝えず
　　c　かいがいしいエリス──身仕度に心配り
　　　　　｜
　　　不機嫌な豊太郎
　　　・免官の身で大臣に会う心の重さ
　　　・「名誉回復の機会」への拘泥
　　　・エリスに肝心な点を隠す心の重さ

　　d　エリスの喜びと不安
　　　・豊太郎の正装した姿──誇らしさ
　　　・「我ももろともにいかまほしきを」
　　　　（自分の境遇を忘れた発言）
　　　・「よしや富貴に……とも、見捨てたまはじ」
　　　　（育ち・教養・学歴などの差を実感）
　　e　豊太郎のうそ
　　　・「何、富貴」
　　　・「政治社会に出でんの望みは
　　　　絶ちしより幾年か経ぬるを」
　　　　（政治社会への未練を逆に自覚）

　★　豊太郎を見送るエリスの姿
　　「凍れる窓を開け、
　　　乱れし髪を朔風に吹かせて」
　　　　　　──名残惜しげ

3 鷗外の文体と生徒の作品理解

このような方法で全体を読み終え、最後の時間に、次から一つを選んで作文してもらった。

(1) 明治という時代と豊太郎
(2) 豊太郎と相沢
(3) 豊太郎とエリスの愛
(4) 「舞姫」を読んで
(5) エリスの豊太郎への思い（創作も可）

提出数は、3組が33／39名、4組が38／40名であった。どのテーマを選んだかについては、以下の通りである。

選んだテーマ	3 組 男	3 組 女	4 組 男	4 組 女	計
1	4	1	7	2	14
2	1	0	0	1	2
3	2	6	0	0	8
4	6	11	8	19	44
5	0	2	0	1	3
合計	33		38		71

そのうち、文体について何らかの形で触れていた者が17名（3組7名、4組10名）いた。

a　わからなかった　　　＝ 2名（0・2）
b　わかりにくかった　　＝ 4名（2・2）
c　わからなかったが…　＝11名（5・6）
※（ ）内は、クラス別（3組・4組）の人数

a「わからなかった」と記した窮極の感想は次の①である。個人的な事情もあり、拒絶反応の固まりとなってしまっている。②の「つらかった」は、「理解できずつらかった」のであろうと判断し、aに分類した。かろうじて理解できた部分を取り上げ簡単な感想を記している。

①現代文なのに古文みたいな書き方で書かれていたので、ただでさえ長くて、うーわだるーめんどくせーと思うような作品なのに古文みたいになってるとか、このきょうかしょつくったやつばかじゃねぇのこれ現代文の教科書だろーが、現代文の教科書にかくんだったらせめてやくしてからのせるなりするべきだと思いました。あと、よくわからんドイツやロシア語とかものってて、よむのがめんどくさかった。（4組男子）

②舞姫を読んでると、古文にしか思えなくてとても、つらかった。相澤が、豊太郎はもう別れを告げていると思ってエリスに話したのは、もうだめだと思った。豊太郎はいい人だ。（4組女子）

これらは学力以前に、作品と向き合おうとする姿勢や意欲の問題であると思われた。「わからなかった」「つらかった」とはっきり記しているのは以上2名だが、未提出の7（6＋1）名の多くが「わからなかった」ので、「書けなかった」のではないかと思われる。

b「わかりにくかった」と、c「わからなかった（わかりにくかった）けれど、……」とは、その境目が不明確だった。bもcもともに分かりにくかった点について最初に記し、その後に印象に残ったこと、物語の転換点や山場、自分の感想や考え（波線部）などを記していた。そのうちの比較的短いものを3編、次に引用する。

③舞姫を読んで、古文のような文章で話の内容を理解するのが難しい部分も多かったけど、豊太郎が大臣の所へ出かける場面は、冬の寒（ママ）が書かれていて、エリスの不安な気持ちとかが分かりやすかった。（4組男子）

④舞姫は難しすぎて、私には理解できなかった。でも、わかったのは、相手の事を考えすぎて、傷つけてしまう事があったり、自分の気持ばかりを相手にぶつけて相手を困らせたりして、そういうのは、ダメだと思った。（4組女子）

⑤舞姫はとても読みにくかったです。現代文なのに古典風に書かれていて古典が苦手な私には理解しにくかったし、ページ数が多く内容が頭に入りませんでした。正直言って最初の方は覚えてないです。印象に残っているのは最後の方です。豊太郎が倒れて相沢が隠していたことを全部話し、エリスがおかしくなってしまうところです。相沢に話を聞いただけでエリスが精神的におかしくなるのはそうとうショックだったんだなあと思いました。（3組女子）

「わからなかったが…」という前置きはあっても長文の感想は、ストーリー展開の推移や登場人物の心情の変化について、詳しく自分の思いを記

していた。

⑥初めて読んだとき、話が全くわかりませんでした。明治初期の文章で、ところどころ古語が混じっていて読みにくく、情景も思い浮かびにくかったからです。／しかし、授業を受けて先生の解説を聞いてから何度も読むうちに徐々に分かってきました。／まず、初めに思ったことは人生は思った通りに進まないのかということです。学生の頃父や母の影響で機械のように勉強していたという豊太郎も素晴らしい成績を修めていても、エリスとの出会いによって、上司の信頼を失ってしまい、苦しい生活になりました。また、そんな豊太郎の悩みに悩むシーンがよく描かれていました。明治初期でも現代の日本でも思い悩むことはあまり変わらないんだなぁと思いました。／仕事での悩みや恋の悩みなど、私たちと一緒なんだと思いました。／難しかったけれど、面白かったです。（4組女子）

⑦舞姫を読んで、初めは昔の言葉の意味がわからなくて、音読も読んでいるだけで、全然おもしろくなかったですが、授業で内容を理解するにつれて、物語の複雑な人間関係がどうなるかを知りたくて、興味を持てました。／特に豊太郎とエリスのお互いの気持ちのすれ違いが印象に残りました。私が女だからかもしれませんが、やはり豊太郎の行動は理解できません。2人の出会いの場面はロマンチックではありましたが、豊太郎はただ女の子が泣いている姿を見ていられなくて、同情しただけだと、感じました。それに外人だから日本人と違うし、めずらしさを感じて、大胆な行動に出たのだと思います。そんな気持ちで軽々とエリスに近づいた豊太郎の無責任さに腹が立ちました。本当に好きなら、自分の故郷、栄達の道よりも、エリスを選ぶと思います。そこまで自分自身のことが大事ならエリスに近づくなと言いたいです。（3組女子）

⑧初めに舞姫を見たとき、文章がとても長く、古典のように書かれていて、なかなか内容がつかめませんでした。けれど、授業を聞いていて、疑問に思ったことなど色々な考えを持つようになりました。／今の時代、身分もなく、世間的な目をさほど気にするようなこともないが、明治という時代は、身分社会が少なからず残っていたので、豊太郎も、親や自分の体裁を気にしてしまい、大きくなるまで自分の考えを持てなかったのだろうか、最初にエリスを助けたとき、同情したのではないだろうか、子供がいるエリスを一人にしてまで出世するほどなのかなど、私が思っている豊太郎に対するイメージはとても悪かったです。／私は女だから、どうしても女目線で考えてしまいましたが、舞姫の最後の方になっていくと、豊太郎も、友人、恋人、上司、世間といろいろなことに挟まれ、悩み、葛藤があったのかと思うようになりました。／人の心は見えないからこそ難しいので、その点の描写や移り変わりを書いているのはすごいと思いました。／自分の意志を相沢やエリスに伝えることができない豊太郎にイライラしました。（3組女子）

⑨初めてこの文章を見たときは、今まで現代文で取り組んできた文章とは全然違っていて、絶対に理解できないだろうな、と思った。実際音読とかしていても、話の内容は全然わからなかった。けど、授業で詳しく勉強していくうちに、だんだんと話がわかってきて、おもしろくなってきた。／豊太郎がある事件に関して、何か複雑な思いを抱きながら、日本へ帰る船に乗っている所から始まり、その複雑な思いの内容で終わった。相沢のおかげで、豊太郎は日本に帰り、エリートに戻れたかもしれないが、自分を愛してくれたエリスと、エリスの子を捨ててきてしまった。豊太郎はこのことを忘れることができなくて、仕事は順調でも、心の中は、何かもやもやとした気持ちのままじゃなかったのかな、と思う。けど、もし、豊太郎が相沢や大臣の申し出を断り、エリスと供に暮らし続けたとしても、それまで通り幸せだったのかな、とも思った。／実際、豊太郎とエリスがどうなったのかはわからないまま終わってしまったけれど、豊太郎の思いが、かわったりしていっている様子など、いろいろ書いていて面白かったです。（4組女子）

⑩豊太郎の性格とか心の変化がよく分かった。エリスと愛し合っている時から、相沢に言われてエリスと別れるように約束した時まで、豊太郎の優柔不断さや気持ちが私にも、そういうことがあるかもしれないな、と思って共感できた。／でも相沢が言ってくれた通り、エリスときっぱり別れたらいいのにとも思った。最初から、ずっとエリスと、本気で生活していけると思ってなかったからじゃないかなと感じた。そういう、豊太郎の後先考えないような行動には、あまり良いとは思わなかった。／読み始めた頃は、ハッピーエンドかなと思っていたけど、だんだん大変なことになってきて、最後もエリスが発狂してしまって、波瀾万丈だと思った。そのたびにハラハラしてこの先どうなるんだろう？　と読んでいくのが楽しかった。／現代文ではなく、

古典のような文章も、読みづらいけど味があってよかった。（3組女子）

完全に理解できたという実感は持てなくても、この小説の要諦は主人公の「恋を選ぶか、地位や名誉を選ぶか」の葛藤だとわかるので、ある程度ストーリーがわかってくると、作中人物相互の関係性の方に興味が移り（⑦）、わからない部分や疑問を抱いたことについて考えるうちに（⑧⑨⑩）、その先の展開を追っていくようになったと思われる。擬古文という少し高いハードルがあっても、人間の生き方や恋という普遍的なテーマは生徒たちを引きつけ（⑥⑦）、知りたいと思うことについては、本文を繰り返し読み、解説を注意深く聞き、自分なりの結論を得ようと主体的に読んでいたことが感想からうかがわれた。

4 「生き方」を考えるための補助線

授業目標に掲げた文体以外についてはどうであったかを、学習後の感想から振り返ってみたい。

(1) 明治という時代と豊太郎

⑪舞姫を読んで、明治の時代のヨーロッパの町の様子を知ることができたり、明治の作品ということもあり、古文のような書き方をしているので、そこからも明治という時代を感じられることができた。特にエリスとの交際のせいで豊太郎の母が、豊太郎の考えを改めさせるために死んでしまったという所は、もっとも明治という時代を見せられた所だった。（3組男子）

⑫豊太郎が生きている明治時代は、まだまだ昔の考え方が残っていて、外国の文化を日本がどんどん取り入れようとしている時代だった。そのために語学力に自信のある豊太郎は大臣などからも重宝されるような立場にいて、不自由なこともなかったと思う。でも、その反面まだ現代のように外国人との恋愛が認められるような日本でもなかったから豊太郎はエリスを連れて帰ることはできなかった。現代の日本なら、そのような人は沢山いる。昔のようにそれほど自分の一族の繁栄にこだわる人もいないから、自由に生きている人もたくさんいる。だからといって豊太郎の周りの状況だけがエリスと別れた原因でもないと思う。どんな時代であっても、当時の文化や一般的な考え方を変えよう

とする人はいると思う。豊太郎は数年外国にいて、新しい文化や思想にも触れて、その上、すごく賢い人間なのだったら、一般的な考え方を破って自分の思うようにうまく生きれたのではないかとも思う。それを考えると豊太郎という人は常識に固められた真面目であまり面白みがないような人にも思える。（3組男子）

⑬私は豊太郎の性格や生き方に、理解できる事が少しある。家のためにとか母のためにと思う気持ちは、明治時代よくある事だったと思うし、後先考えずに物事を判断してしまったり、友人の誘いを断ることのできない心の弱さは、私にも共通している部分があると感じた。そしてそこが豊太郎の最大の弱点だと思う。／しかし理解できない事も多くある。／自分の間違った判断が引きおこした出来事だったのに、エリスや相沢を責めていることだ。初め豊太郎は、自分の心の弱さが原因だとか、受動的だからと、言い訳ではあるけれど自分に原因があると考えているのに、後半では友人の誘いは断れないとか、相沢のせいでエリスが発狂したとか、責任を押しつけて自己防衛しているから、本当に弱く、自我の強い人間だと思った。／この話の中で豊太郎の「我ならぬ我」が出てきたりして心の変化が書かれているが、豊太郎の性格の根本は全く変わっていないと感じた。（4組女子）

(2) 豊太郎と相沢

⑭舞姫を読んで豊太郎と相沢の関係は本当にいい仲だなと思う中にも、少し、豊太郎が最後にいだいた、相沢を憎む気持ちも分からなくは、ないなと思いました。もし僕がそういうことをされたら、数日間ぐらいは、口もきけないし、もうかかわりをさけてしまうかもしれません。なのに、豊太郎には、もう一つ、相沢は名誉回復のために奔走してくれて、またとない良友だという気持ちを持っていた。自分だったら、こんな気持ちよりも相手を憎む気持ちの方が大きく相手に対して出てしまうと思いました。／また逆に僕が相沢の方だとしたら、わざわざ、外国にいる友達のために、ここまで本気で、仕事を探してやるなんて、できないだろうし、豊太郎の彼女であるエリスにも、告げることなんて、できないと思いました。そういう目線で見ると、とても豊太郎のためを思っていて、すごいと思ったけど、僕はやっぱり、豊太郎にエリスとわかれて日本に帰った方がいいみたいなことしか言えなかっただろうし、エリスにも

少しの間、ここで豊太郎をまってくれしか言うことができなかったと思います。相沢は本当に、良友であるのと同時に、僕も少し憎んでしまいました。（3組男子）

(3) 豊太郎とエリスの愛

⑮豊太郎は本当にエリスを愛していたのだろうか？　と考えてみると、最初の方だけしか愛していないような気がします。／たぶん豊太郎は熱しやすく冷めやすいのだと思います。最初の方は、「痴駿なる歓楽」とか「一輪の名花」とかちょっとクサい表現がされていて、それ程エリスがすきなんだなあと思いました。きっと、豊太郎をこのまま相沢に会わせなかったら、エリスと貧しいながらもずっと幸せに暮らしていたと思います。／でも豊太郎は人に流されやすいし、いい話がくると自分のことを最優先に考えて行動してしまう弱い男なので、結果的にはエリスを悲しませてしまう最低の男だと思います。エリスを任娠（ママ）させておきながら仕事を選ぶなんて、ひどいです。いろいろ悩んで、こうなってしまったのは分かるけど、それでも、もう少し何とかできなかったのかな～？　と思いました。これは私の変なイメージですが、明治時代…と言うか、昔の人は頭が堅いと思います。もう少し楽～に、ゆる～く生きてもいいのになあと思いました。仕事一筋じゃなくて、いろんな趣味を持って、もっと人生を楽しめばいいと思います。／あとこの作品の名前がなんで舞姫なのか気になります。（4組女子）

⑯豊太郎はエリスを愛していたと思う。豊太郎が文章で話し出すとき、恨みは消えないといっているから、いつまでもエリスのことを考えていることが分かる。エリスに嘘をついている時も、自分のことを責めている場面があり、それを考えすぎてしまったから、倒れてしまって、病気になったんだと思う。／でも、現代的な物語では、仕事や名誉より愛が大きくなり、すべてを捨てて、相手の元へ行くというのが一般の流れである。そうすると、この舞姫は流れが逆で、ハッピーエンドには終わらないので、かわった作品である。だけど、豊太郎の心の変化は、エリスの一途な思いを含めての変化であると思う。私は、仕事より好きな女性といたい男の人というのは、社会人としては、間違っていると思う。だから私は、舞姫は、現代的な物語の理想的なものとは違って、現実的でリアルな物語であると思った。豊太郎がエリスを捨てて仕事を優先したことは、エリスを愛していないからではなく、どちらも大事だけど、優先順位の高い仕事を選んだだけであったと思う。（3組女子）

⑰私は、豊太郎とエリスの愛には不信感があります。時代のせいかもしれないけれど、現代に生きる私にとって、二人の関係は友達以上恋人未満ぐらいの仲だったのではないかと思います。エリスは豊太郎のことを盲目的に愛しているようだったけど、それは父を失った寂しさや、生活の貧しさ、母親との仲を埋め合わせるためだったように思います。自分に足りない部分を豊太郎を愛することで補いたい、少しの間だけでも忘れたい、と思っていたのかもしれないと思いました。でも、何かの代わりに愛情を注ぐことは、相手を思いやってはいないし、自分自身も、気づかない心の奥深くで、傷ついてしまうのではないかと思います。豊太郎は、エリスに会うまで勉強ばかりしていたので、相手の心はもちろん、自分の心にも鈍感だったのではないかと思います。そして、彼に一番欠けていたのは、一時の感情に流されず、踏みとどまって状況判断するための勇気だと思いました。エリスの一方的な愛情に気づいていながらも、その場しのぎの対応ばかりしていたことが、物語のクライマックスの悲劇を生み出したと思います。二人のほんのわずかなすれ違いが、最後には取り返しのつかない事態を招いたことを、読者の立場から見たらはっきりわかるけれど、もし私がエリスだったら、わからないまま突っ走っていると思います。自分の感情は大事だけれど、時には自分自身を客観的に見つめ直すことも大切なことなんだな、と、豊太郎とエリスの愛を見て感じました。（3組女子）

(4) 「舞姫」を読んで

⑱誰からも信頼されるほどの強い向学心を持ってドイツに行った豊太郎だが一人の女性エリスとの出会いで心がそっちへ動いていくという場面は「こころ」のKのように感じた。勉強一筋な人でも恋によって全てをくずされてしまうということはどこか共通していて、恋というものは本当に恐ろしいものだと思った。相沢からの手紙で、日本に戻って再び学業に専念するという道を選んでしまった豊太郎だが、同時にエリスに対する罪悪感を持ち始めたというところでは、豊太郎の優柔不断さが現れて、頭が良いこと以外には何もできない、相手の立場を考えることができない人なんだなとすごく感じられて、他の作品で言うと「山月記」の李徴のようにも見えてくる。最後に相沢がエリスに真実

を言ったことで豊太郎が相沢を憎んでいるが、それは豊太郎が自分で作った道なので、どっちらにしろ最後はエリスは知ってしまうと思うので、相沢をそういうふうに見るとはなんて身勝手なのだろうと怒りがこみ上げてくる。それに対してエリスは豊太郎のことを一秒たりとも考えていたのに、捨てられてしまったことでまた貧しい生活に戻ってしまうだけでなく、子供も生まれてしまうので一層厳しい生活を強いられてしまうととてもかわいそうに思う。舞姫という話は実に複雑な人間関係を描いていると思う。（3組女子）

⑲正直に言って、文学作品としては「舞姫」はすごいのかもしれないけど、こんな内容の小説が教科書に載っていいのかなと思っていた。いくら時代は違うとはいえ、ちょっと内容がショッキングなものが多かった。／私は豊太郎の気持ちもエリスの気持ちもよく分かる。相沢が悪いわけでもない。ただ、豊太郎がもう少し決断力のある、芯のしっかりとした人間だったならば、少なくともエリスは発狂せずにすんだと思う。人の心を一番傷つけるのは人の心だ。豊太郎のエリスへの愛と、自分の中のどうしようもない欲が、結果的にエリスを傷つけた。そして豊太郎も傷ついた。／でも私は、相沢は悪くないと思う。ただ、エリスに真実を告げるタイミングが悪かった。初めは「なんで今言うの!?」と思った。豊太郎が眠っている間、エリスは一人でその真実と向き合わなければならなかった。豊太郎へ向かうべき悲しみや怒りや苦しみは、ゆくべき先を失って、彼女の中で黒く渦を巻きながら、とどまるしかなかった。私は、エリスと豊太郎が結局一度も話ができなかったことをとてもかわいそうに思う。別の人の口から真実を聞き、本人に確かめることもできず、自分の中に苦しみを閉じ込めてしまったエリスと、自分の気持ちなのに、自分の言葉では何も彼女に伝えられないまま去ってしまった豊太郎。もっと他に結末はなかったのかと思ってしまった。／エリスはこの先生きていけるのだろうか。心の傷が消えることはなくても、少しでもいえるといいと思う。（4組女子）

(5) エリスの豊太郎への思い（創作を含む）

⑳エリスは豊太郎に悲しいときに助けてもらって、とても嬉しかったのと同時に、疎外された者同士の信頼感を得ました。その日は家まで送ってくれて、私はお礼がしたくて豊太郎の僑居に行きました。すると豊太郎は私に国語を教えてくれるようになり、そこから私たちは清白な交際をすることになりました。そして私たちはどんどん親密になってゆき、私は、温習と劇上で忙しかったけれど幸せな日々を過ごしていました。そう過ごしていた明治二十一年の冬に私は懐妊しました。私はとてもうれしかったのと同時に、豊太郎の気持ちに不安が生まれました。豊太郎が、まさか心変わりをしないだろうか、富や地位を手に入れて私をお捨てにならないだろうかと…。しかし豊太郎は私を安心させてくれる言葉をくれました。／豊太郎が天方伯の所へ行っている間は、毎日毎日豊太郎の帰りを心待ちにしていました。しかし私は豊太郎の私への深い気持ちを信じて何も心配せず、生まれてくる子供をもまってました。（4組女子）

㉑私がもしエリスなら、豊太郎をうらみます。何回もうそをつかれて、最後には自分の事しか考えずに日本に帰ると相沢に言われ、お金だけもらって、赤ちゃんもお腹にいるのに……。何でそんな中途半端な気持ちで子供をつくるのか、意味わかりません。人の気持ちを傷つけてまであんなことをする男は大嫌いです。けど、うらんでもうらんでも、きっと豊太郎が好きで忘れられないと思います。だから、私ならお金をかせぎ、ちゃんと教養のある、豊太郎にふさわしい妻となれるような女になり、日本へ、豊太郎に会いに行きます。／本文の中でのエリスの行動は、男からしたら、うっとうしいのかもしれないけど、エリスの立場を考えると、当然のことと思います。／最後エリスは精神がおかしくなってしまったけれど、豊太郎を愛し過ぎたからです。それぐらい好きなのに、一緒になれないのは本当にかわいそうでした。／元をたどっても、誰が悪いのかなんてわからないけど、私は、二人をどん底につき落した原因は、人を愛す気持ちや、名誉を回復して、仕事をしたいという気持ちなど、人間誰もが持っている「心」が引き起こしたことだと思います。（3組女子）

豊太郎に対する非難に終始しないように、また授業で触れなかったことを発展的に考えさせたいと思い、「1　明治という時代と豊太郎」というタイトルを最初に置いた。約2割の生徒、特に男子がこれを選んでいた。2クラスとも文系の日本史選択のクラスであったので、授業で学んだ明治という時代の状況と重ね合わせて作品を読もうとしていた。人間の生き方はその時代の価値観と深

く関わっていることを論じ(⑪⑫⑬)、そのうえで「一般的な考え方を破って」生きる可能性があったことに言及している生徒もいた(⑫)。

「2　豊太郎と相沢」と「3　豊太郎とエリスの愛」の二つは、人間の生き方は近しい人との相互関係の中で変化することについて考えさせたいと思って設定した。「豊太郎とエリスの愛」を選んだ者の多くが、二人の愛が真実の愛であったかどうかを問題にしており(⑮⑯⑰)、特に⑰は二人の恋の未成熟な点を詳しく分析していた。

論点を限定されずに自由に書きたいという者のために、オーソドックスな「4　『舞姫』を読んで」も置いた。⑱は高校で学んだ他の小説といわゆる主題を比較して関連づけている。⑲は豊太郎とエリスのどちらにも共感し、特にエリスの心に丁寧に寄り添っている。

作中人物に同化することを徹底させると創作になるだろうと考え、「5　エリスの豊太郎への思い(創作を含む)」を置いた。しかし、これを選んだ者は少なかった。⑳はエリスになりきって出会いから豊太郎の不在の期間中の思いを、原文で用いられていた語句を活用して創作している。

一方的な豊太郎批判の感想も少しあったが、全体的に、場面に応じて豊太郎の立場に立ったり、エリスの立場に身を置いたりして考えようとしていた。数としてはやはりエリスの側で論じた者が多かったが、視点の偏りを意識しながら(⑦⑧)、状況に応じて変化していく人間の心変化を見つめ(⑱)、豊太郎の心の弱さや名誉欲などは、自分を含めた誰の中にも存在するものであることを指摘していた(⑩⑬⑲)。また両方に対して距離を置いて客観的に作品世界を見渡し、心の変化や生き方を考察する感想もあった(⑫⑲)。㉑はいったんエリスに同化して断ち切れない思いを述べた上で、自分ならどう行動するかと想像し、誇り高い近代女性が取るであろう生き方を提示していた。

「物語の構造を分析的に読む」という点では、「豊太郎がある事件に関して、何か複雑な思いを抱きながら、日本へ帰る船に乗っている所から始まり、その複雑な思いの内容で終わった」(⑨)と、簡単に数人が触れていただけで、作品の構造を分析的に見ることは生徒にとって難しかったようだ。

当初、目標に掲げていたことがある程度実現できた背景には、次の二つの取り組みも効果があったのではないかと考えている。一つは「朝一番」である。2003(平成15)年度の1年生(58回生)から、朝のショート・ホームルームの10分間に「朝一番」と称して、A4判のプリント一枚に、学年の教員が選んださまざまな文章を、日替わりで印刷して配付し読ませていた。この62回生もそれを踏襲し、以前よりは「読む」習慣のついた生徒が3年次には育っていた。もう一つは、2年次の現代文の時間の「授業前読書」である。わが校では運動系クラブの加入率が高く活動時間も長いため、読書の時間をとれない生徒が少なくない。62回生は2年次の後期(10月)から半年間、現代文の授業の最初の10分間を読書の時間に当てていた。同僚が現代文の授業で試験的に行っていた取り組みを学年全体に拡大し、半年間実施した。小さな積み重ねだが、授業前読書を楽しみにする生徒は多かった。その延長線上に、一人では読み通せない、普遍的なテーマの物語を、授業で仲間と深く読むことがおもしろかったのだろう。

5　「舞姫」の教材研究

「舞姫」については、ある疑問がずっと心に引っかかっていた。作者鷗外は主人公と作者自身を重ね合わせて読まれる可能性が高く、その場合鷗外自身の人間性を疑われかねない、このような小説をなぜ書いたのだろうか。また、鷗外の妻としては新婚早々このような小説を発表されると夫への信頼が揺らぐのではないかということである。

2009(平成21)年、62回生で「舞姫」を取りあげることを決めた頃、たまたま次の2冊に出逢った。林尚孝氏の『仮面の人・森鷗外──「エリーゼ来日」三日間の謎』(同時代社、2005年)と、小平克氏の『森鷗外「我百首」と「舞姫事件」』(同時代社、2006年)である。

両氏が主張しておられることを、大胆に要約すると、以下の通りである。

①「舞姫」は自己告発の書として書かれたものであり、作者鷗外は主人公豊太郎を批判する立場に立っている。(最初の提起者は竹盛天雄氏)
②「舞姫」のエリスのモデル、エリーゼ・ヴィーゲルトは、「路傍の花」ではなく、鷗外にとって「永遠の恋人」である。
③鷗外はエリーゼと結婚するつもりで彼女を来日させており、その実現のために軍医辞職を決意し、一旦は辞表を提出したものの、周囲の説得でそれを撤回した。赤松登志子との結婚問題と「エリーゼの来日」や「舞姫」の執筆・発表は表裏一体の関係にある。

　林氏は③の、鷗外が軍医を辞職してでもエリーゼと結婚する意志があったことを、「石黒忠悳（ただのり）日記」、「西周日記」、「小金井良精（よしきよ）日記」と、鷗外の年譜を照らし合わせながら論証している。二人の帰国、来日、離日は1888（明治21）年の秋で、

　　9月8日　鷗外、横浜に帰着
　　9月12日　エリーゼ、横浜に到着
　　10月17日　エリーゼ、横浜から出発

という関係であり、エリーゼは1ヶ月余り滞在している。その期間を4つに分け、

　　第Ⅰ期　9月12日～9月23日（無風期）
　　第Ⅱ期　9月24日～10月3日（帰国交渉期）
　　第Ⅲ期　10月4日～10月13日（交渉決裂期）
　　第Ⅳ期　10月14日～10月17日（帰国期）

として、森家の親族会議の結果を受けて、第Ⅱ期に小金井良精がエリーゼをドイツに帰国させるべく交渉に当たったと考察している。鷗外が横浜に帰着する4日前に石黒氏に呈上した漢詩「雲翻雨覆、肌膚生粟、却思顧眄憂讒讁、無如居白屋、不知遺臭将流馥、吾命蹇、何須哭、猶有一雙知己目、緑於春水緑」には、すでに辞職の覚悟が示されている。石黒は「戯評」として「其眼緑於春水緑者　其人何在乎蓋在後舟中」と、後を追ってくるエリーゼに話題をそらしたという。

　また、小平氏は、1909（明治42）年5月1日発行の『スバル（昴）』に鷗外が発表した「我百首」は、彼の生涯にわたる悔恨の思い出である「舞姫事件」を詠った連作であるとして、それらが創作された背景を考察し、各首の評釈を行っている。当時47才になっていた鷗外が、「舞姫事件」の21年後に、それまで秘めていた思いを表明したものであり、その中でエリーゼは次のように詠われている（数字は百首のうちの第何番目か）。

　26　すきとほり眞赤に強くさて甘きNiscioreeの酒二人が中は
　28　うまいより呼び醒まされし人のごと円き目をあき我を見つむる
　30　君に問ふその脣の紅はわが眉間なる皺を熨す火か
　33　彼人は我が目のうちに身を投げて死に給ひけむ来まさずなりぬ
　36　接吻の指より口へ僭（かがな）へて三年になりぬ吝（やぶさか）なりき
　40　護謨（ごむ）をもて消したるままの文くるるむくつけ人と返ししてけり

小平氏は、「小金井日記」の10月4日に「林氏ノ手紙ヲ持参ス事敗ル、直ニ帰宅」とあることを詠んだのが第40首であろうと推測し、親族たちから迫られて書いた鷗外の手紙が突き返され、鷗外が後年までそのような手紙を書いたことを深く恥じていたと解釈されている。

　両氏の著書、とりわけ「我百首」を読んで長年の疑問が氷解した。鷗外は「エリーゼ」に対する愛を貫けず、親の勧める結婚を受け入れた自分自身を「告発」するために「舞姫」を書いたのだった。豊太郎の描き方もそう考えると納得がいく。

　なお、この原稿を書いていた2013年夏、8月29日付けの新聞にエリスのモデルと思われるドイツ人女性が1953年まで生きていたことを、六草いちか氏が丹念な調査の末突き止め、『それからのエリス』（講談社）としてまとめたことが紹介された。二人の実人生と、虚構化された「舞姫」の作中人物とを比較し、どこがどのように虚構化されているのか、それはなぜかなど考えていると、「舞姫」に対する興味は尽きない。

（久保瑞代）

山田詠美「ひよこの眼」による表現活動
―レトリック単元「括弧に入れて」―

はじめに

　山田詠美『晩年の子供』は、主人公（小学校高学年から高校までの少女）が心の中の大事件を回想する短編集である。大人になる通過儀礼のひとこまを描く。「ひよこの眼」はその最後の一編であり、幼い日の淡い想いの裏に潜む死の影が人生の不条理と現代人の孤独を暗示する。あらすじは、以下のとおりである。

　中学三年の亜紀は、転校してきた相沢幹生の目を見た時、なぜか懐かしい気持ちに包まれてしまった。その理由を求めて幹生を見つめ続けていると、周囲は亜紀が幹生に好意を抱いていると誤解し、二人を文化祭の実行委員にしてしまう。亜紀は戸惑うが、幹生が誤解していないことを知り、気が楽になる。

　実行委員として接するうちに互いに気を許し始める。亜紀は次第に好意を抱き、幹生の瞳を懐かしいとは思わなくなるが、幹生の表情に不幸の影がさすことに気づき不安を感じる。

　「おれの目が懐かしいって、今でも思う？」
　「思いたくない。なんだか怖いから」

　つなぎ合う手に互いの好意を確かめ、幹生は前向きに生きようとする。

　亜紀が帰宅すると、母が妹をなだめていた。妹はうさぎを飼いたいと言うのだ。母が、以前、ひよこを死なせたではないかと言った時、亜紀は思い出した。幹生の瞳はあのひよこの目だったのだ。懐かしいなんてうそだ。死を見つめている瞳の恐ろしさのあまりに、恋をしてしまったのだ。

　幹生はその日から学校に来なかった。二、三日後、担任から幹生が父の自殺の道連れにされたことが告げられた。

　本教材はレトリック単元「括弧に入れて」の最終教材である。小説の読解を終えた後、作品全体を捉え直す表現課題を設定した。

　本稿では、まず、実践の成果たる「生徒の表現」を紹介し、それに至る学習過程、特にレトリック単元について「学習指導の展開」で説明し、最後に単元や活動の発展例を提示する。

1 生徒の表現

(1) 作者は何故「懐かしい」を使ったのか

> 課題１：「懐かしい」の語義（むかしのことが思い出されて親しみを感じる）を考え合わせると、亜紀が最初感じた気持ちに「親しみを感じる」は当てはまらないのではないか。では何故、作者は別の語を使わずに「懐かしい」を使ったのか。説明し、意見を述べなさい。

[生徒の表現]
①主人公の心情
●懐かしいという言葉には親しみを感じるという語義もあるが、転校生である幹生には仲良くなるにつれてそう感じていく。しかし幹生の見つめているもの、すなわち「死」を見つめていることをひよこの瞳と同じだと思い出したとき、親しみを感じることなどなく、ただ、自分の脳裏にむかしのことがよみがえってくるだけだった。そのことから亜紀は「懐かしいなんてうそだ」と言ったのである。一つの言葉で主人公の心情の移り変わりを使い分けるために、この語を使ったのだと思う。（ＭＺ君）

●「懐かしい」という語を使ったのは亜紀の心そのものを表すためである。亜紀は初対面の幹生の澄んだ瞳を「むかしのことが思い出される」と感じてはいるが、親しみの理由は、はっきりとは感じられていない。この親しみはいったい何なのか。

自分の記憶のどこから発しているのか。亜紀がなかなか思い出せずにいるもどかしい気持ちを「懐かしい」と言っているのである。

私は、亜紀が自分の複雑な思いを表現するのに「懐かしい」という語を使ったのは、中学三年生という幼いながらも自分なりの思考をめぐらせている様子が伝わってくるので適切な語だと思う。（ＩＮさん）

●初めて相沢くんを見た時に感じた「懐かしさ」は、理由も正体もわかっていなかった。その心の中のもどかしさを取り除こうとしているうちに相沢くんに興味をもち、親しみを感じてしまった。だから「懐かしい」を使ったのだと思う。それと「むかしのことが思い出される」という意味だけの語を使ってしまうと、先の話の流れがなんとなくつかめてしまう。だから作者はあえて「懐かしい」を使って、〈私〉が感じる謎めいた感情をあらわし、読者にそれぞれ自分自身の考えを広げてほしかったんだと思う。「懐かしいなんてうそだ」と〈私〉が言った後からは「懐かしい」という言葉は「ひよこの目」に変わっている。（ＭＷさん）

②小説を動かす言葉

●「懐かしい」という言葉を使うことによって〈私〉が何故そんな気持ちを持ったのかと混乱した様子や、「懐かしい」という言葉にある「親しみを感じる」というもう一つの意味から〈私〉と相沢が恋する場面を意味させ、最後の悲しい場面を強調することができる。

私はこの「懐かしい」という言葉を使ってあることで、読んでいる最中にずっと作品に引き込まれていったし、何故〈私〉が懐かしいと感じたのかと一緒に疑問に思えたので、「懐かしい」という言葉を使うのはいいと思った。（ＦＫさん）

●「ひよこの眼」では〈私〉が初めて会ったにもかかわらず、初対面の人には感じることのない「懐かしい」という感情が大きなポイントとなっている。〈私〉はこの「懐かしい」の正体を明らかにするために幹生を意識するようになる。後にこのことをきっかけとして〈私〉は幹生に初恋という感情を抱くのである。したがって、この言葉でな

ければ話が進展しない。

この表現により〈私〉が感じた「懐かしい」という感情はどこから来たものなのかが気になり、話をどんどん読み進めるきっかけにもなったので、他の表現ではなく「懐かしい」という言葉がこの小説に一番適していると思う。（ＨＲさん）。

●「懐かしい」を使う事により、文章全体の奥行きが深いものになると思う。文頭から「むかしのことが思い出される」という意味だけの語を使っていると、小説の結末に意外性を感じることができなかっただろう。「懐かしい」という言葉だったのでたくさんの想像が膨らみ、楽しむことができた。「懐かしい」はハッピーエンドを匂わせる表現だと思う。だからこそ幹生が死んでしまうというバッドエンドに衝撃を受けた。「懐かしい」のおかげで最初から最後までわくわくした気持ちで読み通すことが出来た。（ＦＪさん）

③誤解・予感

●最初に〈私〉が幹生を見たとき、懐かしい気持ちを感じた。そのとき〈私〉はまだその気持ちの原因がわからなかった。そして漠然と「むかしのことが思い出される」と感じた。それも「見たことがある」などという浅いものではなく親しみをも感じるようなもの。よい事か悪いことかはわからないが、自分が深く関わったことがある予感はした。だからこの感情を「懐かしい」と表したのだと思う。

「懐かしい」という感情は自分の過去に根ざすものなので、本来、裏切られることが少ないはずである。それだけに小説の結末が予想できず、とても面白いと思った。（ＡＲ君）

●〈私〉が相沢くんに会った当初は、相沢くんの瞳をどこかで見たことがあり、ただ昔の事が思い出されるのではなく、恐怖の余り惹かれてしまっていた。恐怖の余り惹かれてしまっていることには〈私〉は気づいておらず、「親しみを感じる」と解釈してしまったから「懐かしい」と思った。

私は「懐かしい」を使ってもいいと思った。当初は〈私〉は純粋に「懐かしい」と思っていたからだ。〈私〉の「懐かしい」から「恐怖の余り惹

かれて」いく様子を、他の語句よりも〈私〉の心情がひしひしと伝わってくる気がする。（ＳＩさん）

④プレテクスト
●死にそうだったひよこに〈私〉はなにも出来なかった。その衝撃が自分で思っていた以上に強かった。だから忘れたくても忘れられなくて、無意識のうちに括弧に入れて「ある時間」おいていた（下記［引用者注］参照）。時と共に自分が成長し、その年月の中で様々な衝撃を受けていくうちに括弧を忘れていた。しかし、全く同じ瞳に出会い、括弧を思い出し「懐かしい」と思った。衝撃を緩和するためにそのような形になったのだ。最後にひよこの瞳を思い出し、括弧の中身の衝撃と無力感が蘇った。（ＭＲさん）

［引用者注］「括弧に入れて『ある時間』おいておく」は大江健三郎の文章による。後述「２　学習指導の展開」参照。

(2) 「後日談」は〈ある〉ほうがよい・〈ない〉ほうがよい

> 課題２：主人公の初恋は幹生の死で終わるのだが、小説の末尾（第六段）には次のような後日談が添えられている。
>
> 　それから、何度か、私は偶然、ひよこの目に出会うことがあった。街の雑踏の中で。あるいは、電車の中で。そんな時、私は、困ってしまうのだった。片手を握り締めながら、私は、こう尋ねてみたい衝動に駆られてしまい、慌てる。もしや、あなたは、死というものを見つめているのではありませんか、と。
>
> この後日談は〈ある〉ほうがよいか、〈ない〉ほうがよいか。

全体の傾向としては〈ある〉75％、〈ない〉25％だった。それぞれ代表的なものを紹介する。

［生徒の表現］
〈ある〉ほうがよい
①作品の構成
●物語が終盤で急展開するので、第五段で終わってしまったら読者が置き去りにされるように思う。第六段で街の雑踏の中、電車の中という身近な場面が登場する。それによって現実味が増し、読者が作品を深く読み込んでいけるように思った。だから第六段は〈ある〉ほうがよいと思う。（ＡＲ君）
●第六段によって時の流れが中学三年生の時から読者の現在へとつながる。そのことによって中学生の頃の回想としての性格がはっきりする。また、自殺者数が増えている近年の社会状況ともつながりを感じる。短い段落だが、死について考えさせる重要な部分だ。（ＭＲさん）

②主人公（亜紀）
●亜紀は相沢くんの目を見て懐かしいという気持ちになったことで恐怖を感じた。その恐怖から逃げるために括弧に入れて時間をおくことで、その目が死を予期している目だと判った。

相沢君を助けることができなかったという無力感に捕らわれた亜紀は、その後、ひよこの目に会うたびに話しかけたい衝動に駆られる。それは亜紀の罪滅ぼしなのだ。だからこの段落は〈ある〉ほうがよい。（ＨＡさん）
●大人になった亜紀の心情が分かり、中学三年生の時と比較できる。〈悲しさ〉から〈困惑〉へと変化した心情が、さらにどう変わるのかを期待させることにもなるので〈ある〉ほうがよい、と思う。（ＦＭさん）

③ひよこの目（死を見つめる瞳）
●ひよこの目をした人を幹生だけに限定しないことで、読者にもそんな人と出会うかもしれないと思わせる効果がある。また、この作品のメッセージが恋や悲しみだけでなく、命も含まれていることがはっきりするので〈ある〉ほうがよい。（ＭＭさん）

④読者への問いかけ
●第五段までだと中学三年生の頃の回顧で終わってしまうが、第六段があることで現在に至る〈私〉の複雑な心情が表せる。また、最後の問いかけが読者である自分に向けられているようで、考えさせる余韻がある。（ＵＭさん）

〈ない〉ほうがよい
①語りの構造
●小説の魅力は「その後」を想像するところにある。だから、結末は「無数の可能性を暗示する」(清岡卓行)ものでありたい。他の人とその後を語り合う楽しみもそこから生まれる。

　小説は読み終わったときよりも、読んでいるときの方が楽しい。それは、先の展開を予測しながら読んでいるからだ。思い通りになったり、裏切られたり。だからこそ「無数の可能性を暗示」しておいてほしい。

　このような理由から第六段は〈ない〉ほうがよい、と考える。(HS君)

②主人公(相沢幹生)と死を見つめる瞳
●〈ない〉ほうが、相沢くん一回限りの出来事になる。〈ある〉と亜紀の体験がくり返されることになり、相沢くんの存在が軽くなる。また、「死を見つめる瞳」の人が身近に多くいるようで、生々しくなり過ぎる。だから〈ない〉ほうがよい。(FY君)

③言葉の重み
●第五段で幹生の目が死を見つめるひよこと同じだったことに気づくまで地の文では「瞳」を用いている。亜紀が気づいてからは使われなくなったことで、かえってこの言葉の重みを感じる。そのお陰で、読み終わってため息が出るような印象深い作品だったと思える。

　ところが第六段で「目」が用いられ、さらに問いかけまでが加わることで作品の中の空気が軽くなり外にもれてしまう。小説が薄っぺらくなってしまう感じがするのだ。

　このことから私は第六段は必要がないと判断した。(TMさん)

(3) 映画「ひよこの眼」の〈みどころ〉紹介記事を書く

> 課題３：小説「ひよこの眼」が映画化された(ことにする)。映画の〈みどころ〉を紹介する新聞記事を書きなさい。(期末考査に出題)

[生徒の表現]
①私が中学三年の時、季節外れの転校生がやってきた。名前は相沢幹生。初めて会ったはずなのに、なぜか私は彼の瞳を「懐かしい」と感じた。中学三年の私がどうしてそんな感情を抱くのか、不思議でたまらなかった。思い出そうとしても思い出せず、いらだち、疑問を解決しようと彼を目で追うようになっていた。

　そんなある日、私が彼に好意を持っているという噂が流れた。二人で委員に推薦された後、私と幹生が二人で帰る途中でその噂の話になった。しかし幹生は、私が自分を見つめているのは、彼に恋をしているからではないということに気づいていた。

　安心した私は周囲の誤解をそのままに、幹生に関心を示し、幹生も次第に気を許し始める。私はもうその瞳を懐かしいとは思わなくなっていった。そんなある日―。

　中学三年の甘く儚い初恋の中で「生」「死」とは何かを考えさせられる作品。(MRさん)

②まもなく映画化される山田詠美原作の「ひよこの眼」。この映画は、懐かしさが初恋に発展する過程がみどころになっている。映画も原作同様、中学三年生の主人公が転校生の相沢幹生を第一印象で「懐かしい」と感じたことをきっかけとして、この感情がやがて恋に発展するまでを細やかに描写している。

　初対面の幹生に感じるはずのない「懐かしさ」の正体を探ろうと主人公は幹生を見つめるようになる。幹生の眼に見覚えがあったが、何故かは分からない。やがて二人の距離が縮まるにつれて、恐ろしさをも抱くようになる。

　懐かしさから初恋へ。こう書いただけでは伝わりにくいかも知れないが、映画で亜紀の表情を見てもらえばその様子がよく分かるだろう。主人公の心理描写ももちろんだが、幹生が時間が経つにつれて主人公に心を開いていく様子(例えば「手」の表現)も〈みどころ〉の一つである。

　主人公が感じた懐かしさの正体とは何なのか、衝撃のラストを映画館で確かめてほしい。(HR

さん）

③山田詠美の小説「ひよこの眼」の映画化が決定した。この物語は主人公の中学三年生の女の子が時季外れの転校生、幹生と出会うところから始まる。

亜紀は幹生に初めて会ったにも関わらず「懐かしさ」を感じる。理由が分からず解決できない心のもどかしさは、彼の何かを見つめているような澄んだ瞳に惹かれ、次第に〈恋心〉へと変化していく。幹生は亜紀といるようになって人生への前向きな姿勢をとりもどしていった。

想いが通じ合った二人を待ち受ける衝撃の結末。そして明らかになる「懐かしさ」の理由。題名「ひよこの眼」とは何か。ぜひ劇場へ足を運んでいただきたい。（MNさん）

2 学習指導の展開

「ひよこの眼」はレトリック単元「括弧に入れて」の最終教材である。この単元は大江健三郎、清岡卓行、梶井基次郎、山田詠美の四作品で構成している。

レトリック単元とは、文章中の句や文を共通の手がかりにして複数教材の〈理解と表現〉を組み立てる単元である。ねらいは、①共通の手がかりにより複数教材を関連的に理解する、②同じレトリックの多様な意味を確かめることで理解力・表現力を高める、の2点である。今回は手がかりとして大江健三郎の文章中にある〈括弧に入れて〉を用いた。

ａ．大江健三郎「ある時間、待ってみてください」（『「自分の木」の下で』所収）

《要旨》 子供が取り返しのつかないことをしそうになった時、踏みとどまるためには「ある時間、待ってみる力」を持つことが大切だ。〈私〉は人生の難問を〈括弧に入れて〉ある時間おいておくことで克服してきた。障害のある長男もある時間の積み重ねのうちに音楽と出会い、いかに生きるかという難問を解決した。これからも追いつめられた気持ちなしに立ち向かえるだろう。

《要点》〈括弧に入れる〉は困難な問題に正面から立ち向かう勇気や力を育てるために「ある時間、待つ」ための人生の知恵。問題を持ち続けることは苦しいが、解決をあせらない。

ｂ．清岡卓行「ミロのヴィーナス」（『手の変幻』所収）

《要点》 ミロのヴィーナスは両腕を括弧に入れることで無数の夢をかき立て、永遠・普遍の美を表現している。〈括弧に入れる〉は見えないものを想像し、美を鑑賞する方法。

ｃ．梶井基次郎「桜の樹の下には」

《要点》〈俺〉は満開の桜の美しさが信じられず不安だったが、薄羽かげろうの生殖を見て、花の美しさの秘密に気づく。〈括弧を解いて〉、心置きなく桜の美を嘆賞できるようになった。

このように共通のレトリックが複数教材の理解の手がかりになると同時に、レトリックそのものの意味も深化・拡充する。教材理解の過程で〈括弧に入れる〉から〈括弧を解く〉に思い至ることが学習者の理解力・表現力を大きく向上させる。

これらを踏まえ、山田詠美「ひよこの眼」の読解を進めた。主な発問には次のようなものがある。

「ひよこの眼」発問例

ⅰ）「あの懐かしい気分を、私に忘れさせた」とあるが、この時の〈私〉を《括弧に入れる》を用いて説明しなさい。その際「気付かずに・意識して」のどちらかを用いること。

（解答例：最初の懐かしい感情の正体はまだ分からず《括弧に入っている》ままである。しかし、彼が〈私〉に気を許し始め、よく笑うようになったので〈私〉はうれしく、気付かずに括弧を忘れる（つまり消去した）気になっていた）

ⅱ）〈私〉は相沢くんの目を「（懐かしいと）思いたくない。（なんだか）怖いから」と言う。この時の〈私〉を《括弧に入れる・逃げる》を用いて説明しなさい。その際「気付かずに・意識して」のどちらかを一緒に用いてよい。

（解答例：〈私〉は懐かしい感情の正体、つまり括弧の中を予感して「怖い」と思っている。

〈私〉は初恋を意識した時「懐かしい気分」を忘れる、つまり括弧を消去したと思っていたが、それは気付かぬうちに〈逃げている〉だけだったのだ）

ⅲ）〈私〉が「ひよこの瞳を頭から消そうと首を振った」時、何が分かったか。《括弧に入れる・解く・逃げる》を用いて説明しなさい。（解答例：幹生の目を見た時に〈懐かしい〉と思ったのは、それが死を見つめている瞳であることを直感し、その怖ろしさを《括弧に入れる》つまり封じ込めるためであったこと。恋が怖ろしさを消去するはずだったのに、それは《逃げる》ことでしかなかった。今、ひよこの瞳を思い出し《括弧を解く》つまり幹生の諦観を知ってしまうと、何も出来ない自分の無力感だけが残る）

こうして「ひよこの眼」を次のように読んだ。
ｄ．山田詠美「ひよこの眼」
《要点》 主人公は転校生の眼に、かつて見たひよこの死を予期した瞳の恐ろしさを直感し、それを「懐かしい」という感情で封じ込めた。二人には友情が育まれるが、思いがけない形で〈括弧が解かれ〉、直感の恐ろしさに気づいた時、転校生に死が訪れる。

この後、作品全体を捉え直す表現課題を設定した。いずれも小説を批評的に読み深める観点を示している。
　課題１：作者は何故「懐かしい」を使ったのか［ねらい：核になる言葉を確かめる］
　課題２：「後日談」は〈ある・ない〉ほうがよい［ねらい：作品の構成を問う］
　課題３：映画「ひよこの眼」のみどころ紹介記事を書く［ねらい：異なる表現媒体の想像］
表現課題１・２は授業中に作文の時間を設け、授業者が点検後、先の文例を紹介した。
文例の中では課題１④「プレテクスト」と課題２〈ない〉ほうがよい①「語りの構造」に着目したい。前者は「括弧に入れて、ある時間、おいておく」（大江）、後者は「無数の可能性を暗示する」（清岡）を引用してテクスト論を立てている。このように理解を構造化し、引用と立論により表現力・説得力を向上させることが複数教材による単元化のねらいである。共通のレトリックはその有力な手がかりとなる。

課題３は期末考査に出題した。答案返却の時に本稿に引用した三編を紹介した。

3　評価

表現課題１・２は平常点に算入した。着眼点と論理展開を主に見たが、優劣にはこだわらなかった。課題３は15点満点で採点した。映画の〈みどころ〉が設定されているか、観客を誘う文章になっているかを基準とした。

いずれも時間的な余裕があれば相互批評を取り入れたい。

4　発展

(1)「ひよこの眼」表現課題の応用

「ひよこの眼」の表現課題１・２・３を他の教材に応用する。例えば、
　課題１：芥川龍之介「羅生門」―「勇気」は適切か
　課題２：森鷗外「舞姫」―第一段落（サイゴン港の場面）は必要か
　課題３：夏目漱石「こころ」―朗読劇の紹介、〈聞かせどころ〉はどこか

(2) レトリック単元から主題単元へ

「ひよこの眼」の（ⅰ）由来の分からぬ「未知のもの」に導かれていくこと、（ⅱ）現代人の孤独を描くことの２点を踏まえて主題単元「未知にひかれて」を展開する。教材は安部公房「鞄」「棒」加藤幸子「ジーンとともに」柳澤桂子「水の記憶」である。

主題単元「未知にひかれて」
　ａ．安部公房「鞄」（小説）
　《要点》 中身のわからない鞄に導かれて道をた

どる〈私〉は「嫌になるほど自由であった」
　b．安部公房「棒」(小説)
《要点》　棒になった〈私〉は使われて放置されるだけの存在でしかなかった。
　c．加藤幸子「ジーンとともに」(小説)
《要点》　生まれたばかりのひなは体内のジーン(遺伝子)の声に導かれて巣立ちの準備をする。
　d．柳澤桂子「水の記憶」(評論)
《要点》　ＤＮＡに刻み込まれた水の記憶に誘われて人は水に郷愁を感じる。

　山田詠美「ひよこの眼」とこの安部・加藤・柳澤の四教材は「何かに導かれていく」ことを共通点としており、主題単元「未知にひかれて」は学習者に〈主体性とは何か〉を問う。このようにひとつの教材を結節点にして単元の連結を図ることができる。
　単元「未知にひかれて」の問題意識をさらに深化させるべく、次に主題単元「生きる意味、求める意志」を設定する。

主題単元「生きる意味、求める意志」
　a．中沢新一「はじまりの哲学」(『カイエ・ソバージュⅠ』所収)
《要点》　神話は論理的な構造で生きる意味を追究する哲学である。
　b．今村仁司「自然の制作」(『近代性の構造』所収)
《要点》　近代の機械論的自然観は自然を意志的に制作しようとする主体性に基づく。

　複雑な現代社会の仕組みの中で、ともすれば私達は主体性を見失いがちだが、やはり自分の生きる意味を確かめて行きたい。近代の初めのように人間理性にのみ信頼を置くことは問題の所在を見誤る。私達が創られ、動かされている仕組みの中で、私達が創り、動かすことが出来ることは何なのか、そのための主体性はどのようなものなのか。そんな問題意識を深める単元である。
　このようにレトリック単元から主題単元へ、ま

た、主題単元相互の連関・発展を図ることができる。

(3)〈理解と表現〉の統合─短作文から八〇〇字作文に導く
　主題単元による価値学習とインベンション理論による作文指導を組み合わせた単元例を紹介する。複数教材を読み合わせる過程で理解を〈確かめる・広げる・深める〉ための短作文を設定する。想の展開を促す短作文を積み重ねることでまとまった文章を書く準備が整える。単元の最後に全体を統合する八〇〇字作文を設定する。文章化の過程で自分の意見を〈創る〉ことをねらっている。

主題単元「いのちの〈かかわり／つながり〉を考える─誰が、どのように記憶するのか」
●教材
　a．柳澤桂子「命はだれのものなのか」(朝日新聞2005年1月10日付)
《要旨》　今日の終末期医療の現場では、患者側の意思が尊重される機運があり、安楽死法を制定した国もある。しかし〈私〉は、ひとりの人の命は多くの人々の心の中に存在しており、また、四十億年という長い間ＤＮＡが複製を続けて来た結果、生まれたものであると考える。それゆえ〈私〉は自分ひとりの意思で自分の死を決めることに疑問を感じる。
《要点》　命の分配と複製の歴史。周囲の人々の心とＤＮＡが記憶する。
　b．幸田文「えぞ松の更新」(『木』所収)
《要旨》　〈私〉は富良野の東大演習林で粛然と並び立つ倒木更新のえぞ松を見た。腐食した倒木の根株の上に育つえぞ松を見ると、新しい木は根株を守るようにして立っている。古木の芯は乾いて温かみを持っていた。古木から新しい木に受け継がれる秘めた情感。この温かみを自分の一生の温かみとして信じようと思った。
《要点》　循環する時間の中で無残な倒木更新の陰に受け継がれる温かい情感。木との交流の記憶。
　c．高村光太郎「レモン哀歌」

《要点》 病死した妻を夫が記憶する。永遠の愛の誓い。
　ｄ．石垣りん「崖」
《要点》 戦争という災厄の中で強いられた死。後世の〈私たち〉が記憶する。
　ｅ．葉山嘉樹「セメント樽の中の手紙」
《課題》 女工が恋人の亡きがらのセメントの使い方について言い直しているのは何故か。
（解答例．死後も立派に働いていると信じることが労働者の誇りにかなう埋葬の儀式だから）
《要点》 労働という世の営みの中でもたらされた死。恋人や労働者が記憶する。

●文章表現活動
課題１：柳澤桂子「命はだれのものなのか」
　　　　幸田文「えぞ松の更新」それぞれに
　ⅰ）最も印象に残ったひとまとまりの部分を書き写してみよう。
　ⅱ）この文章を読んで感じたこと、考えたことをメモしよう。
　　［これは教材の読みを確かめ、それぞれの文章について想の分化を促す課題である］
課題２：柳澤桂子と幸田文
課題３：高村光太郎「レモン哀歌」と石垣りん「崖」
　ⅰ）この二つの文章（または詩）にはどんな共通点と違いがあるか。
　　［これは、それぞれの教材について生まれた想を比較・統合する課題である。教材の読みが深められ、構造化されていく］
課題４：葉山嘉樹「セメント樽の中の手紙」
　ⅰ）「セメント樽の中の手紙」と「レモン哀歌」は〈愛する人の記憶〉という点で共通する。では、この二つの違いは何か。
　ⅱ）「セメント樽の中の手紙」と「崖」は〈世の中の動きがもたらす死〉という点で共通する。では、〈死を誰が、どのように記憶するか〉についてこの二つの違いは何か。
　　［これも、それぞれの教材について生まれた想を比較・統合する課題である。共通点を先に示したのは違いを考えることに焦点化するためである。単一教材では得られない読みの構造化がなされる］
課題５：作文（八〇〇字）
　ⅰ）いのちの〈かかわり／つながり〉について君の意見を述べなさい。その際、次のＡ群Ｂ群からそれぞれひとつ以上を選び、それをもとに述べること。
　　Ａ群：柳澤桂子「命はだれのものなのか」
　　　　　幸田文「えぞ松の更新」
　　Ｂ群：高村光太郎「レモン哀歌」
　　　　　石垣りん「崖」
　　　　　葉山嘉樹「セメント樽の中の手紙」
　　［これは、統合によって生まれた複数の想をもとに意見を深め、文章化する課題である。短作文の積み重ねによって〈想の分化・統合〉が促され、それが確かな意見を《創る》。説得力のある意見を述べるためには引用と立論が肝要であると実感させたい］

●参考文献……………………………………
○大西道雄（1997）『作文教育における創構指導の研究』渓水社

　　　　　　　　　　　　　　　（石田　誠）

教科内容を焦点化した「水の東西」の学習指導

1 「水の東西」の教科内容

　「水の東西」(山崎正和)は、PHP研究所刊『混沌からの表現』(1977)の第4章「日本人の心とかたち」の一編であり、これまで多くの教科書に採録されてきた。いわば高等学校評論文の定番教材と呼べるものである。「水の東西」が教科書に掲載され続けている理由はどこにあるのだろう。

　A社の指導書には「水の東西」の学習指導のねらいが三つ示されている。その一つに「具体的な例から抽象的な見解へと進む論の運び方を味わわせながら、要旨をまとめる」というねらいがある(注1)。これに関して「『鹿おどし』と『噴水』の具体例が対比的に語られ、しかも次第に東西の文化の違いまで解き明かしてくれる。そのように具体例を挙げて、対比的に述べつつ、抽象的な見解へと緻密に論を展開する術の巧みさは筆者の得意とするところであるが、その妙味をまず味読させたい」と詳述している。また、E社の指導書では五つの指導目標が掲げられ、そのなかに「①対比されている語句・内容を整理しながら読解させる」という指導事項がある(注2)。さらにD社の指導書には、採録のねらいとして「水というきわめて身近なものを素材として、東西の文化のあり方の違いについて改めて考えさせてくれよう。また、水という具体的な素材から精神的なあり方にまで及ぶ筆者の論旨展開を追って、日本人が現在も背負っている文化がどのようなものであるかという筆者の分析をとらえさせたい」と書かれている。

　これらを総合すると、「水の東西」の教科内容は、およそ次の二つに焦点化できよう。
　1) 東洋の水(鹿おどし)と西洋の水(噴水)を比較しながら論じる構成から、「対比」という概念や技巧を理解させる。
　2) 「具体」的なもの(鹿おどし、噴水)から、「抽象」的な見解(日本文化)へと進む論の運びを学ばせる。

　「対比」「具体→抽象」という認識・思考方法は、当然「書くこと」にも利用できる。このことから「水の東西」を「読むこと」領域と「書くこと」領域の関連教材として採録した教科書もあった(注3)。

　しかし、上記1)、2)の教科内容を十分身につけさせる授業が、どれくらい実践されているのであろうか。本稿では、その実態を教師用指導書(以下、指導書と示す)をもとに明らかにする。それは、すべてでないにしても、多くの教師が指導書を何らかの形で参考にして授業を構想していると考えるからである。さらに、そこから浮かび上がった課題を克服する稿者自身の実践例を示し、今後の実践上の展望を記す。

2 「水の東西」実践上の課題

(1)「対比」の指導

　指導書では、上記1)の「対比」という概念や技巧を、どのように指導すると記しているのであろうか。教科書採択数の多い5社の指導書(注4)において「対比・対照・比較」という語句が用いられている箇所を確認した。そのうえで、それらに関わる学習指導を抜き出し、構成図(板書)、授業展開例、学習の手引きと分類したのが表1(ゴシック及び傍線は稿者による)である。

　すべての指導書に「東洋(日本)と西洋」または「鹿おどしと噴水」を対比した構成図が載せられており、この構成図をもとに、教師が板書計画を練ると考えられる。学習者は「水の東西」が対比構造で展開していることは理解するであろう。しかし、なぜ二つのものを「対比」するのか、その効果はどこにあるのかを検討しなければ、「対

表1

A社	構成図	「鹿おどし」と「噴水」を対比的に整理。
	授業展開例	「流れる水と噴き上げる水」「時間的な水と空間的な水」「見えない水と目に見える水」という対比的表現が、「鹿おどし」と「噴水」のどのような点をとらえているかをまとめさせる。
B社	構成図	「鹿おどし」と「噴水」、「日本人」と「欧米人」が対照関係にあることを示す。
	授業展開例	日本と西洋との比較の仕方が、文章の組み立てとどうかかわっているかを確かめさせる。特に次の三箇所の語句（「流れる水と噴き上げる水」「時間的な水と空間的な水」「見えない水と目に見える水」）の持つ役割に注意させる。
C社	構成図	「鹿おどし」と「噴水」を対比して整理。
	手引き	「この文章では、文章の構成、運び方について、どのような工夫がなされているか、検討してみよう」という課題があり、「対照的な二つのものを比較することでその特色を示している点」という解答例が記されている。
D社	構成図	対句表現を核にして「鹿おどし」と「噴水」に関する記述を対比的に整理。
	授業展開例	最初に「日本的な物、西洋的な物を対比してあげさせる」学習活動を位置づけている。「流れる水」と「噴き上げる水」・「見えない水」と「目に見える水」とは、どのような点で対比されているのかを考えさせる。
E社	構成図	東と西と二段で対比して整理。
	授業展開例	『流れる水と、噴き上げる水』という表現でどんなことを対比させようとしたのか」を考えさせる。

比」という概念や技巧を理解したことにはならない。さらに、「対比」して書かれた文章を読む技能や方法を身につけさせることも必要になろう。

A社・D社・E社の授業展開例にある「流れる水と噴き上げる水」などの対比的表現が、「鹿おどし」と「噴水」のどのような点をとらえているかをまとめさせる学習活動は、「対比」という認識・思考方法を身につけさせることと直接関わりがない。また、D社の授業展開例にある、最初に「日本的な物、西洋的な物を対比してあげさせる」学習活動も、導入段階において既有知識を喚起することはできても、「対比」という認識・思考方法を学ばせることにはならないだろう。これらを除くと、B社の授業展開例にある「日本と西洋との比較の仕方が、文章の組み立てとどうかかわっているかを確かめさせる」と、C社の手引き「この文章では、文章の構成、運び方について、どのような工夫がなされているか、検討してみよう」だけが、「対比」という認識・思考方法に気づかせ、その効果を学ばせることができるものである。

このように見てみると、「1）東洋の水（鹿おどし）と西洋の水（噴水）を比較しながら論じる構成から、『対比』という概念や技巧を身につけさせる」という教科内容を焦点化した実践が、十分行われているとは言い難いようである。

(2)「具体」から「抽象」の指導
①文化論として読ませることの困難さ

学習者に「具体」から「抽象」へと進む論の運びに気づかせ、文化論として「水の東西」を読ませることは容易ではない。水は媒材であって、その個別的で特殊なものから浮かび上がってくる日本と西洋の精神性や文化の相違を的確に把握させるためには、学習指導の工夫と学習者の既有知識が必要である。それはE社の指導書が「鹿おどしと噴水とを比較しながら、洋の東西の文化論へまで思いを展開させる筆致」と文化論であることを明言しながらも、別の箇所では「本格的な文化論ではないので、一断面を鋭く切り取ったのみで、全体を論じ切っていない不満が残るのは止むを得

まい」と記していることにも表れている。

　文化論として「水の東西」を読ませることの難しさは、指導書の要約にも見られる。

- 「鹿おどし」を見ていると、流れるものを感じる。西洋でこれに対比して考えられるものとして噴水があるが、これは噴き上げる水といえる。噴水は空間の中に造形として静止して見え、「鹿おどし」が時間的な水であるのに、また対比される。日本人は形のない水を見えない水として、水性のまま受け入れたが、西洋では造形の対象とし、目に見える水として定着させた。「鹿おどし」は、日本人が水を鑑賞する極致のしかけといえる。（E社の200字要約の一部）

　このように、200字と比較的余裕がある字数にもかかわらず、指導書でさえ水（具体）に関する要約にとどまり、日本文化（抽象）にまで言及しきれていない。また、次のように噴水と鹿おどしが「東西文化の違いを示したもの」だと書いていても、東西文化のありようを具体的に記述していない要約もある。

- 水を視覚的、空間的に造形する欧米の噴水に対して、断続する音の間隙に流れを感じさせる「鹿おどし」は、水に対する日本人の感受性を現す仕掛けであり、それはまた東西文化の違いを示したものということができる。（D社の100字要約）

②**文化論として読ませる鍵**

　では、「水の東西」を文化論として理解させる鍵はどこにあるのであろうか。それは、筆者が文章の最後に「そう考えればあの『鹿おどし』は、日本人が水を鑑賞する行為の極致を表す仕掛けだ」と記した理由を正確に把握させることにある。それを示すように、ほぼすべての指導書にこの一文の理由を考えさせる問が載せられている。

　この一文は、形式段落⑧から日本人が噴水を作らなかった理由を外面的、内面的に考察してきたまとめに該当する。したがって、「そう考えれば」は形式段落⑧以降を受けていると考えるのが妥当であり、「非存在のものを感じとろうとする日本人の心性」という要素と、「人工より自然の状態を好み、自然な流れを大切にする日本人の心性」の二つを受けていると考えるべきである。このように理解してこそ「流れる水と、噴き上げる水」「時間的な水と、空間的な水」「見えない水と、目に見える水」という三つの対句表現がつながり、全文が統一感のあるものとなる。

　しかし、指導書でさえ混乱して、指示内容を一方のみしかとらえていない実態がある。次の二つの解説は、「そう考えれば」の指示内容を、直前の形式段落⑩「見えない水と、目に見える」以降の「非存在のものを感じとろうとする日本人の心性」だけを受けたものである。（以下、波線・傍線は稿者による。波線は「非存在のものを感じとろうとする日本人の心性」を表現した箇所、傍線は「人工より自然の状態を好み、自然な流れを大切にする日本人の心性」を表した箇所に施した。）

- 鹿おどしは、目に見えるように、目に見えない（形のない）流れるものを、断続する音と音との間隙に生じる静寂から、心で感じ取って深く味わう最上の趣だから。（B社）
- 鹿おどしの仕掛けは、仕掛けそのものを見ることに意味はなく、そこから離れた所で、音を通して水の流れを感じ取るものである。そのような間接的な鑑賞方法には日本人特有の心性が現れているから。（E社）

　一方、次の三つの解説は、「そう考えれば」の指示内容を形式段落⑧以降と考え、形式段落⑧⑨に記された「人工より自然の状態を好み、自然な流れを大切にする日本人の心性」という内容と、形式段落⑩以降の「非存在のものを感じとろうとする日本人の心性」の二つを含めてまとめている。しかし、そのまとめ方は様々である。

- 日本人にとって、水の美しさは自然に流れる中にある。「鹿おどし」は水そのものを造形するのではなく、音と音との間に流れるものを心に感じさせ、味わわせる最も巧みな仕掛けであり、それこそ形なきものを恐れず、むしろ積極的に求めるという、日本人の感性が最も積極的に出ている仕掛けであるから。（A

社)
- 「鹿おどし」は、それがたてる断続的な音と音との間隙に水や時の流れを感じさせる仕掛けであり、その意味で、水を形なきものとしてとらえ、水の流れに美しさを感じ取る日本人の感性を最もよく表した装置であるから。（C社）
- 「鹿おどし」の立てる音と音との間隙に、日本人は水や時間の流れを感じ取る。つまり、「鹿おどし」は、水を形のないものとしてとらえ、形のない自然な水の流れを美しいとして好む日本人の感性にぴったりと合った装置であるといえるから。（D社）

③二つの文化をつなぐ「形なきもの」

最後の一文の理由を正確に把握させるためには、形式段落⑨の最後の一文「それは外界に対する受動的な態度というよりは、積極的に、形なきものを恐れない心の現れではなかっただろうか」の「形なきもの」が「自然の姿」と「非存在のもの」の双方を表しているととらえさせることが必要になる。つまり、「形なきもの」が、形式段落⑧⑨に書かれている「人工より自然の状態を好み、自然な流れを大切にする日本人の心性」と、形式段落⑩⑪に書かれている「非存在のものを感じとろうとする日本人の心性」の二つをつなぐ役割をしていると考えるのである。

形式段落⑨最後の一文の「それ」が、前の「『行雲流水』という仏教的な言葉があるが、そういう思想はむしろ思想以前の感性によって裏づけられていた」を直接受けていることを考えると、次のA社の指導書の解説のように、「形なきもの」とは「自然の姿」だということになる。

- 自然に流れていく形のない水の姿の中に美しさを見いだし、それをそのまま受けとめる感性を指している。（A社）

しかし、これだと形式段落⑨と⑩の間に断絶が生じる印象は免れない。そういうこともあってか、形式段落⑩の「見えない水と、目に見える」とのつながりを意識して、「形なきもの」を「非存在のもの」ととらえる指導書もある。

- 現象や事物の趣を視覚的にとらえて満足するのではなく、それの深奥にあるものを情緒的に感じ取ることに積極的な心を言うのである。（B社）

この解釈の違いを解消するには、「形なきもの」が「自然の姿」を指示しつつ「非存在のもの」を暗示していると考えるのが適切であろう。つまり、「形なきもの」は形式段落⑧⑨に書かれている「人工より自然の状態を好み、自然な流れを大切にする日本人の心性」から、形式段落⑩⑪に書かれる「非存在のものを感じとろうとする日本人の心性」への橋渡しの役割をしているととらえるのである。このように本文の主旨（二つの日本文化）を正確に把握することが第一の課題である。

④「具体」と「抽象」の往還

次に日本人の二つの心性を、具体的な事象でとらえ直しさせる学習活動を位置づけることによって、学習者に「水の東西」を文化論として深く理解させることができる。例えば、「非存在のものを感じとろうとする日本人の心性」の具体的事象として、あうんの呼吸や、俳句・短歌のような短詩型の表現の言外に多くの事象を読み取ろうとする傾向などを思い起こさせる。また、「人工より自然の状態を好む心性」の具体的事象として、俳句の季語や縁側など、自然を愛し、共存しようとする日本人の好みをイメージさせる。こうして、筆者が具体物の「鹿おどし」から抽象物としての日本文化を明らかにしようとしたのとは逆方向に、日本文化という抽象的なものから、それを具体化した事象（文明的なもの）を考えさせて、文化論としての「水の東西」の理解を確実なものにする必要がある。

さらに、「水の東西」の構成をまねて「私の文化比較論」を作成させることによって、「具体」から「抽象」へという思考を促すことも重要である。身の回りから題材（具体）を見つけ、「対比」しながら、その題材の裏に隠された文化（抽象）について考察させるのである。A社の指導書は、次のような学習活動を例示している。

- 「〇〇の東西」というテーマで小論文を書か

せてみたい。「東西」は別に東洋と西洋と考えずに、関東と関西、住んでいる地域の東西（南北）でもよい。〇〇には、風俗、習慣、食べ物など、自分の興味あるもので、その土地が対比できるようなものを入れる。それらの風物に着目して、考察し、具体から抽象へと論を展開することを楽しんでみたい。

同様の練習課題をD社も示しており、B社は「日本の文明と西洋の文明との違いをよく表している事物の例を挙げて、各自が考えている両文明の違う点について話し合ってみよう」という発展課題を挙げている。

以上の考察をふまえて、稿者が展開した「対比」「具体→抽象」という教科内容を焦点化した「水の東西」の授業の概要を示す。

3 「水の東西」の学習指導

(1) 「水の東西」の学習指導過程

「水の東西」の学習指導は、以下のように展開した。主として1次・2次において前述1）の教科内容を、3次・4次において前述2）の教科内容を身につけさせることを意図した。

──■「水の東西」の学習指導過程──
1次　対比読みの理解
2次　「水の東西」の構成図作成
3次　「水の東西」の読解
4次　4段落構成の「私の文化比較論」作成

(2) 対比読みの理解

最初に、評論文は二つの概念を「対比」して書かれることが多いことを理解させる。そのために、次の文章を読ませ、問いに答えさせた。

問　作者は「A霊感のある人」と「B心の働きに関心をもつ人間」という二つのグループに分けて言葉を使用している。傍線部ア〜スの言葉をA、B二つのグループに分けよ。

そもそも人間には、霊感のある人と心の働きに関心をもつ人の、二種類のタイプがあるのではないだろうか。

霊感のある人というのは、ア 霊界との交流を体験し、イ 霊界の現象をみたり聞いたりする。ウ 死者の世界に鋭敏に反応する人といってもいい。〈中略＝稿者。以下同様〉

これにたいしもう一つのタイプ、すなわち心の働きに関心をもつ人間というのは、キ 心のなかに自己の中心があり、それが人間とかク 自我を成り立たせていると考える。霊感の人がどちらかといとケ 外部の宇宙に開かれた感受性をもっているとすれば、心の働きを重視する人間はコ 内側の世界に注意ぶかい視線を向けようとしている。〈後略〉

（山折哲雄『日本人の宗教意識の変容』）

そして、次の問を与えて、「対比」を読み取るスキルを身につけさせた。

問　次の文章のA〜Eの各記号を二つのグループに分けよ。

AはBではなく、Cである。CはDにほかならず、Eではない。

【解答】

　　A＝C＝D
　　──────
　　　B　　E

そのうえで、「赤っぽい色」を赤であると認識させるためには、「真っ青」を対比させる。そうすることによって、「赤っぽい色」を「赤」と人は認識する。つまり、「対比」は比較することによって、明確でないものを明確にするための技法であることを確認した。そして、筆者が明確にしたいものは「赤っぽい色」なのか「真っ青」なのかというと、「赤っぽい色」である。その際、明確にしたいモノには、「ヨイ／賛成／同じ／行うべき／興味深い／必要／美しい」というような用語が使用されており、それと対比されるモノには「ワルイ／反対／違う／やめるべき／退屈／不必要／醜い」というような用語が使用されおり、それを基準にして筆者の主張を読み取ることができると説明した。このようにして、「対比」という思考・認識の効果と、対比構造の文章から筆者の主張を読み取るスキルを学ばせたのである。

最後に、次の問いを解かせて「水の東西」の「対比」構造の読み取りに備えさせた（注5）。

　問　次のA～Jの各記号をプラス言葉、マイナス言葉に分けて、プラス語には赤色の傍線、マイナス語には青色の波線をつけよ。その上で、「対比図」を書け。

　　　AはBである。つまり、Cではなく、Dにほかならない。DはEでも、Fでもないからである。FはGにすぎない。それに反して、HはIである。つまり、Hするためには、私たちはJしなければならないのだ。
　　【解答】
　　　【＋】A＝B＝D　　　H＝I＝J
　　　―――――――――――――――――
　　　【－】C　　　　E F＝G

(3)「水の東西」の構成図作成

「水の東西」の学習指導の最初に、題名読みをさせた。東西とは東洋と西洋であることに気づかせた後、東洋が具体的には日本であることを確認して、東洋（日本）の水と西洋の水を対比しながら論が展開することを予想させた。そのうえで、上段に東洋（日本）、下段に西洋と示した2段組みのプリントを配布して、「水の東西」の構成図の作成を家庭学習とした。

(4)「水の東西」の読解

精読の前に「文化」と「文明」について国語辞典を引かせて、その違いを明らかにした。
　◎文化――精神的所産（人間がその精神の働きによって作りだした有形、無形のものすべて）
　◎文明――物質的所産（文化の物質面が豊かになった状態）

そのうえで鹿おどしと噴水は物質的所産、つまり「文明」的なものであり、この評論文は鹿おどしと噴水という文明的なものを具体例としてあげて、そのもとになっている日本と西洋の文化（精神の働き、ありよう）を探るものであることを押さえた。最初の段階で「文化」「文明」という語句を用いて、「具体」から「抽象」へと進む論の運びを意識させることは、「水の東西」の重要な指導となる。この後、通読をさせて、鹿おどしの特色と噴水の特色を示す語句を区別して傍線と波線を引かせた。

通読後、第1段落（形式段落①～②）を次の三つの主発問によって読み深めさせた。
□鹿おどしのどのような点に「けだるさのようなもの」を感じるのか。〈解答〉単純な、穏やかなリズムが無限にいつまでも繰り返される点
□鹿おどしに「けだるさ」以外の何を感じているのか。〈解答〉流れて止まないもの
□水の流れの他に「流れてやまないもの」には何があるか。〈解答〉時

これらを押さえたうえで、「せき止め、刻むことによって、この仕掛けはかえって流れてやまないものを強調する」という表現に着目させた。CDプレーヤーで水だけが流れる音と、鹿おどしの音を聞かせて、どちらが水や時の流れが、強調されるかと問いかけた。そして、鹿おどしと同じようにせき止めたり、刻むことによって水や時の流れを感じさせるモノや状況を考えさせた。学習者は夜中に聞こえる時計の秒針の音などと答えた。

次に第2段落（形式段落③～⑥）の読解へ移った。西洋人は「一つの音と次の音との長い間隔を聞くゆとりはなさそうであった」という表現をもとに、教科書に記述がない日本人の場合はどうであるかを考えさせた。本文が対比構造で書かれていることを根拠にして、日本人は「音と音との長い間隔を聞こうとする」ことを理解させた。そのうえで「鹿おどし」と「噴水」の特色を対句によって表現させた。学習者は「見えないもの」と「見えるもの」とまとめた。

さらに形式段落⑤から噴水の特色を表す言葉を抜き出させた。「趣向を凝らす、水の造型、彫刻さながら、静止」という語句に着目させて、日本人と西洋人はどのような水を好むのかを対句で考えさせた。学習者は「自然」と「人工」と表現した。

ノート（板書）

水の東西　　　　　　　　　　　　　　　　　山崎正和

【日本】　　　　　　　　　　　　　　　⇔　【西洋】

①「鹿おどし」　　　　　　　　　　　　　　③「噴水」
　○見えないもの　　　　　　　　　　　　　○見えるもの

②○自然　　　　　　　　　　　　　　　　　②○人工

④流れる水　　　　　　　　　　　　　　　　⑤噴き上げる水
　　　　　　　　　　　　　　　　　　　　　　趣向を凝らす
　　　　　　　　　　　　　　　　　　　　　　壮大な水の造型＝空間に静止

⑥時間的な水　　　　　　　　　　　　　　　空間的な水

---

⑦日本の伝統の中に噴水というものは少ない

⑧（外面的理由）　　　　　　　　　　　　　（外面的理由）
　・空気が湿っている　　　　　　　　　　　・空気が乾いている
　・水道技術の未発達　　　　　　　　　　　・ローマ以来の水道技術の発達

⑨（内面的理由）　　　　　　　　　　　　　（内面的理由）
　―日本人独特の好み

　・自然に「流れる」姿が美しい　　　　　　・人工的な造型美が美しい
　　という思想
　『行雲流水』

　※積極的に「形なき」もの　　＝　　　　　※形なきものを恐れる心
　　を恐れない心
　　　○自然
　　　＝
　　　　非存在

---

⑩　　　　　　　　　　　　　　　　　　⇔
　※積極的に「形なき」もの
　　を恐れない心
　　　○自然
　　　＝
　　　　非存在
　　　　　　　　　見えない水　　　　　　　目に見える水

⑪水を実感するのに水を見る必要はない

　「鹿おどし」は日本人が水を
　鑑賞する行為の極致を表す
　仕掛け

【日本の文化】
　・自然を愛する文化
　・現象の奥底にあるものを感じとろうとする文化

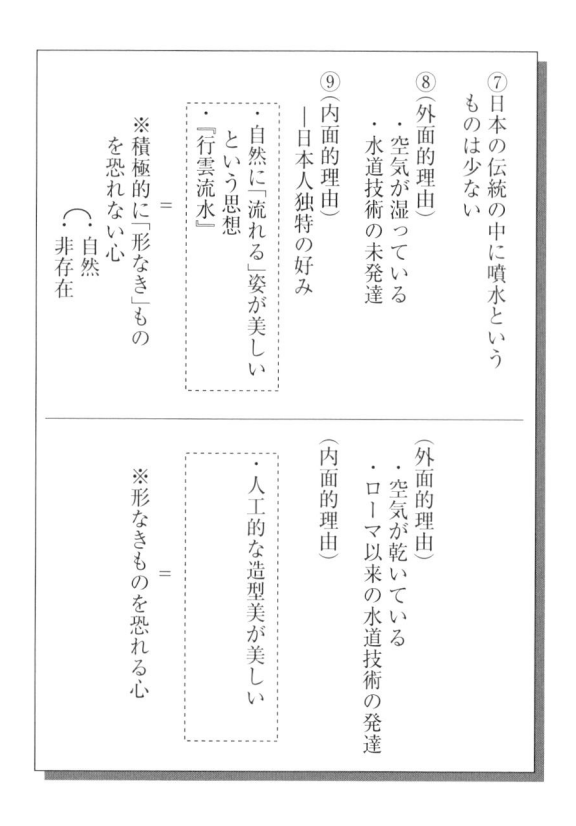

　第3段落（形式段落⑦～⑪）は、日本に噴水が少ない外面的理由から書き起こし、内面的理由を明らかにして、そこから日本の文化について言及していく。鹿おどしと噴水といった文明的なものの背景となっている、日本と西洋の文化の違いを考える段落であることを学習者に周知した。そして、日本の伝統の中に噴水が少ない外面的理由と内面的理由をノートにまとめさせた。

　日本と西洋とが「対比」されていることを踏まえて、書かれていないこともノートに記すように指示をした。例えば、外面的理由として、西洋は「空気が乾いている」と書かれているが、日本については書かれていない。しかし、西洋と対比すると、日本は「空気が湿っている」ことがわかる。このようにして「対比」を意識してまとめさせた。

　その後、「自然に『流れる』姿が美しいという思想」と「行雲流水」が「積極的に形なきものを恐れない心」の現れであることを確認した。そして、「形なきもの」を言い換えるとどのような言葉で表現できるかを考えさせた。学習者から「自然」という答えを引き出すことができた。

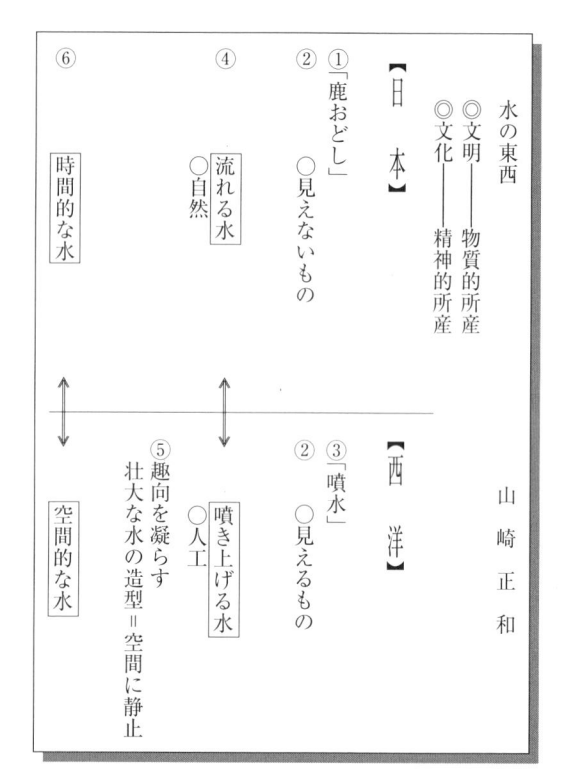

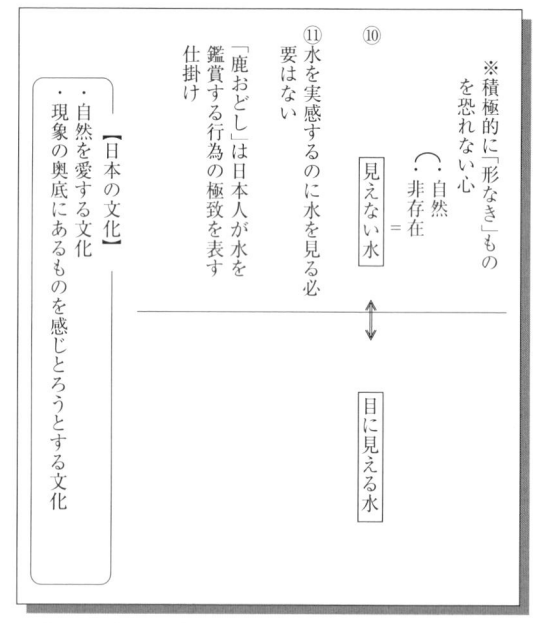

　次に形式段落⑩の「見えない水」と「目に見える水」の対句表現に注目させ、先の「形なきもの」は、別の意味を含意しているのではないかと問いかけた。「形なきもの」は「目に見えないもの（非存在）」も表しているという意見が出され、これが形式段落⑨と⑩をつなぐ役割をしていることに気づかせた。

そして、筆者が「鹿おどしは、日本人が水を鑑賞する行為の極致を表す仕掛けだ」述べる理由を二つ考えさせた。その際、この文章は鹿おどしという文明的なものの奥にある、日本人の文化的な精神性を解き明かす文章であることを確認した。学習者は「日本人は自然を愛する文化があるから」「日本人は現象の奥底にあるものを感じようとする文化があるから」と日本文化の二つの有り様に気づいた。そのうえで、これらの文化を感じる身の回りの具体的な事象を探させた。学習者は俳句の季語や縁側といった自然を愛する日本人の好みと、あうんの呼吸や短詩型文学の限られた表現から多くの事象を読み取ろうとする傾向が日本人にあることなどを挙げた。

⑸ 4段落構成の「私の文化比較論」作成

精読後、「水の東西」の文章構成を考えさせた。そして、次のような構成で書かれていることに気づかせた。

【起】 鹿おどし（日本の水）の説明
　　　―日本の事物を取り上げ、その特色を述べる。
【承】 噴水（西洋の水）の説明
　　　―西洋の事物を取り上げ、その特色を述べる。
【転】 日本に噴水が少ない理由
　　　―二つ事物の比較から文化の比較を行う。
【結】 鹿おどしは日本的な仕掛け
　　　―まとめ

この文章構成をまねて、対比構造で4段落構成の「私の文化比較論」（注6）を書かせた。

4 今後の展望

本稿で示した「水の東西」の実践は、教材の内容を正確に「受容」することを目標にするものであった（注7）。教師主導で教材を読み解くタイプの学習指導であり、したがって、PISA調査の読解リテラシーの一つである「熟考・評価」を意識したクリティカル・リーディングは行えていない。「熟考・評価」の土台として本実践のような読み方を学び、テキストの内容を正確に読み解く力を育てる授業が必要であることは言うまでもない。

そのうえで、「水の東西」をクリティカルに読む授業展開を探ることが求められよう。具体的には本稿の「2『水の東西』実践上の課題」で示したような指導書の相違が、なぜ生まれるのかを検討させるような展開が考えられるが、紙幅の関係で他稿に譲りたい。

新しい学習指導要領においては、言語活動の充実が求められ、国語科においては単元を貫く言語活動を位置づけた実践が目指されている。本稿で示した実践では、「私の文化比較論」を書くという単元を貫く言語活動を設定している。他には「水の東西」単一ではなく、複数の文化論を併せ読みさせ「多文化共生」について話し合うような言語活動を設定することも可能である。多くの教材を関連付け、吟味して、自らの考えを深めていくような展開も、今後の評論文の学習指導には必要であろう。

●注……………………………………………………

⑴ 他の二つの学習指導のねらいは、「身の回りの物事に興味を持ち、深く考える習慣を身につける」「小論文を書くためのヒントにする」である。
⑵ 他の四つの指導目標は「②指示語の指示内容や、接続語句の意味・はたらきなどに注意しながら読解させる」「③筆者の『思い』の起因、また、筆者はそこからどういう発想を得て、どう発展させていったかから明らかにする」「④筆者の意見を要約させる」「⑤文化論への関心を持たせる」である。
⑶ 東京書籍『国語Ⅰ［新訂版］』など。
⑷ 本稿ではあえて出版社を明示しない。
⑸ ここまでの実践は、柴田敬司編著『現代文解法の新技術』桐原書店、1996、pp.22-35を参考にした。
⑹ 学習者の書いた「私の文化比較論」については、中洌正堯・国語論究の会著『表現する高校生』三省堂、2003、pp.218-225に詳しい。
⑺ 本実践は1年生1学期に実施したものである。年間指導計画において、1年生1学期は文章を正確に「受容」する力を養う時期と位置づけた。2学期は文章を「吟味」して読む段階、3学期は文章をもとに「意味生成」していく段階と計画した。

（井上雅彦）

第2章の解題

1　詩の解釈―授業の構造化を図る―（山川庸吉）

　この論考には、さらに「詩における喩の解釈を成立させる協働学習のあり方」という副題がある。前の副題に見られる「授業の構造化」論は、高校国語の実践では論じられることが少なく、本書でも唯一のものである。もともと筆者は、物語（小説）の授業において「授業の構造化」論を展開してきたのであるが、紙幅の制約で詩の授業を選択したものである。リンドグレン（L）によるタイプ1～タイプ4の授業構造をもとに、新たにタイプ5・6の改良を加え、生徒のグループ内の対話、グループ間の対話、クラス全体の対話、授業者のそれぞれへの支援という全対話、全支援を授業構造の最も有効性の高いものとして措定し、それを詩の授業（喩の解釈）で検証したものである。

2　学習者の主体的な読みを中心にした「羅生門」の読み（大西光恵）

　文学テクストの表現は多様な読解を許容し、さまざまな分析読書が可能であるとされる。どのようにしたら、学習者の主体的な読みを呼び起こしつつ、多様な読みを生み出すことができるのか。「羅生門」の学習を通して、先行研究、先行実践の方法を参照しつつ、その可能性を探ったものである。

3　中島敦「山月記」による表現活動
　　―李徴についての八つの証言と枠組み作文―（石田　誠）

　〈創作コース［李徴についての八つの証言］〉と〈評論コース［李徴の最後の咆哮は〈満足・感謝〉か、〈不満・羨望〉か］〉という「山月記」学習の二つのコース設定と課題は、授業者独自の切り込みである。このように、石田実践は、学習者の思考と表現を促す独自の課題設定を特徴とする。

4　音読とクイズ形式で読む「舞姫」（久保瑞代）

　文体的に難教材である「舞姫」を、標題どおり音読とクイズ形式で読ませる工夫をした実践である。クイズは〈主人公は今（物語の冒頭部）どこにいるか。〉に始まって〈その後、主人公と少女はどうなったか。〉に終わる21問。授業はさらに補足の発問をまじえて展開される。

5　山田詠美「ひよこの眼」による表現活動
　　―レトリック単元「括弧に入れて」―（石田　誠）

　筆者は、〈レトリック単元とは、文章中の句や文を共通の手がかりにして複数教材の〈理解と表現〉を組み立てる単元である〉としている。本実践では、大江健三郎、清岡卓行、梶井基次郎、山田詠美の作品で構成し、手がかりは大江の〈括弧に入れて〉＝〈（困難な問題に対して）「ある時間、待つ」〉を取り上げる。

6　教科内容を焦点化した「水の東西」の学習指導（井上雅彦）

　「水の東西」（山崎正和）を対象に、「対比」の概念やその技巧、〈「具体」と「抽象」の往還〉などを教科内容として定式化し、本文の構造を解き明かしたものである。これらは、教科内容としてメタ認知されたとき、読解にも表現にも適用できる言語能力となる。トゥルミンモデルなども教科内容を焦点化するヒントになる。

第3章

随想・虚構の表現

『伊勢物語』を読んで恋愛エッセイを書こう

はじめに

　千年という時間の隔たり以上に、古典の世界が生徒から隔絶したものになっている。受験のためという意識の生徒にとって（受験に必要なければ尚更）、古典学習とは面倒くさいものであり、心を揺さぶったり立ちどまらせたりするものにはなり得ていない。このような自分の古典授業への反省を克服しようとした試みを報告する。

1　単元の概要

［科目］古典Ⅰ（3単位）
［教材］『伊勢物語』
　　　　第1段「初冠」・第23段「筒井筒」・
　　　　第24段「あづさ弓」
［対象生徒］県立明石北高等学校
　　　　　　2年4組（男子19名・女子22名）
　　　　　　2年5組（男子18名・女子21名）
［実施時期］平成13年3学期（全11時間）

2　単元の実際

(1) 単元設定のねらい

　生徒たちに古典の世界を身近なものに感じてほしい、古典の世界に積極的に関わり、そこでの学びを自らの〈生〉に活かしてほしい——そのような学びの成立を目指して、『伊勢物語』の章段を踏まえて恋愛エッセイを書き、文集「高校生版『恋する伊勢物語』」をつくる、という単元を構想した。

　まず、学習過程の最後に「書くこと」を設けた。古文の読解を「書くこと」の創構過程として位置付けることで、明確な目的意識と積極的な姿勢を持って「読むこと」の学習に取り組ませることができると考えたからである。

　次に、「書くこと」のジャンルとして恋愛エッセイを設定したのは、〈恋愛〉は人生の大切なテーマであると同時に、高校生にとっても関心の高いテーマだからである。生活実態調査（4月実施）の結果を見ても、〈悩み〉のベスト3は「成績」「友人関係」「異性」である。社会的なテーマでは基礎知識の不足から意見を構築しにくい者でも、〈恋愛〉についてならばこれまでの見聞や体験を踏まえて自分なりの視点や思いを持って語ることができると考えた。

　最後に、『伊勢物語』を読解教材としたのは、さまざまな愛の形が描かれており、生徒の恋愛観を醸成するのに適していると判断したからである。また、彼らは歌詞は味わっても和歌は毛嫌いしがちであるが、"三十一文字"にこめられた登場人物たちの真情に触れることで「やまと歌は人の心を種として、よろづの言の葉とぞなれりける」（古今和歌集仮名序）を実感してほしいと思ったのである。

(2) 授業展開（全11時間）

【第Ⅰ次：学習活動の見通しを持つ】（第1時）

1．オリエンテーション
(1) 今まで最も心に残った恋愛（映画・ドラマ・小説・漫画）のアンケートに回答し、発表する。
(2) 単元の学習内容を知り、活動の見通しを持つ。
- 「初冠」「筒井筒」「あづさ弓」の中から一つを材料として選び、恋愛エッセイを書くことを理解する。
- 俵万智『恋する伊勢物語』（ちくま文庫）の一節を読み、作品執筆のイメージを持つ。

2．『伊勢物語』についての文学史事項を押さえる。

【第Ⅱ次：古文の読解】（第2～8時）

3．「初冠」「筒井筒」「あづさ弓」の読解を行う。
- 登場人物の言動や描かれた愛について、自分の意見や感想をまとめ、交流する。

【第Ⅲ次：恋愛エッセイの執筆】（第9〜10時）
4．作品モデルとして、俵万智『恋する伊勢物語』の一節を提示し、エッセイの構成や作品執筆の要領を理解する。
5．ワークシート①により作品の構想を練る。
6．ワークシート②に恋愛エッセイを書く。
【第Ⅳ次：学びの振り返り】（第11時）
7．全員の作品を回し読みし、相互評価する。
　●黙読し、評価（◎○△×）を記入する。
　（8．後日、相互評価の高かった作品を製本し、文集「恋する伊勢物語」として配付した。）

(3) 指導上の工夫

生徒が自らに近づけて『伊勢物語』の章段を読み深め、恋愛エッセイをスムーズに執筆できるよう、第Ⅰ〜Ⅲ次の各過程において手立てを講じた。

❶ 単元への興味喚起【第Ⅰ次】

単元のはじめに「心に残ったラブストーリー」について口頭発表させた。これによって、今後の学習活動への期待感を高めることができた。

❷ 執筆材料の収集支援【第Ⅱ次】

古文の読解過程においては、生徒の意識が知識の習得や読解作業だけに終始しないよう、「書くこと」の材料収集の機会を意識的に設けた。たとえば「この男（あるいは女）が好きか嫌いか、それはなぜか」「この段に描かれた愛の形をどう思うか」等、ノートにメモをさせたり挙手や発表をさせたりして、自己の思いを意識させると同時に他の生徒たちの反応や思いをリサーチさせた。

❸ 作品モデルの提示と構造分析【第Ⅲ次】

俵万智の『恋する伊勢物語』（ちくま文庫）から1編をモデルとして提示し、恋愛エッセイの具体的イメージを持たせた。またモデル作品の構成を分析し、［興味づけ→全体像の提示・要約→本文の解釈→恋愛観・感想］という型を示すことで、「書くこと」の負担を軽減した。

❹ ワークシートの活用【第Ⅲ次】

エッセイ執筆の支援として、2種のワークシートを活用した。
シート①（資料1）は、任意の章段についての自分なりの解釈や恋愛観を持たせるためのものである。取り上げた章段の内容を短くキャッチフレーズ的にまとめたり、描かれている〈愛〉のありようについての評価とその理由を書きこませたりする設問と回答欄を設けた。ここで書いたものがエッセイのパーツとしてできるだけ活用できるように項目を設定した。

シート②（資料2）は、恋愛エッセイの清書シートである。❸で示した構成に従った枠を設け、展開面で頭を悩ませることなく書けるようにした。また下段には言い回し文例を添えて、書き慣れない生徒もこの文例を参考にしてできるだけスムーズに筆が運べるようにした。

[付記] オリエンテーションでのことば

　高2最後の古文教材は『伊勢物語』です。『伊勢物語』は、我が国最古の歌物語です。在原業平とおぼしき主人公の一代記風の構成をとりつつ、人間にとって最も普遍的なテーマであるさまざまな「愛」の形が、和歌を織り交ぜながら、125話にわたって繰り広げられています。『伊勢物語』は、いわば平安時代の「トレンディ・ドラマ」として、当時の「恋の手ほどき書」でもあったのではないでしょうか。
　多感な年頃の皆さんには、すべての話を〈恋愛ドラマ〉として楽しんでもらえることと思いますが、今回は、「初冠」（第1段）・「筒井筒」（第23段）・「あづさ弓」（第24段）の三段を取り上げました。皆さんがこの3つの〈恋愛ドラマ〉をどのように見、どのように感じたか——それを、自分の恋愛観も交えてエッセイ風に語ってもらいます。その中から皆さん自身が選んだものを、女流歌人の俵万智さんの『恋する伊勢物語』（ちくま文庫）にならって、優秀作品集「高校生版『恋する伊勢物語』」として製本します。
　古語辞典で単語の意味を調べたり、古典文法を暗記したりするだけが古典の勉強じゃない、古典の〈みやびな世界〉に浸ること、そして現代に生きる私たちへとつながる〈何か〉を感じ取ることが大切なのだ、と思います。

資料1 ワークシート①（材料収集）

『伊勢物語』をネタに、「恋愛エッセイ」を書こう！

組　番　氏名

手順1
「初冠」「筒井筒」「あづさ弓」の三話のうち最もお気に入りの段を一つ選ぶ。
・そこに描かれた〈恋愛のかたち〉や登場人物の〈男や女のあり方〉について、自分なりに思うところ・語りたいことがある段を選ぼう！

選んだ章段　第　段「題名　　　　」

手順2
1で選んだ章段に描かれた〈恋愛のかたち〉や登場人物の〈男や女のあり方〉について、自分なりの思いを書く。
・この作業は、キミの「恋愛エッセイ」の「核」になる大事な部分。次の点について、キミ自身の意見や感想を書こう！（誰かの受け売りや人真似ではない）これが作品のゴールになる。

① それぞれの登場人物についてどう思う？

　登場人物①（　　）
　登場人物②（　　）
　登場人物③（　　）

② 最も印象に残った（良い意味でも悪い意味でも）場面は？

③ なぜ・どういう点で、その場面が印象に残ったのか（その理由は）？

④ キミが選んだ章段の内容を一口で説明すると？

⑤ この話は、

　　　　　　　　　　　という恋愛の形について描かれた章段である。

・選んだ章段に描かれているのはどんな恋愛か、読み手の興味を呼び起こすように（CMのキャッチコピーの要領で）ごく短くまとめよう。この話を全く知らない人に分かりやすく説明してやる気持ちで。ただし、クドクドと長いのはダメ。主語・述語の整った30字以内の一文でまとめること！

・④でまとめた恋愛の形やあり方について、キミ自身はどう評価しているか？
・好意的か否定的か、否定的ならば一部否定か全否定か。
・どういう点に共感するのか？　あるいは、なぜ・どういう点で（一部or全部）否定するのか。

私は、この章段に描かれた恋愛のあり方に（　共感する　・　否定したい　）。

なぜならば、

⑥ ⑤で述べたキミの意見・感想の根拠（「なぜならば」以下の部分）と最も関係の深い物語中の和歌を書き抜きなさい。

⑦ ⑥の和歌について、授業での学習を踏まえて解説しなさい。
・この和歌のことを全く知らない人に分かりやすく説明してやる気持ちで。和歌の意味はもちろん、解釈上必要になってくる語句の説明、和歌の修辞技巧についての説明、その歌にこめられている登場人物の気持ち等々について、できるだけ詳しく。

『伊勢物語』を読んで恋愛エッセイを書こう

資料2　ワークシート②

＊足りない場合は、裏面も使用可。

『伊勢物語』をもとに、「恋愛エッセイ」を書こう！　　　組　番　氏名

●構成メモやモデル文（俵万智『恋する伊勢物語』）を元に、恋愛エッセイ「伊勢物語」を語る」を清書しよう。文例の一の部分をしっかり書き込むこと。

◇ 前振り・興味づけ　（＊読み手に何の話かわかるようにすると共に興味関心を喚起する）

【参考文例】
・一な人は結構多いのではないだろうか。
・あなたは一（ということは）ないだろうか。
・一って、どうしたらよいだろうか。

◇ 話の内容の要約　（＊取り上げられた恋愛について簡単に紹介・提示することで、読み手の理解を助ける）

【参考文例】
・第□話は、まさに一な話である。
・第□話は、まさに一な人間模様を描いている。
・おもしろいことに、第□話は、その逆で、一という話である。

◇ 本編　（＊自作品の展開は、①重要な意味を持つ「和歌」や「場面」「登場人物の行動や会話」を取り上げ直接引用を説明を加えながら、②自分自身の解釈や意見・感想を、読み手にわかるように③言葉を尽くして書く）

【参考文例】
・原文を見ると、「□」とある。一ということが一ことに伝わってくる文だ。
・「□」という語は、一という意味である。現代風にいうなら、一のような感じではないかと思う。
・ここにくる「□」は次のような歌を詠んだ（歌が一首読まれている）。
「引用」＋歌についての説明
・これは一を歌である（この歌には一が感じられる）。
・これに対して、□は□という行動を取るが、これは一と解釈できるが、実は一のではないかというのが私の推理（解釈）である。
・□は最後に「□」と言うが、これは一ということだろうが、私の結論を言えば、つまり一ということなのだと思う。

◇ まとめ　（＊最後に描かれた恋愛のあり方に対する自分自身の課題 [＝恋愛観] を簡潔にまとめ、読み手に印象づける）

【参考文例】
・考えてみると、この第□段は一のかもしれない。
・この第□段の□は、一のように私には思われる。
・この第□段に描かれた□から、一を私は読み取りたいと思う。

103

3 生徒作品とその考察

まず、相互交流（第11時）で評価の高かった作品を、各章段につき1編ずつ紹介する。

●第1段（初冠）をもとにした恋愛エッセイ

531（女子A・N）

　初恋とは、遅かれ早かれ誰でも当たり前のように経験するものです。しかし、この初めてのこの想いを相手にうまく伝えることができないままにいつの間にか自然と終わってしまっていた、という人は結構多いのではないでしょうか。幼い頃は自分の感情表現がうまくできず、相手にどう接すればよいか分からないので、今でこそ思い返すと笑っちゃうようなことをしてしまった人も多いでしょう。このこと（＝相手に自分の想いを伝えること）は〈初恋〉ならずとも〈恋愛〉に関することにすべて絡んでくる難題ですが…。

　この第一話は、なかなか相手に自分の気持ちを伝えることができない人には羨ましいかぎりの度胸を持った（!?）男の子が主人公の、とても有名で内容的にも非常にシンプルなお話です。（中略）今でいう〈一目惚れ〉をしたというわけですが、きっとこの男の子は初冠を済ませたばかりで、やっと自分が一人前の大人として認められるようになって、初めて許される〈大人の恋〉を意識してのことでしょう、とっさに自分の着ていた信夫摺りの狩衣の裾を切って、次のような和歌を書き添えて彼女たちに贈ったのでした。

　　春日野の若紫のすり衣
　　　しのぶの乱れかぎり知られず

　（中略）この歌は「みちのくのしのぶもぢ摺りたれゆゑに乱れそめにし我ならなくに」（私の心が乱れたのはあなたのせいだ）という歌の本歌取りで、きっと状況がおあつらえ向きに出来ていると思ったので、心に似せて詠んだのでしょう。いかにも若者らしい情熱的な歌だと思います。自分の想いを素直にストレートにぶつけています。この主人公は何歳とは書いていないけど、どこか初々しい感じがします。「一目惚れしました！」とその場で恋の歌を精一杯背伸びしてカッコよく贈る、とても可愛いお話だと思います。

　それにしても、この姉妹はきっとビックリしたに違いありません。いくらハンサム（死語！）でも、初対面の人に突然口説かれたら、ちょっと引いてしまう…でしょう。

　でも、『伊勢物語』の語り手は、この行動をとても〈風雅なふるまい〉と評し、誉めたたえています。平安時代の人たちにとって、この主人公は理想的で模範とすべき男の中の男なのでしょう。現代の男の人もこれぐらい積極的だったら、女も困らないで済むかもしれません。
（1175字）

●第23段（筒井筒）をもとにした恋愛エッセイ

429（女子Y・T）

　もし、あなたの夫が別の女の所へ通うとしたら、どう思うだろうか。当然のごとく「嫌だな」とか「どうして、こんなことに…」などと嘆くのだろう。しかし『伊勢物語』の「筒井筒」の妻は、むしろ逆であった。第二三段は、まさにそういう複雑な女心が描かれている。

　（中略）夫は出掛けるフリをして妻の様子をうかがう。原文を見ると、「うちながめて」とある。この一語だけで、妻の気持ちが表れていると思う。「うちながむ」という語は、「物思いにふけりながらぼんやりと見やる」という意味である。現代風にアレンジすれば、片思いをしている時にぼんやりと相手のことを考えている、という感じではないかと思う。妻がぼんやりとしながら歌を詠んだ。

　　風吹けば沖つ白波たつた山
　　　夜半にや君がひとり越ゆらむ

（中略）これは、妻が夫の身の心配を詠んだものである。妻を一人家にさし置いて、自分は愛人の元へ行くという、この無神経な夫を心配し

ているのだ。心の広い妻は、一体どんな気持ちだったろう…。愛人も愛人で、男を必死に振り向かせようとする。あまりにしつこい為、男は仕方なく「来よう」と捨て台詞を残して去る。自分から女をつくって振るなんて最低だと思う。

　ところで、私が男だったら、妻の親が亡くなっても側にいてあげると思う。自分は、様々な恋愛をするタイプと一途に一人の人を想い続けるタイプのどちらかと言えば、一途タイプじゃないかなと思う。そういえば、この男の場合はどうだろう。二人の女に一途と言えば一途だし…、様々な恋愛をしているとも言える。果たしてどちらだろう。男は、最終的には妻の元へもどるのだから、「一途」に当たるのだろうか。まあ、それはよしとして、ここで疑問が残る。取り残された愛人は、この先どう生きていくのだろうか。男のことを想い続けながらも、他の熱心に求婚して来た男と仲良く年をとっていく…という風になるんじゃないかな。

　友人に「誰か好きな人がいるのか」と尋ねた時、彼女は「いないけど、でも、素敵だと思う。」「素敵？」「うん、人を好きになるのは素敵だと思うよ。」──こんな答えが返って来た。なるほど…。人を好きになることは素敵……か。昔の人も同じようなことを考えていたのだろうか。私が思うに、今も昔も恋をすることは素敵だという考えは、永遠に変わらないと思う。永遠に……。（1071字）

●第24段（梓弓）をもとにした恋愛エッセイ

438（女子K・Y）

　三年間連絡をよこさなかった男と、他の人と結婚しようとした女と、どちらが悪くて、こんな悲しい結末になってしまったのだろうか。三年という時間は、どんなにつらいことも悲しいことも薄れさせてくれるように思うが、人の気持ちもそうやって変わっていってしまうものなのか。第二四段は、まさに時間と偶然の重なりによって、永遠に離れることになってしまった二人の話である。

　（中略）「戸を開けて下さい。」と言う夫に、一度は「今夜、私は他の男の人と結婚するのです。」とつっぱねた女の心理も分かるような気がする。いつ戻ってくるかも分からない、もしかしたら二度と戻ってこないかもしれない夫を、「好き」という気持ちだけで待ち続けるつらさをよく知っているから、簡単に受け入れられなかったのだと思う。そんな時に、自分のことを愛してくれて親切にしてくれる男が現れて、「この人となら幸せになれるかも」と思ったのかもしれない。しかし、元夫の、
　　あづさ弓ま弓つき弓年を経て
　　　わがせしがごとうるはしみせよ
という歌を聞いて、気持ちを抑えられなくなったのだろう。無理に隠そうとしていた〈夫を好きな気持ち〉をもしかしたら思い出したのかもしれない。だから、去っていく男を必死でおいかけたけど追いつかず、そのまま女は死んでしまった。きっと元夫は、おいかけてきたことも分からずに、もちろん女が死んだことも気づかなかったのだろうな、と思う。

　夫が帰ってくるのが、せめてあと一日早かったら……と思わずにはいられない。約束のちょうどその日に帰ってきてしまった。もし、その日でなかったら、二人はもしかしたらまた夫婦となっていたかもしれないし、女が死ぬこともなかったのではないかと思う。

　第二四段の話は、本当にとても悲しくて切ないと思った。お互いどれだけ好きでも、相手に伝える努力がないと壊れていくんだな、と思った。この二人は、すごく愛し合っているけど、つらい最期を迎えてしまう。だけど、その「好き」という気持ちは、夫も妻も本物だと思った。ただ、三年という時間は、人の気持ちは変えられなくても周りの状況を変えてしまい、それはつらい別れを導いてしまったのかなと思った。好きという気持ちだけ持っていても、だめなのかもしれない。（1015字）

（ア）現代語訳だけにとどまらず、その章段に描かれた愛のありようや登場人物に対する思いが書きこまれており（点線箇所）、生徒の心が古典の世界に触れていることがうかがえる。他にも、

> ［あづさ弓］424（女子S・K）
> 今でいうと、元カレのことが忘れられずにいた女が、新しく自分のことを好きだといってくれる男と付き合うことにした途端、昔の男が「やっぱりお前だけだ」等と言ってきた時の女の気持ちと似ているのだろうか。（後略）

> ［筒井筒］425（女子Y・S）
> だからといって、この男の行動はあまりにもヒドイ‼（中略）この男はどちらの女の気持ちもちゃんと考えてあげていないと思う。こんな男に選んでもらえた大和の女が、この後ずっと幸せな暮らしを続けられたかは疑わしいところだ。そして、河内の女も、しばらく経って男への想いが消えた頃、「あんな男の顔なんて二度と見たくもない‼なんであんなに好きやったんやろ〜、アホらしっ」って思うに違いない。男にもきっとバチが当たっているはず……。ってゆうか、じゃなきゃ納得できません。世の中、何かおかしい……。（後略）

のように、「今」や「私」にひきつけた生の思いが書かれており、プロの書くものとは一味違った高校生らしい恋愛エッセイに仕上がっている。以下、紙幅の都合上、恋愛観の部分のみを紹介する。

> ［筒井筒］424（女子S・K）
> 要するに、この段では〈惚れた弱み〉という力は強大だということをいいたいのではないかと思われる。私もそう思う。恋というものは、そう簡単にうまくはいかないものだ。恋をすると、極端に心が弱くなっちゃったり時に強くなれたり…突っ走ってもて楽しかったり、ちょっと怖かったりして（笑）——そぉゆうもんだと私は思います。

> ［筒井筒］522（女子N・O）
> 考えてみると、この第二三段は、この時代の恋愛の仕方なのかもしれない。こんな恋愛をしながら、女は心が強くなったのかもしれない。

> ［あづさ弓］426（女子S・S）
> 私は、恋の後しまつ、つまり別れが肝心だと思う。別れ下手な奴は恋をする資格がないとさえ思う。つまり、恋の終わりを見事に演出できた第二四段の男こそ、真のイイ男と言えるだろう。要するに、気持ちを隠したり、逃げたりせず、男のように素直に伝える重要性。（彼女もそうしていれば死なずに済んだだろうに。）それに加え、恋の引き時[ママ]の理解力が大事だと思う。恋愛はぼんやりしていてできるものではなく、頭を使う知的な行為だということを私は読み取りたい。

> ［あづさ弓］435（女子T・M）
> 考えてみると、第二四段は、私たちに強がることなく、自分の本当の気持ちを大切にするべきだと訴えているのかもしれない。後悔しないためにも、素直になることが一番の重要なことだと、私は読み取りたいと思う。

> ［あづさ弓］526（女子S・T）
> どんなに思ってもうまくいかない……、恋のつらいところだと思う。この章段と似たような恋を経験した人もいると思うが、できればこんなつらい思いはしたくないはず。ハッピーエンドばかりではないのが大変だ。しかし、つらい経験を重ねることで強くなり、大人になっていくのだろう。大きな壁があるもんだなぁ……。
> 　ところで、結婚の約束をしていた男はどうなったのだろう。結婚の約束はやぶられるだけでなく死なれてしまうなんて可哀想な人。続きがあるならば、この男には幸せになってほしいものである。

全員が2時間で恋愛観を盛り込んだ1000字前後の文章を書き上げられた背景には、『伊勢物語』の教材としての力がある。加えて、（イ）提示した構成に従って書いていること、（ウ）提示した文例を活用して書いていることから、指導上の工夫❸❹が有効に機能したということもあると考え

る。

次に、他者の反応に刺激されて思考が深まったことがうかがえるもの（点線箇所）を示す。

> ［初冠］405（男子D・K）
> （前略）こういったことはよく言えばシャレたことだが、悪く言えばただのキザなだけだ。最近では、こういった行動は女性(ママ)にはあまりいい印象は持つことはないようだ。現に、2年4組の女子も男の行動に対して、いい印象は持っていなかった。正直、自分も彼に対していい印象を持っていなかったが、少し考えてみると、少しだけ印象が変わった。——成人したといっても、彼は十三歳前後だ。つまり、現代で考えてみれば、まだまだ子供だ。そんな子供が大人の女性にアピールしようと必死になって歌を書こうとしている。その姿を思い浮かべると、非常にかわいらしい行動だと思う。これも大人に対する憧れによる子供の行動だと思う。（後略）

> ［初冠］419（男子Y・Y）
> （前略）僕が姉妹の立場だったら好きになってしまうかもしれませんが、女子(ママ)に聞いてみると、こういう男はあまり好きではないという人が多かったのです。でも、男子としては、こういう男の恋愛の仕方を支持する人は多いので、女子と男子では考え方がやっぱり違うことが分かりました。それでは、この姉妹はやっぱり女子が言うように、こういう男は嫌いなのでしょうか。しかし、現代と平安時代では恋愛観が違うので、うまく行ったのか行かなかったのかは分かりません。

指導上の工夫❷（交流活動）も生徒の思いの形成・深化に有効であったと判断される。

最後に、「書くこと」によって語彙への理解や和歌の読解が深まっている例を紹介する。

> ［あづさ弓］426（女子S・S）
> （前略）なんて寛大なのだろうか。まさに大人の男らしい。彼女は「しまったー」と心中で叫んだだろう。女はこの後、必死に男を追うのだ

が追いつけなく、「いたづらになる（死んでしまう）」。本当に命を無駄にするという意味から来ている「いたづらになる」という古語は、まさにぴったりである。（後略）

> ［あづさ弓］430（女子H・N）
> （前略）女は開けずに歌を詠む。
>   あらたまの年の三年を待ちわびて
>   ただ今宵こそ新枕すれ
> というものだが、強意の係助詞「こそ」が「すれ」にかかり、「ちょうど今夜、結婚するのです‼」と、女の強い「ちょうど今夜‼」という気持ちがよく表われている。女は、この歌で元夫に再婚を止めてほしかったのではないだろうか。ちょっと強く言っているけど、本当は…という女心に元夫はおそらく気づいているだろうに去っていく。（後略）

> ［あづさ弓］524（女子A・S）
> （前略）あひ思はで離れぬる人をとどめかね
>   わが身は今ぞ消えはてぬめる
> この歌には修辞技巧が用いられていない。そういう飾り気のなさに、死ぬ前の余裕のなさを感じることができる。

「いたづらになる」や強意の係助詞「こそ」等、無機的に暗記すべき知識としてではなく、登場人物の心情に結びつく、血の通った言葉としてとらえていることがうかがえる。

おわりに

知識を享受するだけでなく古典世界が訴えかけてくる授業、「なぜ」「何のために」が生徒と共有されている授業、他ならぬ自分が他ならぬこの教材を読んだことの価値が自覚される授業、に少し近づけたように思う。それは「読むこと」と「書くこと」が有機的に関連し、「現代文」と「古典」とが融合した〈学び〉の構築にもつながった。

（髙田真理子）

物語を創作しよう─「私が江戸に生まれたら」─
─楽しい「古典」の表現学習─

1 はじめに

　高等学校の「古典（古文・漢文）」の授業は、テクストの読解学習とともに古典文法の系統的暗記学習が平行して行われるのが一般的である。系統的な文法学習が２年次になって終了すると、古典学習は読解中心の講読めいた学習活動となっていく。学力をもっぱら定期考査（ペーパーテスト）で評価する教室では、教師はおのずと生徒に"覚える"ことを求め、それによって生徒はひたすら教師による解釈の忠実な再現とノートの暗記につとめる。こうして生徒にとって「古典」は"暗記科目"として定着する。

　このような体制のもとでは、テクストや教師の説明・解釈を再生・再認する力が学習評価項目の大部分を占めるので、育成されるべき学力が記銘学力中心の入力的な領域に偏在することになってしまう。

　こうした学習を入学以来２年間も続けた生徒は、古典の授業は"書いてあることがわかり""授業で聞いたことを覚えてテストで正確に再現できるよう備える"というスタンスが定着している。記銘学力に富む生徒は評価課題が経験的にわかっており授業内容を効率的に処理しようとするが、そうでない生徒は「おもしろくない」ので授業に参加すること自体が困難になっていく。これが高等学校国語教室における古典学習の一般的な姿であろう。このような教室の構図は全国にあまねく存在するのではないか。

　ここでは、そうした学習の幅あるいは奥行きを広げ、生徒の古典に対する興味・関心を高めるとともに、思考力、想像力を深め表現力を拓く物語の創作活動を伴う学習を紹介する。

2 生徒の表現

① 　　　　　カツラが町をゆく

　私は江戸の中でも、よい品物が置いてあると評判の超有名な呉服屋の子供です。とてもお金持ちなので、私はいつもいい着物を着ることができました。友だちからも「その着物とても素敵ね」といつもいつも言われるし、他のお金持ちの子はマネするしぜんぜんおもしろくありませんでした。だから私は人が絶対まねをしないような、違うことをしたくなったのです。そこで私は髪形に注目してみました。どの子も決まった髪形なのでちっともおもしろくありません。私は思いきって腰の所まであった髪を肩の上の所まで切り、くるくるに巻いて町を歩いてみました。みんなが注目しました。おもしろくなった私はそれから毎日いろいろな髪形にして町を歩きました。おもしろかったのですが、この時代ですので友達はいっきに減り親にも「もう外にはでるな」とおこられました。でも私は、普段はカツラをかぶり過ごしていますが、ヒマな時には、家の中だけでいろいろな髪形をして楽しんでいます。最近、お母さんもなんだか頭がカツラっぽいのでたずねてみると私のまねをしていました。そして久々に外をカツラで歩いてみるとなんだか私の年齢と同じ子はみんな頭がカツラっぽかったです。みんなまた私のまねをするので今度こそはみんながまねをしないようなことをしようと考えています。ちょっと変わりものの子供です。
　　　　　　　　　　　　　　　　　　（女子）

② 　　　　　気まぐれ商売

　私は、ところてん売り。今日もところてんを売りまくる！

　意気込みながら私は歩きました。だが今日はと

ころてんが売れない。何故だ⁉

　それもそのはず、今日は涼しい。売れるはずがない。

　私は考えました。そうだ‼　転職をしよう。

　私は、ういろうを売ることにしました。

　シマッタ‼　ういろうは清涼剤だった。涼しくては買ってくれる人などいない。

　私は転職を考えました。

　寒いのなら唐辛子売りになろう。私は大きな張りぼてを手に、すぐさま唐辛子を買いにいきました。が、「お金がない‼」

　私は転職を考えました。そして私はやっと生涯の仕事にたどりついたのです。

　物貰う人―庚申代待です。

　今日も私は魔よけのために人々の家の入口に立っています。転職の多かった私ですが、今ではこの仕事ひとすじ。

　役立つことってすばらしい‼　　　　　（女子）

③　　　　　　輪廻

　徳川家康が全国を支配しようとしていた江戸時代、徳川家に従わず対立している一族がいた。越後辺りを拠点としている紫堂(しどう)家である。その一族を束ね、トップに立っていたのは、なんと十八歳の少女であった。

―十八年前―

　水無月、寅の刻。紫堂直久に六人目の子供が産まれようとしていた。姫ばかりが産まれている紫堂家にとって、世継ぎになる男が産まれないのは、今年四十二の直久にとって深刻な問題なのである。

「どうだ、産まれたか」

「いいえ、まだにございます。綾姫はこれが初産にございますので」

　綾姫とは直久の二人目の妾である。正室は二人の姫を産み、一人目の妾も三人の姫を産んだ。もう老いてしまった二人の妻が男子を産む確率より、まだ十九の綾姫が男子を産む確率の方が高いのである。四十をこえた直久にとってもこれは最後の賭なのであった。直久はふと空を見あげた。

月が輝いている。その刹那……

「おぎゃあああー」

　今までの沈黙を打ち消すような産声が聞こえてきた。

「産まれたか！」

　直久は逸る心で綾姫の居る部屋へと入っていった。老女が産まれたばかりの子を抱いている。老女はしょぼしょぼした目で直久を見つめながら首を横にふった。

　その子を直久にわたしながら溜息をつき、

「残念です、殿。また姫にございます」

　直久にそう告げた。直久は腕の中の我が子を見つめた。赤子は不思議そうに直久を見つめている。

「よい顔をしている。この子は並の子ではない。綾よ、儂はこの子を世継ぎとして育てよう。今に信長も秀吉をも超える武将となるように」

　それから直久は姫に貴成(たかなり)という男名を与え、その日より男として姫を育てていった。

　そして十八年の月日が流れた。十八になるまでにいろんなことがあった。まず貴成が四歳の時、父の直久が死亡し、それから城主となった。世の中は秀吉の死後、全国を支配し始めた家康の天下に変わった。家康の天下に邪魔な存在である紫堂家は、日々家康軍との戦いで苦しい立場にいた。そしてこの日も戦いが始まっていた。苦しい中で一の姫の子、義仲がある策を言い出した。その策とは少数で家康の本陣を潰すという奇策である。

「そのような策がうまくゆくとは思えぬ。考えなおした方がよいのでは」

「しかし我らに残されし手はもうこれしか……」

「貴成さまご決断なさって下さい」

「さあ、ご決断を……！」

　口々に家臣たちが貴成に返事を問う。そしてしばらく目を閉じていた貴成が、ゆっくりと目を開けた……。

「私は、私自身はこの策を実行したいと考えている」

　家臣は皆深刻な面持ちでうなずいた。そして義仲が作戦の中心となり、いよいよ時となった。今、作戦が実行される……。

それから数刻がすぎていった。本陣へ攻め入った義仲からなんの連絡もない。ふと貴成は苛立たしくなり頭を上げた。人がこちらに駆けて来る音がする。家臣が一人、転がるように部屋へ飛び込んで来た。
「大変にございます。徳川兵が城を囲んでおります！その数約五千！」
「な……なんだと……！」
　なんと義仲は、我が身可愛さのために貴成を裏切ったのだ。
「くっ……なんということだ、なんという……！」
　貴成は床を拳で殴った。あとからあとから悔しさがこみ上げる。
「貴成……」
　ふと見ると母の綾がいつのまにか部屋の中に入っていた。
「母上……」
「もう、きっと逃げることはできぬでしょう。あなたは城主ですよ。貴成、あなたが城主なのです」
　綾はゆっくりと言葉をくり返す。（もう逃げられない、城主）　二つの言葉が貴成の頭の中で回る。（もう……逃げることはできない……）　貴成は家臣たちの顔を見回した。そして老いた家臣の顔を見つめ告げた。
「水杯の用意を……」
　水杯とはもう二度と会えない別れの時に用意するものである。すなわち貴成は「死」を覚悟したのだ。綾と家臣は目を閉じた。無念さで閉じた目から涙があふれた。
　少しの時間が流れ、水杯が用意された。
「貴成、私はあなたを姫として育てたかった。このような重い業を背負わせたことを……ゆるして」
　綾は涙ぐみながら貴成に許しを乞うた。貴成は笑った。そして笑いながら、
「私は男として育ったことを後悔していませんよ。でも母上、もし生まれかわるとしたら、次は普通の娘として育ちとうございます」
「貴成……」

　泣き伏す綾を貴成は抱きかかえた。泣く母はいつもより小さく感じた……。
「徳川の火矢が城にはなたれたら、我々は命を絶とう……」
　家臣たちは頭を下げた。
「（父上……今参ります）」
　そして、徳川軍の火矢が城にはなたれた。十八歳……貴成の命の最後である。紫堂の家はここで終わり、歴史の闇へと葬られた……。

　それから数百年……。昭和五十三年、七月。

「おぎゃああー」
　貴成の第二の人生のはじまりである。普通の娘としての……。　　　　　　　　　　（女子）

④　　　　　　　牛　心

　私は牛です。
　この世に生をうけてから2年程たちました。今、私がおせわになっているのは江戸の町から歩いて二日ほどはなれた小さな農村です。
　私の仕事といえば田畑を耕したりと、ほとんどが農業のお手つだいです。何もない生活だ、と思う人もいるでしょうが、ちょっとした楽しみもあるんですよ。それはなにかと言いますと、となりの家で飼われているメス牛の牛子のことです。
　彼女は私より一つ年上でかなりの美牛なんですが、とてもわがままで、今までに人間を三人けり殺しています。でもそんな牛子のことが私は好きで好きでたまりません。いつも話をしようと呼んでみるのですが、ちっともふりむいてくれません。まだ私が二才のガキだから相手にされないのでしょうか。それともただ私に何の魅力も感じなかったのでしょうか。そんなことを考えながら二年という月日が流れてしまいました。
　二年間、私は田畑ばかり耕していたので、とてもたくましい牛になっていました。何だか最近だれかに見られているような気がしてなりません。
　だれに見られてるのか気になったので、あたりを見まわしてみると、なんと牛子が私を見てるで

はありませんか。しかも少し牛子の顔が赤くなっているように見えました。私にほれたなと思いました。

　牛子は五才、私は四才、人間でいえばもう二十才ぐらいの年ごろです。何かよいことがおきそうだなと思っていたら、私のご主人がやってきて「おめえも、もう年ごろだ、そろそろ若い女子さもらうべ。そこでだ、となりの家の牛子さ嫁にもらうことにしただ。がんばるだべ」と言って、私のおしりをびしとたたきました。私は痛さとうれしさで田畑を一日中走りまわっていました。

　結婚式の数週間後、牛子の体には私の子がやどっていると聞かされてなんだかてれくさくなりました。　　　　　　　　　　　　　　（男子）

⑤　　　　　　そばに生きる人々

　私は初めて自分の屋台を持ったそば屋ですが、今日も、朝早くからそば作りに精を出しています。

　お客も最近はたくさん来てくれて、繁盛しております。

　ふと、客も途切れたある日、一人の客が入ってきて、その男は、「この店で一番うまいそばを出してくれ」といい、私は店の自慢のたぬきそばを出しました。

　すると、その男は、

「自分は火消しをしている者だが、こんなうまいたぬきそばはたべたことはない。一つ、お聞きするが、だしは何なんだい？」

　私は「ヒ・ミ・ツ」とだけ言いました。

　満足した男は、「勘定してくれ」と言い、私が「八文です」というと、その男は、私の手の上に金を置きながら、

「一つ、二つ、三つ、四つ、ところで今何時でい」

「六時です」と私が答えると、

「七つ、八つ。確かに金は払ったぞ。ではさらばだ」

　その男は出て行きました。その一瞬の後、私は自分がだまされたと気付きましたが、その時はもう手遅れで、表を見渡しましたが、その男はどこにもいませんでした。私は、むしょうに腹が立ち、海へ行きました。そして

「バカヤロ～」　　　　　　　　　　　（男子）

⑥　　　　　　やっぱりだましてしまいました。

　僕は江戸で火消しをしている者です。仕事がなくて退屈なときは自分自身が、火事の原因をつくって騒ぎを起こします。

　ある日、それが町のみんなにばれて、煙たがられました。町のどこを歩いても、文句を言われ、外国人にも「アナタ、キタナイニンゲンデスネ」など、いろいろ言われました。

　僕と仲間は、汚名を返上するために、町の人々の役に立つことを何かしたい、と決心しました。そうするためにはたいへんな努力が必要でした。いろいろ試みたのですが、「何や、お前らか」と言われて何もできませんでした。「やっぱり火消しの仕事しかない」と誰かが言い出しました。「お前らが、やったんやろ」

という目で見られるのはわかっていましたが、何とかやり終えて、町の人たちとの信頼は半分くらい戻りました。

　僕はなぜかそばが食べたくなり、そば屋に出かけました。店の主人自慢のたぬきそばを出してもらい、

「こんなうまいそばは食べたことはない。一つお聞きするが、だしは何なんだい」

　主人は、「ヒ・ミ・ツ」とだけ言いました。僕は腹いっぱいになり、

「勘定してくれ」と言ったので、主人は「一つ、二つ、三つ、四つ」と言い、お金を数えだしました。　僕は「今何時でい」

　主人は「六つです。七つ、八つ」

　僕は「……八つ、確かに払ったで」と言い、さっさと店を後にしました。

　その足で町を後にしました。　　　　（男子）

3　学習指導の展開

● 対　象　学年制普通科３年生（２クラス　男子２４人、女子５３人、計７７人）
● 科　目　「古典」
● 単　元　「浮世草子と劇文学に近世の生活を見

　　　　　る」
●学習材　イ）教科書『日本永代蔵』から「世界
　　　　　　　の借屋大将」
　　　　　ロ）『曾根崎心中』から「道行」
　　　　　ハ）庶民生活の絵図・写真など
　　　　　ニ）庶民の生活道具の実物
　　　　　ホ）歌舞伎『曾根崎心中』のビデオ
●学習過程
　「世界の借屋大将」
　1）本文を音読し、全文をノートに清書する。
　2）辞書などを活用し、全文の意味を解読する。
　3）2を実施するにあたり、学習材ハを毎時配
　　　付し、生活実態を視覚的、概念的に把握する。
　4）本文解読後に、学習材ニ（五合徳利・玩具
　　　の面・矢立て・和傘・和蝋燭など）を回覧し、
　　　見る、触る、嗅ぐなどして生活感覚を実感す
　　　る。
　「道行」
　5）歌舞伎『曾根崎心中』のビデオを観る。
　6）本文を音読し、全文をノートに清書する。
　7）辞書などを活用し、全文の意味を解読する。
　8）表現活動（創作または受講感想文）
　9）相互評価活動。全生徒の作文を活字化した
　　　冊子を読み、感想を述べ合う。
　1、2、6、7の授業形態は教師主導による応答型一斉授業。8は1時間。前時に描き方と提出のルールの説明をしておく。下書きの持ち込みは自由。時間内に書き上げて提出する。持ち帰って書くことは認めない。

4 「表現」と「理解」の関連性

　高等学校の「古典」の学習は、言葉の表意の理解が困難であるため、辞書的な翻訳による解読作業に時間がかかる。そのため指名による応答や教師の解説を生徒が受容していく教師中心の一方向的授業形態になることが多く、生徒同士の対話（相互評価活動）などは無視されがちである。
　しかし、〈学習すること〉が何かを知る・覚えることだけではなく、学習した内容や方法を他に転用できるものとして内在化させ、また自己認識を深め世界認識を広げることであるとすれば、文字テクストの内部に閉じこもり辞書的に解読しているだけでは学習深度は不十分だと言うほかない。
　そこで本単元では、文字だけでは感性的な理解が困難な世界を指導者が配付・展示する学習材ハ、ニで体感させ、感覚的・概念的把握を累乗的に醸成したのち、それらからイメージ化された世界を創作活動によって対象化させる。つまり本文から学んだ世界を物語の遠景として活かしながら、創作された作中人物に体感的な自己認識を投企させるのである。言葉で記述され対象化された物語世界は外在化され物象化された自己世界であるから、そうすることで学習内容と接合した強固なメタ認知世界として措定されることになる。物語の構成に成功し自己投企が達成されると本文解読学習だけでは得られない充足感が得られるであろう。
　さらに、書かれた物語（メタテクスト）を学習過程9の相互評価活動の場に置くことで、生徒は他の生徒と内在的に出会い、相互に学び合い、評価し合うことになる。一般的に、学習者の自己世界は表現することを通して拓かれるが、相互評価の場に置かれることで相対化し、さらにオープン化される。教室の学習はそれ自体やその時々で完結するものではない以上、このように"教師のまとめで閉じる授業"の対極的な場をセットすることで、次の学習に向かう学習者の期待が高まり、学習意欲の継続性が培われるのである。

5 生徒作文について

　創作活動にあたって次のような指示をした。
　a）作中人物の職業を明確にすること。
　b）複数の作中人物を配置すること。
　c）結末を明示すること。
　d）二人で制作（ペア作文）してもよい。
　④「牛心（うしごころ）」は意表をつく作品である。指導者も含め、作中人物は人間であるという思いこみがあったが、考えてみると動植物や無生物を活喩化してはならないという理由はない。作調も作者の性格が現れ、ほほえましい内容となっている。

⑤「そばに生きる人々」と⑥「やっぱりだましてしまいました。」はペア作文である。ペア作文とは二人で一つの物語を作るのであるが、一つの作品を複数で作成するいわゆる共同制作ではなく、それぞれが異なる作中人物の立場・視点で同じ出来事を別々に描くのである。

この学習作業の特色は、一つのストーリーを二人で創作するので二人の対話が不可欠になる。しかも共通する一つのストーリーを踏まえながらそれぞれの人物の視点で描くので、たえず共同作業者との調整が必要となる。ペア作文は共同作業と個人作業が両方伴う対話による創作活動である。紙幅の都合でここでは一例しか示していないが、ペア作文は必ずしも二人である必要はなく、数人一組で行えば班活動化することもできる。

①②⑤⑥に見られる人物の職業は授業から示唆されたと考えられる。特に②にあるういろうが清涼剤であるとか唐辛子売りとか庚申代待なる職業は学習材ハから学んだ知識である。

6 学習評価

学習者の作品は自己評価、相互評価のみとし、内容について教師評価はせず提出すれば一定の評価をする。できばえが顕著な力作には加点する。

7 応用

高等学校の古典学習は文法や語句中心の暗記学習になりやすく、そのせいで「古典」は暗記ばかりでおもしろくないという生徒が多いが、それは教師自身がそのような授業を当然のように思いこんで行っているからである。学習内容を踏まえた創作学習は少し工夫すれば科目を問わず簡単に実施できる。学習内容に対する興味関心はそのことを通して深まり、さらに作品を相互評価の場に置けば教室はより活気づくであろう。

学習材ハ掲載の絵の一部

兵　庫　　　ところてん売り

ういろう売り　　唐辛子売り

庚申代待　　二八そば屋

● 注（学習材ハの出典）
○ 海野弘（1995）『江戸の盛り場』青土社
○ 『江戸の真実』別冊宝島126号（1991）宝島社
○ 西山松之助ほか（1992）『江戸時代「生活・文化」総覧』新人物往来社
○ 花咲一男（1992）『江戸行商百姿』三樹書房
○ 三上隆三（1996）『江戸の貨幣物語』東洋経済新報社
ほか

（山川庸吉）

作中人物になって手紙を書こう—「舞姫」の場合—
―楽しい「現代文」の表現学習―

1 はじめに

　高等学校国語科では科目を問わず評価の観点のバランスを考慮しないで学習評価の大部分を定期テストで処理している教室が多い。テストで問われる課題は授業で垂直的にまとめられ教示された解釈の再認であったりテクストの単なる部分再生であったりする。そのため生徒はノートに記録した教示内容をテストに向けて暗記につとめるスタンスが定着している。年度末や年度当初に年間授業評価を記述式で行うと、大部分の生徒がそのような実態を国語科授業の本来的なものとして受け入れつつ、国語の授業は「つまらない」「おもしろくない」と評価している。このような現象はテストの評価項目と内容の取り扱いが偏在したまま相互に拘束しあい、それに教師が呪縛されている不健全な事態であると言うほかない。

　生徒が受容しているこのような授業方法や評価方法はそもそも国語科の本来的なものではないし、なによりも「国語の授業はおもしろくない」という生徒の思いの本来性こそ問われなければならないであろう。

　生徒にとって楽しく印象深い授業とは活動的な授業であることが授業評価から読み取れる。国語科授業における活動とは言うまでもなく言語活動である。「読む」「書く」「話す」「聞く」活動がセットされた授業は生徒の評価が高く、学習記憶が長期にわたって保存され内在化していることがわかる。

　この稿は「舞姫」による創作文の活動を紹介する。テクスト読了後、作中人物になって他の作中人物に手紙を書くのである。

2 生徒の表現

第1群 ＜豊太郎からエリスへ＞

男子①

　親愛なるエリスへ
　私が君の前から姿を消してから五年もの月日が流れた。その間、幾度も手紙を書こうとペンを握ったが言葉が見つからず、ペンが進むことはなかった。しかし、五年経ち、やっと自分自身の気持ちの整理ができたので、君に手紙を送る。
　これだけは信じてほしい。私は決して君を裏切ったわけではない。だが私は人間的に未熟だったために、結果的に君を傷つけてしまった。本当にすまないと思っている。私はこの五年間、一日たりとも君を忘れたことはなかった。いや忘れられなかったと言った方が正しいだろう。君のことを思い出し涙する日も少なくはなかった。覚えていますか、私と二人で食事をしたりダンスを踊ったり、公園のベンチで二人のこれからについて話し合ったことなどを。私はあの幸せな日々が昨日のことのように思えて仕方がないのです。今の私は大臣の元で働き、それなりの地位につき、何不自由のない暮らしをしている。そして人間的にも成長したと確信している。だが唯一の不幸と言えば君がいないことだ。本当は今すぐにも君を迎えに行きたい。成長した私を見てほしい。あの時の私ではないのだ。しかし君には今の暮らしがあるだろう。結婚し幸せな家庭を築いているかもしれない。ましてや私のことなどはもう忘れているかもしれない。だがもし君が今でも私のことを少しでも思っていてくれているのなら、返事を書いてほしい。
　　　　　　　　　　　　　　　豊太郎より

男子②

　お久しぶりです。ドイツを発ってから十五年経ちました。私も四十歳になり身体も衰えてきまし

た。お身体の方は大丈夫ですか。
　私はあの時の病気が再発し、それに加えて悪性のガンも発症しているのがわかり寝たきりの状態です。余命はあと半年と宣告されました。それを聞いた時、私は発狂し、暴れ狂いました。そしてふと思ったことは、今の私とあの時のあなたが少し理由は違っていますが、同じような気持ちだと思い、ペンを手に取りました。あの時のことは今でも後悔しています。
　大臣の依頼を断ることができず、あなたのことを裏切る形になってしまいました。自分の弱さを痛感しました。日本に帰ってからは相沢と職を共にし、色々な仕事をこなしてきました。しかし仕事であなたのことを忘れることはできませんでした。本当にすみませんでした。もう今は謝ることしかできません。この手紙が届く頃には私はこの世にいるかわかりません。多分もう会うことはないでしょう。あなたはお身体をお大事に。さようなら。

第2群 ＜豊太郎から相沢へ＞
男子③
　相沢、今私は大臣に付き添ってロシアの首都に行く列車の中にいる。列車から見る風景は真っ白な世界で、人の心を写し出す鏡のように思える。今の私の心は、どう写っているのだろうか。
　五年前のあの時は様々なことがあり、濁った色であっただろう。私はあの時迷っていたが、相沢が引っぱって行ってくれたことでこうして今の私がある。私は相沢のおかげで名誉を取り戻すことができたが、それと同時にとても重大な罪を犯した。私の心の弱さのために、一人の女性を傷つけてしまった。どんなに償っても許されることではない。私は正直あの時は相沢を憎いと思った。しかし時が過ぎて行くにつれて、あの憎いと思っていたのは私の弱い心に当てたものではないかと思うようになった。相沢のしたことは他の人が見れば悪いことだ。しかし私から見ると友を思う気持ちのためにしたことだ。私は相沢のした行為が正しいとは言えないが、相沢のしてくれた行為、そ

の気持ちを憎むのは間違っているであろう。私は相沢のような良友を持ってよかったと思う。これからも良友として付き合って行こう。　　豊太郎

男子④
　おお、愛しき友相沢よ。この手紙は十年間悩んで書いたものです。十年前、あなたは私と一緒にドイツから日本へ帰ってきて一週間後、あなたは、私は仕事でまたドイツに一年ぐらい行くといったきり、十年も帰ってきません。私は最初、失踪したと思っていましたが、あなたはエリスのことが気になって帰ったのではないかということが頭の中でよぎりました。その通りでした。あなたがドイツに行ってから五年後、私あてに手紙が届きました。その手紙はあなたからでした。その手紙を開けてみると、あなたとエリスが写っていました。私の心はその写真に撃沈されました。自転車で言えばチェーンがはずれた感じです。私は発狂してしまい、エリスと同じ病気にかかり、自分の仕事はなくなり精神病院で暮らす毎日でした。病気は三年余りで治りましたが、心の傷は癒えません。この手紙が届くころには私はドイツに着いています。しかしドイツ語は発狂したせいであまり覚えていませんが、私はあなたを探します。

第3群 ＜相沢からエリスへ＞
男子⑤
　前略　エリス様
　あれから十年経ちましたが、お元気ですか。私は元気です。その後子供は無事に育っているでしょうか。あの時は無理矢理豊太郎を連れて帰ってごめんなさい。
　ところで今日は一つ悲しいお知らせがあります。豊太郎が死にました。馬車にひかれたのです。豊太郎は帰国してからしばらくは私と一緒に天方伯の所で働いていましたが、天方伯が失くなったので、彼は働く所を失ってしまいました。私は友人のつてで他の大臣の元で働くことになりましたが、あまり友人の多くなかった彼は頼る所がありませんでした。彼は酒を多く飲むようになりまし

た。私がたまに彼の所へ行くと彼はいつも暴れていました。それから五年くらい経ったある日、彼を訪ねると彼は倒れていました。腎臓が悪くなっていて彼は入院することになりました。病院で彼はいつも泣いていました。私はかわいそうに思って彼が退院した後、彼を連れてあなたのいるドイツへ行きました。私たちがドイツに行ったのをあなたは知っていましたか。きっと知らなかったでしょう。彼はあなたに会えないと言って私たちは会わずに帰ることにしました。その帰り道で彼は馬車にひかれてしまいました。病院で彼は私に優柔不断はいけないねと言いました。私もそう思いました。だって彼さえはっきりしていれば、今ごろあなたと二人で幸せに暮らせていたかもしれないでしょう。私が豊太郎について知っているのはこれだけでございます。子供を大切にして幸せに暮らして下さい。さようなら。　　相沢より

男子⑥

　ああ、エリスよ。私の身体は燃えたぎっております。あれから一年経ち、二年経ち、もう五年の月日が流れ、私の身体は燃え尽きそうでございます。

　五年前のあの夜のことは今でも鮮明に覚えています。あの夜のことを思い出す度に、私はマッハGOGOになるのでございます。それなのに、あなたはなぜ豊太郎の子供だと嘘をついたのですか。あなたと一緒にお襁褓も作ったのになぜなのですか！　私はその時、身体がちぎれるぐらいにショックを受けました。だからあなたから豊太郎を奪ったのです。しかし、今になって私はなんてあなたにひどいことをしたのだろうと後悔しているのです。豊太郎と私は日本に帰ってから、あなたのことで喧嘩となり、私は豊太郎に「せいやー」と飛びかかり、その衝撃で豊太郎は口が動かなくなり、仕事もクビになってしまいました。しかし豊太郎は立ち直り、あなたも知っていると思うのですが「エリスとサンボ」というダンスで日本一の踊り子になり、今でも忙しい毎日を送っているようです。私の方も色々とスキャンダルに巻き込まれて、仕事もクビになってしまい、今は三好という男と暮らしています。もう私は自分の気持ちを抑えることができません。ああ、エリス、あなたに会いたい。あなたを抱きしめたい。もう我慢できなくなりました。もうこの手紙があなたのもとに届いている頃には、もうドイツに着いているかもしれません。私とまた一からやり直しましょう。よろしくお願い致します。

第4群 ＜エリスから豊太郎へ＞

女子⑦

　トヨヘ

　お元気ですか。あれから五年、私は当時病気になっていましたが、やっと治ることができました。トヨがいなくなって、とてもさみしかったです。でも今となっては、トヨは日本に帰ることのほうが、あなたにとっては良かったと思います。仕事はうまくいっていますか。

　私はあのときのあなたとの男の子を無事出産しました。あなたと同じ黒い目であなたにそっくりです。名前は太郎です。もう五歳になります。私は、これから太郎と母と三人で一生懸命生きていきます。

　もう大丈夫です。トヨ、身体に気をつけて、仕事がんばって下さい。いつか、今後は四人で生活できる日があればいいなと思います。

　それでは、さようなら。　　エリスより

女子⑧

　お久しぶりです。あなたが日本へ帰ったあの日からもう三年の年月が過ぎました。その間に私の病もよくなり落ち着いて考えることができるようになりました。なぜ今ごろになって手紙を書いているのかと言いますと、私の病やあなたのことなど、一度に多くのことが重なったためと思われます。私の面倒を見てくれていた母が精神的なことが原因で身体を患い、つい先日亡くなりました。父が死んだ時と同じようにまた悲しみに暮れ、これから先の生活に大きな不安もありました。でも私は一人ではないのです。今はあなたが残してく

れた子どもが、かけがえのない存在です。私は母となったので強く生きようと決心しました。

　前と変わらず我が家はとても貧しく、お葬式をするお金もやはりありません。そこで、今まで使わずにいた、相沢さんが母に渡したお金のうちから使わせて頂くことにしました。なぜ今まで使わずにいたかというと、それはあなたがいつか迎えに来てくれると思っていたからで、その時あなたから相沢さんに返して頂こうと考えていました。しかし、そのような甘えた考えは捨てました。私は精神的にも強くなり、これからは母一人子一人で生きていかなければならない。子どもは、生まれる前に思っていた、あなたに似た黒い瞳のようにはなりませんでした。あなたは今はもう高い地位につき、恵まれた幸せな生活を送っているかもしれませんし、結婚をして幸せな家庭があるかもしれません。だから私は今のあなたの生活を変えたりしようなどとは考えてはいません。今回は、母の死、相沢さんが置いていかれたお金を使わせて頂くこと、私たちの子どもが無事に成長していることをお知らせしたく、手紙を書きました。

　相沢さんにもよろしくお伝え下さい。お幸せに。

第5群 ＜エリスから相沢へ＞
女子⑨

　お元気ですか。

　豊太郎と相沢さんが日本へ帰ってしまってから、早くも五年の月日が過ぎました。お二人とも出世をして、きっと立派にお仕事をされているのでしょうね。私と母は相変わらずベルリンで暮らしています。相沢さんが母に渡してくれたお金で何とか生計を立てております。

　赤ちゃんの方はと言いますと、もうすぐ五歳になります。生まれて間もない頃に、母が懸命に育ててくれたおかげで、日に日にしっかりと成長しています。私は今では病院に月一回ほど通院し、カウンセリングを受ける程度で、だいぶ落ち着きました。豊太郎のことを憎んでいないと言ったら少しウソをつくことになってしまいますが、豊太郎や相沢さんのしたことは仕方のないことだと思っています。事実、私は豊太郎に欺かれ、裏切られました。しかし、豊太郎の身の上を考えると、帰国することが一番良かったと思います。そして今となれば、豊太郎の気持ちも少し分かります。あの頃の私は自分のことばかり考えて、自分だけが辛いのだという気でいました。しかし豊太郎も私と同じように、いいえ私以上に辛い思いをしていたのでしょうね。

　本来なら豊太郎に手紙を書いて近況を伝えるべきなのかもしれません。しかし豊太郎に手紙を書くのは少し気が進まないのです。相沢さんから豊太郎に私のことをよろしくお伝え下さい。

　最後にお願いしたいことがあります。これから豊太郎が何かに苦しむようなことがあると思います。その時は親友のあなたが豊太郎にお力を貸してあげて下さい。私はもう大丈夫です。あなたたちの成功をお祈りしております。

第6群 ＜エリスの母から豊太郎へ＞
女子⑩

　あなたが故郷に帰ってから三年がたちました。エリスは相変わらず幼児のような生活をしています。あれからエリスは無事に女の子を出産し、その子も三歳になろうとしています。私はこの子をエリスのような踊り子にしたくありません。ちゃんとした学校に入学させ、きちっとした仕事に就いてほしいと考えています。しかし、この不景気の中、仕事は一ヶ月に数えるほどしか入ってこないし、本来は病院に入れなければならないはずのエリスが、働ける訳がありません。そこであなたに手紙を送ることになりました。

　どうか、少しでも後悔の気持ちがあるのなら、もどって来て下さい。もしあなたがもどってくれば、エリスの病も治るかもしれません。それが無理なら子供が成人するまでしおくりをして下さい。

　それでは、あなたが帰ってくるのをおまちしています。

女子⑪

　あれから三年がたちました。

こちらの生活が落ちついてきたので、エリスに代わってこの手紙を書きました。

あの後、エリスはなかなか立ち直れなく、大変な日々が続いていたけれど、子どもが生まれたのをきっかけにエリスも落ち着き、母親の自覚ができてきて、とてもがんばって仕事にもつき、孫もすくすく育ち、今年で二歳になります。

豊太郎さんの方は、仕事をばりばりして、とても活躍していられると思います。私たち三人は苦しいこともありながらも幸せに過ごしているので心配せず、仕事に専念して下さい。また手紙を書きますので豊太郎さんも返事を書いてくれたらうれしいです。

ではさようなら。

3 学習指導の展開

- ●対　象　　学年制普通科3年生（男子18人、女子21人、計39人）
- ●科　目　　「現代文」
- ●単　元　　「近代擬古文による物語を読む」
- ●学習材　　イ）森鷗外「舞姫」全文
　　　　　　ロ）井上靖訳「舞姫」
　　　　　　ハ）意味記入用語句プリント
　　　　　　ニ）討議用課題プリント
　　　　　　ホ）文学史・経歴など作者に関する説明プリント
　　　　　　ヘ）郷ひろみ主演映画「舞姫」（筆者が90分に編集したもの）
- ●学習過程

　授業方式はテクスト解釈行為の本質的な問題と読者である学習者の知識や関心・態度などの総合的な学力との相関性を考慮して構想されなければならない。この年度は全8クラスの担当者協議で定期テスト間の全時間を使用することになったので、筆者担当3クラスのうち本クラスは一読総合法に依ることにした。一読法を採用したのは次の理由による。

　a）テクストが擬古文であり自力解読が困難。
　b）テクストが長大で授業のスパンが長く、記憶の維持が困難。

学習材のロ、ハはaを支援するために配付した。
学習材のロ、ヘはbを支援するために配付、鑑賞した。

訳文や映画はテクストの解読を容易にするための参考にすぎず、物語内容はあくまで鷗外の原文であることを注意喚起した。

学習日程（全23時）は以下のとおりである。本稿は第20時の実践結果である。

1　作者解説、語句記入プリント配付
2〜7　「〜妨ぐればなり」までの解読
　　　7でここまでの感想文を書く
8　前感想文の配付、相互評価
　　　ここまでの訳文を配付
9〜11　「〜あらましなり」までの解読
　　　11でここまでの感想文を書く
12　前感想文の配付、相互評価
　　　ここまでの訳文を配付
13〜14　「〜残れりけり」までの解読
　　　14でここまでの感想文を書く
15　前感想文の配付、相互評価
　　　ここまでの訳文を配付
16　班討議1回目　討議用プリント配付、討議
　　　表現課題「手紙を書く」の予告、説明
17〜18　映画「舞姫」鑑賞
19　班討議2回目、口頭発表
20　書簡執筆「作中人物になって手紙を書こう」
21　書簡執筆予備日・テストのための質問日
22　テストのための質問日
23　（テスト後第1時）創作文の配付、相互評価

4 生徒作文について

　書簡を創作するにあたって次の指示をした。男子は男性の立場で、女子は女性の立場で書くこと。仮託作文とは言え、エリスは実は男であったなどと極端な虚構に走らないようにするためである。書簡執筆時期は自由に設定。書簡の長さも自由。エリスの手紙は病気が回復したのち執筆したこととする、など。

　この表現課題は書簡執筆設定時期が豊太郎の帰国後であるため書簡作成作業と同時に続編のス

トーリーを考案することが避けられない。書簡作成と続編創作の両面性を持つ学習課題である。

生徒の内訳は以下となった。（欠席１名）

男子　第１群　豊太郎からエリスへ　　　９名
　　　第２群　豊太郎から相沢へ　　　　２名
　　　第３群　相沢からエリスへ　　　　６名
女子　第４群　エリスから豊太郎へ　　 １８名
　　　第５群　エリスから相沢へ　　　　１名
　　　第６群　エリスの母から豊太郎へ　２名

第１群はテクストの作調に沿ったものが多く、後悔の念や自己処罰感情を披瀝しているものが大半であったが、これは豊太郎の行動は許容できないというスタンスが多いことを物語っている。また男子にはコミカルなものが目立った。女子に第４群が圧倒的に多いのは、本文中にエリスの手紙が紹介されていることや、エリスの純真とダメージの大きさが生徒の心情を揺動させた結果とも言える。このクラスは豊太郎に対する処罰感情を吐露するものは１例もなく、子どもとともに幸せであるとか再会を願うものなどが目立った。あまりにも深刻な結末に対する情緒的な反転作用が働いたものと思われる。

男子①、③は原作の流れや雰囲気を踏襲したもの。②は自己処罰感情を形象化したもの。④はコミック調に述べたもの。⑤は続編に重点を置いたもの。⑥は原作の設定を組み替えてコミック化したもの。女子⑦、⑪は平穏な生活を、⑧は貧しいながらも力強く変容したエリスを、⑨は時間の経過とともに平癒したエリスを、⑩は原作の流れを踏襲したものである。

紙幅の都合で長大な作文は掲載しなかった。

5　相互評価活動

このクラスは年度当初から表現学習を継続的に行ってきた。当初、慣れない表現活動を忌避する生徒が多々いたが、各単元で書くすべての作文を常に相互評価活動の場に置いて読み合うことで、表現活動が国語学習に効果的かつ必然的な過程であることを次第に認識し始め、活動に意欲を見せる生徒が急速に増加した。

表現活動とその相互評価活動は自己を対象化するとともに学習を内在的な孤立化から解放する。また同時に、他者の個性と存在価値を実感する学習過程である。筆者は相互評価活動を繰り返す中で、日頃から粗暴で高圧的であったある生徒が内省的態度を見せ始め、他の生徒からの指摘を受け入れて水平的な対話を始めたことを観察したことがある。

相互評価活動は、他の生徒の作文の感想を書いたりカードに評価や数値を記入したり順位を投票したりなど色々な仕方があるが、ここでは8、12、15、23のすべてで、全員の作文を通読し自由に感想を述べ合うだけにしている。生徒は配付された作文集を自然と集中的に読み込み、時には笑いが起こり教室が和やかな雰囲気に包まれたりする。生徒は水平的な対話の中に浸り切り、まるで教師はどこにもいないかのようである。作文を読み合い思いを述べ合うだけで個々の生徒なりに他者意識が内在化する。その結果、自己意識も累乗的に深化し、同時にそれまで抱いていた他者認識も変容する。相互評価活動は、集団の中で自己を確実に相対化できる学習システムが学習過程に設定されていれば学習効果は必ず現れるものである。

6　学習評価

教師評価は校内の配点分布規定を踏まえ、観点別評価で処理した。

（山川庸吉）

「歳時記的方法」を用いた文章表現指導

1 季節にふさわしい題材を用いての文章表現

(1) 歳時記的方法、風土記的方法

　新しい学年の始まる授業開きには、春の季節にふさわしい題材を用いたいと思う。「四月なら四月の時季にふさわしい題材で学習することは、「自然と文化」の再発見にもなるし、言葉を実感的に把握する点でも有効である。」(注1) これは、歳時記的方法によるカリキュラムについて言及している中洌正堯氏の一節である。歳時記的方法、風土記的方法については、『ことば学びの放射線─「歳時記」「風土記」のこころ』に詳しい。

　　「歳時記的方法」「風土記的方法」というのは、右のような「世相」も含めた「歳時記」「風土記」の言語表現の内容と方法を生かして、学習者各自の発達段階における生活・文化の場を時空間の座標において意識し、実感する最善の方法として選び取ったものである。その意識や実感に基づいて、聞く・話す・読む・書く活動と能力に習熟していくことが言葉学びの楽しみであり、自然や生活・文化と交感することが生きていく喜びになることを願ってのことである。(注2)

　学習者の発達段階をふまえながら、その時々の季節感に対応した年間カリキュラムを構想することの大切さ、重要さを中洌先生より教えていただき、以来、意識的に季節を捉えた「歳時記的方法」を模索している。「歳時記的方法」が、「言葉学びの楽しみ」にどのようにしたらつながっていくのか、一連の春の題材を用いて展開していった。

(2) 詩の分析による「言葉学びの楽しみ」

　2011年度の中学2年生国語の授業では、「四月の時季にふさわしい題材」の学習として、「桜三話」からの表現、各自が見つけた「春の発見」を読み合うという学習後、「春の詩を含む詩5編」の学習を行った。詩を読み味わった後、好きな詩を一つ選定して、その詩を選んだ理由、及び印象に残ったフレーズとその理由を書かせた。次に挙げているのは、三好達治「甃のうへ」を選んだ生徒作品である。

> 「甃のうへ」　　　　　　　　　　　Ｍさん
> 　情景描写がとても上手で、読んでいると難しい文章なのにその情景が頭にはっきりと浮かび上がり、「なんてきれいな風景、なんてきれいな文章」と思ったから。「翳りなきみ寺の春をすぎゆくなり」この一文で、ぱっと頭に浮かぶ風景、人がいない静かなお寺で桜が美しく舞っている。それが美しいと思ったから。

　「甃のうへ」は、高一の教材であり、中学生には少し難しかったかもしれないが、Ｍさんは見事に、「翳りなきみ寺の春をすぎゆくなり」の描写から、桜の花びらがはらりと落ちていくその美しさ、静けさを読み取っている。一方、「春の岬にて」を選んだ学習者は、次のように書いている。

> 「春の岬にて」
> ・春の美しさや楽しさ、嬉しさが表現されているところがいいなと思った。擬人法の表現も面白いと思った。
> ・春を迎えることができた喜びが伝わってきた。春の美しさ爽やかな春を想像できた。「ごちそうのうちのひとつ」という言葉で潮騒ややわらかな光、蒼い海のひとみなどをごちそうにたとえるなんて面白いと思った。とても表現がきれいであった。

　春を迎えることができたことの喜びを、詩の表

現から読み取り、潮騒、蒼い海の瞳、柔らかな光の表現が、それらを一層引き立てていることに学習者は気付いている。このように、詩の学習を通して春の季節の到来の喜びを学習者たちは、実感的に把握していく。

春の詩の単元学習は、とても楽しかったという振り返りの言葉が多く、「歳時記的方法」を用いた学習が、「言葉学びの楽しみ」につながっていくということを実感した。

2 歳時記的方法としての桜三話からの表現

(1) 桜三話からの表現

大学院留学の機会を得て、書く過程をふまえた文章表現指導のあり方についての研究を行った（注3）。書く過程を、〈発見から、整理、選択から推敲、統一へ〉と措定し、この過程の全体に及ぶ相互推敲活動を「基礎」の学習活動として位置づけることにした。その学習活動には、書く活動の例題が必要である。例題として取り上げたのがこれまで実践してきた「桜三話からの表現」である。

この実践は、複数の文章作品の中から自分の心の琴線に触れるものを一つ選択して感想を文章に表現し、他と分かち合って相互に作品のよさを味わうことを目的としている。

自ら選択し、発見したことをもとに文章を表現し、相互交流によって高め合う表現指導を行った。「桜三話からの表現」は、「歳時記的方法」を用いた文章作成の一つである。

桜にまつわる三つの作品を使用するが、年度によっては、少しずつ変化させている。学習の流れの概要を以下に示す。

1 情報の受け手から送り手へと転換することの重要性について、教材を通読しながら、学習を深め、桜三話という情報の中から、一つを選択し、自ら発見したことや感想をまとめる。
2 書いた文章の交流、相互推敲を行う。友達の作品のよいところを見つけあう。
3 友達の示した推敲箇所を参考に、新たに発見したことや、気づいたことをふまえながら自分で朱を入れ、学習の手引きに推敲の成果を書き込む。
4 全体を整えて清書。
5 文集作成文集をもとに、これまでの学習の自己評価、及び、文集を読んで感想を指名方式、自由選択方式によって記す。

「桜三話からの表現」に際して、書く活動の例題としてこれまで用いてきた主な使用教材は、以下の通りである。
- 「桜の樹の下には」梶井基次郎『檸檬』（新潮社）所収
- 「戦争とサクラ」入江徳郎『天声人語5』（朝日新聞社）
- 「ケンちゃん」立原えりか『愛する』より（三笠書房）
- 　新聞の切り抜き
- 「言葉の力」大岡信

(2) 採り上げる教材選定の重要さ

従来より、採り上げてきた教材のほかに、2011年度の「文章表現」では、比較的新しい教材を用意した。「サクラと日本人」は、イギリス人であるニコル氏から見た桜観である。用いた教材は次の通りである。

1）「サクラと日本人」C・W・ニコル『歴史は眠らない』NHKテレビテキスト、2010年
2）「桜色の灯火」三浦暁子『あけぼの1月号』（女子パウロ会）2010年
3）「桜酔い」増田みず子『国文学』2010年4月号

随筆の書き方の手引きとしてそれぞれの書き出しの事例を以下のように示した。

① 桜から想起されることは何か。自己の体験があればなおよい。
② 印象に残った話は何か。これまでに、印象に残った桜に関する話、文学、短歌、和歌はどれか。その理由は何か。
③ 「サクラと日本人」（C・W・ニコル氏）の映像を見て、印象に残ったこと、問題点など。

日本人とヨーロッパ人の桜観の比較。

次に、書き出しの事例の〈書き方の手引き〉として、序論、本論、結論の三段構成を以下のように示した。

序論
① 「サクラと日本人」の映像を見て、私は、次のような疑問を抱いた。それは、……である。なぜ、……だろうか。
② 「サクラと日本人」の映像を鑑賞して、最も心を動かされたことは、(印象に残ったことは)……である。
③ 日本人とヨーロッパ人とでは、桜の鑑賞の仕方があまりにも違う。なぜ、日本人とヨーロッパ人では、桜の見方が違うのだろうか。今回、映像を見て、ある発見があった。
④ 桜といえば、思い出すある一つの風景がある。

本論　その理由を述べる。
なぜならば、……ということに最も心を惹かれたからである。

結論　桜観をまとめる。やはり、日本人にとって、桜の花は……。
だからこそ、桜は、……。
桜といえば、私は、……。

〈書き方の手引き〉の④の書き出しを使って書いた生徒作品例を次に示している。

> 桜といえば、思い出される光景がある。わたしの家の近くの境内に、桜の木があった。春には、美しく咲き誇った桜に、心を奪われたものである。毎年、家族とお花見に行くのが恒例であった。
> 四月は、クラス替えなどがあり、気ぜわしい季節でもある。仲のよい友達が離ればなれになった時は、辛く悲しく、そういう時は散りゆく桜の花びらに、哀愁を感じたものだ。楽しい時には、豪華絢爛に咲く花に、自分の楽しい心を重ね合わせていた。自分でも気づかないうちに、境内に咲くあの桜はただの桜ではなく、わたしの心を照らしてくれる灯火になっていたのかもしれない。
> 桜の花が咲く時期は、本当にわずかな一時である。そのわずかなひとときに、一心に咲く桜の花は、無言の内に、わたしに多くのことを語りかけてくれていた。もうすぐ、故郷を離れて、あの桜の花に会えなくなる日もくるかもしれない。しかし、わたしの心の中に、あの桜の花は心に灯火を照らし続けてくれる。これからも、変わらずに。桜の花は、四月になると、必ず会いに行きたいと思う花なのである。　　Kさん

中洌氏は、「花」の中の花と称して、「とりわけ桜は、地域ごとの話題の時期は異なるにしても、日本に住む人々の季節感覚、風土感覚を刺激する身近な題材である。」と桜の花を位置づけている(注4)。Kさんの文章から、桜の花が、常にKさんの心に灯火を照らし続けてくれる身近で、重要な存在であり、それは今でも、これからも続いていくであろうという分析をしている。また、「灯火」という表現は、三浦暁子氏の「桜色の灯火」の文章の影響を大きく受けていることがわかる。例題として取り上げる教材の選定がいかに重要であるのかがうかがえる。

(3) 他の授業における桜に関わる考察

「水の東西」の学習を終えた(国語総合現代文の授業)2012年度の学習者達は、対比を用いた文章作成を行った。日本人と西洋人のものの捉え方の違いを「花を感じる心」と題してS・Hさんは次のような文章を書いている。

> 「花を感じる心」
> 日本人は、桜の花を好む。桜は日本の象徴と言えよう。しかし、西洋人は、桜の花をあまり好ましく思っていない。その違いは何にあるのだろうか。
> 日本では古くから「武士道」をよしとしていた。武士が切腹するかのように潔く散っていく

> 桜の花を好んだ理由はそこにあり、「人は武士、花は桜」という言葉があるが、その二つのものを良しとしていた。生け花のように、散っていくまで楽しむ文化は、そこからできたのではないだろうか。また、日本人は、「期間限定」を好む。コンビニの期間限定のお菓子、期間限定のイベント。日本人はそれを楽しみにして、そこへ向かう。<u>それらの感受性はすべて、日本の古くからの文化からできている。</u>一方で、西洋人は、「すぐに忙しなく散ってしまう桜を見るのは切ない」と感じているようだ。そのため、西洋人は、生け花とは違い、フラワーアレンジメントやドライフラワー等の文化を持っている。これは、いつでもどこでも楽しみたいという心の表れだろう。これらからは、平和と心のゆとりが感じられる。
>
> 　潔しを良しとする日本、平和を感じる西洋。忙しさの中に楽しさを感じる日本、ゆとりを持ちたい西洋。違いはそこにあるのではないだろうか。
> 　　　　　　　　　　　　　　　　S・Hさん

　対比を用いた考察を、「花を感じる心」として、なぜ、日本人が桜の花を好むのか、その背景にはどのようなものの捉え方が潜んでいるのか、西洋人との比較考察が面白い。「水の東西」の学習後であるため、「忙しさの中に楽しさを感じる日本」、「ゆとりを持ちたい西洋」の対比を捉えて表現していることがわかる。

　また、和歌を学習後、好きな和歌を選び、鑑賞文を書いた作品の中に、次の新古今和歌集を選んだ学習者がいた。

　　花さそふ比良の山風吹きにけり漕ぎゆく舟
　　の跡見ゆるまで　　　　　　　　宮内卿

> H・Sさんの鑑賞文
> 　湖一面に散った桜の花びら。その上を舟で静かにゆっくりと通っていく様子はさぞかし、きれいだろうと思う。それに、湖にも桜が咲いたように見えると思う。けれども、湖一面に花びらがあるということは、木の枝には桜の花があまり残っていないのかもしれない。そういう情景を想像すると悲しいような気もする。でも、それもまたきれいであると思った。とても想像しやすく壮麗な景色だと思った。また、この和歌を詠んだ宮内卿は早くに亡くなってしまっているので、儚く散る桜をまもなくこの世を去らねばならない自分の人生と重ね合わせていたのではないだろうか。

　桜の花の舞い散る悲しくも美しい情景の背景に、自分の儚い人生を重ね合わせているのではないかと推測する分析は見事である。

　日頃の文章指導の中において、桜を題材にした文章表現指導は、意識して今後も続けていきたいと願っている。

3　季節の推移を捉えての文章表現

(1) 晩秋から初冬にかけての季節の移り変わりを表現する

　次に示すのは、2009年度高校三年生の文章表現選択生15名で行った表現指導の実際である。二学期のこれまでの学習活動は、以下の通りである。

〈季節を捉えて書く〉

　春、夏、秋の季節の推移を捉えての文章作成

- 夏の思い出を回想して表現。自分の体験をもとに文章表現
- 秋という季節に着目して、秋の気配を感じる時、場面を描く。秋を感じる表現
- ブレーンストーミングを使って、秋に関する語彙を抽出。皆から出た語彙を選択しながら、短作文をつくる。
- 今日の天気を表現する。（台風の警報が、発令しそうで発令しなかった一日）
- 高校三年生による街頭募金活動報告新聞記事からリライトする。
- 制服改正についてその是非について意見文作成
- バナナダイエットについての是非。（新聞記事から）

〈校外学習による取材をもとに秋から初冬にかけての文章表現作成〉するための観察・取材の観点のねらいを次のように示した。

1）空の観察　空の色、雲の色、雲の形の確認
2）木の葉を一枚選択。木の葉以外でもよいがデッサンできるものを一つは持ち帰る。
3）異なる種類の木の葉に着目する。相違点に着目する。
4）五感を働かせる。音に注意し、秋の香り、初冬にうつりゆく気配を感じる。
5）横尾山から啓明学院を眺める。その時に校舎を俯瞰した印象を捉える。

観察・取材の観点のねらいについては、中西一弘氏の著作、フランスの小学校の秋を題材に作文を書く実践を参考にしている（注5）。

(2) 企画書を作成する

まず、学校に提出する企画書の例文を示して、作成させた。目的、学習計画、学習目標を提示した後に、各自に企画書を作成させた。指導者が例示した企画書の例文を以下に示す。

> 場所　横尾山散策
> 目的　五感で自然を感じ、秋から感じたことがらを文章化する
> 一　登山最中に見つけたもの、感じたことをメモする。テーマは各自に任せる。
> 二　持ち帰ることが不可能なものがあるので、山上で文章の構成を練る。
> 三　6限に校内で清書する。
> 〈テーマ〉校内で自然を描こうとすると想像に偏り、独創性が失われることがあるため、室外で自然を感じ、独創性を養う。

学習計画、及び学習目標

> （学習計画）及び（学習目標）
> 横尾山に行き、今しか見られない秋と冬の境目をじっくり観察する。実際に見聞したことを文章表現に活かしていく。これまで想像したことを書くことが多かったが、実際に校外学習を通して、季節の変わり目を肌で感じることができる。五感を働かせて、自然を味わう。秋から冬の境目及び、感じたことを文章化する。

上記の例文を参考に、各自が書いた企画書の二人の生徒作品例を以下に示す。

> A
> 秋の作文という課題を書くにあたり、秋を体感する必要があると思う。隣の横尾山に自分たちの足を運び、空の色、風の冷たさ、紅葉の様子を自分の目で確かめることによってよりよい作品ができると思う。
> 日時　十一月二十一日　金曜日の五限目
> 横尾山で散策し、わかったことを早速言葉におこし、作品を完成させたい。

> B
> 日時　十一月二十一日　金曜日の五限目
> 〈計画〉
> 六年間、横尾山の隣で横尾山を見ながら啓明学院で過ごしてきた。六年間見てきた山を登ることで山のことを知り、秋から冬に移る自然を体験する。そして、今まで啓明学院から見てきた山を山から見ることによって、啓明の隣にはこのようにすばらしい自然があるということを文章化し、啓明の良さをアピールしたい。

直観教授法は、空、雲に着目させ、視点を狭く限定するのではなく、視野の拡大をはかると中西氏は述べている（注6）。視点を移動させ、季節の微妙な移り変わりを捉えて、文章に表現することの重要さを事前に示唆した。

(3) 実際に書いた生徒作品の分析

〈季節の流れ〉　　　　　　　　　　Mさん
十一月二十一日に、横尾山に登った。ただ、教室で文章を書くという作業に飽きていた頃、このイベントは私たちにとって待ち遠しいもの

だった。

　当日、天候も良く、皆で山を目指した。普段、あまり上を見上げて歩かない。下から頂上を見るととても高く感じた。色もとても鮮やかだった。こんな身近にこのようにきれいな紅葉があることを知った。山に登るのが、楽しみになった。山を登り始めると季節を肌で感じた。その季節は、秋でもなく、冬でもなく、まさしく秋から冬への季節の移り変わりだった。山全体を見ても、葉っぱ一枚を見ても、完全な秋でもなければ、完全な冬でもない。

　私たちは頂上を目指すことにした。（中略）頂上から見下ろす景色は格別であった。自分の住んでいる世界を小さく見下ろすというのは、どうしてそうこんなにも気が楽になるのだろうか。良い意味で気が遠くなる。頂上に立って、涼しいような寒いような山を見下ろすと、赤いような茶色いような足下の葉の色は何とも言えない色。季節の変化を肌で感じることができた。自分の足で自然を踏み、感じることはいいことだと思った。

　Mさんは、まさに、秋から冬への季節の移り変わりを肌で感じている。「啓明学院は、このような自然に囲まれた大きな校舎で、横尾山の側にある。」と書いた生徒もいた。皆、それぞれに、五感を駆使して、秋の気配を感じ取り、文章化することができていることがうかがえた。

　次に挙げるのは、Hさんの作品である。

〈冬に向かう〉　　　　　　　　　　Hさん
　おだやかな日差しの中、山を登る。秋は紅、冬は白と茶。そんなイメージしか持っていなかったのだが、様々な色を見つけた。黄色や鮮やかなオレンジに紫。森が生きていることを改めて気づかされた。

　薄い雲が空を覆うと、とたんに冬が顔を出す。風邪が冷たくなり、頬に当たる。寒さの中で生命は全く別物に見えて、人はそれほどまでに主観的生き物であるのかと気付かされた。もうす

ぐこの合間合間に感じるぬくもりも、寒さの中にのまれていくのだろう。冬は、もう始まっているのかもしれない。

　Hさんは、秋から冬に向かう季節の微妙な移り変わりを的確に捉えて表現していることがうかがえる。

4　考察

　身近な題材であればあるほど、学習者たちは書くことに対して興味を持ち、抵抗なく書くことができたように感じている。特に、自分たちが企画して、横尾山散策後の文章表現は、他の作品に比べて提出の状況が良好であった。自然との触れ合い、交感の深まりがその要因になっているのかもしれない。

　文章表現は、学習者たちの興味、関心の度合いが高いほど、モチベーションがあがり、よりよい文章表現に反映されていくことがわかった。歳時記的方法について、生徒たちの心を捉える身近な題材を今後も開発していきたいと願っている。

●注
(1) 中洌正堯（2007）『ことば学びの放射線―「歳時記」「風土記」のこころ』三省堂、17 ページ
(2) 同上
(3) 大西光恵（1999）「高等学校『国語表現』における『導入』と『基礎』段階の学習指導」『国語教育攷』第 14 号、国語教育攷の会
(4) 中洌正堯（2001）「国語科教育の理論と実践」『教養総合カリキュラムのための基礎論文集成』149 ページ
(5) 中西一弘（1997）『1960 年代の初等国語科教育素描』渓水社、236 ページ
(6) 同上

（大西光恵）

「カキナーレ」
—二つの実践と考察—

1 はじめに

　授業前の休み時間に早めに教室に行くと、いつも大変な賑わいである。前の日に見たドラマの話、部活の「センパイ」の話、アルバイトの話——。おしゃべりだけではない。自分の携帯電話に向かって黙々と指を動かしている者もいる。他のクラスの友人など空間をともにしない者とやりとりをしているのである。このように生徒たちは普段、活発に友だちと会話をしたりメールを交換したりしている。匿名が保障されたインターネット上の掲示板などでは自分の感情をぶちまけたり、みずから発信者となり日記を公開したりもする。このような状況を見ていると、生徒たちが休み時間や学校以外のところで見せる表現意欲は決して消極的なものではない。

　ところが、いざ授業がはじまり、与えられた課題や作文と向きあうと、途端に手は止まってしまう。苦手意識が先にたち、表現することに消極的になるのである。

　この二者の大きな開きについて考えてみると、彼らは、書くことを含めた言語表現活動全般に苦手意識や嫌悪感があるわけではなく、「自分たちの興味、普段着の表現」と、教室で求められる「論じるべき内容、よそ行きの表現」との差に苦しんでおり、そのあらわれが、教室での表現活動における消極的な姿勢であるように思えてくる。

　そうはいっても、高校生が自分のこと以外に視野を広げ社会に関心をもち、公共の場で通用する表現力を身につけることは、社会的にみれば当然求められる姿である。

　本稿では、先に述べたような生徒たちの「自分たちの興味」や「普段着の表現」と、学校で求められる「論じるべき内容」や「よそ行きの表現」との間にある壁をできるだけとり除き、生徒の表現意欲をいかした作文指導の実践を紹介したいと思う。なお、後出の拙論「文体的特徴に基づく作文指導」（244ページ）も、本実践「カキナーレ」について論じているものである。

2 実践1　深谷氏の「カキナーレ」

　筆者の実践を紹介する前に、まずはその土台（先行実践）ともなっている、深谷純一氏の指導、編集による高校生の創作随想文集「カキナーレ」を取りあげ紹介する必要がある。

　深谷氏は、長年にわたり京都成安女子高等学校（現・京都産業大学附属高校）に国語科教諭として勤務された。高校生の創作随想文集「カキナーレ」は、1996年から2004年まで実施、刊行されたものである。当時深谷氏は、生徒たちになんとか文章を書き慣れさせたいという思いから、年度始め、生徒に「書き慣れノート」を準備させ、「書き慣れる」ことを繰り返し説明していた。そのとき、舌をかんで「書き慣ーれる」と発音してしまったことを教室の生徒がはやし立てたそうだ。その時の生徒の反応と深谷氏の瞬時の判断で「カキナーレ」は誕生した。その場にいた一人の生徒が「それ（カキナーレ）なら書く」と言って自ら書いてきたことがこの実践のはじまりである（注1）。深谷氏は、これまでの作文のイメージを取り払うこのネーミングこそが、生徒の創作意欲をかき立てる要素として大きかったと実感を述べておられる。

　＊なお、本稿では、文集そのものを〈文集「カキナーレ」〉、文集刊行にいたるまでの実践全体を〈実践「カキナーレ」〉とよび、両者を区別している。

(1)「カキナーレ」の魅力

まず、文集「カキナーレ」の生徒作品をご覧いただきたい。

> ○「ジョーシキ」
> 朝。
> 満員電車の中で。
> 朝っぱらから
> 隣の車両までとどくくらいの匂いをプンプンふりまいた女の子が、
> 『これだけはジョーシキ』という本を読んでいた。
> 「しっかり読めよ」と思った。
>
> ○「はじめてのカキナーレ」
> 夕食の用意をしていた時、ナスに棘があった。ガクの所におよそ一cm。かれこれ17年生きてきたけど初めて知った。結構痛い。ナスに棘が‼感動はいつもそのへんにころがっている。
> 私を二度にわたって刺した茄子を、今朝、オーブンで焼いて皮までたべた。
> （初回カキナーレってこんなもんでしょ⁉）

筆者がこの実践に惹かれた最大の理由は、文集作りに参加した生徒たちが、書くことの苦手意識から解放され、一年間、自発的に書く活動を継続させたことにある。機会を与えられなくともみずから進んで考え表現し続けられることは、常に自分自身や身の回りの出来事に対して関心をもち続けることでもある。そしてもう一つ、年間を通して、生徒個人個人に、内容面の充実、書き方の上達が認められることも、この実践の大きな魅力と言える。生徒ごとの作品を時系列にたどり、内容面と文体面からの分析をおこなうと、感情的で自己完結的な文章から社会性を帯びた論説的な文章にまで、書き手としての成長が認められる生徒が、複数人見受けられるのである（258ページ）。

(2)「カキナーレ」の実際

文集「カキナーレ」の一冊が刊行されるまでの実践方法は次のとおりである。

一、各自一冊「カキナーレ」ノートを持つ。
二、ペンネームを使用する。
三、提出日、書くテーマは指定しない（提出回数を評価の一部に加える）。
四、作品をB4一枚のプリントに活字化して掲載し、授業の始めに配布する。
五、授業開始時に配布する際は、生徒に一読させる時間を五分ほど取る。一読後、一番好きな作品、良く書けていると思う作品、理由などを尋ねる場合もある。
六、プリントがある程度たまったら製本し、文集にして再配布する。

そして、実践「カキナーレ」の主な柱となる指導方法は次のとおりである。

一、日常に目を向け、書く材料（ネタ）を探す習慣をつけさせる。
二、書くことがないと言う生徒には「家族を観察する」「電車の中で人間観察をする」ことを勧める。
三、作文をさせるのではなく、事実をもとに創作をさせる（虚構を認める）。
四、単純な感想文や日記で終わっているものは掲載せず、「作品」となっているもの、自己を対象化できているものを選んで掲載する。
五、文章の構成、叙述、文脈の乱れなどの指導は前面に出さないようにする。
六、オチをつけておもしろく書かせる。
七、どんなに短い文章にも題をつけさせる。
八、提出されたノートには必ずコメントを入れてその日のうちに返却する。

さらに、つぎの生徒作品からは、実践の本質に迫る意義がうかび上がってくる。

> ○カキナーレを書くまで、文章って堅苦しいものだと思い込んでいた。そして、嫌いだった。でも、今は好き。その理由は私の言葉で、私の思ったことを好きな時に好きなだけ書けるから。（中略）カキナーレに出会わなかったら私の文章に対する感じは変わらなかったし、こんなに文章を絶対書いていない。やっぱり文章は自分がおもしろいな、と思いながら書きたい。

○私はなかなか自分の思いを言葉にして発散することが出来ない。……けれど、カキナーレと出会ってからはそんな事も少なくなった。カキナーレにぶっつければ自分の思いを文字にすれば、体に詰まっていた冷たさも煮えくりかえる熱さもスーッと引いていった。

○毎日の生活がゆううつになると、カキナーレのネタはなくなる。正しくはいくらでもあるんだけど気づけなくなる。今ちょっとそれ状態。きっと心に余裕がないんだと思う。今まで私がカキナーレに書いてきたことは本当に小さな小さな、ささいな事ばかりだったのだと改めて実感する。そして、生活の中のそんな小さなことに目を向けて感動できる力を持っていた自分をほんとにすごいと思った。カキナーレがたくさん書けるってことは、私の場合、毎日が楽しい証拠だ。いわば、カキナーレは元気のバロメーターである。

以下はこれらの指導方針や生徒作品から検討した筆者の分析である。

実践「カキナーレ」の基本的な姿勢は、日常を題材にとり、周りの人間をよく観察すること（指導方法一、二、以下括弧内同様）だが、虚構を認めた（三）という点が、「見たこと、聞いたこと、思ったこと、感じたことをありのままに書く」日記や感想文、生活作文とは大きく異なっている。生徒はこの虚構性に助けられ、正確に書かなければならないという作文の既成概念から脱したと考えられる。書き始めの意識が「正確に伝える」ではなく、クラスメイトを意識して「読んでもらう」ことであり、そのことが結局、自分の伝えたい内容が相手に分かるためにはどう書けばいいかという問題意識、文章表現への関心を持つことに繋がったといえる。また、自分を対象化すること（四）で、自分を作品中の登場人物の一人として昇華させることは、自分という人間を自分の外側から観察することになり、事物を冷静に見つめる態度を育てた。そして、書き方に関する細やかな指導を入れないこと（五）、おもしろく書かせること（六）は、生徒が作文の苦手意識から解放された要因の一つとなったと考えられるが、タイトルをつけさせることで話題を焦点化する意識を養ったり（七）、オチをつけさせること（六）で構成を考える習慣をつけさせたりすることなどの配慮がなされている点で、単なる野放し的な「解放」ではなかったといえるだろう。

以上が深谷氏の実践「カキナーレ」のおもな指導目的と学習者の実感から考察できる、この実践の意義である。

(3)「カキナーレ」の談話的文体

筆者は、生徒が書くことを楽しめた大きな理由の一つに、いわゆる「若者ことば」や話し言葉を使って書くことを許容されたことがあったのではないかと考えている。この「若者ことばや話しことば」を「談話的文体」とよび、その特徴をまとめる。

- 主として「話しことば」
- 学校で正式に教えないことば（方言などの位相語、公衆の面前では使わないことば）
- 家庭用語、友人との会話、職業的方言のように、親しい間柄の中で使われる身内にだけ分かることば

○「全身ブランド男」
　電車に乗った。京都駅からはいろんな人が乗り込んでくる。ケータイ片手の女子高生、いかにもって感じのメガネのおぼっちゃま小学生、疲れ切ったサラリーマン。そんな雑多な空気の中にその人は乗り込んできた。（中略）
　そらやりすぎやで、おっさん。はあ。とため息をついて目線を落としたその先には…。ガーン！　やられた。こいつ、ただ者ではない。靴にはフェラガモの金の板がはっつけてあった。もうこうなりゃ、探しまくれっ。（後略）

文集「カキナーレ」の七割が、このように談話的文体で書かれた作品である。

そしてこの対極に次のような「公共的文体」を意識しておくことも必要であろう。

- 主として不特定多数に向けられた「書きことば」
- 公衆の面前で使うにふさわしいことば、共通語

　一般的に作文（指導）で多く使われる文体である。

　そもそも、日本の書きことばの成り立ちの背景には、漢文を基底とする文章体の存在があり、今日の書きことばも少なからずその影響のもとにある。書きことばと話しことばの乖離はもともと大きいものだったが、書きことばは、目的と結果の両側から、現実場面とは離れた抽象論や正確を要する科学的内容を不特定多数の読み手に向けて表すのにふさわしいことばとなっているといってよい（注2）。

　生徒たちは、しかしながら、インターネットに代表される「書く⇄読む」双方向型のメディアやツールの普及した社会に生きている。書くことに特別の気構えを要しなくなったこれらの世界で使われることばは、書きことばでありながら、話すように書かれたもので溢れかえっている。パソコンや携帯電話の中で生徒たちが日々目にする文章の多くが談話的文体であるだけでなく、新聞の文章でさえ「談話化」は進んでいる。実践「カキナーレ」において「公共的文体」を求めずに談話的文体を許容したことは、そういった点でも、現代社会を生きる生徒たちにとって大変意味のあるものであったのではないかと考えるのである。

3　実践2　筆者の実践

　筆者が実践する際もやはり「カキナーレ」の名称は使わせてもらいたいと考えた。生徒が「気楽に普段着で」書ける雰囲気作りのために「カキナーレ」という呼び名は重要である。結局、国語科便り「三田の風」の副題として使わせて頂くことにした（実践校は都立三田高等学校である）。

　提出については、授業中や「三田の風」の中で、折に触れ「書く習慣をつけよう」「書いたら出そう」と繰り返した。とはいえ、積極的に出す生徒はやはり限られてくる。結局、各教室に「カキナーレ提出予定表」を掲示し、最低でも学期に一、二度は提出するように促した。強制しては意味がないので、ゆるやかな催促である。出さない生徒がいる中でも、「三田の風」を配布すると教室中が静まり返り、提出しない生徒を含め皆が熱心に読んでいる姿には毎回ほほえましいものがあり、実践を続ける原動力となった。

　創刊号では、実践「カキナーレ」のルール（深谷実践をほぼそのまま踏襲した）を示すとともに、深谷実践からさまざまな作品を引用、紹介した。「先輩」たちの作品を読み触発されたということ、この実践のルールが目新しかったこと等あるのだろう、最初のうちは次のような「カキナーレ」についての作品が多く見られた。

> ○カキナーレ
> 「カキナーレ」。学習ガイダンスを聞いたとき、ふざけるなと思った。先生いわく、中身のある文章をかけるようになるため…。（中略）こんな私が「カキナーレ」を書くなんて無理だ…と書いている今でも思う。（中略）そんな私を笑わせた文章というのは……誰かが書いた「カキナーレ」じゃなくて、（多分先生が書いた）「カキナーレ」のルールだった。「ペンネームで書く、100％リアルじゃなくていい、オチをつくる」…よく考えると字数制限なんてのもない。すごい自由だ。ありえない。こんなんでみんなちゃんと「カキナーレ」をやるんだろうかとも思った（ちなみに私は、「人に読んでもらう文章なんて書けっこない。オチってなんだか分からない。でも…文章上手く書けるようになりたい…。」みたいに3行で終わらそうかと思った）。でも、なにげに締め切りぎりぎりに提出する私よりも早く提出する人もいるし、次のネタをストックしている人もいた。もっとありえない…と今さら思う。（後略）

　こういった「談話的文体」の作品が活字化され、つまり教員から許容され学年全員に配布される。作品からも分かるように、生徒たちにとって実践「カキナーレ」はかなり斬新だったようだ。それ

だけ、多くの書くことの指導が、彼らから「自由」を奪っているということなのかもしれない。実践「カキナーレ」のような文章や話題が許される環境があれば、生徒の表現意欲を少なからず刺激しうると考える。

(1) 日常の観察

　実践校は、教室の窓から東京タワーが間近に迫って見えるような都心にある。自転車通学は禁止されており、生徒のほとんどが電車通学である。これは実は、実践「カキナーレ」にうってつけの環境といえる。生徒たちは毎日東京の満員電車にもみくちゃにされながら、カキナーレの素材を集め、作品にすることができる。

> ○人に好かれるのは、難しい。
> 　駅の階段で携帯が鳴ったので立ち止まったら後ろのおじさんに「こんなところで立ち止まるなよ！」と言われた。
> 　僕自身からだと携帯が鳴ったので少し立ち止まっただけだとしても、おじさんからしてみれば、急に立ち止まられてとても驚いたんだと思う。
> 　自分と他人は、生きてきた道もちがうし、見て得た知識や経験してきた事がまったくちがう。
> 　今日、人ってのはそういうところもわかりあって生きていかなきゃならないんだなと思った。
>
> ○悲しい世の中
> 　若い夫婦と赤ちゃんが入ってきた。途中で電車がかなり揺れて赤ちゃんは大声で泣いてしまった。周りの人たちは一斉に夫婦と赤ちゃんをにらみつけ小さい声で「うるさい」――。昔はみんな赤ちゃんだったのに一人で生きてきたみたいな顔しやがって。
> 　八月の昼下がり。

　紙面の都合上短編を挙げた。これらの作品を読んで分かることは、生徒は「日常」の観察をしながらも自然に「社会」を学んでいるということだ。

身近な素材を集めながら、みずから気づき、考え、書きとめる。この習慣こそを大切にしたい。

(2) 成果

　二学期末の「意見文を書こう」の単元では、「カキナーレ」を通した日常の観察が、このような文章の具体例になることを教えた。「カキナーレ」のように毎日目にしていることを題材に、そこから何か自分の意見や考えをもつこと、そしてそれを少し「よそ行きの表現」にして仕上げること。その程度のことだけを言って、新聞に投書することを目標に取り組ませた。

　結果、毎朝電車の中で席取りに走る女性を観察し、その女性の変化について指摘した次の作品一篇と、友だちとのやりとりから言葉の豊かさを考察したもの一篇が新聞の投書欄に掲載された。本人だけでなく、周りの生徒たちの大きな励みにもなった。

> ○人を変える人
> 　毎朝、電車の中で空いている席をもとめ、我先にと急ぐ30代の女性を見かける。降りようとしている人にあたったり、人の足を踏んでもなお、席をとろうとする姿を目にすると「こんな大人にはなりたくない。」と心の中で密かに思う。
> 　そんなある日、女性は同年代と思われる男性と一緒に乗車してきた。女性はいつもとはうって変わって落ち着いていて、席を取るそぶりも見せずに男性と仲むつまじく話していた。私は心の中で「猫かぶって、こうやって男性は騙されてしまうのか。」とつぶやいた。それからというもの、毎朝男性と一緒に通勤するようになり、女性の席取り合戦をみることがなくなった。
> 　すこしたったある日、女性は一人で乗車してきた。また荒々しい戦いが幕を開けるのかと見つめていると、女性は席を取るそぶりは見せず、ただ悠然と吊革につかまっていた。それから一人で乗車するときも、男性と一緒の時も、席を取ることはなく、とても落ち着いてみえた。そ

> の姿はなぜか輝いて、私の頭に印象強く残った。何が彼女を変えたのか。それはきっと恋だと思う。人ってこんなに変わるものかと、なんとなく嬉しくなった。

　年間20号にも満たない発行ではあったが、「カキナーレ」の呼び名は、生徒たちにすっかり定着した。学年末に行なった「新聞作り」では、世の中で起きているニュースをカキナーレ風にアレンジしてみようという記事も見られた（図1）。実際の新聞に書かれているニュースを談話的に書き換え「普段着の表現」で自ら楽しんで書いている様子は、「自分たちの興味」と「論じるべき内容」が接近したことでもある。

図1　カキナーレ風記事

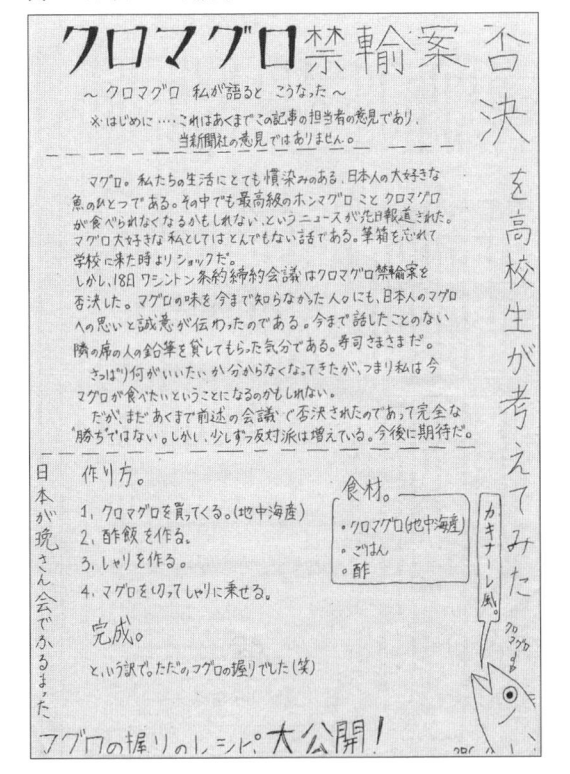

(3)「カキナーレ」の位置付け

　ところで、談話的文体の許容が、生徒の書く意欲を継続させたひとつの重要な要因となったと考えているわけだが、このことの意味をもう少し詳細に、図2を提示し考察する。文集「カキナーレ」に見える生徒作品を、書き方（どのような文体的特徴か）と内容（何に目を向けて書いているか）との両面から捉えるために、他の文章表現との差異を示したものである。

　横軸は、書き方による分類で、談話的文体か公共的文体かを、読者意識の差（書き手が想定する読者に対しての、親密度や距離感の差）として［A］［B］［C］の三段階に分ける。

　［A］自分もしくは母親など、特定のごく近親者にだけ文章の意味が分かればよいもので、それ以外の誰かに読んでもらおうという意識の見えないものである。したがって、凝った言い回しなどはなく、事実を羅列してあるとか、逆に、親しくない他人から見たら何を書いているかよく分からないなど、読み手の文脈判断の負担が大きい文章が分類される。 日記や詩歌

　［B］家族やクラスメイトなど、ある程度親しい顔見知りの相手、そうでなくても、親しさを込めた言いまわしが許される読み手を想定したもの。同じ世代の人、同じ文化的背景をもつ人に読んでもらうための文章であるから、自分たちにだけ分かることば（若者言葉、流行語、省略語）、個性的な比喩表現などが意欲的に使用されることになる。 カキナーレ

　［C］不特定多数の人に読まれることを想定して書く、という意識が表れているものである。世代や文化的背景をできるだけ限定せずに提供できる、誤解の生じない、すき間のない文章。
　 記録文、報告文や論文

　そして縦軸は、作品に描かれている内容により、三分類する。

　［1］自分の内なる感情を吐露することが目的の自己完結的、感情的な文章。自分に向けた、自分の感じる喜怒哀楽が作品全体にわたって貫かれているものである。

　［2］自分を含めた身近な人、もの、ことを話題として取りあげ、対象化され描写されているものである。

　［3］話題が身辺や日常の出来事を越え、社会性を帯び、社会に対する問題意識が表れているも

図2　生徒作品を分類するための軸

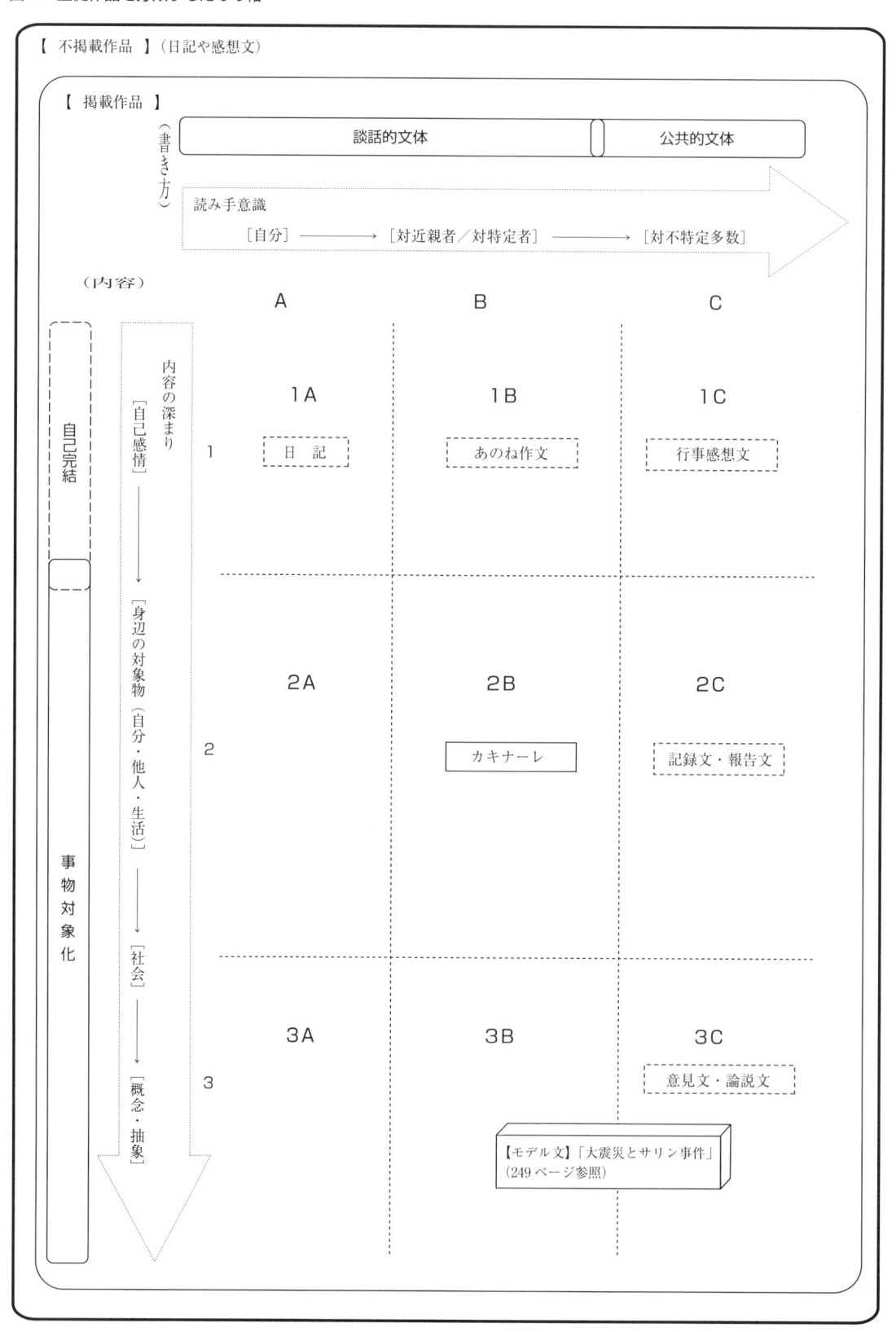

【 不掲載作品 】（日記や感想文）

【 掲載作品 】

（書き方）　談話的文体　｜　公共的文体

読み手意識
［自分］ ──→ ［対近親者／対特定者］ ──→ ［対不特定多数］

（内容）

	A	B	C
1	1A　日　記	1B　あのね作文	1C　行事感想文
2	2A	2B　カキナーレ	2C　記録文・報告文
3	3A	3B	3C　意見文・論説文

内容の深まり：
［自己感情］ → ［身辺の対象物（自分・他人・生活）］ → ［社会］ → ［概念・抽象］

自己完結 ／ 事物対象化

【モデル文】「大震災とサリン事件」（249ページ参照）

の、具体的事実を綴りつつも主題が概念化、抽象化されているものである。

　この二つの軸上で「カキナーレ」の位置を考える。横軸は、クラスメイトという読者、すなわち近親者や特定者を意識して書かれていることで［Ｂ］の領域に入る。縦軸は、実践者の指導により、家族や他人、日常を観察して描写していることで［２］の領域となる。実践「カキナーレ」においての典型的文章は［２Ｂ］領域に当てはまる。

　こうしてみると、文集「カキナーレ」の作品群は、高校の書くことの指導に一般的に採用される、不特定多数に向けた文章とは一線を画したものであり、書き方の面でも内容の面でも、生徒にとってより身近で、中位中庸の位置にあるととらえることができる。日常の具体的現実場面を談話的文体で書くという［２Ｂ］領域の文章表現を容認された生徒たちは、生き生きと表現する意欲や技術を身につけたといえる。

(4) 課題

　生徒たちは、しかし、談話的文体の中だけに生きていくわけにはいかない。「公共的文体」で抽象論や概念を論じることは、彼らが進学する先や、やがて出ていく社会から必要とされることであるからだ。実践「カキナーレ」で［２Ｂ］領域を楽しむようになった生徒たちが、［３Ｃ］領域へ自分の文章を変化させる可能性はあるのだろうか。実践校の生徒たちの様子を見ていても、やはり、ただ楽しいだけでは自分の力になっているという実感を得にくいのか、二年生になってからは提出作品の数が予想以上に減っていった。今後［２Ｂ］から［３Ｃ］への発展の手立てを考える必要がある。

　この実践は教師の負担もかなり大きい。提出された生徒作品にその日のうちにコメントをつけて返却し、さらにＢ４一枚分の作品を活字化して印刷、配布という一連の作業は、入力作業を三人で担当していた実践校でもそれ相当の時間を費やす。日々の業務に追われていると、優先順位はどうしても下がってしまい、週一回の発行を目標にしていたが、度々遅れてしまったのが実状である。ノートに手が伸びない生徒に「自分も書いてみよう」と思わせ、多くの生徒に「これをカキナーレに書こう」と習慣づけるには、発行された「カキナーレ」が生徒の目に絶えず触れていることが何より重要であるはずだが、一年間でわずか17号の発行にとどまった。深谷実践の81号に比べると足元にも及ばぬ回数である。深谷先生のご努力とご苦労に頭を下げるばかりである。

●注……………………………………………………
(1) 深谷純一編（2001）『カキナーレ―女子高生は表現する』東方出版、あとがき
(2) 波多野完治（1990）『文章診断学』、小学館、Ⅶ章「口語体と文書体」

（秦　千依）

現代の表現に迫る！
―新聞広告の批評文を書こう―

はじめに

本稿は、「総合的な学習の時間」の一講座「表現研究」で行った単元の実践報告である。

兵庫県立明石北高等学校では、「総合的な学習の時間」を各教科から複数の講座を立ち上げて3年次選択科目（週2単位）として実施しており、国語科からは「表現研究」「古典研究」の2つを開講した。平成19年度「表現研究」の受講人数は23名（定員20名）であった。

1 「表現研究」の概要

(1) 「表現研究」の学習目標

「国語表現」を念頭に置いて、次の3点を「表現研究」の学習目標として設定した。

目標A：「表現」についての認識を深める
目標B：よりよい表現を求めて創意工夫する
目標C：表現力を磨き続ける姿勢を育てる

授業開き（4/27実施）では、次のように講座の狙いを説明した。

> 意識的にせよ無意識的にせよ、〈ここ〉に〈こうして〉生きて在ること自体がすでに一つの〈表現行為〉です。その意味で、よりよい表現なくしてよりよい生はないと言えます。よって、この講座では、あなたの〈よりよい生〉のために、表現主体として、^A〈表現すること〉についての考えを深め、^B自分にとって〈よりよい表現〉を求めて創意工夫するとともに、^C生涯、表現力の向上を探究しつづける姿勢を養うことを目指します。

(2) 「表現研究」年間指導の概略

全44授業時間におよぶ「表現研究」の年間指導の概要を単元名（時間数）のみで示す。

【1学期：音声で伝える】（18時間）
　単元1：授業開き（4時間）
　単元2：「よりよく話す」の基礎講座（5時間）
　単元3：スピーチ「お薦めの一冊！」（9時間）
【2学期：文字で伝える】（23時間）
　単元4：新聞広告の批評文を書こう（12時間）
　単元5：明北ガイドブックをつくろう！
　　　　　　　　　　　　　　　（11時間）
【3学期：一年間の学びの振り返り】（3時間）
　単元6：「表現研究」のまとめ

2 単元4「新聞広告の批評文を書こう」の実際

本単元は、単元2・3「音声で伝える」での学びを「文字で伝える」へと応用し、ここでの学びを後に続く単元5「ガイドブックづくり」へと発展的につないでいく位置にある。

(1) 教材設定の意図
〜なぜ「新聞広告」なのか〜

以下の4点から、「表現」についての考察を深める学習材として適していると判断した。

ア）広告機能の進化
　　現代社会において、広告はそれ自体が十分に鑑賞・批評の対象たる存在になっている。

イ）広告文章の柔軟性
　　言葉（コピー）はもちろん、デザイン・色彩・配置など様々な視覚的効果が駆使され、表現の大きな可能性を感じさせる。

ウ）活字媒体としての重要度の上昇
　　動画媒体の出現により、静止媒体における「情報提供」機能の強化がますます求められるようになっている。

（以上の3点については、加藤英俊「新聞広

告の可能性」が大いに参考になった。)
　エ）学習材としての利便性
　　誰にでも容易に入手でき、動画と違っていつでもどこででも手軽に分析できる。

(2) 表現活動設定の意図
　～なぜ「批評文を書く」のか～

　一言で言えば「アウトプットがあってこそインプットの必要性が強く意識される」ということである。新聞広告に込められたさまざまな表現上の工夫を読み解くことで「表現」に対する認識を深め、そこで得た知識・技能を「書く」活動に活用することで〈学びの有用感〉を持たせることができると考えた。

　さらに、分析結果や評価を文章化する活動を通じて広告表現への認識を深め、広告に適切に対処する態度を養うことができれば、広告のあふれる現代社会を「生きる力」の一つになり得るとも考えた。

(3) 授業展開 と 学習活動の具体

　全12時間（課外含む）の学習過程は、【第1次：広告の選定】→【第2次：広告の分析】→【第3次：広告批評文を書く】→【第4次：単元のまとめ】の4つに大別できる。

　授業構築に際して、以下の5点に留意した。
❶ 最終学習形態を示す（イメージ化）
　　⇒ 学習主体としての自覚の醸成
❷ 見本（モデル）を見せる（やってみせる）
　　⇒ 学習活動内容の明確化
❸ スモール・ステップ
　　⇒ 「今」、「ここまで」やることの明確化
❹ 創構・推敲過程に相互交流活動を設ける
　　⇒ 活動・作品の質の確保
❺ 学習活動の成果（作品）を「形」として残す
　　⇒ 達成感の醸成

第1次：広告の選定（3時間＋α）

学習活動内容	交流	話聞	書	読
1．学習活動と単元のねらいの理解 ア、批評文モデルを読み、本単元の学習内容（最終形態）を理解する。 イ、講義「新聞広告の可能性」を聴取し、単元目標を理解する。		○ ◎		○
2．新聞広告の分析Ⅰ ・自薦の新聞広告3編のデータを、ワークシートⅠに整理する。			○	◎
3．新聞広告の選定 ア、シートⅠと自薦の広告3編をセットにして班内回覧し、相互助言する。 イ、戻ってきたシートⅠをもとに、新聞広告1編を絞る。	★	○	○	○ ◎

第2次：広告の分析（2時間＋α）

学習活動内容	交流	話聞	書	読
4～5．新聞広告の分析Ⅱ ア、モデル広告を使った分析により、新聞広告分析の要領をつかむ。 イ、分析シートモデルを見て、次時の分析作業の要領をつかむ。 ウ、各自、選定した新聞広告についての分析をシートⅡにまとめる。		○ ○	◎	○ ○ ○

第3次：広告批評文の作成（4時間＋α）

学習活動内容	交流	話聞	書	読
6．批評文（第1稿）の作成 ア、教師の広告批評文モデルを読み、書くべき項目を理解する。 イ、シートⅡを活用しながら、シートⅢに批評文（第1稿）を書く。			◎	○
7～8．批評文（第1稿）の相互批正 ア、第1稿を全員で回し読みし、アドバイスを書きこむ。 ・「すばらしい」と思う箇所に──線を「もっと詳しく説明すべきだ」思う箇所に～～線を引き、疑問点やアドバイスを書きこむ。 イ、他者の作品について【相互評価表】に記入する。	★ ★		◎ ◎	○ ○
9．批評文（第2稿）の作成 ・ワークシートⅢ（第1稿）に書きこまれたアドバイスや【相互評価表】をもとに、推敲・加筆し、ワークシートⅣ（第2稿）を仕上げる。			◎	○

第4次：「学び」の振り返り（3時間＋α）

学習活動内容	交流	話聞	書	読
10．単元の振り返り ・【自己評価シート】に、本単元での「学び」を自己評価する。 ・授業者による単元のまとめ		○	◎	
11．批評文（第2稿）のデジタル入力 ・情報教室にて完成稿の入力作業を行い、デジタルデータとして提出。			◎	○
12．単元のまとめ ア、全員分の批評文（完成稿）を文集として製本し、黙読する。 イ、振り返りシートの記入。	★		◎	○ ◎

資料１－Ａ 生徒作品（批評文／完成稿）

色が作り出す雰囲気、その効果　　　630　女子

私が取り上げたのは、2007年8月30日、読売新聞の夕刊に掲載されたCLINIQUEのファンデーション「パーフェクトリー リアル メークアップ」の広告である。
（引用者注：この製品は、2012年に日本国内の取り扱いを終了している）

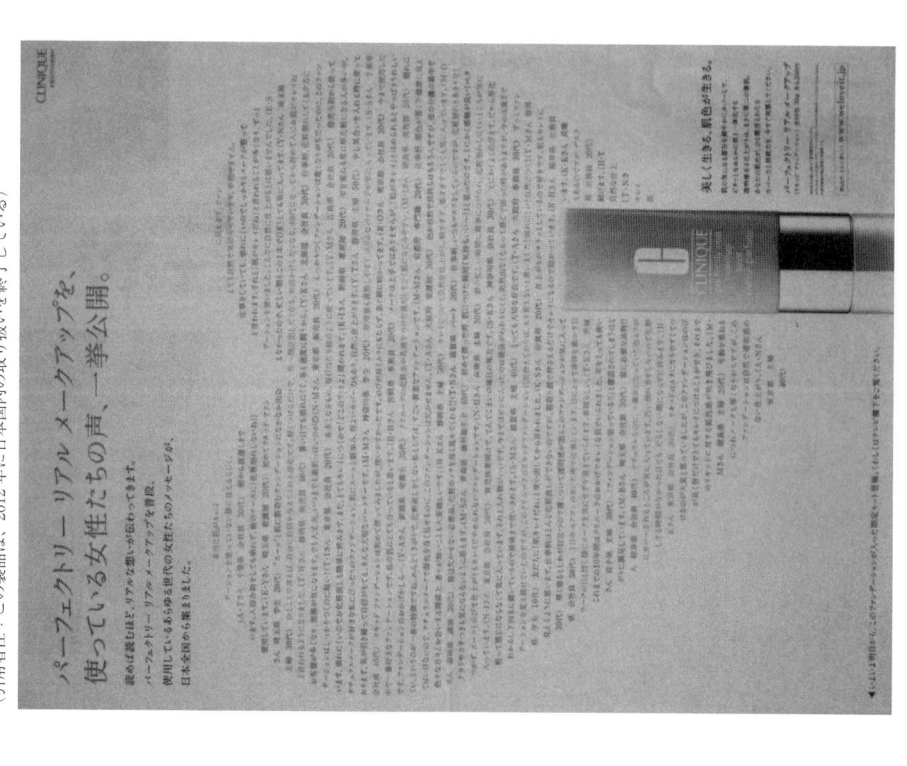

1. 批評の全体像

この広告は化粧品らしく女性的におちつき地味な雰囲気のものもあれば、様々な色を用いた賑やかで派手なものもあり、その内容や訴えかける方法も大きく違っているが、広告対象を読者に「印象づける」という目的は同じだ。今まで私はそういう広告といったものをさっと眺めているだけで特に気にしたことはなかったし、ましてこのような広告を分析しようとしたこともなかった。今回の批評文を書くにあたって、新聞広告というものをじっくり見て、その広告の色や構成や文章の内容を考え、分析してみると、今まで何となく見ていたものが、企業のイメージ、時には社会の問題といったものを訴えているのだということを知った。これからこういった批評文を書くという機会はないかもしれないが、そういう目的がなくても、これから新聞広告のキャッチコピーやボディコピーを目にした時にそれらが何の意味を持つか、ということを考えて見てみたい。

2. 分析や評価の詳細

普通、広告を見たとき、まず目につくのはその広告のキャッチコピーか、もしくはイラストや写真だろう。しかし、この広告は、キャッチコピーももちろん目に付くだろうが、多くの人は何よりも中央にあるハートの形にレイアウトされた文章に目が行くだろう。この広告のボディコピーだ。その内容は、一番公開」の文字のとおり、全て使用者の商品に対する感想を様々と、この化粧品の女性達が行われた使われ方がこの商品だけ、特に特徴のあるたくさんの女性達のそれぞれの使った感想を述べている。女性達の年齢や職業も様々で、それも数人ではなく、たくさんの女性達がそれぞれの使った感想を述べている。その感想のひとつひとつは、特に特徴のある内容でもなく、普通の言葉で自分の特に使っていることだけだ。しかし、その普通の感想だけと多様の感想の声にリアリティがあり、その普通の感想を普通という。そしてその量と多様の声をピンク色で書かれていて、その内容の通り、この化粧品は使い心地がよく、美しくなれそうだという感じがする。たとえば、これが違った色─青だったり黄色だったりしたなら、また違ったものになっていっただろう。

このボディコピーのハートに重なって、商品の写真がある。ハートと同じくらい、またはそれ以上に目立つものだ。なぜなら、この広告には他にイラストや写真はない、広告としては地味で全くイラストがなく、そして背景が真白であることだ。この写真を目立たせている。こうやって商品を印象づけることは、読者に商品にもくれ目を向けさせることをもう促すという点で非常に効果があるのだろう。そして、その商品の写真の右側にある「まさに第二の素肌」など、この化粧品は自然に、素肌のように美しくしてくれそうだ。そんな説得力のあるボディコピーである。

3. まとめ

新聞広告は、この広告のように全体的におとなしく地味な雰囲気のものもあれば、様々な色を用いた賑やかで派手なものもあり、その内容や訴えかける方法も大きく違っているが、広告対象を読者に「印象づける」という目的は同じだ。今まで私はそういう広告といったものをさっと眺めているだけで特に気にしたことはなかったし、ましてこのような広告を分析しようとしたこともなかった。今回の批評文を書くにあたって、新聞広告というものをじっくり見て、その広告の色や構成や文章の内容を考え、分析してみると、今まで何となく見ていたものが、企業のイメージ、時には社会の問題といったものを訴えているのだということを知った。これからこういった批評文を書くという機会はないかもしれないが、そういう目的がなくても、これから新聞広告のキャッチコピーやボディコピーを目にした時にそれらが何の意味を持つか、ということを考えて見てみたい。

現代の表現に迫る！ ―新聞広告の批評文を書こう―

資料1-B　生徒作品（批評文／完成稿）

つながるつながり　408　男子

私が取り上げたのは、2007年7月23日、朝日新聞の朝刊に掲載された「BASF」という"ザ・ケミカル・カンパニー"を標語とする、化学製品等を扱う会社の宣伝として使われた広告だ。

●広告写真の説明
（本来の広告には文字による説明はない）

9名のシンクロナイズド・スイミングの選手が、化学のベンゼン環による図形を作り、それを真上から撮影した写真。選手が作る人体による三次元のベンゼン環の化学記号が二重写しになっている。背景はプールの青色、選手の水着はオレンジ色。

●キャッチコピー
つながりで、魅了する。

●ボディーコピー（一部）
それは、人をつなぐ、未来をつなぐ、革新的な化学式。

●社名表示
BASF
The Chemical Company

1. 批評の全体像

この広告のキャッチコピー「つながりで、魅了する。」の通り、「つながり」を強く感じさせる広告だ。

2. 分析や評価の詳細

私の解釈を交えて説明すると、「つながり」を感じる理由やビジュアル面やボディーコピー（文章）で、大体はつかめるはずだ。

ビジュアル面から言えば、シンクロの演技をしている女性達。シンクロというのは、互いを理解することと息を合わせることが絶対なので、それがビジュアル面で分かる「つながり」である。

次に、広告下部にあるボディーコピーに注目すれば、「お互いを信じあえるパートナーと高次元のコラボレーションを実現することが、成功への重要な要素となります。」と書かれており、より「つながり」を強調したいのだと感じる。

また、シンクロの演技をしている女性たちをよく見ると、未来影であるとこるが化学式となっている。これは化学を表すモノとしてだけでなく、ボディーコピーにもある「ザ・ケミカル・カンパニー」をさりげなく強調している。

そして、背景の青とボディーコピーを囲むオレンジの組み合わせは爽やかさを感じさせ、更にシンクロ演技をしている女性たちの明るい表情は、今にも動きだしそうな雰囲気と爽やかさをまた強く表している。

3. まとめ

TVでみるCMと新聞などの広告。端的に言うと、大きな違いは動画と静止画だ。新聞広告は動かないから、「消費者に本当に伝えたいこと」を伝える手段が、数十秒で終わるCMに対して、「いつでも見ること」が出来る広告」──。

いつでもじっくり見ることが出来るからこそ消費者の目をひきつける魅力があると感じた。

（引用者注：資料1-Bも新聞広告を掲載していたが、著作権等の関係で、文字による説明に代替した）

3　単元「新聞広告の批評文を書こう」の成果と課題

(1) 学びの成立（成果）についての検証

　資料1に示した生徒Aに比べて、生徒Bの作品の完成度は決して高くない。単元当初、作業が滞り、途方に暮れる姿が見られた。しかし、「お薦め新聞広告ベスト3」→「広告分析シート」（資料2）→「第1稿」（資料3）→「第2稿」（資料4）→「完成稿」（資料1B）と彼のワークシートを順に追っていくと、新聞広告を「読む力」・それを「伝えようとする意欲」・「書く力」が徐々に高まっていく様子が読み取れる。彼は、本単元において最も多くの〈学び〉を行った生徒だと言える。彼自身、「一年間の学びの振り返り」（1/11実施）に、次のように述べている。

生徒Bの「表現研究における一年間の学び」

> （前略）自分にプラスになった点――3分間スピーチも話し方講座もいろいろあるが、新聞広告の批評文を書くこともすごくプラスになった。はじめは新聞を取っていない自分にはほとんど関係がないと思っていたが、時間を重ねる度に[A]「静止画（絵）一面だけに伝えたいことがすべてある」と思い、非常に興味が出た。[B]批評文の相互批正の時は、自分の気づかなかったところへ指摘があったりして、それを参考に出来たので感謝した。[C]広告の興味はいまだなくなってはないので、明石～大久保間の電車の中では、短時間で出来る限りの分析をやっていたりする。

　他の生徒の〈学び〉についても検証する。「最も興味深かった単元」についてとったアンケートの結果は、単元2「話すの基礎講座」・単元3「3分間スピーチ」・単元4「新聞広告の批評文を書こう」各7名、単元5「明北ガイドブックをつくろう」2名であった。単元4を選んだ7名の選択理由から一部を紹介する。（破線部は学習目標A～Cに該当すると推察される箇所）

> 表現研究の時間でやった内容で一番「本当に出来るのか」と最初に思った内容でしたけれど、実際やってみると、[A]「紙一枚に対してここまで考えさせられるのか」と少し驚き、発見が楽しかったです。1つのことに「もっともっと」と深く考えるというのは、普段日常生活の中においてあまりあることではなかったので新鮮さがあり、それらをまとめ[B]レポートにする時も「どのように表現すれば自分の考えを最も的確に伝えられるか」と考えながら仕上げていくことにも関心をもつことができました。（424・女）

> やはりこの「新聞広告の批評文を書こう」という単元は、[A]言語および言語以外の表現する意味・意図を読み解いて、[B]自分の考えを他者に分かりやすいように的確に文章化する能力が備わると感じたから。（605・男）

> まず、この授業が一番積極性を持って学習できたと思います。（中略）また、一番学習したことが多くあったと思うのも、この単元です。（中略）[A]この単元を学習し、イラストや写真、色や文字の大きさで伝えたいことを伝えるのも表現で、[C]その表現を学ぶことも面白いということが学べました。（630・女）

　次に、「単元の振り返りシート」（第12時）の自由記述から一部抜粋して紹介する。

> 他者に自分の意見を納得させることの難しさも知ることができた。[A]表現一つで同じ内容が大きく違った意味を持って他者へ伝わる。このことを、新聞広告の多くの表現方法を見て知り、実際自分で批評文を作ることによって、分かりやすく、多くを伝えることの難しさを知り、難しいながらも精一杯取り組むことができた。
> （424・女）

> この単元では、[A]1つの広告を分析するということで、何を伝えたいのか、どんなふうに伝えようと工夫しているのかがわかった。[B]どんなふうに広告を作ると一番いいのかがわかった。スローガンの大切さもわかった。スローガンがあることで一気に読み手を引きつける。新聞広

告の深さを知った。(501・男)

新聞広告は、ただ絵がかかれていてアピールしているだけだと思ってたので、読んでみると、^A書いた人が一枚にどれだけ密度の濃い内容を書いたのかわかりました。これをやってから^C新聞を読んでいても目に止まるようになってきました。(502・男)

^AB新聞広告を通して、なぜあの色を使うのか、なぜあの背景なのか、なぜその向きなのか、などいろいろな表現の仕方を読みとり、それを広告批評文として自分の思ったことや感じたことを書くことによって、新聞広告などの表現に対して理解を深められたと思う。また、^Bじぶんの表現力の向上にもなったと思う。(513・男)

相手の言いたいことや隠れた言葉を読み取るのは難しいと思いました。^AB文を作成する時も、絵や写真を読み手にわかりやすいようにするにはどうしたらいいかと考えると、言葉のニュアンスやいろんな具体例を出すことが大切なんだと思いました。(603・男)

^A同じものを説明するのでも、2人いれば2通り、3人いれば3通り、多人数ではもの凄く多くの表現の仕方があって、それらはどれも一つとして同じものではないということを改めて実感した。また、^B表現というのは、表現する人がいるのはもちろんだけど、それを見る(聞く)人、ようするに対象がいるということを意識するようになった。(605・男)

「読解」「表現」の技能面には個人差があるが、学習目標に掲げた「A．表現に対する思考・認識の深まり」「B．表現意欲の醸成・表現技術の向上」「C．表現主体としての育成」は、概ね達成できたと考える。

(2) 授業構築の5つの柱の有用性について

次に、授業構築のための〈5つの柱〉の有用性について、「2学期の振り返りシート」(12/17実施)をもとに検証する。

回答を自由記述形式にしたため、数値を挙げて検証することはできないが、生徒たちの様子からは「❸スモール・ステップ」で1時間ごとの学習活動の内容や量を明示することは欠かせないと判断される。

❷見本(モデル)の有効性

はじめに見本で見せてもらった「テープのり」のキャッチコピーを見て、この短い文でいくつものことを連想させることができることに驚きと感動を覚えた。(612・男)

❹相互交流の有効性

自分で批評文も考えて完成したものを皆で回して読んだ時、いろんな人からのアドバイスやいろんな人の作品を見て、自分の分析が足りていないことや、他の人の作品の良い所もたくさん見て、いい刺激になった。(331・女)

相互批正の時は、背景のこと等の分析が不足していたので、反省点はとても多いと感じた。相互批正をして再び批評文にした時は、前回目に付かなかった所を見ることが出来た。(408・男)

大きく分けて2つのことを学んだ。まず1つ目は、他者の視点と自分の視点の差である。新聞広告での授業を通して、自分が着目した点がとても大きな存在として見ていたが、他者から見ると、もっと違う所を見ている。そのことに驚きと面白さを見つけることができた。(後略)
(424・女)

自分の批評文はとても短かったけど、他の子の批評文はとても新聞から自分の感じ取ったことを書いていた。(中略)自分の批評文が返ってきた時は、アドバイスが書いてあり、自分がきずかなかった所を書いてくれていたので、後からとても批評文が書きやすかった。(515・男)

中でも印象に残っているのは、広告の相互批正の時間である。なぜなら、班の人たちと回し読みすることによって、自分の持っていない表現の仕方や伝え方などを新しく知り、それによって視野が広がったからである。自分の価値観や表現力、また文章力の力が身に付いた貴重な時

間であった。(522・女)

> 他の人の批評文を見ることで、他の広告の表現だけでなく、書いた本人が自分で広告をどのように分析してワークシートに自分が広告に対して思ったことを表現していけるのかということも見れて、より自分の表現力が向上して、初めに書いた新聞広告批評よりも良い作品ができた。(616・男)

> 分析をして、その結果を整理するところまではつまずきながらも出来たのですが、どう表現するかで考え込んでしまいました。他の人の文章を見せてもらうことで、良い表現を参考にして私の文章をステップアップさせることができたと思います。他人から指摘してもらったり、良い表現を参考にさせてもらうことで自分の文章をステップアップさせることができることを学びました。(627・女)

❺学習成果のフィードバックの有効性

> 自分たちの力作（？）が１冊の本として出来上がった時の達成感は、今までに味わったことのないぐらいのものでした。(434・女)

　以上、学習活動のイメージを明確にもたせるための「❶最終学習形態の提示」「❷見本の提示」や、作品のランクアップのための「❹相互交流」、成就感を持たせるための「❺作品の製本化」について、いずれも「学習意欲の喚起・醸成」や「学習活動支援」として有用であったと判断される。

(3) 反省点 と 今後の課題

　一番の反省点は、広告表現の意図や工夫を「読み解く力」を高める手立てが十分でなかった点である。
　「第１次：広告の選定」(3限目)や、「第３次：広告批評文の作成」(7・8限目)には相互交流活動を設けた。教師の分析プロセスや分析シートを提示し（2・4限目）、分析活動の要領をつかませた。個人作業中でも前後左右との相談は可とし、一人で難渋している生徒には個人的に助言・支援を行った。しかし、不慣れな読解作業であることを考えれば、時間と相手とをしっかり確保し、生徒たちが分析内容を高め合う仕掛けを「第２次：広告の分析」(4・5限目)において設定すべきであった。その際、①「広告」がある特定商品の購買を促進するという意図をもった表現活動であるという点を再認識させた上で、②〈製作者同士〉あるいは〈発信者（売り手）と受信者（消費者）〉という風に視点を明確化して交流活動を行わせていれば、肯定的な分析だけでなく、批判的な分析も導き出せたのではないかと思われる。
　また、分析方法についても、生徒個々の経験値に委ねてしまうのではなく、〈広告の修辞（レトリック）〉についての基礎知識の獲得を目的とした講義や演習を事前に設定しておけば、分析活動を一層深めることができたのではないかと思われる。

おわりに

　「現代文」や「古典」においては、「間違いたくない」という意識が強く、生徒は自己の読みを披露することに消極的である。また、教師の示した結論が唯一解であるように思い込みがちなため、他の生徒のことばへの反応も良いとは言い難い。しかし、本単元においては、他者のことば（アドバイス）に耳を傾け、読解活動や表現活動に前向きに活かそうとする姿が見受けられた。だからこそ、生徒たちは「理解」と「表現」の深まりを自覚し、「学び」の実感を持つことができたのだと思う。
　今回の実践から得たものを活用し、対象への「理解」を深めることが「表現」を高めることにつながり、「表現」を磨くことが「理解」の深まりに跳ね返っていくことが実感できる〈学び〉を構築していきたい。

（髙田真理子）

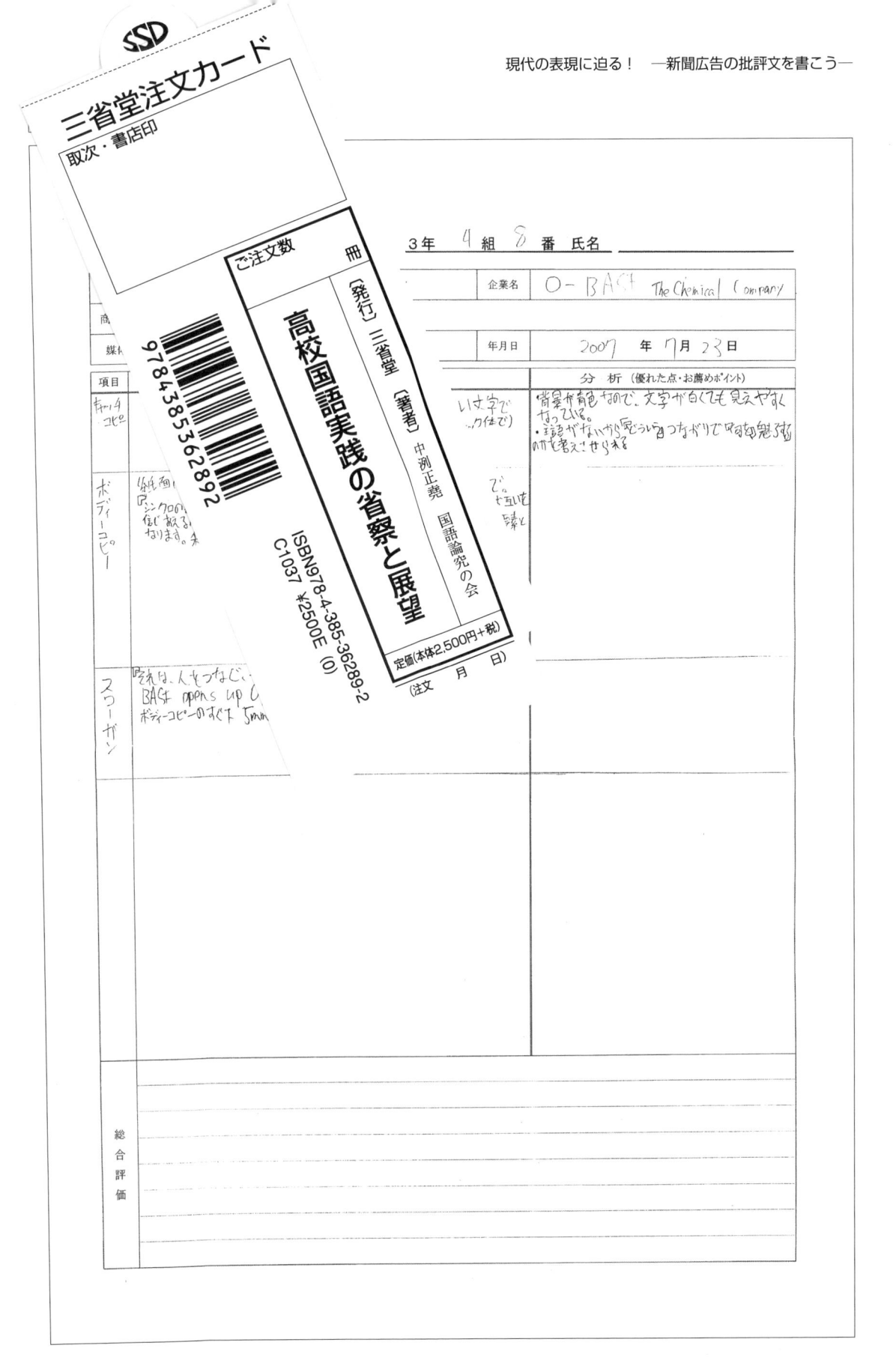

現代の表現に迫る！ ―新聞広告の批評文を書こう―

3年 4組 8番 氏名 _____

| 企業名 | O-BASF The Chemical Company |
| 年月日 | 2007 年 7 月 23 日 |

分析（優れた点・お薦めポイント）
・背景が青色なので、文字が白くても見えやすくなっている。
・話がないから見どういう自つながりで何か魅力的なのかを考えさせられる

【三省堂注文カード】
取次・書店印
ご注文数　冊
〔発行〕三省堂　〔著者〕中洌正堯　国語論究の会
高校国語実践の省察と展望
ISBN978-4-385-36289-2
C1037 ￥2500E (0)
定価(本体2,500円+税)
（注文 月 日）
9784385362892

項目
キャッチコピー　小さ字で（ック体で）　でかい文字
ボディコピー　紙面のシンクロの形で扱えるようになります。
スローガン　それは、人をつなぐ…　BASF opens up…　ボディコピーのすぐ下 5mm

総合評価

141

資料3　生徒Bの批評文（第1稿）

表現研究　新聞広告の批評文　　4組　9番　氏名

1 何についてのどういう広告か（自分がどう評価したか）の全体像をまず提示しよう。

この広告についてのキャッチコピーにも使われている「つながり」のよさを感じさせる。

2 1で述べた自分の評価・解釈の根拠を、広告の実際（コピーやビジュアル面）に即して、（他者にも分かりやすく伝えることを念頭に置いて具体的に解説しよう。

何故、巴つなげリ」のよさを感じさせるといううと、シンクロの演技をしている女性達と、広告下部にあるボディーコピーにお互いを信じあえるパートナーという文での広告下部にあるボディーコピーにお互いを信じあえるパートナーという文でのコラボレーションを実現することが成功への重要な要素になっており、この広告の目的的会社宣伝をも上手く表現している。　もしかして、どんな会社なの？？

ボディーコピーとビジュアル面でまとめ合っている事がある。また、述べているシンクロの実技をしている女性達は、よく映っていて強さを見せ部活動ながらも女性の美しさがあり、そのキャッチコピーにもる。ラブル・サルバニー」で書かれている30で、何かの合計サイトのの想像が出来てくるだろう。

3 今回の学習活動をふまえて、「新聞広告」というものに対して自分なりに思ったこと、考えたことを書こう。（決めの一言）

今まで新聞広告は、何も不可もなく、何も考えたりもしなかったが、今回見てキッカケが良く、良く見らし様々な疑問もうまれがありTVCMでは伝えきれない部分を広告なら伝え込めるように感じた

【自己評価】　A・B・C・Ⓓ・E

評価の理由と工夫した点：今まで不可もない評価したい所だけ本で、上手くいかなかった部分がいくつかあったのでこの評価に。

| 資料4 | 生徒Bの批評文（第2稿） |

表現研究　新聞広告を読み解いて批評文を書く　　4 組　8 番　氏名

私が取り上げたのは、BASFというザ・ケミカル・カンパニーを標語とする化学を扱う会社の宣伝の広告である。

1. 批評の全体像

この広告のキャッチコピー「つながりで魅了する」の通り、つながりを強く感じさせる広告だ。

2. 分析や批評の詳細

つながりを感じる理由はビジュアル面やボディコピーで、だいたいは固められてはず。ビジュアル面から言えば、シンクロの演技もしている女性達。シンクロという物は、互いを理解する事と息を合わす事が絶対不可欠なので、ビジュアル面でのつながりである。

次に広告下部にあるボディコピーを注目すれば、「お互いを信じ合えるパートナーと弊社とのコラボレーションを実現する重要な要素となります。」と書いてあり、つながりを強調したいのだと感じる。

また、ビジュアル面でもシンクロの演技をしている女性をよく見ると影が化学式となっていて、さりげない所だが「ザ・ケミカルカンパニー」と強調しているのが分かる。

そして、プールに映る青と文章部分に使っているオレンジ色の組み合わせというものは爽やかな感じを出している。更に女性達の明るい表情も爽やかさをより引き締めている。

3. まとめ

改めて、CMと広告は違うものだと感じた。動かない広告だからこそ、伝えられない部分があり、それが広告の魅力だと思った。

論理を育てる効果的な指導
―対立する思考を常に自己の内に―

1 論理とは何か

　私たちが読解や表現において「論理的思考をするように」といって生徒に求めているのは、実際はどんなことだろうか。また、生徒は実際にどこでどのように論理的な思考を身につけているのだろうか。

　すぐに思い浮かぶのは、生徒たちの日常生活で、何が損か、何が得かを選択し決定する場で論理的思考が現れているところであろう。

　また、争いや要求の場で展開される自己主張というものにもその論理思考が張り巡らされている。

　人は選択を迫られたり、自分の利害に出合ったりして、初めて本当の「私」が表面に表れ、論理が頭をもたげて、そして、「私」を主張し始める。その中で「自己主張」「自己防衛・自己弁護」や「他者攻撃」に心を砕くわけである。

　私が総じて生徒達に求めてきた内実を思い出してみると「自己を深め、広げよう」ということであり、「論理を自分の内に確かにしよう」という願いであった。

　換言すれば、他人を説得していく過程において、十分反対意見を取り入れながら、その深い迷いから出てきた「私の真実」というものに達してほしかったということである。

　つまり誰が何と言おうと譲れない「自分」というものを構築して、誰のどんな反論があっても譲れない自分を確立する。それが「論理を育てる」ということではないだろうか。つまり「自己発見」「自己確立」に至る過程ではしっかりとした「論理」が必要で、それを育てなければならないだろう。

　以下その「論理を育てる」にはどのように取り組むのかという課題について述べてみようと思う。

2 国語科では

(1) 問題や状況の認識

　世界には実にさまざまな問題が存在する。そして生徒個人の内にも同様にいろいろ問題がある。要するに「問題のない生徒」などはいないのである。生徒が問題を認識し、解決の方途をどう発見していくのか。これについての指導の手当てはどうあるべきかについて考えなければならない。

　論理的な思考というものは、それ自体独立して存在し成長するものではなく、考える対象があり、それを認識し、考えていく過程で、鍛えられ育ち、強くなるものである。だからまずしっかり問題の存在を認識させることが重要になるだろう。私はその問題の所在を二つの状況に分けて考えることにする。

①大状況

　現在取り上げられ既に一般化している問題は、環境・情報通信・科学技術・医療・介護福祉・教育青少年・政治経済・社会国際・文化・日本と日本人・自然災害（地震、原子力、憲法問題もはいってくるか）などである。

　それらは、よく入試の小論文などで取り上げられるから教師にとってなじみもあろう。

　とはいえこれらの大状況の問題について、高校生が容易に答えを見つけられるような、解決方法があるわけではない。しかし我々が現在抱えている問題は、未来の日本人や人類全般にかかわる問題である。だからこれらはただ単に入試に出るからではなく、我々が生涯にわたって考え続けなければならないし、一度は通らなければならない問題だと言える。

　例えば、私は高３の授業で森鷗外「高瀬舟」を読んだとき、安楽死の問題を考えさせたことがあ

る。喜助の弟殺しについて、生徒達の初発の感想は「罪ではない」というのが圧倒的に多かった。しかし少し揺さぶりをかけて現在の安楽死の要件（医師の判断や真摯な嘱託また承諾など）をそろえてみると、大方が殺人に等しいという意見になった。

② 小状況

それらの大状況に囲まれながら生徒達も日々生活している。その日々の日常の中で、生徒達は数々の問題を抱えているはずである。私達はそこにも目を向けさせなければならない。

表現指導の実際では「もの」と「こと」に分けると状況に向かいやすい。

書く題材については、「もの」では一番関心のあるものが「私自身」であり、さらに家族、友達・男女などの人間関係についてと広がっていく。「こと」については、体験したことが中心になる。（怖かったこと、楽しかったこと、嫌なことなど）

ずいぶん昔であるが、私は授業で芥川龍之介の「鼻」を使って、生徒自身の美醜や劣等感について、それらをいかに克服しているかを問うたことがある。

(2) 状況の中の自分

読解や表現の中で状況を発見させると、次にその状況が、「ある論理」を取らせているのではないかという発見に導きやすい。つまりある結論を選びとっているのは、その状況下にあるからではないかということに気づかせるのである。

またある状況の下で、その状況を打開しようともがく姿も現れる。困難な立場ではあるが、状況に立ち向かう場合もある。小説の醍醐味はたいていここにある。

そのように論理と状況とが深く関わっていることを発見するだろう。

「羅生門」が長く教科書に残っているのは、私達国語科教師が、大状況の中の人間模様とその論理の必然に魅力を覚えるからではないだろうか。

さらに興味深いことではあるが、状況が個人に論理を強いるという側面とともに、個人が状況を作り出しているという側面もある。

ある状況へ参入している自分が、さらに新しい状況を作り出しているという現実である。たとえば受験産業と生徒との関係がそれをよく物語っている。個々の「自分の成績」が集められたとき、その集積に自分が影響を受けるのである。そして、その選択決定が、また他人に影響することになる。

そこで私は、表現領域であるが、現代における「流行」について考えを深めさせたことがある。たとえば、これまでなかった「もの」で、今みんなを惹きつけて離さないという「もの」。それについて書かせたことがある。

過去の日本で圧倒的に優位だった「カラーテレビ、クーラー、カー」などを示し、では現在は何があるかと問うてみるのである。つまりたいていは今流行っているものについて書けばいいのである。さらに「これまではなかったが、これからきっとみんなが受け入れる」という「新しいもの」について考えをめぐらしてみようと問いかけた。

これは今大人たちが商品開発やデザインなどで必死に取り組んでいる難しい課題である。また「研究」という領域がそれであることにも気づかせた。

では次に「論理」を読み取る読解の方法について述べたい。

(3) 二項対立（対比）と相対思考

評論文読解では、筆者の主張を読み取るのはもちろんだが、それの反対の立場からの意見も書かれていることに注目し、その二つの主張のぶつかる火花や緊張感を味わわせたい。まずは相対的な把握の上に筆者の主張がなされているところを理解することが必要だろう。そして最終的にその評論の結論と向き合えるような生徒の「自己」が育てばいいのではないかと切に願う。

具体的には、本文の中にある対立した項目に傍線を引きAやBとおく。そして筆者の主張がAに行くのかBに行くのか、あるいは新しくCに行き着くのかをたどる読みである。そのような読みも、対象を相対的にとらえるという訓練の一つだと考えてはどうだろうか。

また、評論読解の中で対象を把握する方法として、「巨視的・微視的」「時間的・空間的」などのように、二つの相対的観点でとらえていく方法を学ばせることができるであろう。

例えば「『である』ことと『する』こと」(丸山真男)で生徒はその方法を知るとともに、二つの観点や視点でとらえるおもしろさを味わうことができるだろう。

3 私の実践

私の授業から「論理的思考」に関する指導を引き出すと以下のようになるだろう。

(1) 読解
①展開図を書かせる
読みの方法では、教材にそって論理をたどり作品に同化しながら読み進む。そして今では普通になったが「展開図」(注1)を書けるように指導する。最初は虫食いのフローチャートを作り、その中に要点やキーワードを入れていく練習をする。

②「論理」そのものを考えさせる
「コインは円形か」(『新国語二』尚学図書)で佐藤信夫は、人間の認識の危うさを指摘し、視点の相違や文化圏の差を考えさせる。

このように直接「論理」というものに迫る教材を選ぶことができる。

③相対的把握をしている教材を選ぶ
評論の中で対象を対比的にとらえ、比較検討をしているものを選ぶことで相対的な見方の訓練をする。定番の山崎正和「水の東西」や鈴木孝夫「相手依存の自己規定」などである。

加藤周一(『雑種文化』講談社文庫、1974)以来多くの日本論または日本人論は、西洋との比較なしではあり得ない。格好の相対的把握である。対象のとらえ方の初歩的スタイルではないだろうか。

また重兼芳子は「過保護」(『新国語二』尚学図書、平成11年)で、アメリカと日本の子育てや自立の実際を対比的に述べている。これらの文章は、それを読み進んでいけば必然的に相対的な考え方や見方に通じていくだろう。

④弁証法的な教材選択をする
環境問題を考えると、『国語一』(第一学習社、平成8年)は「環境と人間」というテーマで以下の二つの教材を並べている。
- 「草の言葉・魚の言葉」真木悠介
- 「私にとって都市も自然だ」日野啓三

真木悠介は、テクノロジーや貨幣経済の拡大のなかに「水俣病」をおく。そして鳥や魚たちの声を聞かなくなった現代社会の文明を憂えている。

一方、日野啓三は、「工業化、都市化ということも、そういう二千年来の自然人工化の延長線上にある」という。「変化を上回って自壊に近づいていると言える」と認めつつ、都市化を肯定的にとらえ、アスファルトや高層ビルも自然観の中に入れようという。

この教科書の「テーマ学習」に「①それぞれの文章は、どのような自然観によって書かれているか、考えよう」と導いている。また「②自然と人間のあり方について、各自どのように考えるか、話し合ってみよう」とある。

どうしても筆者の主張にたどり着いて終わりという読みが多数を占める中、私は二つを読んだ後、生徒に「ではあなたはどちらに与するか」という問いでゆさぶりをかけた。

その先には「新しいパラダイムを求めて」『改訂版現代文2』(第一学習社)村上陽一郎を用意するといい。前の二つの論理を止揚したような評論である。

(2) 文章表現
①段落
文章表現では、何を書くかテーマと題材が決まったら、次は「段落」である。原稿用紙一枚でも必ず二つ三つの段落を要求する。すると否が応でもまとまりについて意識が生まれる。原稿用紙の升を一字下げて書き始めるだけの形であるが、目に見えるものの力は大きい。論理的展開への第一歩である。(注2　近年「パラグラフライティング」という概念が出ている。)

次に、どう並べるか順序意識が来る。フロー

チャートや展開図や構成例（起承転結など）を使うのは一般的である。

そのとき段落ごとの接続の問題が出てくる。それを生徒に意識させたい。最初は順接が来る。自分は…である。「だから」「そして」「なぜなら」「また」と展開していく。また「しかし」と逆接で展開することもある。これらは、「横のつながり」と解釈していいだろう。たとえば理由を述べたり、別の観点を入れたりすることである。また時間や場所が展開する順序に次々と述べていくことがそれにあたる。

次に表現語彙と段落の関係である。抽象表現とその具体例の説明や上位語下位語などがある。抽象的な表現をしている段落があれば、次にそれを説明するために具体例を示す段落が必要となる。さらに事実と意見を分けることなどがある。

そのような段落のつながりを「縦のつながり」ととらえる。どこまで詳しく述べるかは、書く枚数や説得力のとらえ方で決まってくるが、段落の縦横を意識させたい。

私は、文章の展開や順序意識を徹底させるため、平成25年、高田真理子（兵庫県立加古川西高等学校）の実践を真似して、最初から「形」「枠」を決めて書かせてみた。

文種は意見文で、最初に書かせた題は「インスタント食品は是か非か」。次の題が「体罰は是か非か」という題である。

最初に結論を述べる段を書く。次が「なぜなら～」で始まる理由を述べる段、次が「たしかに～ではあるが」で始まる反論を想定する段落を書く。「たしかに‥ではあるが」という段落を作ることで、自分の意見とは異なる考えを挿入する。そして最後にそれを否定して、自己の主張・結論を強くするのである。

最初から四つの段の枠組みを提示する方法である。（もちろん各段落は、一文で構成されているわけではない。）その結果、この枠組みを与えると文章が書きやすいということが発見できた。

第2次で、自分の意見をさらに深めさせるためグループ討議したり、新聞など別資料を読んだり

した。そして次の二つの観点を入れて最初の文章を改訂する作業をさせた。

１）自分の経験を入れる。
２）資料を取り入れる。

ところがこの観点を入れると、文の量が増えるということもあり、最初の四つの枠組みがくずれてしまうということもあった。

文章表現の最初は、文章を並べていく展開方法や構成パターン（型）を経験させることが、意見を述べる手順として効果的であることは実証できた。

しかし実際の論題やテーマの掘り下げ方によって表現や展開が変わってくる場合もあるので、文章を書かせた後で添削するときに、どのように段落を構成するかを提示していくのも可能である。

教師の労力が相当必要ではあるが。

②三枚の小さな紙

表現指導では感想文にしても、意見文にしても、テーマを与えて書かせるのであるが、生徒達は構想に時間をかけ、それについて十分考察した後で書き進むというような習慣がなかなかつけにくい。

だから私はいつも短冊のような小さな紙（B6判用紙をさらに縦長に半分にしたもの）を用意し、そこに授業の途中で意見や感想を書かせておく。

もちろん書かせる課題はその時その時で異なる。書く分量は二、三行である（注3　資料参照）。

すると一つの教材が終わったときには、三つか四つの断片が集まることになる。そして最後にそれを生徒に返して、その小さな断片を元に自分の意見をまとめるようにさせている。

生徒達はそれをうまくつなげたり、ただ並べたりと様々である。しかし小さな課題を複数与えることによって、文の量についての恐れもなくなり、さらに、その断片のつなぎ方によって「論理的な展開」を目指すことも可能である。

③生徒同士の交流

現在は、生徒同士がうまく関係を結べない時代である。これからは少子化のおり、ますます生徒達同士の関係つくりが難しい時代になると思われる。それをかんがみ私は、常に生徒同士の交流を

持たそうと意識してきた。また他者に影響される自分、影響されない自分の格闘を見たかった。そこで他人の批評や意見を聞いて自己に組み入れるという授業を組んだ。

小説教材（「他人の夏」山川方夫『国語一』尚学図書）だったが、他者の意見を見たり聞いたりすることによって自己の変容を見ることができた。

だが、教室では、昭和の昔のように生徒がみんなの前で意見発表をし、それに対してある生徒が反対意見を述べるなどという光景を私自身とんと見たことがない。そこで以下のように一工夫してみた。

④パソコンの利用

まず生徒自身がパソコンの表計算ソフト「エクセル」に、その教材についての自分の意見や感想を打ち込む。それを教師が集めて一覧にする。そしてそれぞれの意見に対して、また自分の感想や意見を一人一人に対して打ち込むのである。まどろっこしいが生徒同士の交流をするためには、これも一つの方法であると思う。

教師がさらに集計すると、自分の意見に対してクラス全員分の意見が自分のもとに届くことになる。

生徒達はキーボードに抵抗感がないようになってきた。これからは文章表現指導が飛躍的に伸びるのではないかと思う。だから生徒に交流させるためにもパソコンは大いに利用価値が高い。

実際の指導でも、締め切り間際生徒が私のパソコンに携帯からメールで文章を送ってきて、それを取り込んだことがあった。しかし授業がツィッター感覚になってくるかもしれない。だからその正負はまだ見極められない。

4 実践構想の提案

(1) パソコンソフトを利用する

ソフトの「パワーポイント」は、論理という点に関して有効だと思う。すでに形が整ってそれに当てはめればいいので、順序意識はもちろん段落意識や入れる情報の量も考えさせることができる。実際にプレゼンテーションしなくても文章表現指導の初期段階で利用できないものだろうかと考える。

(2)「クリティカルシンキング」する

『クリティカル進化論』（道田泰司・宮元博章・秋月りす著、北大路書房、1999）は、文字通り「批評的に考えよう」と説き、漫画『ＯＬ進化論』（秋月りす著）を使い論理の不整合や欠落点をうまく説明している。

「論理とは何か」を考えさせるために、「4コマ漫画から、何を考えるか？」というテーマで、この漫画を教材化できないかと思う。

(3) 調査研究をする

アンケートを採りそれを分析する。現在、調査はパソコンで簡単にグラフ化できる。そのグラフから読めること、またその原因や理由を分析することは論理的思考の訓練になるだろう。

私は「エクセル」を使い「程度の大きい様を表す副詞」（注4）を生徒と共に調査したこことがある。

それの集計は生徒の興味をひいた。変化の激しい副詞の語彙調査である。なぜそのような傾向にあるのかという答えは、専門家でもなかなか分析できないが、用語の使用の広がりを調査して研究するということに生徒達は集中して取り組んだ。

調査研究というと難しく考えがちだが、課題解決学習の一つとして推奨したい。

(4) 論争を見る、読む

テレビの「行列のできる法律相談所」（日本テレビ系）は、四人の各弁護士が、それぞれ一つの事象に対して意見と結論を言うが、各人が個性を持つ回答をすると同時に意見が分かれたり、結論が違ったりしている。つまり結論は一つではないということを生徒はどこかで学ばねばならない。

また、文学について、歴史上の大きな論争の中から教材化して考えを深めることもできるだろう（注5）。

(5) 評論家、批評家になる

　今の生徒はそれぞれ得意分野を持ち、かなり詳しい見方ができる生徒もいる。(オタク文化というのか) マンガ、アニメ、ゲームなどを生徒に批評や評論をさせてはどうだろうか。

　さらにファッション、音楽、映画、スポーツなどを論じさせるのである。まえに挙げた「モノ」でもいいだろう。新しい電化製品だけとっても無数に出てきそうである。

　精一杯評論家気取りで、どこが素晴らしいのか、あるいはどこが新しいのか、また悪いのかを書き、みんなの前で発表させられないものだろうか。

　自分が興味のある分野のことを説明すれば、生徒にとってもそれほど難しい課題でなないだろう。

　読書については、すでに「ブックトーク」という形の表現指導があるが、それらを国語教室に取り入れられないものかと思う。現在は「ビブリオバトル」といった形でのプレゼンテーションもある。

　この論考は、『月刊　国語教育』(2005Vol.25 No.2)に発表したものに加筆訂正したものである。また平成25年度の実践も入れている。

例1　子ども達はすごい勇気があったと思います。そうゆうことをやったらすごい達成感があったと思います。

例2　そうゆうことをしたらダメな事とかわかると思うのでもうそうゆうことをしたらいけないと思います。

例3　きみたちはちょっとぜいたくだぞ。親ががんばって作ってくれたんやからありがたくいただいてたべ(な)さい。でもたまには違うものをたべたいよなあ。そう思った時に正直に気持ちをつたえてみてもいいと思うねん。でもニセモンや思うで。

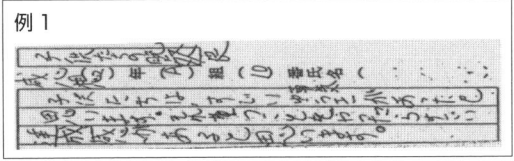

例1

例2

例3

● 注 ………………………………………………………

(1) 桐原書店編集部　編著 (1996)『新大系　現代文の演習』桐原書店、「解説・解答書」

(2) 倉島保美 (2012)『論理が伝わる「書く技術」』、講談社、ブルーバックス

(3)「子ども達の晩餐」江國香織　作(『新編　国語総合』大修館書店、平成14年) 場面ごとの感想を本文の最後に載せる。(例1、例2、例3)

(4)『独創』(第8号平成6年刊) に山口豊氏の先行研究がある。

(5) 長谷川泉　編 (1962)『近代文学論争辞典』至文堂

(光武一成)

第3章の解題

随想の中に、随筆、エッセイ（論理的表現も）、生活記録等をふくむものとする。

1 『伊勢物語』を読んで恋愛エッセイを書こう（髙田真理子）

『伊勢物語』が提供する題材内容を話材として、型を借りて恋愛エッセイを書くという実践である。エッセイを書くための材料収集のワークシート①（読解用）と、俵万智の文章をもとにした構想・記述（興味づけ→全体像の提示・要約→本文の解釈→恋愛観・感想）のワークシート②（表現用）が用意されている。

2 物語を創作しよう―「私が江戸に生まれたら」―（山川庸吉）

この論考には、さらに「楽しい『古典』の表現学習」という副題がある。筆者が他にも実践をシリーズふうに有しており、その一つであることがわかる。物語創作の遠景として西鶴や近松の作品から江戸時代の場を借りる。近景として絵図・写真、生活道具の実物提示（授業者の教材開発）等によって、創作意欲が喚起される。

3 作中人物になって手紙を書こう―「舞姫」の場合―（山川庸吉）

この論考にも、さらに「楽しい『現代文』の表現学習」という副題がある。本章の2と同様なことが言える。第2章4の久保実践とは違ったアプローチの仕方である。豊太郎、エリス、相沢、エリスの母の4人が相互間で手紙を出すという選択課題である。ただし、男子は男性を、女子は女性を選ぶという条件がある。

4 「歳時記的方法」を用いた文章表現指導（大西光恵）

中洌が提唱してきた「歳時記的方法」「風土記的方法」のうち、前者の実践である。ただし、実践例には「横尾山散策」などもあり、後者の要素もある。論考はこれまでに手がけてきた「桜」をめぐる実践の集成である。「桜」という題材は共通であるが、文章表現指導としては書く過程を取り立てたものとなっている。

5 「カキナーレ」―二つの実践と考察―（秦 千依）

創作随想文を書くことの実践である。深谷純一氏の「カキナーレ」の実践と筆者自身の実践とで構成している。「カキナーレ」は「書き慣れ」の意をふくんだ造語、文集名でもある。「自分たちの興味、普段着の表現」でならば、まずここまで書けるという成果を得て、実践は次の段階を見すえる。第6章の2参照。

6 現代の表現に迫る！ ―新聞広告の批評文を書こう―（髙田真理子）

ねらいの明確な文章表現指導である。これは、全44時間の「表現研究」年間指導のうちの単元4（12時間）にあたる。授業構築についての五つの留意点（①最終学習形態を示す／②見本を見せる／③スモール・ステップ／④創構・推敲過程に相互交流活動を設ける／⑤学習活動の成果（作品）を「形」として残す）が注目される。

7 論理を育てる効果的な指導 ―対立する思考を常に自己の内に―（光武一成）

「論理」は教育内容としても考えられるし、求心的に「教科内容」としても考えられる。ここでは、国語科にしぼりこんで、読解における論理のはたらき、文章表現における論理のはたらきについて論じている。学びの根基となる「思考」に棹さす論考であり、第2章6の井上論考と併せ読むと興味深い。

第4章

学習総合の展開

授業を学習者と授業者の共同体へ
―自己評価の取り組み―

1 自己評価用紙というツール

　赤ペンを持ちながら、一枚一枚、今日の授業で学習者が書いた自己評価を読んでいく。私に何を伝えたいのだろう。この気持ちは学習を進めるために役立てられないか。私は今日の授業中に何を感じていたか。そんなことを考えながら、コメントを書いていく。自己評価用紙にコメントを書くには、1クラスが1時間半ほどかかる。非常に時間を取られるが、自己評価用紙は、私の国語教室の学習を促進するための重要なツールである。

　カール・R・ロジャーズという米国の臨床心理学者をご存じだろうか。ロジャーズが創始した来談者中心療法は1960年代に日本に紹介され、彼が提唱した「受容」「共感」「自己一致」というカウンセリングの3原則は、今でも教育相談の基盤になっている。

　ロジャーズは、来談者中心療法におけるカウンセラーとクライエントの人間関係を、他の人間関係に適応するという取り組みをする。この取り組みはパーソン・センタード・アプローチ（Person-Centered Approach：PCA）と呼ばれた。ロジャーズは、このPCAを教室における教師・生徒の関係にも適応し、教育に関するたくさんの著作（最新では2006）を残している。

　教育相談に長年携わりながら、「カウンセリング室で触れる生徒たちの成長を国語教室でも促したい」と願って、国語教室とカウンセリング室を繋ぐものを求めていた私は、ロジャーズの教育理論を基盤とした国語教室を創造することに取り組んだ。

　ロジャーズは、その著書の中で、「生徒達は本来、適切な環境がそろえば、自分に有益だと思った学習は自主的に進めていく存在である。そして生徒達の自主的な学習能力を促進する環境の重要な一つは　教師が、『理解』『尊重』『純粋性』という三つの態度を持ち、それらの態度が、教室の生徒達に十分に体験されていることである」と述べる。この学習を促進する三つの態度は、来談者中心療法におけるカウンセラーの態度条件「受容」「共感」「自己一致」を学習場面に適応させたものである。

　「理解」とは、その学習がどのように見え感じられているかを、授業者が学習者の内面から理解すること、「尊重」とは、学習から起こる学習者の感情を、授業者が学習を深めるために役立つものとして尊重すること、「純粋性」とは、授業者が、授業の中で自分に起こってくる感情を自分自身のものとして経験し受け容れていることである。このロジャーズの主張に、熟練した教師はあまり違和感を抱かないのではないだろうか。学習者をその内面から理解しようとすることや学習者を可能性のある存在として尊重すること、そして、教師が子どもに対して仮面をとって純粋でいようとすることが、学習が成果をあげるために良い効果をあげることを経験から学んでいるはずだからである。

　この、授業者が学習を促進する態度、「理解」「尊重」「純粋性」は、授業中の学習者との対話や授業のシステムから学習者に体験されるが、授業者が十分に学習者に伝えるためのツールとして用いられるのが自己評価用紙である。自己評価用紙の様式（最後にサンプルを載せている）は簡単である。授業日と氏名の記入欄、授業の理解度（％）、それに数行（4行～8行）の罫線が入っている。授業の終わりの5分ほどを使って、この授業中に感じたことや疑問などを記入する。それを回収し、授業者がコメントを加えて次の授業の最初に返却する。生徒は、自己評価に加えられた授業者のコ

メントを読んでから授業に入る。時には、学習を促進するために役立つと思われる自己評価を、書いた学習者本人に読み上げてもらうこともある。

2 「理解」「尊重」「純粋性」を伝えること

実際に学習者の書いた自己評価と、授業者である私がその自己評価に付けたコメントから、「理解」「尊重」「純粋性」がどのように学習者に伝えられるかを示す。

次のAさんの自己評価は、国語表現Ⅱ「俳句を作ろう」で、高校近くの商店街に吟行に出た時のものである。当時の勤務校は、1コマが100分（途中に10分休憩）になっており、私は、国語表現Ⅱで俳句を一年間を通して取り上げた。100分あれば、紅葉や新緑の頃は近くの公園へ、また、クリスマス前には商店街へ、俳句実作のための取材（吟行）に行くことができる。吟行は、商店街への行き帰りを含め90分で行い、帰校してからの10分を自己評価用紙の記入と次回の授業の予告にあてた。

> Aさんの自己評価
> 時間に焦りましたが、映画館の方まで行けて良かった。解散した所から、だんだん明るくなって、それからまた暗くなって、凸型っぽくて楽しかったです。でも、明るい所の中にも探せば暗い所があったりして、逆もあったりして、面白いなと思いました。また吟行をしてみたいです。

ある時、「俳句がいつも暗くなってしまう」と話していたAさんは、吟行の際、商店街の端の遠い映画館まで一人で行ったのだろう。「明るい所」「暗い所」は商店街のことを言っているようだが、実は、Aさんの教室を出て取り組む吟行を楽しもうという気持ちと、友達とは一緒に行動できない寂しい気持ちを表現しているのではないだろうか。「自分は暗いので友達ができない」ということを、Aさんは辛く感じていた。

休憩時間に、いかにも楽しげに話すAさんは暗い感じではないが、その声は不自然でなんとなく聞きづらい。この聞きづらさは、私がAさんからすがりつかれているように感じている（純粋性）ことから生じているらしい。

このAさんの自己評価に、私は次のようにコメントした。

「がんばって遠い映画館まで行ったのですね。商店街の明るい所、暗い所、映画館、みんな人の心に似ていますね。しっかり観察すると、いろんな暗さ明るさが見えてくるでしょう。」

「性格の暗さ」を悩むAさんは、他の講座のメンバーに比べ自分の俳句が暗いと感じ、それは自分の俳句の（そして性格の）なおしたいところだと感じている。そのせいで、俳句の素材として「暗い」ものが気になる（理解）。自分の心のいろんな動きを「暗い」とひとまとめに否定的に捉えてしまわず、しっかりと見つめて自分の個性として俳句に表現して欲しい（尊重）。そう願ったコメントである。Aさんのすがりつきたい気持ちを、一緒に相対化して俳句にできないかと考えながら、Aさんのいる国語表現Ⅱ「俳句を作ろう」の授業を進めていった。

3 国語教室における過程尺度

授業者の「理解」「尊重」「純粋性」が良いものとして学習者に学ばれると、それは学習者相互に対する態度となり、授業者と学習者、学習者同士の人間関係が促進され、国語教室は成長していく。ロジャーズはこの様な授業を「学習者たちの共同体（community of learners）」と呼んでいる。自己評価用紙は、この「学習者たちの共同体」を作るための大きな力になる。

しかし、自己評価を読んで、ただ「楽しかったのか」「面白くなかったのか」などと漫然と雰囲気を捉えていたのでは、授業者が「理解」「尊重」「純粋性」と言う態度を持ち、それを学習者に伝えられているかを評価することはできない。国語教室がどのように成長しているのか、活発な学習活動を促すような雰囲気になっているかを自分でモニターするために、私は次のような観点を持っている。それは成功しているカウンセリングの中

で起こるクライエントの建設的な人格変化を知るために、ロジャーズが考案した過程尺度（process scale）を、国語教室の生徒に応用した「国語教室における過程尺度」である。

> 国語教室における過程尺度
> ①授業の中で湧き上がってくる自分の体験を感じ取っている。
> ②授業での体験が自分にとってどのような意味があるのかを考えている。
> ③自分が体験したことをそのまま上手く表現したいと願っている。
> ④授業中の自分を表現するのに、合理化や歪曲、隠し立てがなく自由である。
> ⑤固定概念や先入観にとらわれていた表現が柔軟になり、自己評価に自信を持っている。
> ⑥自分の国語表現力の課題を自覚し、課題を解決して国語表現力をのばすために積極的に活動しようとしている。
> ⑦自分の体験をありのままに他者と交流したいと感じている。

カウンセリング室から国語教室への応用は、唐突に感じられるかもしれない。しかし私たちは、生徒の国語表現に触れる時、「言葉にまだ実感がない（①）」「感じたことを素直に表現できるようになった（④）」「自分にしっくりする表現を探し求めている（⑦）」というような批評をする。国語科教師は、生徒の内面の成長が国語表現として現れることをよく知っている。

自己評価にこの過程尺度にあるような変化が読みとれる時、教室が、生徒が自分の成長のために積極的に活動に取り組むような雰囲気になっていることがわかる。

実際に生徒が書いた自己評価を、この過程尺度を使って読んでみよう。年度は違うが前の国語表現Ⅱ「俳句を作ろう」の吟行の後に書かれた自己評価である。

> 商店街には、様々な音やにおいがあって色々と参考になりました。お年寄りがまごと遊んでいるところはとてもほほえましく、店先から出てくる人（お客さん）の顔は嬉しそうで、私も嬉しくなったりなど、感じられる部分が沢山あってとても良い校外学習ができました。（Bさん）

Bさんは、商店街を、視覚だけでなく五感を使ってとらえようとしたことを伝えている（尺度③）。そして、自己評価を書きながら「自分も嬉し」かったと感じ取っている（尺度①）。また吟行で「感じられる部分が沢山あっ」たことは自分にとって「とても良い校外学習」だったと感じている（尺度②）。

> 疲れました。もう足がメチャ痛いです。でも楽しかったです。授業で初めて出たんで新鮮な町になりました。しかも今回は俳句をつくるための材料さがしみたいなもんだから、いつもとは違う目で見られたし、いろんな音を聞けたんでホンマに新鮮に感じました。（Cさん）

いつもは買い物をしたり友達と遊んだりしている商店街を、俳句の材料として「新鮮に感じ」ている。そこに、いままでとは違う、文学の目で街の姿をとらえるCさんがいる（尺度⑤）。

カウンセリング室でカウンセラーが、ロジャーズの過程尺度を手にしながら話を聴いてはいないように、私も尺度を見ながら細かく評価しているわけではない（とてもできない）。しかし、自己評価へのコメントを繰り返す内に、尺度に該当するところがすぐに浮き上がって読め、そこにアンダーラインを引いてコメントできるようになる。

例えばBさんに次のようにコメントした。

「五感をみんな使って商店街をつかみましたね。評価を書いている時のBさんは、吟行での発見をじっくり味わっているようでした。」

4 学習者と授業者の共同体へ

授業者の「理解」「尊重」「純粋性」の態度は、やがてよいものとして学習者に学ばれる。率直に自分の体験や感想を交流することが互いの学習に

役立つと感じるようになり、自分が他の学習者の学習に役立ちたいと思うようになるのだ。授業は、学習をより促進させるような、学習者と授業者の共同体へと成長する。

　自己評価用紙を通して、授業が共同体へと成長する様子を示す。私が、他学年（2年）の授業を2クラスだけ応援に行くことがあった。担当した1クラスは、学習意欲や学習態度について非常に評判が悪かった。他学年からの応援なので、学習者たちと関係ができておらず、また昨年度とは教え方も変わるので、何となくお互いが馴染めない。どうしても学習意欲や学習態度について、叱るようになってしまう。そして学習へ追い立てるために、赤点や評定をちらつかせるようになる。ますます、授業の雰囲気は悪くなり、私は、その授業へ行くことを苦痛に感じるようになった。授業の雰囲気を改善するために、なによりも私が、学習を促進する態度を取り戻すために、自己評価を導入した。すでに自分が所属する1年で3クラス（3単位）に自己評価を導入しており、ここでもう2クラス（2単位）の自己評価にコメントする時間を作ることは難しかったが、それ以上に、この授業の雰囲気と自分の態度を改善したかった。

　次の自己評価は、導入した最初の2週間の内に書かれたものである。

> 　今日で「つれづれなるままに」の文がすべて終わった。一つ一つの意味が多くて、古典はいつどう訳すか難しい。文末が已然形で終わるのは、前に「こそ」があるからという「ぞ、なむ、や、か、こそ」があるときは係り結びがあることをもう一度覚え直していきたい。（Dさん：10月28日）
> 　今日も徒然草のところを勉強した。1年生で習ったところが簡単に出てこなかったので、もう一度習ったところを見直しをしようと思った。「由」というのにはいろいろな意味があるんだなと思った。（Eさん：10月28日）
> 　今日やったところは、前やったところより長い文だったので難しいかな？と思っていたけど、今日のところの方が簡単だった（ママ）。「よし」「よろし」「わろし」「あし」の意味は覚えられたと思います。あと、高くやんごとなきも位が高く高貴だと頭に中にちゃんと入ったので抜けていかないようにしっかり覚えておきます。（Fさん：11月1日）

　多くの学習者の記述は、学習したことを私に報告しているような内容である。よそよそしく、古典文法や古文単語、「前向きな学習態度を見せること」以外は、私と分かち合うことはないと感じているようである。私は、コメントしづらさを感じながらも、目の前にいる学習者に話しかけるような気持ちでコメントを書いていく。

　次は、同じ3人の学習者が、冬休みをはさんで自己評価の導入から2ヶ月ほど後に記入した自己評価である。単元は漢文『論語』に入っていた。

> 　今日は子貢が孔子先生に尋ねたことを勉強した。自分は身分とか位の高い先生にそんな質問はできないと思う。でも、そんなことを聞くぐらい孔子先生を頼っている。そのくらい弟子から誇りに思われるのは凄いと思った。でも、すぐに答えられる孔子先生も凄いと思った。わたしも、自分にされて嫌なことは、人にはしないように気をつけて少しでも頼られるようになりたいです（ママ）。（Dさん：2月3日）
> 　今日の論語は確かになーと納得させられました。どんな事でも口先だけでは生きていけないんだよなーとも思いました。やっぱり、何をするにも、自分の心がないとうまくいかないと思います。今の私達に伝えるなら、部活とかまさしく心がないとやっていけませんよね。共にがんばる思いやりや協力を思う心が大切だと思います。孔子先生は人間の事をよく分かっているなー。（Eさん1月27日）
> 　孔子先生が言うことは、すごく納得できるし、いい言葉だなと思います。でも、よく読んで1つ1つ理解していかないと言葉の意味がわからなかったりします。孔子先生は弟子がたくさん

いて、弟子からの質問に的確に答えているので、きっと色んな経験をしたんだなと思いました。
（Fさん：2月7日）

　Dさんは、子貢の自分にはない率直さに驚いたことや、自分も孔子のように頼られる人になりたいという気持ちを伝えてくれる。きっと、Dさんは、以前に自己評価に書いた、先輩が引退し自分が中心となった部活動のことを考えているのだと感じた私は、孔子の言葉をDさんが生活のなかで実感できると考え、「孔子の指導はシンプルで具体的なので分かりやすいですね。後輩にこんな指導ができるといいね。」とコメントした。

　Eさんは「巧言令色鮮矣仁」を学んで、やはり部活動のことを思い、孔子の考えに共感している。チームメイトとの間に、言葉の軽さを痛感し「共にがんばる」という実践の必要を感じるような何かが起きたのだろうか。私は「孔子の言葉を、今の自分のこととして考えられる人は、きっと実践もできますよ。」とコメントした。

　Fさんは、孔子が聖人となるまでの人生に思いを馳せている。重みのある言葉を言える人には、裏付けとなる人生があるはずだという卓見に私は感心して、その気持ちを伝え、もっと孔子の人生に関心を持って欲しくて、「孔子の人生を思い浮かべるのはすばらしい。孔子は幼いときに両親を失いました。Fさんの言うようにいろいろな経験をしてきたのでしょう。」とコメントした。

　自己評価用紙を導入してから、授業はだんだんと柔らかい朗らかさが漂う雰囲気になってきた。他のクラスから、かなり離れていた定期考査の平均点の差も縮まった。ある時、私が、1年のあるクラスに自己評価を書かせていると、Dさんが体育の授業を終えて通りかかった。そして、自己評価を書いている1年生を見つけて、「やってるね」とでも言うようにちょっと指さして、窓の外から教壇の私に嬉しそうに笑いかけてきた。私は、自己評価用紙を通して、学習者と授業者が一緒に授業を作っているという意識（共同体意識）が生まれているのを感じた。

　『論語』を教えるとき、孔子の言葉は、自分たちの生活とは関係のない古めかしい建前として学習者に伝わり、学習者から敬遠される教材ではないかと私は思っていた。ところが、自己評価を読むと、学習者は、孔子の言葉を身近な人間関係や部活動に関連させて、感心したり納得したりしながら自分に役立てようとしている。それが分かると、『論語』を取り上げるのが楽しみになってくるのである。こうして授業は相乗的に活性化していく。

5　創造的な言語生活者を育てる

　私は、「国語教室とカウンセリング室を繋ぐ」と冒頭に述べたが、この二つの場所にはいくつかの違いがある。まず、1ヶ月半に1回行われる定期考査の平均点や、大学入試、学習指導要領、時には、管理職の評価などという「制度上の圧力」が教室には強くかかる。ロジャーズは、テストによる評価は、創造的な学習を妨げる要因の一つであると述べている。

　また、カウンセリング室では1対1で対話が行われるが、高校の国語教室では多くの場合、授業者1人に40人程度の学習者が座っている。

　この40人全員の学習について、授業時間内に「理解」「尊重」することは難しいが、自己評価を使えば、タイムラグはあるにしても、全員の言葉を聞き、全員に語りかけることができる。時には、全員に教材の読み取りについて意見とその根拠を求めることができる。

　江國香織『デューク』（桐原書店『展開現代文』改訂版）では、少年が「いままでずっと、だよ」と言ってキスをしたときの、「いままで」とは「いつからいままで」なのかと尋ねる。多くの学習者は「私がデュークを飼っていたときから」と答えるが、クラスに一人か二人「古代インドから」と答え、「私が古代インドの王様でデュークは王様が飼っていた象」と書く。次の授業でその学習者が自己評価を読み上げ、感嘆の声が上がるのを聞く瞬間が楽しみになる。『論語』子路第十三18（数研出版『国語総合』）では、「葉公派か、孔子派か」

と尋ねると、多くの学習者は葉公派で「子は羊を盗んだ父を証言するべき」と答える。『小六法』を教室に持ち込み、刑法第105条を読み上げて、日本の法律は孔子の考えに近いことを教えると、学習者は非常に驚く。

吉本ばなな『みどりのゆび』（三省堂『新編国語総合』）では、「私の耳からは祖母の最後のことばは離れなかった」の「『最後のことば』とはどの言葉か」と尋ねると、自己評価には予想以上の数の誤答があった。そこで自己評価に書かれた答えをすべてあげて、班で討論会をした。その授業には次のような自己評価が多かった。

> 一人一人意見が違って、勉強になって面白かった。どれが正しくてどれが間違っているとかじゃなくて、自分たちで話し合い、理解し合うことがいい。（G君）
>
> 文章は同じなのに、その文章に対する意見が人それぞれ違うところがおもしろいなと思った。討論していく中で、そこがおもしろいなと実感した。（H君）
>
> 同じ意見でも1人1人理由が違って、いろんな意見を聞くことができてよかったと思った。またやりたい。（Iさん）

授業が共同体へと成長すると、学習者は、正解かどうかよりも、互いの学習を「理解」「尊重」することに重きを置くようになり、学習したことを交流するのを楽しむようになる。そんな国語教室から、きっと創造的な言語生活者が育っていくに違いない。

6 成果と課題

学習者の自己評価に、「理解」「尊重」「純粋性」という態度を大切にしながらコメントし、また学習者が書いた自己評価を肯定的に授業に役立てることで、授業が学習者と授業者の共同体へと成長し、創造的な学習を促進することを述べた。PCAに基づく国語教育は、私が、平成9年から兵庫教育大学大学院に内地留学した際、中洌正堯先生のご指導を頂いて行った研究である。大学院を卒業後、現場に戻り14年間、実践を積み重ねてきた。実践の当初は、学習内容や評価方法まで、学習者が授業者と話し合い契約（学習契約）を結ぶという大がかりな実践（熊代2002）をしていたが、大規模校では学習契約を用いる方法を他の授業者と共有することが難しく、継続できていない。

また、強まる成果主義や競争主義が、授業者の「理解」「尊重」「純粋性」を難しくし、ともすれば学習者への不信に満ちた権威的な態度を取らせてしまう。学習者は「自主的に学習を進めていく存在」であると信じ続けることができるかどうかが、私の大きな課題である。

●参考文献……………………………………
○熊代一紀（2002）「プロジェクト・アプローチの取り組み」『岡山高校国語38』
○カール・ロジャーズ、H．ジェローム・フライバーグ／畠瀬稔、村田進訳（2008）『学習する自由第3版』コスモス・ライブラリー

（熊代一紀）

自己評価用紙の様式例

No.		名前			
月 日（ ）	時限	今日の理解度		%

| 月 日（ ） | 時限 | 今日の理解度 | | % |

「生きることを考える」主題単元学習
―私論と実践のまとめ―

1 はじめに

　寡黙で受け身的な授業、あるいは倦怠や喧騒の中での授業を、いかにすれば生徒が生き生きと主体的に取り組む授業に変貌し得るのか？　これは、私が在職中に常に抱いていた課題であった。
　兵庫教育大学への内地留学の機会を得、中洌正堯氏のもとで学ぶ中で、下記の言葉に出会い、私なりの一つの授業方法にたどり着いた。それが、「生きることを考える」主題単元学習である。
　「教師が授業でなにかを教えるという仕事は、子どもと教材との、あるいは人間との出会いをつくりだし、子どもの内部に何かの事件をひきおこし、みずから学ぶことの動機をつくりだすことです。」（注1）

2 「生きることを考える」主題単元学習論

　高校生は、本人が気づいているかどうかを別にして、いわゆる自分さがしの真っただ中にいる。友人との関係、親子の葛藤、進路への迷い、性への憧れ等の中で、「自分とは何か」「生きるとは何か」を模索し始めている。
　私は、この、高校生誰もが持っている「自分とは何か」「生きるとは何か」という問題意識にかかわる教材を提示し、それに真正面から取り組む国語の授業を工夫していくことで、私のめざす国語教室に近づけるのではないかと考えた。
　つまり、生徒の内面の世界と深くかかわる教材を選択し、授業内容を工夫していくことにより、生徒の主体的な学習が生まれ、教材を自らの問題として読み、感じ考える授業が成立するとの考えである。これを図式化したものが図1である。

図1

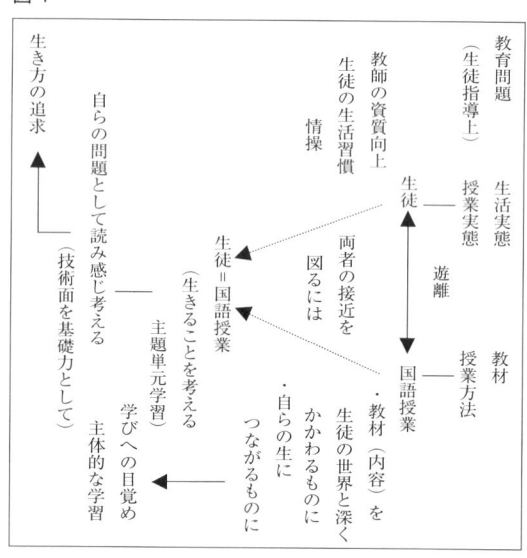

　それでは、「自分とは何か」「生きるとは何か」という問いを具体的に考えれば、どういうことになるのであろう。私は、このこと（＝人間が生きること）を図2のように考えてみた。

図2

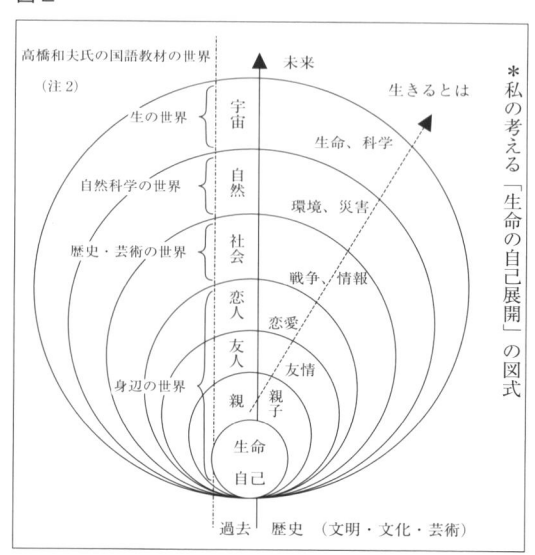

　一個の人間の生命（＝愛憎を有する人間の生命）を中心に置いて、その成長とともにかかわってく

る世界を、順に囲んでみた図である。

「自分とは何か」「生きるとはどのようなことか」という問いは、このそれぞれの円（親・友人・恋人・社会等）とのかかわりを追求することであり、それらの追求の中で生まれる問いは、即ち「生きること」への問いであると考える。図の点線矢印部分に示している「親子」「友情」「恋愛」等の項目は、「生きるとはどのようなことか」という「問い」を、生徒の今（現在）という視点にたって具体化したものである。

私は、これらの一つ一つ（例えば、親子の愛、友情、恋愛、自然、環境、文明、情報、戦争、生命、宇宙等）を主題とする教材で単元を組み、生徒の表現を中心に据えた授業方法（＝「生きることを考える」主題単元学習）の中に、生徒の主体的な学習を生み出し、生きた国語の力を身に着けていく可能性があると考えたのである。

これらのテーマを、高校生の発達の状況や生活実態を考慮して、高校三年間に位置づけたものが次の表である。生命の意味、自我確立、自立の道へとつないでいくテーマ案である。

命の不思議	誕生（命） 友情（いじめ） 自分とは 自然（宇宙） 環境破壊	一年
命のかけがえのなさ	親子（葛藤、愛） 生きるとは 恋愛（性） 人間存在・心 戦争・科学	二年
命を生かしきる	生きる・生き方 自立とは 結婚・男女 老い・死・医療 文明・情報	三年

3　実践の足跡

A　単元「命を考える」(第二学年　H４年)

「生きることを考える主題単元学習」を、具体的にどう組み立てればいいのか。その指針を見出すために、仮説として、単元「命を考える」という一つのテーマに引き寄せられた教材群で、８時間の授業展開案を考えた。

(1) 単元設定のねらい

- 読むこと、書くことを通して「生まれる」ことや「命」について理解を深め、各自の考えを持ち、それを表現できるようにする。
- 文明社会の中で生きることの問題点に気づく。
- 自己の「生」の重みを知り、これからの生き方を考えるきっかけにする。

(2) 向上させたい国語の力

- 様々な種類の文章を正確に読み取り、考える力
- 自己の考えを明確にし、文章表現する力

(3) 使用教材

教科教育だけでなく「教育」という観点にもたち、生徒の問題意識にかかわる内容（人間とは何か、生きるとは何か等）の授業が行える教材、また、生徒の今につきささる問題（恋愛、妊娠、中絶、受験、自立、友人等）を提示する教材を選出した。さらに、生徒と同じ立場や年代の者、仲間が考えたものなどの観点による教材も加えた。

- 「Ｉ　was　born　吉野弘」茨木のり子　『詩のこころを読む』（岩波書店）
- 「詩の生まれる予感」吉野弘　『詩の本Ｉ　詩の原理』
- 「祭　ジャック・プレヴェール」茨木のり子『詩のこころを読む』（岩波書店）
- 「中絶は殺害か」吉祥女子高等学校社会科研究クラブ員創作脚本
  『命と性を学びあう』根岸悦子編著（太郎次郎社）
- ＶＴＲ創作ダンス「母の胎内に宿ったけれど生

まれてはこなかった私」
　松蔭高校（大阪）創作ダンス部の作品
　（1991年全国大学、高等学校創作ダンスフェスティバル入賞作品）
＊資料的な扱いの教材
● 「出産の主役は母親なのか」村瀬幸浩
　『よりヒューマンな性をもとめて』下（東山書房）
● 「多すぎる若い女性の人工中絶」河野美代子
　『さらば悲しみの性』（高文研）
● 『時の止まった赤ん坊』曾野綾子（毎日新聞社）
● 「あかんぼがいる」谷川俊太郎（朝日新聞1992・1・1）実際の授業を進める中で見つけた教材

(4) 単元の展開案（指導案）

第1時
① 学習の目標と概要を説明する。
② 「I was born 吉野弘」（茨木のり子）を読み各自の感想・イメージを発表。（簡単にメモ書きしたものを発表）
③ 『詩のこころを読む』（茨木のり子）、「詩の生まれる予感」（吉野弘）を読み、〈受身形の生〉と〈本能的な生＝生への意志〉について考える。（途中、蜉蝣のイメージを確かめるために「はかない虫」大町文衛を紹介する。）
　＊課題　自分の出産に関して父母から話を聞き、メモをとってくる。（父母の語り口でメモ、赤ん坊の自分の体験としてメモのいずれかの方法で）

第2時
① 課題（自分の出産に関する聞き書き）について発表する。（数人）
② 「出産の主役は母親なのか」「なぜ大きなうぶ声をあげるの？」（村瀬幸浩）を読み、論旨を理解する。
③ 第2時までの学習内容や、父母からの聞き書きから、感じ考えたことを200字にまとめて書く。

第3時
① 課題の聞き書きメモと前時の作文を紹介する。

② 「祭」ジャック・プレヴェール…『詩のこころを読む』（茨木のり子）を読み、命の花火があがるという「生」のとらえ方を実感させ、「天地の精気が或る日或る時、凝縮して、自分というものが結晶化されているのだ」という認識を理解する。
③ 「多すぎる若い女性の人工中絶」（河野美代子）を読み、自分たちの生活の中にもある、中絶についての現状認識をする。

第4時
① 『時の止まった赤ん坊』（曾野綾子）を紹介し、その中からの抜粋文を読み、文明社会では忘れかけた「命」についての考え方を読み取る。さらに〈文明と自然〉・〈科学と神〉等についても考えてみる。（人工授精、代理母、男女の生みわけ等の問題に触れながら）
　資料　「代理母」新聞切抜き…高知新聞「小社会」1990・9・10　等

第5時
① 「中絶は殺害か？」吉祥女子高等学校社会科研究クラブ員創作脚本の"はじめに"を授業者が読み、本時のねらいを説明する。
② 全文を黙読し、数名で模擬裁判を演じる。（各グループに場面の割当をし、役割分担を決め、交代で演技。）

第6時
① 演技をして、あるいは演技を見て感じ考えたことを、登場人物中の誰か、または吉祥女子高等学校社会科研究クラブ員のどちらか宛に手紙の形式で書く。（400～600字）
　＜手紙書き出し例＞
● 裁判長、私はあなたの判決に納得できません。なぜなら…
● 山本恵子さん、ずいぶん苦しんだのでしょうね。
● 田中先生、篠塚先生、医師としてどちらが正しいのでしょう？
　＊登場人物の描かれ方を自分なりにつかみ取り、それに対する自分の意見を論理的に手紙文として書くこと。

第7時
① 前時の手紙文を紹介する。
② ＶＴＲ創作ダンス「母の胎内に宿ったけれど生まれてはこなかった私」を視聴する。
③ 映像から感じたことを詩に表現する。
　a 胎内に宿った子供になって書く。
　b 中絶しなければならない母親、父親の立場になって書く。
　c 命に対する思いを書く。（授業全体を通しての思いでも可）

第8時
① 前時の詩を紹介する
② 詩や手紙文に対する意見交換をする

(5) 授業の実際

　兵庫教育大学の大学院内地留学中に考えた私案であったため、実際の授業は、私が在籍していた高校で三学期末試験終了後に国語科の先生から5時間の授業をいただき、圧縮した形で飛び込みで行った。

　わずか5時間ではとても扱いきれない内容であったが、ともかく、「命」について考え、生きることや学ぶことを問いかけるきっかけになる授業をめざすことにした。

　多くの教材が響きあう効果を確かめたかったこともあり、書くことをかなり省略し、教材は全部投げ込んでみることにした。

第1時
　まったく初めて出会う生徒であったので、まず、お互いが慣れることに目標を置き、導入部分にかなりの時間をかけた。

　生徒の誕生に関する質問から入り、問答形式で授業の雰囲気をやわらげることに努めた。誕生に関する質問は4人の生徒で終わったが、そのやりとりの中で、生徒各々が自分の誕生に思いを馳せ、吉野弘の詩にかなり強い関心を示した。

　初めは、わからない語句の点検から入ろうとしたが、詩に対する関心をうけとめた方がよいと考え、初発の感想をまずメモ書きすることにした。7人の意見を聞いたが、受身の生というとらえ方に驚きを感じたという感想が5人、命を生む親の気持ちにこだわった者、命が他のものから守られて生まれるという思いを抱いた者がそれぞれ1人ずつであった。その後、茨木のり子の文を読んで終了した。授業計画の三分の二程度しかやれなかったが、第1時としては、生徒の笑いもあるリラックスした雰囲気の授業になった。

第2時
　全員の初発の感想が、予想以上によく書けていたので、これをまとめたプリントを読むことで、35分費やした。私の説明と読みが長く、第1時に比べ緊張した雰囲気の中での授業となった。全員の考えや感想をまとめたプリント資料によって、吉野弘の詩に対する興味、関心は強まっていったが、お互いの意見を交換する余裕がなかった。

　また、作者の「詩の生まれる予感」の文章から、生が死を圧倒している姿を感じとらせたかったが、時間的に少し急ぎすぎたようである。

　この授業を参観したM教諭から寄せられた感想にも、「生が死を圧倒している。これが生のすばらしさ、強さだというところでは、三分の二ぐらいの生徒が顔をあげていた。『生』を強く感じたのだと思う。ここで、10分程度しか時間がとれなかったのが、ちょっと残念！この余韻を味わう時間が欲しかったナ。」と書かれていた。

第3時
　各自の誕生の聞き書きメモから10人のメモを紹介する中で、それぞれの出産のもつドラマを感じ、「祭」の詩への準備ができた。しかし、この時間はたくさんの教材や資料を使い、誕生から中絶へのテーマの移行をする予定であったので、時間が気になり、授業の流れがぎくしゃくとしてしまった。

　授業計画の段階では、予定に入ってなかった投げ込みの詩教材、谷川俊太郎の「あかんぼがいる」は、誕生したばかりの、あかんぼの命の輝きと、人間の一生の重みのようなものをわかりやすい言

葉で感じさせるもので、効果的であった。

第4時

　球技大会が間に入り、配布した脚本を読んできた者もいない中で、どういう形でどこの部分を取り出すか迷ったが、4人グループを基本にして各グループに任意にやりたい場面を選ばせ、10分間の練習の後、各場面を代表のグループ（じゃんけんで決めた）が演じた。実際に、裁判官や証人の席を教室の前にしつらえて、雰囲気が出るよう試みた。恥ずかしさと練習不足で声も小さく、とても演技と言えるものではなかったが、生徒が書いた感想を見ると、案外この時間は楽しく学べたようである。

第5時

　脚本の残りの場面を演じた後、脚本には抜けている胎児の立場を表現した創作ダンスのビデオを併せて視聴し、映像による感性への訴えを試みた。第1時からの流れの中でのビデオ視聴は、かなりの成果があったと感じる。どの生徒も真剣なまなざしで画面を見ていた。

　最後の10分間でまとめをし、課題を指示。脚本への意見、ビデオ視聴からの感想、授業全体を通じての感想等、計画当初の課題よりも、かなり幅のある形にした。しめきりは3月中とした。

　提出された課題作文は私が文集にし、新学期の初めに旧クラスで行われる10分程度のホームルームで、担任から配布していただいた。お互いの文を読み、考えをさらに深める時間が取れなかったので文集にし、私の一言も全員に付け加えたものである。

(6) 授業後の感想

　「今回の授業の感想を自由に書いて下さい。」という問いに対し、1名が否定的であったが、後の46名は肯定的な評価をした。その評をおおまかに整理すると、

a) 命について深く考える授業で良かった。（24名）
b) いつもの授業とは違っていて良かった。（10名）
　（進め方、内容、授業方法）
c) 皆の意見を知ることができ楽しかった。（7名）
d) 緊張した。（5名）
e) 良かった（abcの総合で）（2名）
f) 時間があればもっと深められた。（2名）
g) 何も心に残らなかった。（1名）

　生徒が最も良かったと評価したのは、「深く考える」授業であった点である。

　「教科書だけを教材と考えないで、一つのテーマにつながるたくさんの資料を読んだり、見たり、書いたりするやり方についてどう思いますか。」という問いについては、全員がこの授業方法を肯定していた。これは日頃の授業と比べ、目先が変わって感じられたせいもあると思うが、テーマを決めて深く考える授業のあり方には、充実感を味わったようである。

　一つのテーマについて、深く考えることを要求する教材、その考えをさらに広げ、深める役割をする級友の意見、この二つの要素は、生徒の主体的な学びを確立する上で、大きな力を持っていることが、生徒の感想から確かめられた。

(7) 考察

　一つ一つの教材を、表現にそって読み深める余裕がなく、おおまかな骨組みだけを生徒に提示した実践であったが、「教材の並び」が発揮する力は、授業の中で確かに実感された。

　例えば、「I was born」の詩を、一教材だけで扱う時の生徒たちの反応とは、かなり違うものがあった。「I was born」の詩の、蜉蝣の卵に象徴される「生の意志」は、誕生と極にある死（ここでは中絶）という問題を並べることにより、よりいっそう鮮やかに浮かび上がってくる。また逆に、「生の意志」による誕生への理解が先にあるからこそ、中絶の意味は重くなり、間にはさんだ「祭」や「あかんぼがいる」の教材は、「命の誕生」の意味を広げ深める働きをした。胎児の立場を身

体表現した創作ダンスのビデオは、「I was born」の詩の、「母の胎内にある僕」のイメージを、具体的に実感させた。

つまり、一つ一つの教材を切り離して扱うときよりも、ひとまとまりの単元として扱った方が、「命」の意味は奥行きを持って生徒に迫り、目的意識も持たず何気なく過ごしている生き方に懐疑を抱かせ、これからいかに生きるべきかを問い始めさせる力を持っていたと考える。そして、このいかに生きるべきかの問いは、今、目の前の学びをいかにすべきかの問いにつながったと考える。

生徒の書いた文から、こうした気持ちの表れたものを、いくつか例示する。

＜生徒の感想＞

- 「僕は、今は見えない何かに向かって生きてみたい。」（m）
- 「人それぞれのいろんな命、生き方があってそれが今の私達の人生になる。人がこうでありたいと思える自分を見つけた時、喜びと希望で、素敵に生きて行けるんじゃないかと思う。」（s）
- 「今まで生まれるとか生きるとかいうことをあたりまえのように思ってきた。しかし五時間の授業を進めていて、それは間違っていると思った。生まれるということは、全ての始まりだし、とても大切なことだと思う。」（h）
- 「詩を通して、生まれて来ることの大切さ、大変さ、それぞれの立場の気持ちなどいろんな思いがあるんだなあと考えた。そして、その後の生き方次第でも、自分の生まれてきた意味が変わるんだなと思いました。（中略）生まれてきた限りは、一生懸命生きなければならないと思います。」（H）

反省点としては、特に次の二点があげられる。一つは、時間不足のためもあり、国語の特質である、表現に沿った深い読みの展開をする授業が、十分にできなかったことである。もう一つは、教材の選択の際に、国語科の立場からの教材選択の観点を、もっと大切にすべきであったということである。

例えば、「中絶は殺害か」の脚本は同じ年代のものが書いたという点と、題材の具体性という点で、生徒の興味づけに大きな役割を果たした。

しかし、裁判に登場する人物描写に、深い心の葛藤などを描いた部分が少なかったため、読み深める段階で、形象に物足りなさを感じた。テーマ性を失わず、しかも、登場人物に、生身の人間としての声が感じられるような教材、また、否応なく読むものに迫って来るような表現を持つ教材であれば、もっと効果的な働きをしたと考える。

B 単元「愛について」（第二学年　H6年）

第二学年国語科担当の他のメンバーの賛同を得て、全員（＝私を含め4人の担当者）で主題単元学習「愛について」に取り組むことができた。その実践のまとめである。

高校二年生の成長過程における興味関心や、生徒の生活実態から考えて主題を「愛について」と決定した。教科書教材「こころ」を中心教材にして展開案を考えた。既に「こころ」を中心教材にして総合単元学習を実践された、由井はるみさんの「こんな愛もある」（注3）を参考にさせていただいた。

高校二年生は「愛」という言葉に強く憧れる年齢であるが、それでいて愛を深く考えることもなく、雑誌やテレビの情報による表面的な男女のありように流されていく者も多い。さまざまな愛の姿を、さまざまなジャンルの教材で学習する中で、愛についての認識を深めさせたいと考え、構成した単元である。

(1) 単元設定のねらい

- 「読む」「書く」「話す」「聞く」活動を通して、主体的な学習を成立させる。
- さまざまな教材を学習する中で、「愛」についての認識を広げ、深める。

(2) 向上させたい国語の力
- 自分の考えや思いを明確に話す力
- 他者の意見や感想を正確に聞く力

(3) 授業の展開
愛の認識と生徒の表現活動を軸にして、授業展開を表にまとめると、次の表Aのようになる。

表A

授業展開	愛の認識	表現活動
導入 愛という言葉について考える	愛するという言葉への揺さぶり	音読
展開Ⅰ 「手紙文に語られた愛」 日本一短い「母」への手紙、文ちゃん、セメント樽の中の手紙	母親への愛（親子の葛藤） 恋人への愛（人間個人の価値）	短い手紙文 手紙形式にそった長い手紙文
展開Ⅱ 「詩にうたわれた愛」 生徒と教師が見つけた愛の詩	様々な愛のかたち 命あるものへの愛 生きるものへの愛	愛の詩の紹介 話す、聞く
展開Ⅲ 小説『こころ』にみられる愛	愛とエゴイズム 私、K、お嬢さんそれぞれの愛（＝こころ）	感想 意見文
まとめ 評論や随想にみられる愛 震災記事にみられる愛	愛の本質 愛と孤独 今、現実の社会にある愛のかたち	意見文

(4) 授業の実際
導入　愛という言葉について考える
（第1時の30分）

＜教材＞
- 随筆「アイスル・アイシナイ」富岡多恵子『日本の名随筆29 恋』（作品社）
- 『古語類語辞典』芹生公男編の「愛」「恋」に関する説明文

国語教室通信で、主題単元学習「愛について」の案内をし、まず、富岡多恵子の「アイスル・アイシナイ」を読んで「愛する」という言葉への揺さぶりをかけ、次の展開「手紙文を書く」学習に入った。

展開Ⅰ「手紙文に語られた愛」
（短い手紙文や手紙の返事を書くことで、愛を理解する。）

a 『日本一短い「母」への手紙　一筆啓上』の場合（第1時～第2時）

＜教材＞
- 『日本一短い「母」への手紙　一筆啓上』（福井県丸岡町　出版）からの抜粋作品

二三〇通の全作品の中から、生徒が共感を示しそうな手紙やこちらが考えさせたい愛を表現した手紙を十五点抜粋し、選者の一人の俵万智の文章を添えて教材にした。「人間の一番身近な存在である母への愛の叫びであること」「短い手紙文であること」「作家ではなく一般の人（幼児から老齢の人）が書いたものであること」などが大きく作用して、学期末テスト後の落ち着かない時に実践したクラスでも熱心に取り組んだ。

十五の作品の中で最も生徒の共感を呼んだのは、二十二歳の女性の書いた「手紙⑪」であった。

> ⑪あなたを鬱陶しく思う時が、私は幸せなのかもしれませんね。明日帰ります。（22歳・女性）

毎日、母親を鬱陶しく思いながら暮らす高校生が、それを「幸せな時」と指摘されて、はっと衝撃を受けている感想や意見が多かった。

- 私も母親に対してうっとうしく思うことがある。「うっとうしく思う」ことは、母親が

> 子供の事をちゃんと見ていてくれるということである。（T）
> - 今私は毎日のように母親とケンカしてるが、一人暮しとかしてみると二三日もすると寂しくなって、うっとうしかった母の存在が懐かしくなってくるんだと思います。この手紙を読んでも、今の私は幸せだと実感できないけど、少しせつなくて、ドキッとくるものがありました。幸せだったと思う時が、母のもとから離れるときだと思うと、少し悲しく思います。（I）
> - 「うっとうしい」なんてすごい傷つけてしまう言葉だけど、うっとうしく思うほどいつも近くにいてくれることは、とても幸せなことで、その通りだなぁと思った。（C）

一筆啓上賞のトップに掲載されている作品「お母さん、雪の降る日に私を生んで下さってありがとう。もうすぐ雪ですね。」は、高校生の年齢ではまだ共感は得にくいのか、一人の男生徒Kだけがこれを選んだ。Kは離婚した父親と暮らす環境にあり、母親への憧れが非常に強い生徒である。Kはこの手紙文の「生んで下さって」という表現にこだわって「とても寒い日の夜にすごく苦しみながらも、その子を生んだお母さんの苦労と、その苦労に対する素直な子どもの気持ちの両方を感じ取れる手紙ですごく感動した。」と述べている。この後の『日本一短い家族への手紙』を書く授業で、Kは、今離れて暮らしてはいるが自己の存在の原点である母親に宛てて「出産の時、なかなか出てこなかった僕を泣きながら産んでくれた母に感謝」と書いた。彼はさらに、展開2「詩にうたわれた愛」の授業のまとめで、「ウミガメ」という題で詩を書き、その中で「真夜中の闇に包まれて／ウミガメは穴を掘る／これから卵を産むために／尻を穴にむけ、大きく力をこめる／顔から汗がダラダラ流れ／涙らしきものが混じる／それでもウミガメはたった一人で耐えている／かわいい我が子を産むために」と詩句を綴っている。この「愛」についての単元でKは一貫して、母親の命を賭けての出産に対する感謝の気持ちを表現していた。

短い手紙文に込められた、さまざまな人生からの母親への愛を、生徒に想像力豊かに読みとらせ、生徒自身のそれぞれの母の愛、母への愛を確認させたかったことが、この展開Iの授業の一つのねらいであった。Kほど顕著でなくても、どの生徒も各自の親子の関係と重ねあわせながら、十五点の手紙にこめられた親子の愛を想像し理解しようとする感想を書いた。

この授業のもう一つのねらいは「手紙」の良さに気づかせ、実際に、生徒に家族への愛のメッセージを書かせることであった。選者の一人俵万智は「手紙」についてこう書いている

「電話、ファックス、ポケットベルなどさまざまなコミュニケーションの道具が次々と登場している。まことに便利なものだ。速さ、という点では、手紙はこれらにかなわない。けれど、深さ、という点では、負けることはないだろう。…中略…きっとこの言葉は、手紙だからこそ言えたんだな、というものが多かった、ということだ。つまり作品の一つ一つに、手紙のよさが生かされていた。」

十五の手紙文を読んで、生徒も俵万智のいう手紙の良さには気づいたようである。しかし、いざ自分が家族への手紙を書くとなると、短いことがかえって難しい条件となった。俵万智の言う「短いということは多くの思いを伝えられないということではない。短いということは一番大切な思いだけを伝える、ということである。」ということが頭でわかっていても、それを効果的に伝える「光る言葉」はなかなか探せなかった。例えば先に挙げた「手紙⑪」を選んだ生徒は、それぞれ自分の母宛てに、こんな手紙を書いている。

> - 反抗する度さみしい思いをさせてゴメン。いっぱい暴言するけど、本当は好きだから。（I）
> - 何かある度、八つ当りしてゴメンネ。これからは、なるべく気をつけるからね。（Y）

> ・お母さんにだからこそ言えることを、言葉にして素直に言えるようになるから。（C）

　生徒の相互評による添削の形を取り、作品の推敲をめざしたが、これはうまくいかなかった。十五点の手紙を読む学習の中で、もっと「表現」にこだわった読み方を徹底し、例えば「鬱陶しい」という言葉に対する生徒それぞれの読みや、各自の手紙の一番書きたい内容に、個々にこだわって深めていれば、これらの作品はもっと言葉を選ぶ方向に進んだと思われる。

　短い文章であればあるほど、丁寧な「表現の分析」や厳しい「言葉の選択」（推敲）ができるような緻密な指導が必要であると感じた。なお、この実践に関しては、同僚の田中宏幸氏が三年生の国語表現の授業の中で、期末テスト後の時期に投げ込み的な扱いで取り組まれた。が、やはり「思いのほか質の高い作品は生まれなかった。」と感想を述べ、その原因を分析されている（注4）。その原因の一つに「これこそ伝えたいという切実な思いが熟成されていなかった」点を挙げている。私は、この「熟成」を生み出す授業方法として主題単元学習が効果的な役割を果たすはずであると考える。熟成を生み出すためには、この実践例のような導入的な扱いでない方が良かったのかもしれない。

b 「文ちゃん」「セメント樽の中の手紙」の場合
　　　　　　　　　　（第3時～第4時）
＜教材＞
● 「文ちゃん」芥川龍之介
● 「セメント樽の中の手紙」葉山嘉樹

　家族に宛てた短い手紙文から、虚構の相手に宛てた長い手紙文への発展である。愛に関しては、身近な存在である母親から憧れの対象である男女の愛への発展である。
　「文ちゃん」の返事は、「断わりの手紙であること」を条件にし、相手を傷つけない断わり方を工夫させた。ラブレターへの返事を書くことは、わくわくする行為であったようで、生徒たちは予想以上に楽しんで「断わりの理由」を創作した。長く書くのが苦手な生徒も、手紙の書き方「簡単ルール」編のプリントを参考にして、「書き出し」や「時候の挨拶」などを書いていくうちに文章がつながっていった。この実践は、田中宏幸氏の実践を参考にさせていただいたが、田中氏が表現意欲を喚起するものとして挙げている三つの条件、「場面設定の具体性」「虚構の作文の活用」「返信から始める」（注5）が効果的に作用し、生き生きとした手紙が多かった。

　生徒の考えた断わりの理由を大まかにまとめると次のようになる。
　①私にはまだ結婚は早すぎます。
　②兄としての好意を抱いています。
　③今の生きがいに賭けてみたいのです。
　④親の面倒をみなければなりません。
　⑤同時に求婚されてどちらも好きです。
　⑥他に好きな人がいます。
　⑦親の決めた相手がいます。

　「僕が文ちゃんをもらうかもらわないかということは、全く文ちゃんしだいできまることなのです。」という相手の意志を最大限に尊重しようとする芥川の真摯な愛のことばに、生徒たちはそれぞれ一生懸命答えようとして、相手を傷つけない断わり方を工夫していた。

> ＜③今の生きがいに賭けてみたいのです。＞
> 　お手紙拝見しました。私もやはり、ごく平凡な暮しを送っていますが、慌ただしい人混みばかりの東京にいると、時々竜之介さんの住む海岸へ行って海を眺めてぼんやりしてみたい気分になります。そんな気分になってもやはりこちらで辛抱できるのは、おそらくこの暮しに私は充実を感じているからでしょう。
> 　つい最近なのですが、自分にとっての生きがいと言えるものを見つけることができたのです。それは油絵なのですが、いざ始めてみるととても楽しく、子供のように無邪気になって描けるんです。特別うまくは描けないのですが、初め

て見つけた生きがいをもっと追求してみたいのです。
　この度頂いたお手紙には、とても感動しました。こんな自分をこんなに愛していてくれる人がいると思うと、それだけでも私は幸せです。ですが、私、竜之介さんとまだ結婚はできません。先に申しましたように初めて見つけた生きがいを大切にしてみたいのです。竜之介さんの私に対する思いも大切です。けれど、今の私にとって油絵は私の心を一番捉えるものなのです。とてもくだらない理由かもしれませんが、それがお断りしなければならない最大の理由なのです。本当に申しわけありませんが、お許しください。それではお元気で……。　T・Kより
芥川竜之介様

＜評＞
　私はこの手紙が一番いいと思いました。自分の好きな人が、あることに熱中してそれを生きがいにしているのに、その生きがいをとってしまうような事はしないでしょうから。断わりの理由が詳しく書かれていて、気持ちがよく分かっていいと思います。こういう理由だと傷つきにくいと思います。（U）

展開Ⅱ　詩にうたわれた愛
　　　（第5時～第9時、50分授業中の15分の帯時間で二学期末まで展開）
　話す活動を通じて、詩の中の愛を理解する。
＜教材＞
● 生徒の見つけた「愛の詩」
● 教師の見つけた「愛の詩」
a 青春の愛…「初恋」吉原幸子、「青樹の梢をあふぎて」萩原朔太郎、「雪つぶて」小山正孝、「それだけのことが」小田久郎、「少年と少女」千家元磨
b 大人の愛…「ふゆのさくら」新川和江、「しずかな夫婦」天野忠
c 人間への愛…「くりかえす」谷川俊太郎
d 生きることへの愛…「愛」谷川俊太郎
e 死にゆく者への愛…「レモン哀歌」高村光太郎、「永訣の朝」宮沢賢治
● 「乳母車」三好達治（教科書掲載の詩）
　重ね読み資料「郷愁」「雪」「祖母」「谺」

　「詩にうたわれた愛」の学習では、「話す」活動を核にして授業を展開した。目の前にいる生徒に一番欠けている「自分の考えを皆の前ではっきり述べる。」という力をつけたいと考えたからである。
　生徒たちは人間関係を結ぶことが非常に不器用になっている。二年生の半ばになっても、まだ、一年生のクラスの級友関係をひきずり、なかなか新しい友人関係を結べないでいる。そんな状況の中で、誰とでも自然に「話す」活動ができる場作りのために、まず、展開Ⅱの第5時はことばで「図形を伝える」試みを行った。これは、話し手がことばで「図形」を説明し、聞き手はその説明によって、そっくり同じ「図形」を描くという試みである。

図形例

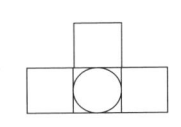

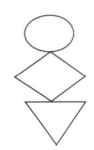

　生徒は、図形を伝える試みに予想以上に興味を示し、リラックスした雰囲気の中で、相手に一生懸命伝え、聞き手も級友の話す情報を正確に聞き取ろうとしていた。そして、目でみれば一目瞭然のものを、言葉で伝えることの難しさを知り、わかりやすく伝えるためのポイントを学んでいった。
　話す学習の成否にはクラスの雰囲気がかなり大きく作用し、話す学習が必要であると思われるクラスほどコミュニケーションを成立させにくいものである。しかし、ことばで「図形を伝える」試みのような方法を取り入れれば、「話す」ことが、自然に無理なく進み、お互いの距離を縮めていく実感を得た。
　第6時は、あらかじめ教師が選んで用意していた愛の詩十一編を順に紹介した。生徒の提出した「愛の詩」はほとんどが歌詞（夏休みの課題は、

生徒に身近な歌の歌詞でもよいことにしていた）であったため、「愛」をテーマにした詩の提示が必要であったことと、まだ課題が提出できていない生徒への誘いかけでもあった。詩が見つからない者は、この十一編の詩の中から選んでもよいことにした。

　第7時以後は15分位の帯の時間を取って、3〜4人ずつ、自分の見つけた「愛の詩」について語ることにした。発表者を前もって3〜4人ずつ指名し、発表前に必ず紹介文の原稿を持って教師のアドバイスを受けに来させた。詩の印刷やラジカセ（教壇に立つのが精一杯の生徒もいることを考え、歌詞を選んだ場合は、ラジカセで歌を少し流し紹介してもいいことにした）の必要の有無もこのアドバイスの時に確認し準備させた。

　発表時には簡単な評価表を聞き手に書かせ、発表後の質問や話し合いの後すぐに集め、その場で発表者に読ませるという方法をとった。この、話し手と聞き手のコミュニケーションをその場で成立させるという方法は、発表者にとって大きな励ましとなった。級友の評価表を、はにかみながら読む姿が印象深かった。

＜一言メッセージ例＞

> - 分かりやすかったが、もうちょい声を出してほしかったぜ！
> - 初恋だなっと思った。私もこの曲が好きだからかけてもらえてよかった。
> - 普段のあなたらしい発表でよかったよ。
> - 新幹線みたいに速すぎたよ。
> - 態度、スピード、声の大きさみんなバッチリよかった。

　級友の評価表を読んだ後、自己評価を書かせた。
＜自己評価の感想例＞

> 　部活の試合よりドキドキした。何をしゃべったのか、紙にあらかじめ書いておいた文章を本当に話したのかも覚えていない。とりあえず女の子が熱心に聞いていてくれて良かった。先生、キンチョーのあまり舌かんじゃったヨ。先生はキンチョーしないの？　もうドキドキやったけど、早く終わって良かった。（O）

　この感想にもあるように書くことに比べ、話すことは生徒にとって一層のプレッシャーとなるようである。せっかく準備した「愛の詩への思い」も十分話せない者もいたが、少しずつ互いの心を開き、発表に対する質問も出るようになった。クラスによっては歌を自分で歌って紹介したり、詩の朗読を練習してきたり、互いに歌や詩集（生徒の持っている詩集はほとんどが銀色夏生の詩集である）を紹介し合う光景も見られた。高村光太郎の「レモン哀歌」を選んだ生徒Nは、詩から発展して父親の蔵書の『さかさま文学史』（寺山修司著）を読むに至った。

　全員の発表を終えた後で書いた感想には、「話すこと」「聞くこと」への気づきが次のような言葉で語られていた。

＜「話すこと」「聞くこと」への気づき＞

> - 自分で発表するのはすごく緊張することだった。自分の思ったことをたくさんの相手に伝えるということは、すごく難しいことだ。一人一人考え方や受け止め方が違うし、どう感じるかは個人の考えだから、わかってもらえるように話すことはすごく大変だと思った。クラスの皆の発表を聞いて皆いろいろなことを思っているんだなと思った。（T）
> - この愛の詩をやってクラスが少しだけなごんできた。人が選んだ歌や詩でその人の考え方や性格などが、ちょっとずつわかっていくということは、すごいことだと思った。自分は発表の時、あまり言いたいことが言えなかったけど、この発表が自分にとって自信につながったと思う。（M）

「生きることを考える」主題単元学習 —私論と実践のまとめ—

「愛について」の全ての学習後に、一番印象に残った授業として、この「話す学習」と答えた者が最も多かった。その理由として生徒が挙げたのは、級友とのコミュニケーションの成立であった。

実践者の一人のH教諭は、このことに関連して次のような感想を述べている。

> 「私のみつけた愛の詩」の紹介は、初め嫌がっていたわりには生徒に好評だったようです。多くの生徒がカセットテープ持参で歌詞を紹介したため、時間のかかったのが難点でした。「誰がどんな詩を紹介するか」と非常に興味をもって聞いていました。生徒たちは、日頃一つの教室で生活していても、お互いの内面を知る機会を（特に自分のグループのメンバー以外については）あまり持っていません。それで構わないと覚めた感覚でいるのかと思っていましたが、どうやら教師の勝手な思い込みであったようです。授業の中で、なかなか実践できない「人前で自分を語る」取り組みが、曲がりなりにもできたこともあり良かったのではないかと思います。

展開Ⅲ　小説『こころ』にみられる愛
　　　　（第10時〜第35時）

小説を丸ごと一冊読み、愛とエゴ等、人間のこころについて考える。
＜教材＞●『こころ』夏目漱石（新潮文庫）

『こころ』は、活字離れの著しい本校の生徒に対してともかく全文を読ませたいと考え、夏休み前に全員に文庫本を買わせての授業であった。授業の中で、「下」の全部を読むことにしたが、文庫本の検討（文字の大きさ、漢字等）をせず安易に新潮社のものを選んだ結果、生徒の学力不足もあって本文を読むのに四苦八苦であった。課題プリントに基づいて授業を進めたが、1週2時間の授業で、しかも毎時間15分の帯単元として「詩を話す」時間を取ったため時間不足となり、その結果いっそう授業時数を増やしてしまった。

長編小説をまるごと読む授業の試みは、時間不足、基礎学力不足など困難な問題が多い。けれど、活字離れのひどい生徒の現状からも、やはりぜひ取り組みたい実践であり、必要な授業であると考える。休み時間に教室で生徒が広げているのは、ほとんどが漫画であるような現状の中、『こころ』に読みふける生徒が次第に増えていったことが、この思いを強くした。

また、深い読みは出来なかったが、『こころ』の内容に興味を感じたと言う生徒が大半であり、「こんな長い小説を時間をかけて読み通した。」という満足感は残ったようである。中にはもっと時間をかけて丁寧に読みたかったという生徒もいた。そして、『こころ』を通じて、生徒は「愛」をそれぞれ次のように受け止めた。

＜600字作文の一部＞

- 私は愛というものはとてもこわいものだと思いました。それは、人の性格を違うものに変えてしまうからです。Kを例にしてみるとそれが一番よくわかりました。（中略）私は、まだ心の底から人を愛したという経験がないから、Kが死を選んでしまうほど苦しんだ気持ちはよくわからないけど、私がKの立場だったら自殺を選ぶんじゃなくて、もしかすると先生を殺してしまったかもしれない。だけど、そうやって先生を殺してしまうと罪悪感に苦しんで、やっぱり死を選んでしまうのだろうか…。（中略）
　ただ一つ思うことは、愛というものは美しいものだけど、人というものをめちゃくちゃにすることが出来るとてもこわいものだということです。（S）
- 先生は心の弱い人だったけれど、先生なりの不器用なやり方でお嬢さんへの愛を貫いたんじゃないかと思う。先生は恋をして卑怯な手を使ったりしたけれど、恋とはそういうものだという気もする。少し恋について考えさせられた。恋とは決してきれいごとではなく言葉では説明できないほど奥深いものだと思った。先生

の生き方は飾ったところがなく、とても人間らしかったと思いました。(M)
・私はこのお嬢さんのような生き方はしたくない。このお嬢さんの「愛」というのは「愛される」に結びついているのではないかと思う。私は「愛される」のと同時に同じ分だけ「愛する」があるのが「愛」だと思いたい。そう考える私から見れば、お嬢さんは何だか弱い人間に思える。(中略)
　私は、たとえ、どんな結果になろうともそれぞれが納得して、自分の人生にプラスになったなと思える愛が欲しい。これから先そんなプラスをたくさん取り込んでいって素敵な人になりたい。(A)

まとめ　評論や随想にみられる愛
（第36時～第40時）
　愛に関する論理的な文章を読み、考えを深め、愛についての各自の考えを書く。
＜教材＞
● 「愛する」五木寛之『生きるヒント』(文化出版局)
● 「その人のために死ねるか」曾野綾子『誰のために愛するか』
● 「自覚」福永武彦『日本の名随筆29 恋』(作品社)
● 震災に関する新聞記事
「震度7の記憶」藤本義一(毎日新聞1995・2・9)
「天声人語」(朝日新聞1995・2・7)
「街よ人よ1」(朝日新聞1995・2・10)
「再生　生きていく人たちへ　雪の奥尻島から⑤」(朝日新聞1995・2・7)

　今まで考えてきた、さまざまな愛についての認識を、一歩深めたいと考えての学習である。「愛について」の学習を始めたとき、多くの生徒にとって愛は単純に「あこがれる対象」で「美しいもの」であった。導入から『こころ』までの学習を通して生徒は、愛の不可思議さや奥深さに触れ、各自のこころにある愛への認識を深めつつあった。それらは、ここに提示された評論や随想、新聞記事の中に語られている愛を読み、次のような表現となった。

・「愛」について
　私は今まで愛について深く考えたことがありませんでした。というより、愛とはこういうものだという一つの答えがないので実際に自分が愛したとき、また愛されたときに分かるものだと思ってきたからです。
　しかし、今回改めて愛についていろいろ勉強した今、私にとって愛とはこういうものなのかなあと少し考えるようになりました。私は先生からもらった資料の中の曾野綾子さんの文を読んでビックリしました。私が愛について考えたことが、キレイな文章になって私の目の中に飛び込んで来たからです。私は前にも述べたように、愛について深く考えたことはなかったけど、いつからか頭の隅では「人を愛すること」をその人のために死ねるかどうかだと思っていたような気がします。(中略)
　とにかく私にとって愛についてのことを文章にすることはすごく難しいことです。文章にしてしまうと愛という言葉がすごく単純なもので平らな感じがして、私はあまり好きではありません。私にとって愛という言葉は多重で、すごく繊細な感じがします。(後略) (Y)

・「愛する」ということ
　愛するということがどんな意味を持つのか、私は今まで深く考えたことがなかったが、福永氏の愛に対する考え方を読んで、愛というものがどういうものなのかを考えさせられた。
　福永氏の言葉の中で、「愛とは相手の孤独を所有しようとする試み」というのがあるが、私もそう思う。人を愛することは、自分だけでなく相手の孤独も意識し、自分が強くならなければいけないことだと思うから。でも、人は愛す

ることだけでは満足できずに、愛されることも望んでいると思う。そのために、相手の孤独を忘れ、自分の孤独だけを重く感じ、または自分の孤独から逃げようとする。これは、人間らしい人間の弱さかもしれない。

でもやはり、愛は求めるだけではいけないと思う。そして、自分が誇りにできるような愛し方をしなければならないと思う。愛するという気持ちを強く持って、誇りにすればいい。そうすれば、自分の孤独が少しでも救われ、そして、自分の孤独から逃げなくていいような気がするから。

たぶん、愛というものは、そのために自分にどれだけ犠牲を受け入れられるか、それをどれだけ喜べるか、自分の孤独とどこまで闘えるかということだと思う。そうすることを、「愛する」というのだと思う。（R）

震災に関する記事に触発されて自ら新聞を読むようになった生徒の一人は、自分が読んだ記事をもとにして次のような表現をした。

・阪神大震災について

あの有名な関東大震災以上にものすごかった今回の阪神大震災。あまり被害を受けていない私たちは、テレビや新聞でしか神戸のことを知ることが出来なかった。日がたつにつれて死亡者数が倍増…世界中の大ニュースとなった。この震災で被害にあわれた人達の心の叫びが、私の胸をいっぱいにさせた。

新聞の中で一番印象に残ったのは、一言ずつの震災にあわれた人達のメッセージだった。短い文章の中に込められた思いがひしひしと伝わってきた。

例えば「がれきの下に埋まっている自分の子供の手が冷たい……」ということばからだけでも、その親の気持ちが痛いほどよく分かる。たとえ子供の手が冷たくなっていても助けだそうとする思い。でも、その重いがれきを除けることができず、ただ呆然と立ちつくすだけ。それを思うだけで、涙が出てきて止まらなかった……。

家族、友達、家、仕事…全部奪っていったこの大震災。くやしくてどうにもできないけれど、それを支える人達がいる。それは　ボランティアの人達です。その中には自分も被害にあっているのにまず、周りの人の力になってあげている人もいる。本当にすごいと思った。裏役かもしれないけど、ボランティアは被害者にとって大きな心の支えとなっていると思う。

今私たちにできることは、義援金などに協力することだと思います。たとえ少しのお金でもきっと後で、あの時協力してよかったと思えてくるはず。そんな思いが愛だと思う。人を思いやる心、手助けする心が、本当の人間らしい愛だと思った。私は今回の地震で、人の大切さ、そして、毎日平凡でつまらないと思って過ごしている時が、一番幸せなんだなあと感じました。（N）

(5) 考察

生徒の問題意識にかかわるテーマに基づいた主題単元を組む授業方法に、4人の担当者全員で本格的に取り組んだのは、これが初めてであった。実際の授業では、予定より大幅に時間がかかってしまった。「長すぎる」ということは、生徒の興味関心を失わせ、主体的な学びから遠ざけることになる。これが一番の反省点である。

もう一つの問題点は、導入からまとめまでの流れの中で、愛の認識が必然的に深められていくような構成が出来ていなかったことである。その結果、「手紙文に語られた愛」の部分で述べたように、教材の表現や生徒の表現に深く切り込みながら愛の認識を深化させる展開が出来なかった。

また、「詩にうたわれた愛」の学習でも、生徒の選んだ詩を教材にして、愛への認識が深められるような授業を目標としたが、生徒の選んだものがほとんど歌詞だったので、言葉にこだわった学習や愛についての深まりは少なかった。

この問題は歌詞ではなく詩を探すという課題にしていれば、ある程度解決されることであるが、その場合、生徒が今回のような興味を示したかどうか疑問である。
○生徒自らの主題意識に基づいた教材
○すぐれた表現による、すぐれた言語経験をする教材
○主題に広く深く響きあう教材

　主題単元学習を効果的に実践するためには、こうした教材を選び取る力と、それを構成する力が、教師に要求される。

C　単元「戦争と人間」
　―戦後五十年のときに―（第二学年　H７年）

　使用教科書（国語Ⅱ　第一学習社）の教材の、詩「わたしが一番きれいだったとき」と小説『野火』を核にして、「戦争と人間」をテーマに主題単元を組みたい。転勤したばかりの私のこの厚かましい申し入れに、第二学年を担当する先生方の賛同が得られ、6人で、一学期末から「戦争と人間」の主題単元学習に取り組んだ。折しも戦後五十年の時でもあり、被爆をテーマにした被害者としての視点のみでなく、加害者としての視点にも立つ学習を成立させたいと考えての実践となった。

　6人の教師の個性と各々の教室の生徒との関係の中で、さまざまな展開があったが、ここでは、私の国語教室の場合について、「戦争と人間」についての認識と深まりの過程を、生徒の表現例を中心にまとめた。

(1) 単元設定のねらい

　浜本純逸氏は戦争文学について次のように述べている。

　　「戦争は、人間を殺すか殺されるか、生きるか死ぬかという極限状況に立たせる。そこには、生の極限にたつがゆえに自己の生に執着してもがく姿があり、周りの人とともに美しく生きようとする姿もある。死を面前にするがゆえに、生の輝きをうたいあげる声があり、死を美化することによって、強いられた死に意味を見いだそうとする姿もある。

　　人間の真実は、平凡な日常においてよりも極限の状況においていっそう現れやすい。人間をことばで描く芸術である文学は、戦争という状況に生きる人間を繰り返し素材にし、これからもするであろう。戦争文学の魅力は、極限状況に生きる姿を通して人間の真実が形象されているところにある。」（注6）

　浜本氏の語る「戦争という極限状況に生きる姿」をさまざまな教材で読み、そこに形象された「人間の真実」に触れさせ、各自の生を考えさせたい。これが、主題単元学習「戦争と人間」に取り組んだ根幹の思いである。

(2) 向上させたい国語の力

● 戦争という極限状況を扱った、さまざまな教材の表現（文体や具体的な描写）を通して、戦争や人間に対する認識を広げ、また現在の自己の生についても深く見つめ、表現できる力。
● 戦争を多角的に（被害者の立場だけでなく、加害者の立場からも、また兵士の立場、庶民の立場等さまざまな角度から）捉え、整理する力。
● 情報を収集し選択する力をつけ、自己の考えを「書く」ことや「話す」ことが出来る力。

(3) 授業の展開　（次頁の表Bに示した）

(4) 授業の実際
導入　「わたしが一番きれいだったとき」の戦争
　　　　（第1時～第2時）

＜教材＞
● 「わたしが一番きれいだったとき」茨木のり子

＜授業展開＞
① 一番印象に残った連と言葉を抜き出し、その理由を書く。
② 各自の感想や意見を聞き出しながら、詩を理解させ、生徒の意見に基づいて板書を作る。
③ 課題プリントにより、からっと、うたわれた詩の中にある「戦争の重さ」への理解を深めさせ

「生きることを考える」主題単元学習 ―私論と実践のまとめ―

　「わたしが一番きれいだったとき」は、多くの教科書に掲載されている詩である。まず、生徒の第一印象や初発の感想、疑問点を大切にしながら読み、「きれいだったとき」「きれいな眼差」等の詩句を中心に、戦争と青春のかかわりを考えた。

　主題が「戦争」となると、生徒は変に身構えて「徳目」として受け止める傾向があるが、重い戦争体験を、からりとさわやかにうたった茨木のり子の詩には、共感を示す生徒が多かった。第一連の「街々はがらがら崩れていって／とんでもないところから／青空なんかが見えたりした」の詩句については、阪神大震災の後だけに、強い実感を伴ってイメージされ、そうした破壊を人の手でする戦争の愚かさに思いを致した。

表B

授業展開	戦争と人間についての認識	表現活動
導入（第1時～第2時） 「わたしが一番きれいだったとき」の戦争	生徒と同年代の時（一番きれいだったとき）に戦争に行き合わせたことの意味を考える。	初発感想、疑問点
展開1（第3時～第4時） 詩や遺書に書かれた戦争 （戦没者数一覧図、特攻隊員の遺書等十一教材）	「わたしが一番きれいだったとき」と接点のある教材を併せ読むことで「まわりの人達が沢山死んだ」「名もない島で」「挙手の礼しか知らなくて」「きれいな眼差だけを残して発って行った。」等の詩句の意味の理解を深め、戦争への認識を広げ深める。	二つの教材を併せた感想文や意見文 （夏休み課題　400字）
展開2（第5時～第6時） 新聞記事にみる戦争 （各生徒の選んだ記事）	今の新聞に「戦争」がどう書かれているかを知り、「戦争と人間」に関する各自の問題意識を育てる。	新聞記事の要約と感想、意見 「戦争」作文（夏休み課題） グループ学習 新聞記事の紹介 意見交換・発表
展開3（第7時）『野火』への誘い。 戦争体験者の語る戦争…ビデオ視聴	「戦争」を具体的事実としてとらえ、「人間から鬼へそして人間へ」と変わる人間の心を考える。自分なら？	視聴しながら話のメモをとる 人間の心について
展開4（第8時～第16時） 『野火』に描かれた戦争 教科書掲載部分…細かい読み 続きの文章…ダイナミックな読み 　　　　（全体をとらえる読み）	「戦争」に対する各自の問題意識の確認 教科書掲載部分…大岡の表現（文体や描写）にこだわりながら、兵士の姿や田村一等兵の心を考える。 続きの文章…加害者の視座に立つ田村の問いを自分の問いとして受け止め、極限に立たされた人間の姿を考える。	各自の問題意識に照射する読みの後、印象に残る一文や田村の問いに対し 　級友と意見交換 　自己の考えをまとめる
＊指導訪問の関係で俳句学習を7時間実施		
展開5（第17時～第19時） 『蘭』に描かれた戦争	庶民にとっての戦争を考える。	A『蘭』または『野火』における戦争
まとめ（第20時） 「同時代としての戦後」	戦争が単に過去の出来事でなく、今の時代や未来に結びついており、自己の生き方に結びついていることを考える。	B我々の時代をどう捉えるか？ ＊ABどちらかの題で意見文 （400字）

＜生徒の表現例＞
★最も印象に残った連についての初発感想

・わたしが一番きれいだったとき／わたしはとてもふしあわせ／わたしはとてもとんちん

> かん／わたしはめっぽうさびしかった(第七連)について
>
> 　二十才になるかならないかでぐらいで、まわりから見ても自分にしても一番輝いていると思えるような年頃なのに、戦争や戦後の混乱でそれどころでなくなってしまって、悔しいと思う気持ちがあるんだと思った。こんなときに一番きれいになってしまって、とんちんかんで、誰も見てくれなくてさびしかったのだろうと思う。(H)

展開1　詩や遺書に書かれた戦争
　　　　　(第3時～第4時)
＜教材＞詩、編者の解説文、遺書など、「わたしが一番きれいだったとき」と関連する十一の資料教材

- 「根府川の海」「木の実」茨木のり子『現代の詩人　茨木のり子』(中央公論社)
- 「夜の春雷」田辺利宏『国語単元学習の新展開Ⅵ』(東洋館出版社)
- 太平洋戦争における主要地域別陸海軍人軍属戦没者数一覧図『昭和の遺書①父へ、母へ、最後の手紙』辺見じゅん編（角川文庫）
- 宮内秀治(十七才)の遺書『昭和の遺書①父へ、母へ、最後の手紙』辺見じゅん編（角川文庫）
- 『日本の詩　せんそう・へいわ』の前書き、解説文　遠藤豊吉編著（小峰書店）
- 「水ヲドサイ」原民喜、「挨拶」石垣りん『日本の詩　せんそう・へいわ』遠藤豊吉編著（小峰書店）
- 「にんげんをかえせ」峠三吉、「げんばく」中泉孝二(小学二年)『原爆の詩』

　以上の十一の教材に、私のコメントをつけて紹介した。

＜授業展開＞
①資料教材を読む。
②十一の資料から二つを選び、それぞれを比較しながら読み取ったことや感想、意見を書く。(400字～600字) 夏休み課題
③夏休み課題の紹介と内容理解の深め（二学期）

　多くの詩教材を一度に併せ読むやり方は、私が主題単元学習を試みる中で、主題の広がりや深まりを短時間で効果的に行うために、必然的に生まれてきたものである。この「戦争と人間」の単元では、詩の他に短い遺書や戦没者数一覧図の資料も加えた。
　「わたしが一番きれいだったとき」と少しずつ接点を持つ教材を併せて読むことにより、「わたしが一番きれいだったとき」の詩への理解を深め、さらに、生徒の心に落ちた「戦争」という小石の波紋を次々広げるための教材編成である。十一の教材の中で、生徒が最も多く取り上げていたのは宮内秀治の遺書であった。彼が生徒と同じ年齢であったということが大きな衝撃であったようだ。

＜生徒の表現例＞
⑤特攻隊員の遺書と⑨「げんばく」からの表現

> 　一番⑤の文章に胸をうたれた。だから絶対⑤を取り上げて作文を書こうと思った。
> 　この手紙を読んでいたら今の私の幸せを思い、また私の幼さを感じる。十七才で私と同じ年で、死を目の前にこんなに立派な手紙が書けるだろうかと考えると、無理であろうという結論に達する。私なら泣き叫び、狂い、絶望するだろう。
> 　父や母や兄弟を思いやることもできないかもしれない。もし、戦争というものが、この十七才の少年を立派にしたとしたら、こんなにせつないことはない。夢や希望を犠牲にして国に命を捧げて死んでいく。そんなことを私と同じ年の男の子がやっているということが信じられない。
> 　戦争は、人間が起こしたものだが、傷つくのも悲しむのも人間である。これほど無意味なものはないと思った。
> 　もう一つの小学四年生の子の詩は率直な文面

> で、心にまっすぐ伝わった。(後略) (k)

展開2　新聞記事に見る戦争（第5時～第6時）
＜教材＞各自の選んだ戦争に関する新聞記事

＜授業展開＞
①戦争に関する新聞記事を三つ選び、記事の要約と簡単な感想を書く。(字数制限なし　夏休み課題)
②三つの記事を読んで感じ考えたことから、「戦後五十年にあたって」等の題を決めて書く。(400字～600字　夏休みの課題)
③グループ学習（1時間）
● 各自の選んだ記事を互いに読み合い紹介し合う。(三つの記事を選んだ理由、その中でぜひ紹介したい記事、話し合いたいこと、質問、意見交換)…各自、感想メモ
● グループで記事を一つ選ぶ。(記事の紹介、選んだ理由、話し合いたいこと)
④各グループ代表者がクラスで発表（『野火』の学習と並行して10分位の帯単元で）
● 記事の紹介、選んだ理由、話し合いたいことの提案
● 意見交換（各自、感想メモ…最も印象に残った話、自己の考え方の変化などについて）

日頃、新聞を読む習慣のない生徒が多いこともあり、新聞からの情報収集をする中で、今、戦争がどう書かれ、どう語られているかを読み取り、戦争を考えることを課題とした。

生徒の中には、戦争に関する記事を集めるだけでなく、戦争文学を読んだ者、広島の原爆資料館へ足を運んだ者、戦争の資料展を見に行った者、家族の方の体験談を聞き実感として戦争をとらえた者など、さまざまな取り組みがあった。

二学期には、各自が選んだ戦争に関する記事を利用し、グループ学習を試みた。

このグループ学習は、話す学習（＝小人数での自由な雰囲気の対話からクラス発表へ、そして討議へと進む学習）として位置づけたものである。(前任校での実践「愛について」の中の、話す学習の経験を基にした。)

3人～5人の自由なグループで、まず、選んだ記事やそれに関する意見を互いに紹介し合い、読み合うことから始めた。これは、気楽な雰囲気で自由に話す中で、一人一人の情報量を広げることをねらったものである。自由なグループ編成が功を奏して、どのグループも活発に意見を述べ合い、また、互いの新聞を読み合うことにより、同じ記事であっても新聞によって書き方や捉え方に差があることを知る体験ともなった。

この後、各グループで集めた記事の中から、最も印象に残った記事について代表者がクラスで発表し、その後自由に意見交換する場を設けた。しかし、クラス全体での「話し合い」に慣れていない生徒には無理があり、せっかくの各グループでの活発な意見が生かせなかった。また、他の先生方との時間的なバランス（進度）が気になり、結局グループ発表は途中で打ち切ってしまった。

「話す学習」は中途半端な形になったが、「戦争と人間」の主題単元学習を全て終えたときの感想で、何人かの生徒は、最も印象に残ったこととしてこの「グループでの意見交換」を挙げ、「自分の考えだけでなく他人の考えもわかり戦争への考えが深まった。」と書いていた。それぞれの班から提示された問題を整理し、焦点をしぼってグループ単位で討議するというような方法を取れば、もっと充実した時間になったと思う。一気に全体討議に進めたのが途中挫折の原因であった。

＜生徒の表現例＞
◆グループ学習の発表原稿

> ＜O班の場合　班員4名＞
> ・記事の見出し「姫路慰霊塔に献花　平和祈る」
> ・記事の内容
> 　太平洋戦空爆犠牲者追悼式が十五日開かれた。姫路市は戦争末期に空襲を受け四九〇人が亡くなった。会長は「戦争体験を後世まで語り

続けていきたい。」と話す。神戸では日本の戦争責任、核兵器の廃絶、憲法第九条の厳守などを訴えた。また核兵器反対の署名も集めた。
・記事を選んだ理由
　姫路に近いところに住んでいて、よく遊びに行ったりするのに私たちグループ全員が、この慰霊塔の存在を知らなかった。自分たちの身近にも戦争に関するものがあるんだということがわかったから。
・グループ発表で問題にしたいこと
　私たち現代に生きる人間にとって、戦争とは五十年前に終わったことで、あまりこの地域にも関係のないものだと思っていた。だから、ひと事のように感じていた。でも、目と鼻の先のところで戦争で空襲を受けていたのを知って初めて慌てた。そして、初めて身近に感じた。
　こんな何も知らない「口だけ人間」がまだまだいるのは、ただ一般の戦争の教育だけをして、具体的なことを知らせなかったことにも原因はあるということ。そして自分たち人間の過ちに目を背けていたということ。

展開3　戦争体験者の語る戦争…ビデオ視聴
<教材>
●ビデオ「証言　侵略戦争　人間から鬼へ、そして人間へ」日本中国友好協会制作

<授業展開>
①戦争体験者三人の、それぞれの話をメモしながら、ビデオ視聴をする。
②ビデオ視聴の中で最も印象に残ったことや感想、考えを書く。

　映像教材ではあるが、ビデオの内容の中心は、3人の戦争体験者の加害者としての「語り」である。そこで、聞き書きに近い学習をめざした。あらかじめ、3人の証言にそってメモできるよう、見出しをつけたプリントを作り、最後に自分の感想や意見を書く時間を7分位取った。体験者の重い証言を聴いた生徒は、今まで観念的にしかとらえられなかった戦争を、具体的な事実として実感し、誰もが鬼となり得る人間の恐ろしさに気づいていった。
　このビデオ視聴には、小説『野火』の学習への「導入」というねらいもあった。『野火』を読むまでに、ビデオ視聴によって「戦争への実感」を抱かせ、生徒一人一人の中に「戦争」への問題意識を湧き上がらせたかったのである。生徒の中に生じてきた「戦争と人間」に対する思いを一文で書いたものが、次の表現例である。

◆「戦争と人間」に関する各自の主題文＝これまでの学習を通して、各自の心に生じた問題意識を一文で書く。
●なぜ人は戦うのか。
●戦争の中の人間の命の重さは？
●戦争が始まったときそれを終わらせるには何が必要か。
●苦しみや悲しみしか残さない戦争をしてまで得た利益は何なのか。
●戦争によって人格を変え同じ人間同士を傷つけあい最後に何が残るのか。
●欲がなぜ侵略までいったのか。
●なぜ日本はアジアを侵略しようとしたのか。人々はなぜ命をかけてまで戦争へ行ったのか。
●人間は自分のためだったら何でもするのはなぜだろうか。
●戦争はどれほどまでに人間を変えるのか。
●どうして戦争が悪いこととわかっていて自分が戦争に参戦すると考えや人間が変わってしまうのだろう。
●なぜ戦争は人間に人間としての感情を失わせてしまうのか。
●「戦争は人間を変える」というが今の生活をしている姿が本当の人間なのか？
●人間が人間でなくなった時そこからどう立ち直るのか。
●国どうしが対立した時、なぜ戦争という力で相手を抑え込もうとするのか。それが本当に最後

の手段でありみんなが一番納得のいった方法だったのか。
● 戦後何もかも失った人達は、何を支えに頑張って生きていったのか。

これら生徒一人一人の問題意識に照らし合わせながら『野火』を読むことができたら…と考えたが、そのための具体的な授業方法が見つからず、生徒各自の問題意識を確認するにとどまってしまった。

展開4 『野火』に描かれた戦争
<教材>
● 『野火』大岡昇平（教科書　一　出発　二　道　三　野火）

<授業展開>
①教科書に掲載された一から三までを読む。（課題プリント）
②表現に即して主人公（田村）のこころを追う。
③文体に目を向ける。
④続きを読む。（教科書のあらすじの説明にあたる部分をできるだけ多く読む。）
⑤『野火』の感想文を書く。

『野火』は、「戦争と人間」の主題単元学習の中心教材として位置づけた教材である。

多くの戦争文学は被害者の立場から描かれているが、『野火』には、加害者としての田村一等兵の悲しみが語られている。戦争という極限の状況の中で、人間が何を考え、どう行動したか、つまり「人間の原存在」への追求が、抑制された文体で描かれている。

ただし、教科書に掲載された部分はごくわずかで、しかも小説の幕開けの部分でしかなかった。できるだけ『野火』の全体像がつかめるよう、補充プリントを用意し、教科書部分は読解的な丁寧な読み、補充プリントは全体を捉える、おおまかな読みを試みた。教科書掲載部分をどう扱い、続きのどの部分を読ませるかについては、片村恒雄氏の実践（注7）を参考にさせていただいた。

教科書掲載部分の『野火』は、生徒にとっては興味を示しにくい、やや難解な教材であると感じたが、これまでの学習（特にビデオ視聴）によって、『野火』の学習への期待が高まり、文章（情景描写や行動描写）に敏感に反応しながら読むことができた。これは、生徒各自の中に湧いてきた「戦争に対する問題意識」も作用した結果であると思う。生徒の書いた読みを基本に据えて課題プリントを準備し、兵士や主人公田村の気持ちを作者の表現にこだわりながら、丁寧に考えていった。

<生徒の表現例>
最も印象に残った一文を抜き出し、その文に対する読みや考えを書く。

◆印象に残った一文
・「私が生命を提供している国家から保障される限度は、この六本の芋に尽きていた。」
◇その理由
・曹長がいいかげんにしゃくった六本の芋が田村一等兵の命の重さと同じ価値とするところに悲しみを感じた。人間の命の重さはそんなものでなくもっと尊いものだと思った。（N）
・いくら国のためと一生懸命働いても働けなくなったところで国家は見放してしまう。『野火』の主人公も六本の芋の価値しかなかった。戦争というのは人が一人死んだといってもそれが当り前になって、戦争に邪魔になる働けなくなったものは、価値がなくなるのだろうか。人間の温かい気持ちの感覚まで失ってしまうのはとても悲しい。（I）

◆印象に残った一文
・「私は出発した。」
◇その理由
・「出発」普通は希望や夢にむけて出発すると思う。でも、これは違う。「死」という人生で一番つらいものに向けての出発。自分で自分自身の「死」のために出発する。ここでは「出発」＝「死」。（H）

◆印象に残った一文
- 「嵐をはらむと見えるほど晴れて輝く空はたえずその一角を飛ぶ敵機の爆音に満たされていた。」

◇その理由
- この空は言い換えると田村一等兵の今の気持ちかもしれない。生涯の最後を軍人の思うままでなく、自分自身の思うままに使うことが出来るという喜びの中に何か含んでいるような……。その中には死も含まれているのかもしれない。（N）

続きを読む学習では、10枚のプリントにまとめたものを、音読、黙読を交えて一気に読んでいったが、田村一等兵の、深く、重い「問いかけ」が生徒の心を揺さぶり、級友との意見交換はかなり活発なものとなった。この意見交換によって、同じものを読んでもさまざまな捉えがあることに気づき、もう一度自分の考えについて問い直し、深めることができたようである。

＜田村一等兵の問いかけ＞
① 「何故私は射ったか。…私は殆どねらわなかった。これは事故であった。しかし事故なら何故私はこんなに悲しいのか。」
② 「私は孤独であった。恐ろしいほど孤独であった。この孤独を抱いて、何故私は帰らなければならないのか。」
③ 「人を殺したとはいへ、肉は喰はなかった……」と本当に言えるのか。
④ 「私は再び誰かに見られていると思った。」と繰り返し感じるが、見ていたのは誰だろう。
⑤ 「野火」は結局何を意味するものなのか。
⑥ 「たとひわれ死のかげの谷を歩むとも」（ダビデ）の意味するものは何なのか。

①〜⑥の問いの中で、多くの生徒がとりあげたのは、①「何故私は射ったか。…私は殆どねらわなかった。これは事故であった。しかし事故なら何故私はこんなに悲しいのか。」と、③「『人は殺したとはいへ、肉は喰はなかった……』と本当に言えるのか。」の問いであった。

「戦争と人間」の学習の最後のまとめで「『野火』に描かれた戦争と人間」を選んで文章を書いた者の中にも、この③の問い（人肉喰い）にかかわる内容が多くみられた。

＜生徒の表現例＞

◆『野火』に描かれた戦争と人間
- 僕が『野火』全体を読んで一番印象に残ったのは、「田村一等兵が人の肉を食べたと言えるか言えないか。」ということです。

　これは授業でも一時間問題にしたことです。授業中、とても真剣に友達と討論しました。「人肉を食べなければ死んでしまうから、しかたがないのではないか。」「でも、自分が助かりたいがために自分たちの仲間である日本兵を殺して食べることは、人間のすることではない。」など、意見を交換しあいました。

　僕は、授業が終わってから考えた結果、こう思いました。「人の心を捨ててしまうということは人間であることを捨てるということなので、死んだ方がまし。」と友達との討論で一応結論を出したけど、やっぱり人間は自分が一番かわいいし、長生きもしたいと思うだろう。授業ではみんなきれいごとを言って日本兵を殺したものを責めるだろう。でも、実際生徒全員がこういう状況に置かれ時、何人が授業の時と同じような意見を大きな声で自信を持って言えるだろうか。僕は自信がありません。田村一等兵や永松と同じことをしていたかもしれない。彼らを、決して悪くはないと言えないけど、決して責めることもできない。

　これが戦争だからだ！（O）

- 私は、戦争の証言のビデオの中の「人間から鬼へ」という言葉を、この『野火』の学習を終えることによって、さらに心に焼きつけられたような気がします。（中略）

「生きることを考える」主題単元学習 ―私論と実践のまとめ―

『野火』の中では永松が、「猿の肉」と偽って持ってくる場面がありますが、もし、私が『野火』に登場する人物としてあるなら、きっと永松だと思います。いや、誰でも永松になる可能性はあるのだと思います。人間どんなにきれいごとを並べても、しょせん最後はやっぱり自分が大切、というエゴイズムが心に潜んでいると思うのです。そんな気持ちがあるからこそ、争いが起こるのだと思います。自分のエゴを消すのは難しいけど話し合うこと、わかり合い、尊重し合うことで戦争はきっとなくなるはずだと思います。

そして、こんなエゴを持った人間たちだからこそ、みんなで乗り越えていかなければならない壁が戦争なのではないかと思います。（H）

展開5 『蘭』に描かれた戦争
＜教材＞『蘭』竹西寛子

『蘭』は、少年の目から見た大人の世界（戦争の時代）が、平明な言葉であるが、格調高く語られている。『野火』とは違う、ひさし少年の目を通して描かれている日常の庶民の中にある戦争を、感じ取らせたいと思った教材である。

下記の表現例に示したように、Sは『蘭』を読んで、戦争の「直接的」というより「間接的」な影響を感じたと述べている。

＜生徒の表現例＞
◆「『蘭』に描かれた戦争と人間」について

・『蘭』を読んで、戦争の直接的というより間接的な影響を感じた。息子を連れて旅する機会もなくなるだろうとあるように、じわじわと家族の絆を奪って、やがて絶望へと追いやっていく。自分の戦争のイメージは、人々の殺し合いという印象だけど、体験しないとわからない間接的な影響がたくさんあると思う。

もし自分が戦争という大きな力に人生をつぶされて、その大きな力が勝手に暗い自分の未来を作っていくとしたら、たまったものではないと思う。また、ひさし少年が人生の奥行きのようなものを感じたように、人生は人々の協力によってバランスが取られて作られている。けれど、板前を兵役にとられたり、とても親しい人が死んでしまったり、戦争は一瞬にして人が積み上げてきたバランスを崩してしまうという恐ろしさもあることがわかった。

そして、ひさしの父親が扇子を引き裂いたとき、戦争に反抗することが出来ない悔しさを感じながら引き裂いたのではないかと思った。今までの自分の中にある戦争の怖さとは違う怖さを知ることができた。（S）

まとめ 『同時代としての戦後』
＜教材＞
● 「われわれの時代そのものが戦後文学者という言葉をつくった」『同時代としての戦後』大江健三郎著
● 「この50年の主な戦争・紛争・内戦」（朝日新聞1995・8）・天声人語（朝日新聞1995・12・10）

ここでは「戦争が単に過去の出来事ではなく、今の時代や未来に結びついており、そしてこれからの自分の生き方に結びついていることを気づかせる。」ことを目標にした。これは、この主題単元学習のまとめとしてぜひ達成させたかったものである。「戦後五十年の時に」という副題への揺さぶりもねらって、一つは大江健三郎の「われわれの時代そのものが戦後文学者という言葉をつくった」を選んだ。

「新しい＜戦前＞が、重く制禦しがたく、苦しく、時代によって懐胎されていると告げる声がおこっている。しかし、よく＜戦後＞を記憶し、それをみずからの存在のなかに生かし続けている者のみが、もっともよく新しい＜戦前＞を感知するであろう。（後略）」という大江の考えは、この学習の

179

時期に、ちょうどフランスの核実験が大きく報道されていた状況もあって、生徒にかなりの衝撃を与えたようである。また、新聞記事「この50年の主な戦争・紛争・内戦」の年表の、そのおびただしい戦争の数は生徒を驚かせた。日頃、世界の内紛等には関心の薄い生徒に対しても、具体的な事実を示す数字の持つ説得力があった。

これらの資料やこれまでの学習を通して、「今の時代をどう捉えるか。」「自分の生き方をどう考えるか。」等を考え、この単元のしめくくりとした。

＜生徒の表現例＞

◆我々の時代をどうとらえるか

・戦争を考えるにあたって、私はもう終ってしまったこととして見てきた。でも、大江健三郎氏の「戦後といわれる今、新しい戦前にさしかかっている」という言葉にすごい衝撃を受けた。よく考えてみれば、フランスの核実験の、戦争を準備しているとしか思えない行動や、現在も続いている各国の内紛、これらは、一歩間違えれば大きな戦争になりうる。そんなことを考えると、昔のことばかり振り返っていたらまにあわないような気がした。

今の時代、私たちの世代は三無主義と言われているが、もうそんなことを言っていられないときかもしれない。そんな中での私はどう世界平和に関わっていけばいいのかまだよくわからない。でも私に限らず誰もが、視野を広げ正しい情報を正しく理解すること、そして正しく行動することが大切だと思う。もし、戦争がおきた時、たった一人でも正しい行動ができるかどうか不安だが、平和に対する強い意志を持てば戦争は避けられる気がする。（B）

◆「戦争と人間」の学習で感じたこと

・この二学期の間、戦争について触れてきたことによって戦争に対する意識も少し変わった。授業とは別に戦争に関する本も一冊読んだ。これまで、「漠然とした戦争」しか知らなかったけど、戦争というどうしようもない事の下で苦しむ人の行動や気持ちを学んで「戦争の中の一人一人の人間」を知ることが出来た。このことは最初はかなりショックだった。もちろん核兵器とかのことも重要だけど、戦争で変わっていく人間、例えば『野火』の田村が恐怖で正常な判断が出来なくなったり、人肉を食べることまでするような姿を知ることの意味は深い。実際にこのような極限の状態に追い込まれたことのない自分たちにとって、このようなことを学ぶことは大切だと思う。（T）

・今まで戦争についていろいろ学んできました。私は戦争とは恐ろしいものだと被害者的に考えていたのかもしれません。だけど、『野火』を勉強してからそれが変わりました。戦争の裏に隠れている人間の鬼の部分を見たからです。今までなら、戦争はいけないことだとか、もう二度と繰り返してはいけないとか、きれい事ばかりだったように思います。本当の戦争の恐さは、他でもない私たち人間自身ではないのでしょうか。戦争が人間の本能なのではないかと思うほどです。人間の理性とは何なのだろうかと考えさせられました。（後略）（O）

(5) 考察

この単元の教材の編成を図式化したものが次ページの図3である。

つまり、「わたしが一番きれいだったとき」と小説『野火』を中心に編成した、さまざまな教材との響きあいと、生徒の表現（そのつど生徒が書いたり話したりしたもの）との響きあいの中で、「戦争と人間」に対する問題意識を湧きあがらせ、それを鮮明にする。そして、「極限に立たされた人間」の一人として、自分ならどうするかを考え、さらに、今の時代に生きる自分の問題としてとらえ直し、どう生きるかの追求を続けるという構成であった。

この実践で、最初に掲げた目標が、生徒一人一

図3

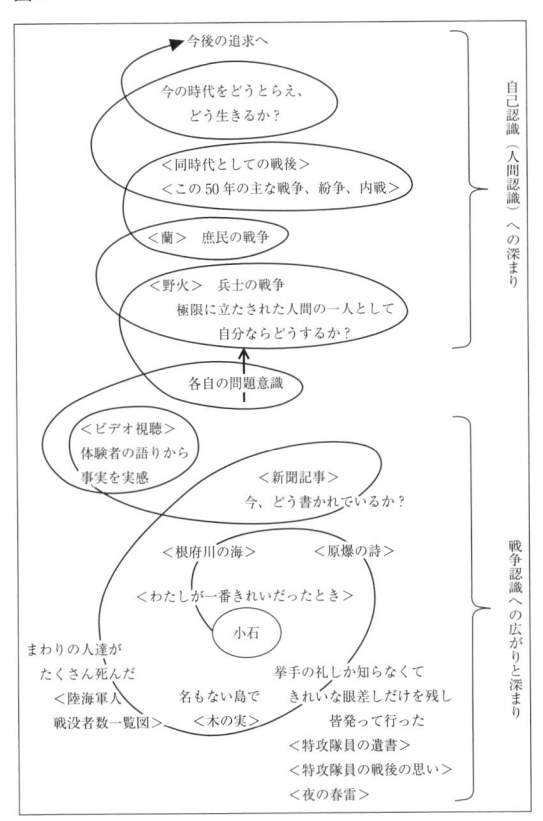

```
今後の追求へ
 今の時代をどうとらえ、
  どう生きるか?
<同時代としての戦後>
<この50年の主な戦争、紛争、内戦>
<蘭> 庶民の戦争
<野火> 兵士の戦争
 極限に立たされた人間の一人として
 自分ならどうするか?
 各自の問題意識
<ビデオ視聴>
体験者の語りから
事実を実感
  <新聞記事>
  今、どう書かれているか?
<根府川の海>  <原爆の詩>
<わたしが一番きれいだったとき>
     小石
まわりの人達が       挙手の礼しか知らなくて
たくさん死んだ  名もない島で きれいな眼差しだけを残し
<陸海軍人    <木の実>   皆発って行った
戦没者数一覧図>        <特攻隊員の遺書>
                <特攻隊員の戦後の思い>
                <夜の春雷>
```

自己認識（人間認識）への深まり

戦争認識への広がりと深まり

人にどれだけ達成されたのか、個々を対象にした具体的な検証はできていない。しかし、ここに例示した生徒の表現からも、「戦争と人間」のテーマを自分の問題としてとらえ、それを、書いたり、話したりする中で、各自の考えが少しずつ深められていったという実感を得ることができた。

一方、「国語教育攷」の会（注8）で、この実践について発表した際、加藤宏文氏から「これからの展望」という視点に欠けているのではないかとの御指摘を受け、単元のまとめとして、歴史的な事実の中に展望を見いだし得るような教材の準備が必要であったと気づかされた。

4 おわりに

ここに記した私論と実践は、約20年も前のものであり、一部は既に「国語教育攷」第11号と第12号からの転載である。

これらの実践の後、私は、主題単元学習に関しては長期にわたる大単元ではなく、短い期間の小単元で実施するようになった。教科書に掲載されている小説や評論文を軸にして、絵本やエッセイ、詩などを併せ読み、感想や意見を書き、互いの考えを発表する中で、「生きること」にかかわるテーマについて認識を深める方法である。これら小単元の実践は、併せ読みという観点でまとめた拙稿を、『表現する高校生』（中洌正堯・国語論究の会著、三省堂、2003）に寄稿させていただいている。

また、長期にわたる主題単元学習としては、農業高校の「国語総合」で単元「雪月花」の実践に取り組み、「独創」20号、21号（兵庫県高等学校教育研究会　国語部会東播支部発行）に寄稿させていただいた。

主題単元学習の中で培われる国語の力の検証や、教材編成の効果（＝教材の響きあい）の原理をまとめるという作業をしきれずに退職となってしまったが、今回「生きることを考える」主題単元学習の私論と実践を顧み、私はこの授業方法の可能性を改めて感じている。

●注
(1) 林竹二・遠藤豊（1991）『いま授業を変えなければ子どもは救われない』太郎次郎社、197ページ
(2) 高橋和夫（1970）『国語教材論の構想― 言語象徴と対象世界』明治図書
(3) 「国語教育の理論と実践　両輪　第十三号」両輪の会
(4) 兵庫県高等学校教育研究会国語部会（1995）『自己をひらく表現指導』右文書院
(5) 「表現意欲を喚起する教材開発」手紙文の場合、日本文学協会第十四回研究発表大会・国語教育部門
(6) 浜本純逸（1990）「戦争文学の魅力」『月刊国語教育』1990年8月号、東京法令出版
(7) 片村恒雄「長編小説の続きを読ます学習指導『野火』の実践例」『国語教室』第二十三号、大修館書店
(8) 兵庫教育大学言語系教育講座「国語教育攷」の会

（遠藤和子）

第66回生 別冊学年通信『天地人』
―1、2年を対象とした「書くこと」の指導―

1 はじめに

　本校（兵庫県立長田高等学校）には各学年が発行している学年通信があるが、主に国語科の実践を綴った別冊学年通信を発行している回生がある。60回生の別冊学年通信『長田区池田谷町書店』、第63回生の『紫（ゆかり）書房』である。発案、編集を手がけたのは、いずれも第60回生では担任を、第63回生では学年主任を務められた長谷川純一氏である。そして、第66回生の「国語総合」を長谷川氏と一緒に担当することになった私は、長谷川氏の勧めと指導に従い、別冊学年通信『天地人』を編集することになった。長谷川氏には、本の推薦や課題についてのアドバイスや校正をしていただいた。翌年（平成24年4月）長谷川氏が転勤されたので、二年目からは、現代文担当教員に校正を手伝っていただき、通信を継続して編集した。第66回生の現代文の授業を通して実践してきた「書くこと」の指導を紹介していきたい。

2 別冊学年通信『天地人』名称の由来

　学年通信名『天地人』は、私が名付けたものだが、その名称の由来を『天地人』創刊号の〈編集後記〉より、抜粋しておく。

『天地人』創刊号（平成23年6月15日）より抜粋

〈編集後記〉
　「天地人」とは約二千三百年前、中国の孟子が残した「天の時は地の利に如かず、地の利は人の和に如かず」を典拠としています。意味は「天の時（運）は地の利（場所・勢いの有利さ）に勝てず、地の利は人の和（人心が一つになっていること）に勝てない」で、つまり、人間関係に於いて何よりも大切なものは「人の和」なのです。また、「天地人」には「王」の意味もあります。皆さんには「人の和」を大切にする「リーダー」になって欲しいという願望を込めてこの通信を「天地人」と名付けました。

3 別冊学年通信『天地人』の構成

　原則として、各クラスで選抜された生徒1名の作品8クラス分の8作品と学年に教えに来ている「一人の教員のエッセイ」で構成されている。「教員のエッセイ」を通信の巻末に配し、生徒から公募した該当教員の似顔絵を併せて掲載している。生徒からどのように教員が見られているのか、を如実に語るものとして、職員室での人気のページになっている。

教師に対する原稿依頼の文章

> 別冊学年通信「天地人」原稿のお願い
> 　生徒の教科に関連した文章などに続き、先生の巻末文を掲載いたします。
> 　先生方には「読書」「音楽」「美術」…などの経験を活かして、また、趣味の世界などで文章を書いていただきたく思います。
> 　内容は難しくてもよいと考えます。勉強を重ねていく内に理解できると思うからです。字数に制限はありませんが、1ページに収まるのは1000字程度までです。長い作品は連載と言うことで次号に跨って掲載いたします。生徒からは似顔絵を募集しています。似ていないこともあるかもしれませんがご了承下さい（笑）

　『天地人』は、二年間で23号発刊した。稿末の表は、1号から23号までの内容をまとめたものである。生徒への課題は、次の5つに分類される。

　(1)国語総合（明治書院）、現代文（三省堂）の授業で扱った教材からの課題
　(2)普段手に取ることがないような新書を読んでの課題
　(3)夏季休業中に「現代社会」から出された課題

(4) 新聞の読者の投書欄を読んで、意見文を書く課題
(5) 型を与えて小論文を書く課題

4 課題の内容

(1-1) 国語総合（明治書院）の授業で扱った教材からの課題

　授業で扱った教材を、さらに深めて考えさせるという目的で、テーマを与えて作文を書かせていった。1年次に現代文分野で扱った教材で課題としたものは、小説2・評論2・俳句、短歌各1である。

　最初の課題は、芥川龍之介の『羅生門』を学習した後に「作者芥川龍之介は、平安朝を舞台にしたこの小説で、現代人に何を伝えようとしたと思うか。」という作者のメッセージを考えるものであった。17行の罫線が引かれたB5の用紙を配布し、期日を決めて提出させた。その中で、担当の教員が各クラスの代表作を選び、『天地人』に掲載した。1年生の最初の読書課題であったため、意欲的に文章を書いていることがよく伝わってくる。

　以下、「国語総合」で扱った教材の中から、生徒の作品を紹介していきたい。

天地人第1号
芥川龍之介『羅生門』を読んで

> 1年3組　A・T
>
> 　作者は極限状況に追いつめられた人のエゴイズム、人間の裏側にある弱さや醜さ、そして何が善で何が悪かということを伝えたかったと思う。下人は、物語の冒頭部分では盗人になるか飢え死にするかを決めかねている「真面目でどこにでもいる善人」であった。しかし、老婆と出会い、話を聞き、「悪人」に変貌してしまった。自分に都合のいいように納得し、だめだとわかっていながらも止めることのできなかった下人の心の弱さや醜さは誰にでも共通する部分であると思う。作者は人間の価値観がいかに脆いものかということを伝えたかったと思う。
>
> 　また、生きるか死ぬかの極限状況の中で、老婆は「生きるためには罪を犯すのはしかたがない。」と言った。しかし、果たして人間の道理を外れてまでも生きることに意味があるのだろうか。そうしてまでに生に執着することは善なのかそれとも悪なのか。下人は最終的に生きる道を選んだ。しかしそれが本当に正しかったのかは誰にもわからない。「極限状況の中で犯した罪は許されるのか」という問いかけもこの作品のテーマであると思う。

天地人第3号
黒崎政男『「洗剤ゼロ」を哲学する』を読んで

　「人間」と「テクノロジー」はどのようにかかわると思うか。本文を読んだ上で、具体的なテクノロジーの例を挙げながら述べよ。

> 1年6組「インスタント食品」　A・T
>
> 　「テクノロジー」は今まで人間を大きく変えてきた。生活を便利にすることが第一の目的であるはずである。私は日常生活が便利になった例の一つに「インスタント食品」があると思う。「インスタント食品」は「調理時間を短くする」ということを目的に開発された。「お湯を注げばできあがる」「レンジで加熱すればできあがる」など、たった一つや二つの手段でご飯ができあがるのだから夢のようだ。しかし問題点もある。便利であるがゆえにこのテクノロジーに私達が依存しすぎてはいないか、ということである。確かに時間のない朝やちょっとした軽食に私も利用することがあるし、その便利さに助かっているというのも事実である。しかし、このテクノロジーがあるがゆえに、一から調理をするという機会がほぼ無く、「自分の力で作る」ことができなくなってしまっているのだ。
>
> 　人間は楽な方に流れやすい生物だ。テクノロジーに頼りすぎてしまうのも仕方ない。だが、人間本来のよさ、例えば「何かを創り出す」と

いうような能力を持ち続けるためには、「人間」と「テクノロジー」は深く関わりすぎてはいけないと私は思う。「つかず、はなれず」の関係が今後の社会に必要なのではないか。

天地人第7号
俳句・短歌の鑑賞文を書く

教科書に掲載されている俳句・短歌の中から一首を選び、鑑賞文を書かせた。

「髪五尺ときなば水にやはらかき少女ごころは秘めて放たじ」晶子

1年2組　M・F

　髪五尺、つまり百五十センチメートルもの長い黒髪をほどき、湯水に浸して洗うと、やわらかな手ざわりである。その髪のように、柔らかで繊細なおとめ心は、つまらない男などには見せたくない。髪もおとめ心も、自分の中にそっと秘めて、決して打ち明けまい。髪に自分のおとめ心を託して詠んだ歌である。女にとって、髪は長い年月をかけて伸ばしてきた大切なもの。髪も心も、これと決めた人にだけ、そっと打ち明けるのだ、という美しさの中にも決意を秘めている強さが印象に残った。与謝野晶子が心を解いた鉄幹との仲は不倫という世間体の悪いものであったが、二人にとってはこの歌のように美しいものだったと思う。

天地人第11号
太宰治『富嶽百景』を読んで

1年4組「作者の心」　K・N

　私はこの作品を読んで、作者の心がいいなと思った。

　まず一つ目に、自己の考えを持ち、それに従うところである。私は自分の考えを持っていたとしても、大衆に流され、貫き通せないことがある。他人と協調し合うことも大切であると思うが、そればかりでは自分のためにならないことも多い。自分の考えを持った上でよく考え行動する作者の心に少しでも近づきたいと思う。

　二つ目に、苦悩を経てきた中でも、自分に誇れるものを持ち、それを生かす肯定的な心である。私はまだ作者ほどの経験や苦悩を経ていないが、将来自分が苦しくなった時、自分に誇れるものを持ち、前に進んでいけるようにしたい。

　最後は、自分の求めるものを追い続け、その極みに立つ粘り強い心である。眼前に壁が現れてもそれを乗り越える。そうでなければ違う角度から攻め、自分の中に取り込もうとする心情がすばらしいと思った。私も自分の求めるものを最後まで追い続けていきたい。

天地人第12号
岩井克人『マルジャーナの知恵』を読んで、現代における「情報の価値」について考える

1年6組「アラブの春」　K・Y

　「情報」という言葉からまず思い浮かべるのは「インターネット」です。技術の発達により、現在は世界中の情報を集めることが可能になりました。そして、その価値の大きさは大きくなっていると言えます。

　そして、情報が大きな威力を発揮したのが「アラブの春」でしょう。アフリカの様々な国が民主化を目指した国民によって転覆されました。ものすごい勢いで広がりをみせた民主化運動ですが、その始まりは「情報」でした。自分たちの生活環境の悪さなどをそれまで知ることのなかった国民が、インターネットの普及により、他国や世界の人々の生活に関する「情報」を手に入れたことで不満が爆発しました。

　このように、現代社会では「情報」の一つで国家のあり方が一瞬にしてかわってしまう程、重要なものになってきていると思います。

(1-2) 現代文（三省堂）の授業で扱った教材からの課題

2年次に現代文の授業で扱った教材は小説3、評論4、随想1である。

<u>天地人第17号</u>
中島敦『山月記』を読んで
中島敦は、人間が虎になるストーリーを通して、何が言いたかったと思いますか。

> 2年3組「自分と李徴」 M・H
> 「山月記」が深く心に残る理由は、一言で言えば李徴という人物の圧倒的なリアリティであると思う。この作品を読んだ人は誰でも、多かれ少なかれ自分と李徴との間に共通点を見つけるだろう。少なくとも私は、何度も彼の叫びに似た独白にはっと胸をつかれた。人間はみな心の中に猛獣を飼っている。李徴の飼っていた猛獣—虎は、あまりにも強く、激しく、その上あまりにも孤独だった。虎を飼う彼は、周りの人間を傷つけずにはいられなかった。そうして彼は、虎に自分自身を飲み込まれてしまった。李徴が虎になってしまったのは、彼の自業自得である。しかし、私たちは彼に深く同情し、愛おしさすら感じる。なぜなら私たちもまた彼と同じように猛獣を飼っているから。しかし、彼が人間に戻ることは許されない。わずかに残っていた残月さえも、しだいに色を失い最期には見えなくなるように。
>
> この非情にも思われるラストと李徴という人物を通し、中島敦は、人は誰でも李徴になり得ること、しかし、決して李徴になってはいけないこと、猛獣に飲まれてはいけないことを伝えたかったのだと思う。

<u>天地人第19号</u>
夏目漱石『こころ』を読んで

『こころ』の文庫本を購入させ、二つの課題を与えた。一つは、『こころ』の「下」を読み、テーマ①～⑩の中から一つを選択させたもの。このテーマは、63回生の国語担当者と、私たち66回生2年次の国語担当者が考案したものである。もう一つの課題は、『こころ』「上・中」を読み、「印象に残った場面の要約」と「その場面についての感想」である。テーマは以下の通りである。

テーマ①　Kは自分が自殺した後の「私」の苦しみについて考えなかったのか。それともそれを狙っての「あてつけ自殺」なのか。

テーマ②　「私」はなぜ、すぐに自殺せず、かなりの年月がたってから自殺したのか。

テーマ③　Kの側に罪はないか。「私」とお嬢さんのつきあいはKが入居する以前からのものである。Kが二人の間に何の疑念も持たないのは不自然で無神経。

テーマ④　恋愛は潜在的に三角関係をはらんでいる。恋愛における三角関係をどう考えるか。

テーマ⑤　お嬢さんは無神経だ。何もわかっていない本当の「お嬢さん」。恋人、夫の苦しみに気づくべき。Kの苦しみに気づくべき。「お嬢さん」の無神経さは「私」や「K」にどのような影響を及ぼしたのか。

テーマ⑥　「精神的に向上心のないものはばかだ。」という言葉は「私」にとっても、「K」にとっても、相手を傷つけようとする悪意に満ちた言葉であったと考えてもよいか。この言葉が「私」と「K」にどのような影響を及ぼしたのか。

テーマ⑦　先生が、妻にも明かせない、自分の最重要な内奥の秘密を綴った《遺書》を、ほかでもなく、田舎出の世間知らずの思慮の浅い一青年（私）に託そうとしたのはなぜか。

テーマ⑧　「精進」と「恋愛」の両立は成り立たないのか

テーマ⑨　「恋愛」は「罪悪」か。

テーマ⑩　Kが死を決意したのはいつの頃からか。

> テーマ①より　2年3組　A・M
> 〔Kの自殺は私への「あてつけ自殺」ではなかった。〕

私が思うに、Kの自殺は決して「私」が苦しむことを狙ったあてつけではない。まず、Kはなぜ自殺したのかということだが、「お嬢さんをとられたから」ではないと私は思う。「精進」を貫いてきたはずの自分が「精進」できなくなってしまい、それに耐えかねたからだと考える。つまり、結局Kは「精進」に囚われたままだったということだ。恋さえ許さない「精進」が、他人を恨んでのあてつけ自殺など許すはずがない。しかし、「私」とお嬢さんの結婚がきっかけになったのには違いない。恋の夢から覚め、「精進」できない自分を見つけたのだろう。

　また、Kは「私」の苦しみについて考えなかったのか、ということだが、これについては何とも言えない。考えが回らないほど思い詰めていたのか、それとも「私」より「精進」を取ったのか。あるいは、自殺するのは「私」のせいではなく、あくまで自分の問題で、「私」がそこまで苦しむことは予測していなかったのかもしれない。

テーマ⑤より　2年1組　M・F

　お嬢さんの言動が「私」と「K」の中を決定的にこじらせたとは言わないが、少なくとも一部始終の関係者であることは確かである。

　私は、しばしばお嬢さんの振る舞いに苛立ちを感じた。あまりにも自分というものがなく、美人ではあるが軽薄な印象を受けた。

　この作品では、「私」と「K」の様々な考えや思惑がとびかっていて、自分の生き方や確固たる信念を持つ「K」も、その「K」の性格を冷静に考察する「私」も、分別があり頭の良い大学生に見受けられる。その二人がここまで熱を上げるほどの魅力がお嬢さんにあるのか、と多少疑問である。

　もし、お嬢さんがもっと聡明で思慮のある人物なら、二人の友情の結末は全く違ったものになっていたのではないかという気がしてならない。また、結婚後も、夫の苦しみを悟ることができたら、二人ともが自殺する悲劇は防げたのではないか。読者がやきもきするほどに、彼女は当事者であり、部外者である。

〈＊上・中より印象に残った場面の要約〉
2年4組　S・M

　先生がある晩家を空けなければならなくなった。私は先生が帰ってくるまで留守番を頼まれ、奥さんと話をしていた。彼女は自分が先生に嫌われていると思っていた。先生はかつて頼もしい人だった。先生のためにできるだけのことをしているのに、自分のどこが悪くて先生は変わってしまったのか。自分の欠点を先生に尋ねる度にお前にではなく、私に欠点があると言われ、悲しくなっていた。

〈＊その場面についての感想〉　2年4組　S・M

　今まで先生の言動ばかり注目しがちだったが、この場面で一気に妻へと視点が移った。そして、先生よりも妻の方が大きな苦しみを抱えているように思えた。

　先生には、つらく、重苦しい過去がある。妻は先生の過去の真相を知らないため、何が彼をこんなに変えたのかと思い悩み、終には自分に原因があると信じ込んでしまった。先生は、秘密を持ちながらも自分の決めた道を進むだけで良かった。だが、これは妻も含め、他の人のことは放っておいて、自らを満足する方向へ持っていく、言わば、エゴイズムなのではないだろうか。それに比べ、妻は先の見えない道をあれこれと悩み、満足感も得ず、疑問と不安を募らせつつも前へ踏み出さなければならない。これこそ、苦しみの極致だ。

天地人第22号
丸山真男『「である」ことと「する」こと』を読んで

　「である」価値と「する」価値の倒錯が起こっていると考えられる具体例をあげ、どのような点

が問題であるかを述べよ、という課題で、600字から800字で作文を書かせた。

「愛玩動物としての犬」 ２年５組　Ｋ・Ｋ

　今年の冬は例年よりもかなり寒さが厳しく、朝などは何枚も厚着をしてもなお冷たい風に身を縮ませるほどだが、そんな中でも我が家の飼い犬が涼しい顔をして眠っているのに驚く。この犬はラブラドール・レトリバーという犬種で、元々は寒い土地で魚を獲る猟犬として飼われていたそうだ。なるほど極寒のカナダの水中を泳ぎ回るくらいだから、日本の寒さなど何ともないのだろう。

　この犬種のように、現在飼われている犬の中でも元々は人間の補佐をするような役割を担っていたものは多い。例えばハスキーやドーベルマンはかつて猟犬として働いていたし、コリーやボーダーコリーは羊を追う牧羊犬だ。ダックスフンドは細長いアナグマの巣に入れるように品種改良された犬種だそうだ。

　しかし、今日ではそのような役目を持った犬は少なく、ごく一部の利口な犬種が介助犬や警察犬として働くばかりである。多くの飼い犬が自分の役割を持たず、愛玩用として飼われているこの現状は、長期的な視点で見ると「する」価値と「である」価値の倒錯と言えるのではないだろうか。時代によるニーズの変化と言い換えても良いかもしれないが、昨今ではより愛玩用として飼いやすい小型犬が増加し、番犬になるような大型犬を飼う家は減った。犬用の服なんてものが流行ったのも数年前からのことだ。現代では人間とともに仕事を「する」パートナーではなく、心を癒してくれるマスコット「である」ことが優先されているといえる。

　ただ、この変化は前述のとおり時代の変化に因るもので、ある意味当然の結果であると思う。狩りのような肉体労働が減り、精神を削るようなデスクワークが増えた現代社会では、このような変化はむしろ自然のことと言えるのかもしれない。

---

(2) 普段手に取ることがないような新書を読んでの課題

　今まで9冊の新書を校内で販売し、課題とした。課題とした新書は、以下の通りである。

1) 堤未果『社会の真実の見つけかた』(岩波ジュニア新書)
2) 福岡伸一『生物と無生物のあいだ』(講談社現代新書)
3) 永積安明『平家物語を読む　古典文学の世界』(岩波ジュニア新書)
4) 吉村和就『水ビジネス　110兆円水市場の攻防』(角川one テーマ21)
5) 冷泉彰彦『「関係の空気」「場の空気」』(講談社現代新書)
6) ＮＨＫ取材班『エネルギーを選ぶ時代は来るのか』(ＮＨＫ出版新書)
7) 姜尚中『悩む力』(集英社新書)
8) 井田徹治『生物多様性とは何か』(岩波新書)
9) 磯田道史『武士の家計簿』(新潮新書)

　社会系、自然科学系、文学系、言語系、環境問題、心理系、歴史系など、様々な分野の新書から生徒のレベルを考慮しながら、現代文担当者で相談して決めている。2、4、6、8の新書は、学術論文的なもので、生徒にとって難しい内容であったためか、「書きにくい、さっぱりわからない」と訴える生徒が多く、不評であった。一方、『平家物語を読む　古典文学の世界』は、授業で『平家物語』の木曾義仲を学習したため、また、大河ドラマで「平清盛」が放映されていた時期と重なったためか、「興味深く読める、書きやすかった」という生徒が多かった。書きにくかった課題『生物と無生物のあいだ』と書きやすかった課題『平家物語を読む』の二つの課題についての作品を掲載しておく。

天地人第4号
『生物と無生物のあいだ』を読んで

「美し過ぎる世界」 １年６組　Ｙ・Ｔ
　ぼく達が生まれる何年も前から何人もの学者

が「生命」の定義を捜していた。しかし、研究が進むにつれ、学者達は生命を機械の様に扱うようになった。たんぱく質、DNA、細胞。人の体内にはたくさんの小さな物質がある。そこには生命を機械の様に扱い始めた学者達には到底解明することができない「システム」がおりなされているのだと思う。おそらく、この本にも出てきたワトソンやウィルキンズといった人々も、生命の本質にほんの少しかすった位のものだろう。生命は人間には理解できない程精密な作りになっていると思う。ここに、大きな存在を感じる。本書を読んでこんなことを言うのもなんだが、僕は「生命」を人が定義することは出来ないと思う。おそらく永久に。小さな小さな世界は、無限に大きく広がっているような気がするからだ。その世界は人には美し過ぎるのかも知れない。これが偶然なのだろうか。

天地人第6号
『平家物語を読む 古典文学の世界』を読んで

「義仲の栄華」 1年3組 M・G

　古典の授業で、「木曾の最期」を勉強しているけれど、最初は義仲の人物像もあまりつかめず、物語もぼんやりとしかイメージできませんでした。でも、この本を読んで、二つの説話に表れた狼藉かつ野蛮で独裁的な側面や英雄的、しかも同志的・人間的な側面を持つ義仲を知ることができ、場面一つ一つを前より鮮明にとらえることができました。

　「日頃は何とも思わない鎧が重たく感じる。」このセリフがより、もの寂しく、どこか頼りなく感じるようになりました。他の描写にも立ち止まって、そこに表現された登場人物の心情を考えてみると、『平家物語』がより身近におもしろいものに感じられました。「さてこそ粟津のいくさはなかりけれ」という一句で結ばれて、義仲の栄華のはかなさがより際だち、そこにも面白さを感じました。

(3) 夏季休業中に「現代社会」から出された課題

　夏季休業中に、現代社会担当の齋木俊城氏より、「『NGT66』プロジェクト」という課題が出された。以下、齋木氏の作成した文言と生徒の課題を示しておく。

　現代社会では「『NGT66』プロジェクト」の提案を夏季休業課題としました。具体的には、1学期に学習した内容（環境、資源・エネルギー、生命倫理、青年期、民主主義）から1つの分野を選択し、それをもとに、よりよい長田高校を創造するための「長田高校改革案」をしてもらうことになります。

　長田高校入学がゴールではなく、大学合格がゴールでもありません。私たちはそれぞれのステージで、人間としてよりよく生きることを求められているのではないでしょうか。長田高校から与えてもらうことを待ち続けるのではなく、長田高校というステージでどのように過ごしていくのか、長田高校の仲間のためにどのようなことができるのか、いろいろなことを考える契機になればと、ほのかな期待をしています。

　課題は320名中319名より提出されました（うち、6名は遅刻提出）。メールでの提出も認めていたため、259名がメールで提出してくれました。そのうち48名は携帯からのメールでした。319のプロジェクトを分野別にみると、環境が74名、資源・エネルギーが158名、生命倫理が6名、青年期が59名、民主主義が22名でした。東日本大震災の影響もあり、資源・エネルギーが約半数、環境が約2割と大半を占めました。

　興味深く、実現可能性が高いプロジェクト（改革案）をいくつか紹介します（一部、修正しています）。これらを含め、319のプロジェクトが提案されました。66回生が考えたプロジェクトを大切にしてください。ひとつでもできることは実行してください。66回生の手により、よりよい長田高校を創り出してください。66

回生は，パフォーマンスにはしる、ワンフレーズにはしるのではない、筋の通った高校生活を過ごしてください。そうすることで、66回生は大きく成長します。プロジェクトを実行することで、目に見えない壁を乗り越えることができます。壁に立ち向かっていきましょう。66回生の意識改革、行動改革が進めば、長田高校はみなさんの後輩たちにとってもめざすべき高校となり、地域のみなさんから信頼される高校になるはずです。

自分の意見を言う力や話を聞く態度、敬語表現、また同じ意見の人とは仲間と協調する力も得られる。ひとつのことを話し合い、意見しあうことでお互いがよくわかり、クラスに一体感も得られることだろう。そういう力を身につけていくことで自信をもって社会に出て行くことができると思う。

このように個性化と社会化を育むことで自分の生きる方向性をつかんで自信をもって生きていくことができる。このような力を今以上に得た長田高校生は社会に出ても、活躍し、いきいきと自分の仕事を貫くことができるだろう。

天地人第5号

〈確かなアイデンティティのために〉 1年7組 S・I

　近年、ニートとよばれる人々が増えているように感じる。そこには，青年期における発達課題が十分に満たされていないことが関係していると私は考えた。青年期の発達課題、アイデンティティの確立のうえで個性化と社会化がうまくできあがっていないのだ。そこで、私は次のようなプロジェクトを提案する。

　まず、個性化については「自分とは何者か」を明らかにすることが必要だと考える。そのために、先輩も後輩も集う図書室や食堂で交流会をするのはどうだろうか。交流会では、おしゃべりだけでなく相談をしたり、たまには勉強を教えたり、教わったりする。もちろん、同学年だけでなく、先輩とも交流をする。この交流会ではテーマを設定する。たとえば、テーマが「歌」だったとしたら、そこには歌好きの人が集まるだろう。そこで趣味の合う、さまざまな人と交流し、他者の意見や考えを知り、自分と比較することで自分の考えがはっきりとしてくる。そして自分とは何かが見えてくるだろう。交流会は他者との関係を作り、自分を見つけるきっかけになると思う。

　次に、社会化については、社会人に必要な技能や態度を身につけることが必要だ。そこで討論会を開くことを提案する。そこでは発言して

(4) 新聞の読者の投書欄を読んで、意見文を書く課題

　この課題は、長谷川純一氏の指示で、小論文指導を意識したものとなっている。10日間の新聞の読者投稿欄の中から「1）興味深い意見、2）共感する意見、3）反論したい意見を切り抜いて貼る欄」、そして4）「3への反論を書く33行×10字の原稿用紙枠」が設けられているB4の用紙が配布された。日経新聞には投書欄がないということで、家庭で日経しかとっていない、あるいは新聞そのものをとっていない生徒たちには毎朝投書欄だけのプリントを職員室で配布した。それを踏まえて、「自分が投書するとしたら…を仮定して意見文を書こう」で800字程度の文章を書き、そのクラスの文章を他のクラスで配布して、「人の意見文を読んで項目別に評価し、寸評を書こう」に発展させることになっている。

天地人第9号

11月1日～14日付けの新聞の《読者投稿欄》から意見文を見つけ、反論を書きました。

十一月二日　朝日新聞

「TPP無関税が平等なのか」兼業農家　57（福井県鯖江市）

　関税という制約を撤廃し、各国が貿易拡大を

目指す、これが環太平洋経済連携協定（TPP）だ。一見、正論に見え、未来が開けるように見える。

　これを格闘技に当てはめたらどうなるだろう。同じ人間だから制約を加えるべきでない、と。フライ級ボクサーも、ヘビー級ボクサーも同じリングで戦う。柔道やレスリングも、軽量級や重量級の差をなくす。しかしこれで試合が成り立つだろうか。制約を取り払うことが平等なのではなく、制約を加えることが平等なのではなかろうか。

　種子や農薬、肥料を飛行機でまく広大な農地を持つアメリカやオーストラリアと、日本の農業を同じ土俵にあげることが、本当に平等なのだろうか。狭い国土で急な斜面にも田畑を広げてきた日本では大規模農業ができる場所ばかりではない。

　国内総生産（GDP）に占める第1次産業は物流や機械など他の産業と密接につながっている。小さな虫が生きられない森は、やがては大きな動物も生きられなくなるのと同じだ。効率や目先の利益を追い求めることの反作用を見極めるべきだ。

反論

「日本の農業は強くなるべき」 1年5組 K・Y

　投稿者は無関税が平等ではないと訴えているが、僕はそうではないと思う。投稿者は柔道やレスリングの話を持ち出しているが、他のスポーツなどで考えるとどうか。例えば、サッカーやバスケットボールでは、同じルールのもとで試合をする。そのときに体格が小さい人はどうプレーするか。僕は選手が技などを上手く使い、勝ち残ると思う。これを農業に置き換えると味や安全で戦うべきだと思う。

　日本の農業は制約に甘んじるのではなく、もっと前に出るべきだと思う。その支援を政府がして、日本の農業は成長し、強くなっていくべきだと思う。

(5) 型を与えて小論文を書く課題

　(4)の意見文を書く課題をさらに発展させて、現代文の授業の中で小論文の書き方を説明し、小論文の型を示して、各自がテーマを決めて小論文を書かせた。それを相互評価させ、さらに寸評を書かせた。その寸評を作成者が見て、感想を書いてもらった。

天地人第15号

「命の叫びに耳を傾ける時」 1年2組 R・S

　あなたは知っているだろうか。今、犬猫だけで年間三十万匹近くの『命』が、保健所の殺処分によって消えている事を。さらにその中には、ペットショップで衝動買いされた末、飼い主によって捨てられるペットが後を絶たない事を。

　現在、可愛らしいペットたちは、癒しを求める多くの人々から高い需要がある。そして、そんなペットたちの中でも特に高需要なのが、犬や猫を始めとする動物の赤ちゃんなのである。小さく可愛らしい動物の赤ちゃんは、大人の動物よりも目を引き、思わず「可愛いから買いたい」と思う人が多いのである。

　しかし、そのような無計画な衝動買いは、手に負えなくなったり、ペットが成長して、赤ちゃんの頃の可愛さを失ったために、飼い主が飽きたりした末の飼育放棄に繋がるケースがある。また、ここでは犬猫を例に取ると、赤ちゃんが早期に母体から離されると、母乳で育てないため病気になりやすい。加えて、イギリスなどでは生後八週齢販売できないのと比べて、日本は可愛さのために、生後六十日以内に店頭に並ぶケースが国内のうち六割で、そのような犬猫は、集団行動をじっくりと学べず、問題のあるペットになりやすい。そして、それは飼い主が手に負えなくなる事を後押ししている。私は動物たちの純粋な目を美しいと思う。なんの罪もない動物たちに、飼育放棄や殺処分といった非道な運命をたどらせては行けないと思う。

　つまり、まだまだ親と切り離せない時期の動

物の赤ちゃんは、まだ、ペットショップで流通すべきではない。日本もイギリスなどの他国のようにしっかりとした制度を設けるなど、少しでも多くの命を救うべく、努力せねばならない。ペットは伴侶動物とも呼ばれる。私たちに寄り添ってくれる、大切な命たちを守るため、ペットの赤ちゃんの流通を制限すべきである。

寸評一

　タイトルと「あなたは知っているだろうか」という導入部分に興味を引かれました。ただ、反論前の意見でもう少し実際に体験したことやテレビや新聞などから具体的な例を挙げてほしいです。『命』の『　』や倒置法などの工夫は伝えたい意見が伝わってきたので良かったと思います。まとめの部分はとても論理的で具体例を挙げていたので、説得力があると思います。

寸評二

　筆者と同意。特に「制度を決める」ことに関しては、早くすべきだと感じた。人間はペットから癒しをもらったり、「育てる責任」というものを学んだりする。その恩返し（他に言葉が思い浮かびませんでした。）で、ペットが死ぬまで愛情を持って育てるべきだと主張したい。題名や本論はとても良く、全体的に読みやすかった。

寸評を読んだ本人の感想

　漢字のミスが多かったので、そういうことから丁寧に文章作りをしていかなければいけないと感じた。また、反論前の衝動買いに関する文章では、もう少し具体例を挙げたわかりやすい書き方ができたと思うので、もう少し裏付けを取るべきだったと思う。あと、できたら、もっと自分たちにとって身近な問題として、読者に問題提起することができていたらよかったなあ…と思った。ただ主張は読者に伝わったようなので良かったと思う。

5　さいごに

　別冊学年通信『天地人』は、必ず授業で配布することにしている。課題の原稿用紙を配布すると、生徒たちに「またか」と言われるが（1年の時は誰一人そういう発言はしなかったのだが）、『天地人』を配布すると真剣に読み始める。掲載された生徒は、自分の文章が選ばれたことを誇りに思っているし、クラス一番の書き手として賞賛の的になる。

　一年目は、長谷川氏の指導もあり、また1年生ということで意欲的に書く生徒が多く、提出日には、ほぼ全員の原稿が揃っていた。二年目は、部活動中心の生活に疲れ果てた生徒が多い中、課題の提出率が著しく低下してきた。全員提出させることを原則としていたので、督促に追われる日々になった。しかし、編集を続けてきて、よかったと思う。教員の文章も読み応えがあり、生徒たちに良い刺激を与えることができた。また、書くことに対する意識を少しは引き上げることができたように感じる。また、保護者の中で楽しみにしておられる方もいらっしゃった。書く力を高めるためには、このように課題を与え続けなければならないが、生徒たちの意欲を低下させないように引っ張って行くことが今後の課題である。なお、別冊学年通信『天地人』は、学年通信『満喫』と共に、卒業前に一冊にまとめて製本し、生徒たちに手渡した。

●参考文献……………………………………………
○田中宏幸（1998）『発見を導く表現指導』右文書院
○芥川龍之介「羅生門」（精選国語総合、明治書院）
○黒崎政男「「洗剤ゼロ」を哲学する」（同上）
○福岡伸一（2007）『生物と無生物のあいだ』講談社現代新書
○永積安明（1980）『平家物語を読む　古典文学の世界』岩波ジュニア新書
○ＮＨＫ取材班（2011）『エネルギーを選ぶ時代は来るのか』ＮＨＫ出版新書
○夏目漱石『こころ』新潮文庫（現代文、三省堂）

（竹内芳子）

資料 『天地人』1号から23号までの内容

号	作品名	作者	出版社	課題の分類	課題	教師のエッセイタイトル	教師の担当教科
第1号	『羅生門』	芥川龍之介	教科書「国語総合」明治書院	①	「作者芥川龍之介は、平安朝を舞台にしたこの小説で、現代人に何を伝えようとしたと思うか。」	「歯車」が伝えるもの	国語
第2号	『社会の真実の見つけかた』	堤未香	岩波ジュニア新書	②	『社会の真実の見つけかた』を読んで	「人生二者択一」	国語
第3号	『「洗剤ゼロ」を哲学する』	黒崎政男	教科書「国語総合」明治書院	①	『「人間」と「テクノロジー」はどのようにかかわると思うか。本文を読んだ上で、具体的なテクノロジーの例を挙げながら述べよ。』	「こころにうつりゆくよしなしごと」	国語
第4号	『生物と無生物のあいだ』	福岡伸一	講談社現代新書	②	『生物と無生物のあいだ』（福岡 伸一著）を読んで	「長田高校で学ぶ」	社会
第5号	『NGT66』プロジェクト			③	現代社会夏期課題	「為せば成る」	数学
第6号	『平家物語を読む　古典文学の世界』	永積安明	岩波ジュニア新書	②	『平家物語を読む　古典文学の世界』を読んで	「バドミントンとの出会い」	英語
第7号	「短歌」		教科書「国語総合」明治書院	①	俳句・短歌の鑑賞文を書く。	海外旅行のススメ	家庭科
第8号	『水ビジネス　110兆円水市場の攻防』	吉村和就	角川oneテーマ21	②	『水ビジネス　110兆円水市場の攻防』を読んで	「アンテナを高くして…」	理科
第9号				④	11月1日〜14日付けの新聞の《読者投稿欄》から意見文を見つけ、反論を書く。	「懐かしき日々─私の宝物」	体育
第10号				⑤	「枠組み表現」を使ってエッセイを書こう！	「化ける」	体育
第11号	『富嶽百景』	太宰治	教科書「国語総合」明治書院	①	『富嶽百景』を読んで	「城下町を旅する」	音楽
第12号	『マルジャーナの知恵』	岩井克人	教科書「国語総合」明治書院	①	『マルジャーナの知恵』岩井克人を読んで、現代における「情報の価値」について考える	「沖縄修学旅行」	数学
第13号	『「関係の空気」「場の空気」』	冷泉彰彦	講談社現代新書	②	『「関係の空気」「場の空気」』を読んで	「人生のピークとボトム」	国語
第14号				⑤	各自がテーマを決めて現代文の時間に小論文を書き、それを相互評価した後、各自の手元に戻ってきた寸評を見て、本人に感想を書かせた。	「来年度はよろしくお願いします」	社会

第66回生 別冊学年通信『天地人』 ―1、2年を対象とした「書くこと」の指導―

第15号				⑤	各自がテーマを決めて現代文の時間に小論文を書き、それを相互評価した後、各自の手元に戻ってきた寸評を見て、本人に感想を書かせた。	「私と父とバレーボール」	体育
第16号	『エネルギーを選ぶ時代は来るのか』	NHK取材班	NHK出版新書	②	『エネルギーを選ぶ時代は来るのか』を読んで	「棒鱈」と「博多のお雑煮」	国語
第17号	『山月記』	中島敦	教科書「現代文」三省堂	①	『山月記』中島敦著を読んで、中島敦は、人間が虎になるストーリーを通して、何が言いたかったと思いますか。	「道を歩いて」	国語
第18号	『ひよこの眼』『悩む力』	山田詠美 姜尚中（カンサンジュン）	教科書「国語総合」明治書院 集英社新書	①②	『ひよこの眼』山田詠美著 集英社新書『悩む力』姜尚中（カンサンジュン）著を読んで	「言葉」で伝えよう	国語
第19号	『こころ』	夏目漱石	教科書「現代文」三省堂	①	『こころ』（夏目漱石）を読んで、「下」より、いくつかのテーマをあげて、意見を述べさせ、また、「上・中」より印象に残った場面の要約と感想を書かせた。	「生みの苦しみ」	数学
第20号	『動物のことば・人間のことば』「松本サリン事件」『日本の黒い夏』〔冤罪〕	野矢茂樹	教科書「現代文」三省堂	①	『動物のことば・人間のことば』（野矢茂樹）を読んで 人権学習DVDより「松本サリン事件」『日本の黒い夏』〔冤罪〕を見て	「高校時代」	理科
第21号	『生物多様性とは何か』	井田徹治	岩波新書	②	「生物多様性」は、何故必要なのか？環境について、生物と共存することについて考えさせた。	「大晦日から新年にあったこと」	理科
第22号	『「である」ことと「する」こと』	丸山真男	教科書「現代文」三省堂	①	「である」価値と「する」価値の倒錯が起こっていると考えられる具体例をあげ、どのような点が問題であるかを600字から800字で述べさせた。	「魔法のことば」	司書教諭
第23号	『武士の家計簿』	磯田道史	新潮新書	②	『武士の家計簿』を読んで	「過去があるから現在がある」	養護教諭

第4章の解題

　学習総合は、教科間、領域間、ジャンル間、教材間、教師・生徒間等にわたる。

1　授業を学習者と授業者の共同体へ　―自己評価の取り組み―（熊代一紀）

　筆者には、学習者を創造的な言語生活者に育てたいという願いがある。そのために、筆者は毎時間の終わりに5分程度で「自己評価用紙」に記入させ、その一々にコメントを添えていく体験的な方式を採用した。この方式は、ロジャーズのパーソン・センタード・アプローチにヒントを得たものとされる。この方式は、第2章1の山川論考でいえば、授業者の「支援」の徹底である。

　今日、この方式の推進には、教師の力量をはじめとしてさまざまな隘路が予想される。ただ、この方式を推進するにあたって授業者にも学習者にも必要とされる三つの態度「理解」「尊重」「純粋性」は、依然として学習指導上の根幹である。「理解」はその学習の見え方や感じを学習者の内面から理解すること、「尊重」は学習に伴う学習者の感情を学習の深化に役立つものとして尊重すること、「純粋性」は授業者が授業の中で起こってくる感情を経験し受容することである。

2　「生きることを考える」主題単元学習　―私論と実践のまとめ―（遠藤和子）

　高校授業の活性化のために、筆者がおこなってきた主題単元学習のうち、「生きることを考える」という総括テーマのもとに実践してきたものの集成である。実践の足跡として、〈A　単元「命を考える」（第二学年　H4年）〉〈B　単元「愛について」（第二学年　H6年）〉〈C　単元「戦争と人間」―戦後五十年のときに―（第二学年　H7年）〉が例示されている。筆者は高校3年間を見通した主題単元案を考えているが、第二学年の実践例が多くなっている。多教科、多領域、多ジャンル、多教材、多活動を要するため、高校生活の状況に左右される。

　例示されたどの実践も、〈生徒の内面の世界と深くかかわる教材を選択し、授業内容を工夫していくことにより、生徒の主体的な学習が生まれ、教材を自らの問題として読み、感じ考える授業が成立する〉ことへの熱い期待に裏打ちされている。

3　第66回生　別冊学年通信『天地人』
　　―1、2年を対象とした「書くこと」の指導―（竹内芳子）

　標題のとおり、学校が発行している別冊学年通信『天地人』による「書くこと」の指導の報告である。『天地人』には、毎月出される課題に応じて提出された原稿（生徒作品）から、クラスの代表作として選抜されたものが掲載されている。「書くこと」の実践原則として「看多」「作多」「商量多」ということが言われるが、ここでは『天地人』の活動によって、それらが実施されていることになる。

　題材・取材指導にあたるところは、毎月の課題がその役割を果たしている。2年間23号の課題は次のように分類される。〈(1)国語総合（明治書院）、現代文（三省堂）の授業で扱った教材からの課題／(2)普段手に取ることがないような新書を読んでの課題／(3)夏季休業中に「現代社会」から出された課題／(4)新聞の読者の投書欄を読んで、意見文を書く課題／(5)型を与えて小論文を書く課題〉である。

第5章

読書の拡充

読書指導の推進
― 一斉読書を基盤として ―

1 はじめに

　読書指導の推進という課題には、本来は学校全体で取り組むべきものと考えるが、本稿においては、特に高等学校国語科における読書指導に焦点をあて、その推進のための基盤として、現在「朝の読書」として普及している一斉読書の方法が有効であることを述べる。次に、新学習指導要領の趣旨を生かした読書指導の方法を提案するとともに、さまざまな読書指導の試みを紹介したい。

　従来、高等学校国語科における読書指導は取り立てて研究の対象になったり、実践報告が行われたりすることの少ない分野である。国語科で行う読書指導は、一般的には教科書教材の関連図書や推薦図書を提示して読書を奨励したり、読書記録を書かせることで終わっている場合が多いと思われる。取り立てて指導する機会が少ないのは、読書はその成果が目に見える形では現れないので成績評価になじまないということと、読書を趣味的なものととらえ、必ずしも全員が読書できるようにならなくてもよいという読書観などに基づいているように思われる。もっと現場の実態に即して言えば、進学校においては、大学入試に対応できる力をつけることが重要な課題となっているために、授業では難解な文章の詳細な読解が中心となりがちであるし、そうでない高校では生徒の活字離れが甚だしいため読書をさせる試みを最初から放棄している傾向がある。いずれにせよ、短期間に確たる成果の見えにくい読書指導にはなかなか手が回らないというのが実情だろう。

　筆者は、一斉読書の一種である「朝の読書」の活動に取り組んだ経験から、丁寧に指導すれば、活字離れしている生徒たちを確実に読書に向かわせることができること、また、生徒たちが読書の魅力を知ることによって明らかに変化、成長することを知ることができた。

　高等学校の国語科で読書指導を推進していくことは容易なことではないが、電子情報化の進む現代において、読書ができる生徒を育てることは重要な課題であると考える。読書指導の「基盤」として一斉読書を取り入れることで種々の困難を乗り越え、その上に各高等学校の生徒の実態に即した多様な読書指導が展開されることを念じて論を進めることとする。

2 なぜ読書指導が必要か

(1) 機会を与える必要性

　現代においては周知のとおり、高校生の周りに多くの魅力的な娯楽が存在する。テレビ、ゲーム、音楽など、手軽で、視聴覚に訴える刺激的なものが多い。特に見逃せないのが、電子情報メディアの急速な発達と、若者たちへの浸透ぶりである。2012年の内閣府の調査では、高校生は98％が携帯電話を持ち、その半数がスマートフォン（以下スマホ）であるという。中・高校生が、一日にネットを利用する時間は平日で平均97分。2時間以上が35％。5時間以上の高校生は14％に上るという。(注1)

　「外出時、スマホと財布は必需品」と言われるほど、スマホは高校生の日常に入りこんでいる。無料の通信アプリLINEによって学校外の時間のすべてが拘束されている生徒も増加の一途をたどっている。(注2)

　この調査結果を受け、作家、柳田邦男氏は、「ケータイ・ネットの普及が子どもの人格形成に破壊的な役割を果たしていると警鐘を鳴らし続けてきたが、スマホの登場によって、その危機が一段と深刻化してきた」と述べている。ケータイ・ネット

社会の負の側面として、「言語表現能力やきめ細かな感性の発達が阻害される」「刺激的な映像や情報以外には興味をもたなくなる」など6項目を挙げて指摘している。(注3)

かつて娯楽が少なかった時代には、学校で取り立てて指導しなくても生徒たちはそれなりに本を読み活字に親しんできた。しかし、これほどまでに多様な娯楽や、ケータイ・ネットが普及した現代においては、誰かが、意図的に、読書の魅力を伝え、読むことを積極的に勧めない限り、生徒たちが自分から自主的に本を手にすることは困難だろう。家庭、学校、地域がこの状況に対処すべく、読書指導に取り組むことが必要だと考える。

読書を楽しむためには、文字によって書かれた文章を読み、その意味を理解するという「めんどうくさい」手順を踏まなければならないし、それができるようになるためには高度な技術や訓練を要するからだ。

(2) 読書力を身につけさせる必要性

読書は、一般的には「教養」や「趣味」と関連付けて考えられることが多い。特に日本では、読書の効用として「豊かな人間性を養う」「こころが豊かになる」などという抽象的で倫理的な側面が強調されがちであったように思う。

2012年、足立幸子氏(新潟大学准教授)による「読書力をどう評価し、どう育てるか」という講演(注4)を聞く機会があった。日本では読書指導に対して評価ということは従来行われてこなかったが、欧米では、「読書力評価」が普通に行われているという。足立氏は「日本でも読書力評価を行っていくことが必要だ」と述べられ、現在、小学校を中心にその研究を進めておられる。

この講演を聴き、改めて考えさせられたことがある。日本語の「読書」は「reading」の訳語であるが、英語の「reading」という語は、パンフレットを読むのも、新聞を読むのも、本を読むのもすべて含む。英語には、日本語の「読書」に相当する「単語」はないのだ。日本における「読書」という語には、教養、趣味、高尚なものなどというイメージがつきまとう。現代の日本人にとって読書は各自の価値観に大きく関わる行為なのではないだろうか。たとえば、日常の会話にも「本など読まなくても立派な人はたくさんいる」とか「(自分を卑下して言うとき)家族に読書するようなものはいなかった」などということがある。

しかし読書によって培われる力には、そういう趣味的、教養的な意味を越えた、もっと基本的に重要な要素があると考える。それは文字を読む、言葉を知ることの、生きていく上での欠かせなさということである。本を読むことによって、思考、感情の礎、基本である「言葉」を身につけていくことの重要性にもっと注目すべきではないか。つまり「読書力」、英語では「reading ability」を身につける必要性である。

アメリカのジャーナリスト、ジム・トレリースは、著書『読み聞かせ　この素晴らしい世界』の中で「読むこと(reading)は技能である。そして、すべての技能と同じく、読む力(技能)は使えば使うだけ上達する。使わなければ、その分下手になる。」と明快に述べている。アメリカでは、学校の全授業時間の中でものを読むという行為にあてられている時間が、小学校6％、中学校3％、高校2％という少なさであり、「黙読の時間」(「朝の読書」の原型)はそうした状況に対する論理的な答えであるという。(注5)

日本においても、公立中学校の国語の授業時間は週にたった3時間である。高校の全授業時間においても「読むこと」の技能はどれほど鍛えられているだろうか。国語科において、教科書の教材を詳細に読解する授業だけでは、その読む「量」は読書力を鍛えるには、圧倒的に不足していると言わざるを得ない。

冒頭に述べたとおり、読書活動の推進は、国語科だけが負うものではなく、学校全体として取り組むべき課題だと考えるが、言語を扱う教科として国語科がその主体を担って読書を推進することにもっと力を注ぐべきだと考える。

平成11年の学習指導要領解説では「読書力」について「単に書物を自分の力で読み取る能力を

指すのではない。読書に対して興味・関心を持ち、自ら進んで読書しようという意欲や、多種多様な書物の中から自分にとって必要なものを選ぶ力、さらには、書物から知識や情報を収集し活用する力をも指す」と述べられている。

ここでいう「読書力」を身につけるためには、国語科における意図的、系統的な指導が必須であると考える。

また、自明のこととして、ここではあえて単独に項目を挙げて述べることはしないが、多くの先達たちが述べてきたように、読書は人間性を養い、豊かにする働きをもつ。物語に心を躍らせる喜び、未知の世界へ視野を広げる楽しさを知り、想像力を鍛え、自分で自分を教育し、人生を切り開いていくために読書は欠かせない。

3 読書指導の基盤としての一斉読書

(1) 「朝の読書」に対する誤解

筆者は自身の体験から、読書指導の基盤として「朝の読書」（以下「　」なし）をはじめとする「一斉読書」が有効な働きをすると考えている。しかし、朝の読書の活動が提唱されて、今年で四半世紀を迎え、全国の小・中学校では約8割の学校が取り組んでいるのに対して、高校の実施率はいまだに全国平均で約4割である（注6）。中学校までに読書習慣を身につけた生徒たちが高校に入学したとたん、不読者となり活字離れしてしまうという残念な実態がある。（注7）

なぜ高校で朝の読書が広がらないのか、多くの要因が考えられる。まず第一に、一日の時程の中に読書が入る余地がない。朝の10分間は、読書より大学受験に即効性のある（と考えられている）小テストやドリルにあてられることが多い。

また学校として取り組むには、教師の読書観の違いが大きく、共通理解が得にくい。読書は趣味だから好きなものだけが読めばよい、学校で全員にできるように指導する必要はないという考えや、強制して一斉に読ませることへの違和感などがその代表的なものである。

特に、気になるのは国語科の教師が朝の読書の提案に対して「読書指導は国語科でやっているので必要ない」と会議で反対する例があることである。そこまで積極的な反対はしないまでも朝の読書といった活動には冷ややかな反応を示す教師が多いのも事実である。

「国語科における読書指導」とは果たしてどのようなものを指し、どのような効果を上げているのだろうと疑問に思う。それは朝の読書を必要がないと排除するほど、十分な指導と言えるのだろうか。

朝の読書は、1988年に千葉県の私立高校の英語科・社会科の教諭であった林公氏によって提唱され、体育科の教諭であった大塚笑子氏によって最初に実践された活動である。両氏とも国語科の教諭ではなく、朝の読書は「読書指導」を目的として始められた活動ではない。

「読書指導」という語について、野口久美子氏（大妻女子大学講師）は、先行研究の見解をふまえて定義した上で、学校における読書関連の活動には、必ずしも読書「指導」とはいえない活動、すなわち教職員の主導性を前提としない活動があり、それらを区別して「読書推進活動」と呼んでいる。その中に、「ボランティアによる読み聞かせ」や、「親子読書のすすめ」などと並んで「読書するための時間を設定する一斉読書活動」が挙げられている（注8）。

つまり、一斉読書活動である朝の読書は「読書指導」ではなく「読書推進活動」に分類され、教職員の主導性を前提としないものとされている。

この位置づけが、教師たちに朝の読書を学校の教育課程外のものであり、「指導」の必要なしと思わせる根拠、また国語科の教師にとっては、教科指導外の「補助的」な活動と認識する根拠になっているように思われる。

筆者は40代半ばで、朝の読書の活動を知り、退職まで16年（後半6年は授業時10分間読書）実施してきた。その中で、読書の魅力に目覚めた生徒たちの変化をまのあたりにし、多くのことを学んだ。それまでの生徒観や、読書指導観をも変えられた。朝の読書は、「読書指導」の範疇には

入らないものだが、その活動が成果を上げるためには、教師による細心の指導が不可欠であると考えている。朝の読書には「とりたてて何の指導もいらない」というのは大いなる誤解なのである。

提唱者の林公氏は、初期のころ、この活動を広めるために朝の読書の四原則「みんなでやる・毎日やる・好きな本でよい・ただ読むだけ」を守れば、「誰にでもできる」と強調した。しかし、林氏の著作の一冊も読まず、形だけ真似た活動は、やがて必ず破たんをきたし、「朝の読書はやってみたけれど、だめだった」という観念を広く植え付ける結果に終わってしまった。

また次のような誤解もある。「全国的な広がりを見せた（？）『朝の読書』への取り組み」は「一部の成功例が大きくクローズアップされているに過ぎ」ず、「実態はそんなに甘くない」「『朝の読書』の成功は、ある一定条件を満たした学校での限られた例の報告だと思う」（注9）

確かに成功例が喧伝され過ぎたきらいはあるが、それはあまりにも顕著な成果が出たことへの感動が大きかったからである。問題は、成功の秘訣を分析し、自ら学ぶことをせず、形だけ真似た方にある。朝の読書は、教師がその理念をしっかり学び、共通理解して指導すれば、全国どこの学校でも実施可能な活動なのである。つまり成功のための「一定条件」というのは、ひとえに「教師の側の問題」であって、生徒はどんな学校の生徒でも実施上まったく問題はない。実際に教育困難校と言われる学校での成功例も多々ある。

朝の読書に対する「指導が必要ない」とか「教科外の補助的な活動」というとらえ方は大きな誤解である。朝の読書が一部の教師に正当に認知されないのはそのためではないだろうか。

では、朝の読書が有効に機能し、生徒たちに目を見張るような変化が起きるために必要な条件、必要な指導とはどのようなものか、次に述べる。

(2) 朝の読書の歴史と理念を理解すること

提唱者の林公氏は、朝の読書の活動にたどりつくまで実に多くの試行錯誤を繰り返している。当時勤務していた高校の生徒たちの現状（授業がわからない。ホームルームで私語が絶えない。自分に自信を持てないなど。）に深く心を痛め、なんとかして生徒たちに生きる力（まだこの語は文科省によって使われていなかった）をつけてやりたい、元気にしてやりたいと、様々な取り組みをする。全員が参加できる授業の工夫をしたり、個別に全教科の補習をしたり、担任クラスでは日番制度を活用して学級集団作りなどに力を注いだ。

また、自身の感動した本を紹介したり、クラス全員で読む活動を早くから行っており、常に生徒に読ませるのに適した素材の発掘に努めていた。

そんな時に出会ったのが、『読み聞かせ』（前掲書）である。その最終章「黙読の時間」に、アメリカの中学校での取り組みが紹介されていた。「黙読の時間」は原語で「sustained silent reading」といいＳＳＲと略称される。ＳＳＲは1960年代にバーモント大学のライマン・Ｃ・ハント・ジュニアが提唱し、読書問題専門家のマクラッケン夫妻により絶大な支持を受けた読書指導法である。マクラッケン夫妻は多くの学校でさまざまな方法を駆使して実験を重ねた結果、ＳＳＲプログラムの実施にあたって次のような手順（一部抜粋）をとることを勧めている。

① 一定の時間だけ読ませること。教室の場合は10分ないし15分がのぞましい。
② 読むための素材は子ども自身に選ばせる。
③ 教師も親も、読むことで手本を示すこと。これは何よりも大切なことである。
④ 感想文や記録のたぐいはいっさい求めない。

この四つの原則が、後に林氏によって考案され、広く流布することになる標語「みんなでやる・毎日やる・好きな本でよい・ただ読むだけ」の原型である。林氏はＳＳＲがアメリカで著しい効果を上げていることを知り、それを日本の学校で実践可能な形に変え提唱した。それが朝の読書（以下朝読）の始まりであった。

林氏は単なる「読書指導」をしたかったわけではない。目の前の苦しんでいる生徒たちをなんとか元気にしてやりたい、生きる力をつけてやりた

いという思いが原点にあることを忘れてはならないと思う。

四原則のうち「みんなでやる・毎日やる」は読書する機会「時間と空間」を設定したものである。先に述べたように現在のように手軽な娯楽の氾濫する状況では、誰かが意図的に本を読む機会を作り与えなければ、高校生の多くは自分から進んで本を手にすることはない。「みんなで」に教師が含まれるのも重要な要素である。全員が読む雰囲気に助けられて、読めない生徒も読めるようになっていく。

「好きな本でよい・ただ読むだけ」は読書本来の楽しみの本質について述べている。生徒各自が自分の興味関心、能力に応じて自分に合った本を選んで読むという点はこの活動の眼目であると言える。林氏はこの点を「学ぶことの本質、教育の原点そのもの」と述べている。

10分の時間内は「ただ読むだけ」に専念させ、読み浸る喜びを体験させることが大切である。

(3) 教師の側の問題について
①「ともに読む」とは

朝読は、先述したように「いっせいに好きな本を読ませる」だけの、教師の指導が不要な活動ではない。むしろ、先に述べたように成功のための条件は「教師の側」あると言ってよい。

まず、実施に際して前提として不可欠なのは、教師自身が読書の重要性を認識しており、生徒たちに読書の魅力を伝えたい、読書できる力をつけてやりたいという思いを持っていることである。その思いは必ず生徒に伝わり、生徒のやる気をおこさせる。文科省や教育委員会が読書指導の推進を現場に指示したのを受け、校長など管理職主導で朝読が導入されることがあるが、直接、生徒の前に立つ教師がその重要性を認識していなければ、この活動は決してうまくいかない。提案者は十分に趣旨を説明し、反対意見や疑問に丁寧に答え、粘り強く、共通理解を得ることが必要だ。

また、何か問題が起きたときには、職員同士で相談ができ、話し合いができる人間関係も大切だ。

この前提があれば、これから述べるこまごまとしたことなどは、自明のこととして当然行われるはずである。

朝の読書の趣旨を、生徒に（できれば保護者にも）きちんとわかりやすく伝える。読書の大切さを教師が自分の言葉で語ることが成功の鍵となる。

朝読開始時間前に、生徒全員が本を一冊、机上に用意できるように配慮し、学級文庫、図書館での貸し出しの手配、など準備する。

朝読の時間においては、教師は一見ただ生徒に「読ませているだけ」のように見えるが、実は、生徒個々を観察したうえでの細かい気配りが必要である。「みんなでやる」というのは教師もともに読むことを意味するが、全員が読書に没頭できる状態になるまでは、監督するというのではなく、さりげなく、しかし注意深く観察することが必要だ。もちろん私語や内職に対しては毅然として対応しなければならない。だるそうにして本を手に取ろうとしない生徒、机に伏せている生徒、教科書を所在無げにパラパラめくっている生徒には、それぞれそっと近づき、数冊の本を提示し選ばせる。（常に教師は何冊か、提示できるように本を用意しておく。）うまくいけば10分でその本の虜にすることもできる。生徒によっては個人的な事情でどうしても読書などする気分になれない朝もあるだろう。読んでいない生徒にはそれぞれ個々の理由が存在する。頭ごなしに読書を強要するのではなく生徒個々の事情に寄り添うことも大事である。後で個人的に話を聴くことが必要になることもある。

教室内に読書する静かな雰囲気が満ち、全員が読書できるようになれば、教師自身も自分の好きな本を読む。静かだからといって、事務仕事などをするのは論外である。この段階では教師が読書に夢中になっている姿を見せることが何よりの指導である。

②「好きな本でよい」へのサポート

読む本を生徒各自に自由に選ばせるというのは、朝読の活動の画期的なところであり、ゆるがせにできないポイントである。自由に選べるからこそ、

生徒たちは「自分が何に興味があり、どんなことが好きなのか」を初めて考え始めるからだ。しかし、まだ読書することに慣れておらず、自分に合った本を選ぶ力を持たない生徒には当然援助が必要となる。ところがここでも「好きな本でよい」という原則を「選書への指導が不要」と誤解し、まったく指導しない例が多く見られる。

生徒たちは放任すると、自分に合うかどうかより、話題のベストセラー、映画・ドラマのノベライズ版、ケータイ小説など「読み易い」ものに流れ、そこから抜け出せなくなる。読書に親しむきっかけ、活字慣れする段階としては「読み易い本」も必要だし、その選択を頭ごなしに否定することはできないが、そこからさらに「自分や世界、人生について視野を広げ、考えを深める読書」に誘ってやりたい。生徒たちは、そういう本の存在自体を知らないことが多いのだから、そこには教師の指導が不可欠である。食べ物に例えれば、いわば離乳食から、順に慣らしていき、普通食、玄米ご飯へ、またスナック菓子から、栄養バランスのよい食べ物へと誘うのと同じである。ただ、菓子を否定するのではなく、他の食べ物の美味しさを知らせた上で、最終的には自分で選べるようにすることが肝要である。

そのためには日常的、積極的に「お薦めの本」を紹介することが必要になる。「国語科通信」「朝読通信」「図書館だより」など、あらゆる機会を通じて、教師、級友、著名人からの推薦図書情報を届け続ける。学校独自の推薦図書リストや、「○○高校の100冊」など冊子を作成することには大きな労力が必要だが大変意義のあることである。

また身近に、すぐ手の届くところに本を置く。学級文庫の設置と充実をはかる。廊下や階段の踊り場、職員室等に本棚を置いた実践例もある。

学校司書、司書教諭と連携し、生徒たちが利用しやすい図書館環境を整える。地域の公共図書館とも連携する。公共図書館の専門職にブックトークや「読書の魅力」について話してもらう。

期間限定で、古典や名作を課題図書として「一斉読書」を行う。読み聞かせ、朗読会を行う。

図書館行事や国語の授業で、ブックトーク、ビブリオバトルなど、お薦めの本の紹介活動をする。

以上のように、推薦図書を紹介する活動は多岐にわたり、さまざまな可能性を持っている。

しかし、最も効果的なのは、「この生徒にこの本を、このタイミングで」紹介するというきめ細かい個別指導であろう。これが可能になるためには、普段から一人一人の生徒を丁寧に観ていること、教師の側に豊富な読書量があることが必要だ。

朝読を最初に実践した大塚笑子氏は、今も「全国縦断朝の読書交流会」（注10）で各地を訪れ、講演を続けているが、その中でいつも語られるのは、個々の生徒の事情にぴったり合った本の薦めの実践である。母や兄弟との関係に悩む生徒に『次郎物語』（下村湖人）を、両親の不仲に心を痛める生徒に『日本婦道記』（山本周五郎）を薦めることにより、生徒に心の落ち着きが戻り、家族からも感謝されたとの実例が紹介された。

目の前の生徒の悩みに寄り添い、その生徒にぴったりの本をピンポイントで手渡してやることができれば、それは、その生徒の一生の宝になるであろう。

そこまでできなくても、担任しているクラスの生徒の趣味、気質、関心を持っていることなど、できるだけ知ろうとすることは大切だ。その生徒に合った「興味を示しそうな本」を見つけ、薦めるのは簡単なことではないが、うまくいき、相手に喜ばれると嬉しいものである。スポーツ好き、動物好きなどということだけでも、知っていて薦めれば、生徒にとっては、教師が自分のことを見てくれているという喜びにつながる。時にうっとうしがられることもあることは承知の上である。

岡山県の中学校の学校司書の実践報告『自分を育てる読書のために』（注11）の中には、その実例が豊富に紹介されている。筆者である学校司書の小幡章子氏は学生時代に指導教官であった脇明子氏から児童文学を学び、中学生に紹介したい50冊を完全に自分のものとし、紹介レパートリーとして持っておられる。図書館に来る生徒個々を

よく観察し、ベストのタイミングでその一冊を手渡す具体例が生き生きと述べられている。軽読書から、普通の本の読書へと自然に橋渡しするやり方は、専門家ならではの本の薦め方の一つの理想であると感じた。

学級担任、教科担任も、図書館と連携をとり、各生徒に合った本の紹介をできるようになれば、生徒の読書活動の推進に有効に働くと考える。

現在は教職課程に、読書指導に関する科目が入っていないが、将来はすべての教師が読書指導できるように、改革をすべきであると考える。

(4) 朝の読書の実践から学んだこと

筆者は先述のとおり、40代半ば、教職について20年以上たってから、朝の読書活動に出会った。それまで、国語科の教諭として生徒たちにことあるごとに読書の薦めをしてきたが、確かな手ごたえがなく、図書委員など読書好きの約3割の生徒以外はほとんど本には見向きもしないというのが実感だった。

当時の筆者の読書観は「自分の好きな時に一人で一定のまとまった時間、読むもの」という一般的なものだったので、朝読の方式に当初は違和感を持った。「朝、10分間本を読んで皆が本を好きになった」などという帯の言葉はにわかには信じがたかった。

しかし、林氏たちの実践をまとめた『朝の読書が奇跡を生んだ』(注12)には、朝の読書を体験した一クラスの生徒全員45名分の作文が掲載されており、いずれも表現こそ違え「本が好きになり、読むようになった」ことを、それぞれに具体的な例をあげて述べていた。この作文には実感がこもっており、信頼できると感じた。

そこで、所属していた高校一年生の学年団に提案し、取り組みを始めた。幸い学年主任や同僚の国語科教諭の賛同を得ることができ、朝のSHRの時間に「担任の裁量で」できるだけ毎朝、というゆるやかな縛りで実施されることになった。

こうしてスタートした朝読は、順調に実施され、次の学年、その次の学年にも引き継がれ、3年後には3学年そろって朝読が実施されることになった。翌年、図書部に移り、図書部職員や司書と相談した上で「学校全体として朝読に取り組むこと」を職員会議に提案し承認された。(その年度末に、SHRの「間借り」ではなく、朝の読書専用の時間帯を設ける提案をしたが、それは職員の共通理解が得られず残念ながら実現しなかった。)

「担任の裁量で」という不安定な状態ではあるが、筆者の転勤後も18年間、朝読は続けられている。

転勤後、退職まで6年間勤務した定時制の工業高校では、全校一斉の朝読を提案することはできなかったので、国語の授業の最初の10分間を読書にあてるという方法をとった。これは一人でもできるという点で非常に取り組みやすい方法である。誰にも断らず始めたが、2年目から筆者の取り組みを知った同僚たちが賛同し、同様の方法で読書を始めたので、全校すべての国語の授業で10分間読書が実現した。

工業高校なので国語は週に2時間しかない。経済的にも家庭的にも厳しい条件の生徒たちが多かった。大半は座学の苦手な生徒である。しかし、生徒たちは熱心に読み、家で続きを読む生徒も増えてきた。家に本のない生徒も多いので、文庫本を数十冊教室に持ち込み、教卓に並べて選ばせた。やがて100円のデポジット制で購入させる方式を取り入れ、いつもカバンや机の中に本があるようにした。本をめぐって、級友同士、あるいは筆者との会話にさまざまな感想や話題が飛び出し、楽しい時間を過ごすことができた。

二つの高校の16年間にわたる体験を通して、改めて学んだことを記したい。そのもとになったのは、年度ごとにとったアンケートと生徒の感想である。これらの結果は、毎年必ず職員、生徒にフィードバックした。

①「読まない」のではなく「読めない」

朝読に出会うまでの私は、生徒たちは読もうと思えば読めるのに、他に面白い娯楽があるから読まないのだと「腹立たしく」思っていた。しかし次のような感想を読み、認識を改めさせられた。

「小説など、活字の本は大っ嫌いでした。パラパラッと見るだけでズラーッと並んでいる字を見たら、読みたくない、めんどくさい、イヤヤってなってました。でも今はけっこう読むのが好きになりました。読んだらもっと読みたくなって、朝の読書の時間があっという間に終わってしまいます。もっといっぱい時間がほしい。」

　読む力のない生徒にとっては、本は「活字の壁」が立ちはだかる近寄りがたい存在だったのだ。まさにジム・トレリースのいう「読むことは技能」であり、毎日読み続けることによって、その力が培われるということが証明される作文である。

　読ませる手立てを講じずに生徒たちに向かって腹立たしさを感じていたのは大きな誤りであるということを改めて知らされ、恥ずかしく思った。

② 本当は読めるようになりたいと思っている

　次に、朝読1年後の生徒の感想を紹介する。朝読の時間を設けることによって「自分から本を読みたいという欲望みたいなもの」が生まれてきて、「本屋に行っても、雑誌とか見るのではなく、何か面白そうな本はないかとか、あの人の本は他にないか、とか探して、（見つかると）あっ読みたいなどと思えるようになった。高校に入ってから、本への関心を持てるようになれたと思います。とてもうれしく思えてます」と書いている。

　また感想の最後に「朝の読書　いつも漫画ばかりの僕を変えてくれて　ありがとう」と記した生徒のことも忘れがたい。彼は「漫画ばかり読んでいる自分」に決して満足していたわけではないのだ。本を読めるようになった喜びが素直に表現されており、生徒たちの向上したいという意欲に触れた思いがした。

　本に関心を持てるようになった自分を嬉しく感じる、書店の小説のコーナーに行く自分を誇らしく思う、などという感想は全国のどこの朝読実施校でもよく見られる。このことは、本を読むという行為が現代では自己肯定感や自尊心の育成につながることを示している。言葉の獲得、本が読めるということは生徒に自信を持たせ、生徒を元気にするのである。

③ 本との出会いの場

　これも全国どこの学校でも共通して出される感想だ。「高校に入るまで本を読むことはほとんどなかった。朝読の時間ができてから、いやでも本を読まなければならなくなり」いろいろ読むうちに「本がこんなに楽しいと思ったのは今までなかった。もしこの朝の読書がなかったら、本との出会いは永遠になかったのかもしれない。」

　これらの感想を読むにつけ、学校において「読書する時間と場所」を設定することの必要性を痛感した。誰かが生徒たちに、本と出会う機会を与えなければならない。いったん本と出会いその魅力に気づくと、生徒たちは本自身の力に導かれて、自分を自分で育てていくことができるようになる。

(5) 朝読（一斉読書）の効果
　　読書指導の基盤としての有効性

　朝読は効果が見えない、とよく言われる。確かにペーパーテストのように成果を数値に表すことはできない。朝読と学力の相関関係を研究した結果をまとめた本も出版されている（注13）が、読書力がつけば学力が上がるのは当然のことと考えられる。しかしそれよりも、朝読を体験した生徒の感想は、生徒の変化や成長を表す何よりの有力な証拠なのではないかと思う。

　週2回の授業時10分間読書については「①本が好きになった。②読む力がついた。③集中力がついた。」の3点が特徴的な成果といえる。

　「読む力がついた」とは、「文章がスラスラ読めるようになった」「漢字が読めるようになった」などという内容をまとめたものである。週にたった2回（20分）でもこれだけの変化があることは目覚ましいことだと思うが、毎日、朝読を体験した生徒の感想はもっと多様である。

　「語いが増えた」「読解力がついた」「読書習慣がついた」「感情が豊かになり、いろいろな角度から考えられるようになった」「気分がすっきりして落ち着く」「もう一人の自分になる」「自分の好みやどんな人間になりたいかがよくわかるようになった」「教室がしーんと静まり返って、不思

議な時間が過ぎていく。いつも友達としゃべっているときにはできない、文章に吸い込まれていく感じ。頭の中でいろいろなことを想像して、本はたくさんの世界を与えてくれる」（一部抜粋）などがその一例である。

朝読の効果については多くの実践報告があり、研究も進んでいる（注14）ので、ここでは簡単に述べるに留めるが、これらの感想を読むと、本に親しみを持ち、読書への「地ならし」ができた状態、「基礎体力」がついた状態だといえる。

先に述べた誤解を解き、全教職員が共通理解のもと、朝読に取り組めば、その成果は著しいものとなる。その点をきちんと評価し、朝読を読書指導の基盤として活用すれば、国語科における読書指導がいっそう充実したものになると考える。

国語科の読書指導の基盤として、朝読が有効な力を発揮すると考えるゆえんである。

4 新学習指導要領から

(1) 読書指導重視の方向性

平成25年度入学生から新学習指導要領が適応される。その「新学習指導要領解説」冒頭に「国語科改訂の要点」の一項目として「読書活動の充実」が挙げられている。「学校図書館や地域の図書館などと連携し、読書の幅を広げ、読書の習慣を養うなど、生涯にわたって読書に親しむ態度を育成することや、情報を使いこなす能力を育成することを重視して改善を図っている。」それを受けて「国語総合」「現代文A」「現代文B」の3科目で、読書指導について詳しく触れられている。

「国語総合」では、「読むことの指導事項」に「読書をして考えを深めること」と書かれている。「内容の取扱い」では「読むことの指導に当たって配慮すべき事項」の一つとして「読書指導」の項目が単独で立てられ「自分の読書生活を振り返り、読書の幅を広げ、読書の習慣を養うこと」と述べられている。解説として「読書においては、（中略）多種多様な書物の存在を知り、その中から自分にとって必要なものを選んで継続して読むことが重要である。その際、定期的に『自分の読書生活を振り返』ることが読書生活を豊かにすることにつながる。」と、大村はま氏の用いた「読書生活指導」を想起させるような記述が目を引く。さらに「今後ますます情報化が進展する社会において、よりよく生きるために、読書の幅を広げ、読書の習慣を養うことの重要性は一層高まっていくことを認識する必要がある。」と強い調子で述べられている。

「現代文A」の目標は「（前略）生涯にわたって読書に親しみ、国語の向上や社会生活の充実を図る態度を育てる。」ということであり、解説として「主体的に読書する意欲を高め、確かな読書習慣を身に付けさせることである。なお、読書は、長い歴史の中で蓄積してきた知識や知恵の継承と向上、豊かな人間性の涵養に欠くことができないものであり、知的で心豊かな生活と活力ある社会の実現に寄与するものであることを理解させることが大切である。」と書かれている。

「現代文B」の目標は「（前略）進んで読書することによって、国語の向上を図り人生を豊かにする態度を育てる。」ということであり、解説として「読書は、言葉を学び、感性を磨き、表現力や創造力を高め、人生をより豊かに生きる力を身に付ける上で欠くことができないものである。また、自ら考え、自ら行動し、主体的に社会の形成に参画していくために必要な教養を身に付ける重要な契機ともなる。そこで、主体的に読書することの意義を生徒が一層深く認識でき、生涯にわたる読書へとつながるような指導をすることが大切であることを示すため、目標に示している。」と書かれている。

以上、長くなるのを承知で引用したが、指導要領解説に読書と読書指導の重要性がここまで詳しく踏み込んで述べられたことの意味を考えたい。

平成11年に発表された指導要領では、「現代文」の目標が「読書によって人生を豊かにする態度を育てる」、「内容の取扱い」では、「現代文」は「生徒の読書意欲を喚起し、読書力を高めるよう配慮するものとする」、「国語総合」は「読書力を伸ばし、読書の習慣を養うこと」と述べられているのに過ぎない。

この変更の背景には、前指導要領からの10年余りの間の社会の激しい変化があると考えられる。学校教育における読書指導の役割はいっそう重要である。この指導要領を「絵に描いた餅」にしないために次の提案をしたい。

(2)「一斉読書」を「授業時間」に

学習指導要領　第1章　総則　第4款「各教科・科目、総合的な学習の時間及び特別活動の授業時間数等（以下「各教科・科目等」とする）」の項に、新しく付け加えられた内容について次に紹介する。

各教科・科目等のそれぞれの授業の1単位時間は、生徒の実態や、各教科・科目の特質を考慮して適切に定めるとし、「なお、10分間程度の短い時間を単位として特定の各教科・科目等の指導を行う場合において、当該各教科・科目等を担当する教師がその指導内容の決定や指導の成果の把握と活用等を責任をもって行う体制が整備されているときは、その時間を当該各教科・科目の授業時数に含めることができる。」と述べられている。

すでに何年も前から神奈川県他の高校では、朝の読書を「総合的な学習の時間」に組み入れ、成果を上げてきている。今回、指導要領に明記されたことで、この制度はもっと活用しやすくなる。「総合的な学習の時間」の目標は「自ら課題を見付け、自ら学び、自ら考え、主体的に判断し、よりよく問題を解決する資質や能力を育成する（一部抜粋）」ことなので、その時間に「読書」をあてることは可能であろう。単に読むだけで終わらせず、実験実習など他の活動と組み合わせることができればなお効果的である。

今回の国語科の指導要領の精神に則れば、「国語総合」「現代文A・B」のうちの1単位を「10分間読書」に置き換えることも可能になる。毎朝10分を5日間で50分となる。各科目の目標、内容にあげられている「読書の習慣を養う」「生涯にわたって読書に親しむ」「進んで読書する」など、いずれも朝の読書で可能にできてきたことがらである。ただその場合は担当する教師が国語科でないといけないので、全校一斉の朝の授業は不可能である。例えば、1年生は「特別活動」として学級担任が、2年生は「現代文B」の1単位として国語科の教師が、3年生は「総合的な学習の時間」として各担当者が、というやり方を用いれば、指導者の問題は解消する。「特別活動」の時間に読書をするのは、従来、生徒指導の観点からホームルーム活動で読書が行われてきた歴史もあるし、朝読の教育的価値は生徒指導面からも評価されている（注15）ので、十分可能性はあると考える。

3年間の朝の10分間をどのように割り振り、誰が担当するか等については、各学校の実情に応じて、国語科、教務部、生徒指導部を中心に全職員で慎重に協議する必要がある。特に国語科としては、従来にない、まったく新しいやり方なので、教師の持ち時間数をどう数えるか、評価をどうするか、など話し合わなければならないことはたくさん出てくるだろう。しかし、それが実現すれば、3年間、学校の教育課程の中に読書を位置づけることができ、効果も格段に上がるに違いない。

国語科の授業の一環として取り組む場合は、「10分間」の中味はいろいろ工夫できる。「ただ読むだけ」の時間は基本として生かしつつ、学期に一回「読み聞かせ」や「図書紹介スピーチ」をはさんだり、読む本を「課題図書」の中から選ばせたり、「読書ノート（計画・記録）」を書かせたりと多彩な活動が可能になる。1か月で約4時間の読書時間が確保できるので、毎月1～2冊の読書が可能になる。課題として近代の小説や、小論文を書くのに役立つ新書などを次々と読ませることもできる。そうする中で初めて生徒たちは「自分の読書生活」を体験することが可能になる。

5　さまざまな読書指導

読書時間を確保できたら、その上で多様な試みが可能になる。ここでは、紙数の関係で詳しく述べられないが、最近の動向について紹介したい。

フランスで行われている「高校生ゴンクール賞」（始まりは奇しくも朝読と同じ1988年である。）については、辻由美氏の著書『読書教育』（注16）に詳しいが、その日本版として、近年「高校生直

木賞」が取り組まれ始めた。直木賞の候補作を読み、高校生たちが自分たちで受賞作を決めるという活動である。発案者の伊藤氏貴氏（明治大学准教授）は、日本の若者の読書事情の事態の深刻さを憂い、「メール・ブログ・ゲーム…続々と生まれる新しいメディアが若者たちの時間を熾烈に奪い合うなかで、本がデッド・メディアにならないための方策は、今すぐにでも実行に移されねばならないのではないか」と述べ、数年前から麻布高校の「総合学習の時間」を借りて実施しているという。まだ数校しか参加校はないが、新しい試みとして注目したい。同様の取り組みとして「天竜文学賞」がある。これも高校生たちが候補作品を読み比べ、討論する中で自分たちで受賞作を選ぶという取り組みである。(注17)

「ビブリオバトル」は谷口忠大氏（立命館大学准教授）によって提案された「知的書評合戦」ともいうべき、一種の本の紹介ゲームである。各自原稿を見ずに5分でプレゼンテーション、3分で質疑応答を行い、そののち参加者全員の投票で「一番読みたくなった本」（チャンプ本）を決めるというのが公式ルールである。各自治体、図書館などでも積極的に取り組まれ始めている。高校の授業でも準備をして取り組めば、選書と表現活動の訓練ができる刺激的で楽しい時間となる。(注18)

「どくしょ甲子園」活動は、朝日新聞、全国ＳＬＡ主催で今年4年目を迎える。読書会で取り上げた本の魅力を「どくしょボード」（Ａ3判）にまとめて表現する。「キャッチコピー」「紹介」「引用」「イラスト」などをうまく配置して作成するのに仲間同士の話し合い、共同作業が必要となり、その過程で読みが深まっていく。(注19)

ブッククラブはアメリカで開発された指導法で有本秀文氏によって日本に紹介された。子どもを本嫌い、国語嫌いにさせない、本を使った新しい国語の学習法である。澤口哲弥氏（三重県立津西高校）は教科書教材の『山月記』をブッククラブの手法を取り入れて読み、通常7時間かけるこの教材を4時間で終わらせている。精読型の授業を見直し、生徒自身による課題の発見と解決を目指

す展開にする。単元の最後には文章に関しての話し合いの場を設け生徒同士に対話させる。余った時間は他の教材を読む時間にあて、授業における読書量を増やすのにあてたという。4時間の授業は密度が高く、生徒たちは非常に主体的な深い読みをしていた。今後の国語の授業展開に生かせる示唆に富んだ実践報告であると思った。(注20)

その他、ＩＣＴ活用の読書紹介、味見読書、本のソムリエ活動、朗読劇、本作り、読み聞かせ、読書へのアニマシオン活動など、多くの読書指導の方法がある。工夫すればどれも国語科の授業に活用できる取り組みだと考える。

長年、学校図書館学の研究に携わってこられた長倉美恵子氏は「生徒の読書と情報の体力」を高めるためには、「鍛錬、錬成、練習、つまりハードなトレーニングが必要」であり、「多少の強制をもって継続的に大量の読書材を読ませることである。何をどう読ませるかよりも、とにかく沢山読ませるのである」と述べている。

また「これからの読書指導は情報リテラシー育成の一環として考える必要があろう」と述べ具体的な方法としてアメリカの「ＦＶＲ（Free Voluntary Reading）として知られる自由読書プログラムの実施」をすすめている。

「自由読書プログラムとは、学校の授業時間の一部を制約のない読書の時間にあてることである。これには『黙読の時間』と『自由選択読書の時間』を設ける。黙読の時間では教師と生徒が毎日5分から15分の短い時間、ただ自由に読書する。自由選択読書の時間では国語科授業のかなりの時間をさいて、生徒に自分の読んだことについて話し合いをさせる。」と述べている(注21)。

朝の読書に抵抗を感じる教師も「自由読書プログラム」なら、そのスマートな語感のせいもあって取り組みやすいのではないだろうか。

6 おわりに

本稿では触れることができなかったが、読書指導において図書館司書、司書教諭の役割は不可欠である。しかし現状は、一部の自治体を除いてそ

れらが十分に機能しているとは言い難い。学校司書を正規採用し常勤とすること、司書教諭が名目だけでなく、その職務を全うできるように授業軽減等の措置をとることが緊急の課題である。

最後に、活字慣れの訓練が不要な、学力の高い生徒にとって「一斉読書」の時間を与えることはどんな意味を持つのか考えてみたい。エリートと呼ばれる生徒たちも、特に思春期、自己や人生を見つめ、思い悩むことがあるだろう。そういう時、読書は彼らの力になり、孤独な魂と対話してくれるはずである。高い学力を持つ生徒にとって「一斉読書」は受験勉強や部活に明け暮れる忙しい日常において「読書時間の確保」という貴重な意義を持つ。また本格的な読書への誘いを可能にする第一歩であるとも位置づけられる。灘中学、高校で長年にわたって国語を教えた橋本武氏は「感受性豊かな若いときに優れた文学や哲学をたくさん読むことです。多読は好奇心を深め、世界観を広げ、人生を拓いてくれます。」と述べ、『銀の匙』のスローリーディングのかたわら、毎月、良書を選定し多読を勧めている。(注22)

2013年「子どもの読書活動の推進」を目的として中高生と成人を対象とした大規模な調査が行われた（注23）。報告書のタイトルには「子どもの頃の読書活動は、豊かな人生への第一歩！」とあり、子どもの頃に読書活動が多い成人ほど「未来志向」「社会性」「自己肯定」「意欲・関心」等のすべてにおいて現在の意識・能力が明らかに高いという結果が報告されている。

一方で「読書好きかどうか、読書量の多寡」と「学歴・年収」にはほとんど有意の差がないという結果も報告されている。「豊かな人間性」がものさしで測れないように、読書の有効性も「学歴」や「年収」という目に見えるものでは測れないということだろう。

「読書」が功利的な営みではないことを念頭に置きつつ、読書の魅力を伝える活動を続けていきたい。

●注
(1)「青少年のインターネット利用環境実態調査」内閣府調査、2012年11月実施
(2) 2013年9月15日付　神戸新聞
(3) 2013年9月21日付　神戸新聞
(4) 第5回アニマシオン読書教育セミナー 2012
(5) ジム・トレリース（1987）『読み聞かせ』高文研
(6) 朝の読書推進協議会調べ、2013年10月28日現在
(7) 学校読書調査、『学校図書館』2012年11月号
(8) 野口久美子（2009）「小学校・中学校における読書指導の実践に関する報告記事の分析」
(9) 『月刊国語教育』2009年10月号、p.16
(10) 子どもゆめ基金助成活動、主催　全国出版協会
(11) 小幡章子他（2011）『自分を育てる読書のために』岩波書店
(12) 船橋学園読書研究会（1993）『朝の読書が奇跡を生んだ』高文研
(13) 山崎博敏編著（2008）『学力を高める「朝の読書」』メディアパル
(14) 薬袋秀樹（2010）「朝の読書の効果に関する議論について」『日本生涯教育学会論集31』
(15) 中村豊（2011）「朝の読書の教育的価値」生涯学習研究e事典
(16) 辻由美（2008）『読書教育』みすず書房
(17) 『オール讀物』2013年9月号、p.90、文藝春秋
(18) 谷口忠大（2013）『ビブリオバトル』文春新書
(19) 『学校図書館』2013年7月号、p.28
(20) 前掲　注9に同じ、p.38
(21) 『月刊国語教育』1999年10月号、p.24
(22) 橋本武（2013）『学問のすすめ』ＰＨＰ研究所
(23)「子どもの読書活動の実態とその影響・効果に関する調査研究報告書」国立青少年教育振興機構、2013年2月

●主要参考文献
○林公（2007）『朝の読書　その理念と実践』リベルタ出版
○国立教育政策研究所編（2010）『読書教育への招待』東洋館出版社
○村上淳子編著（2010）『だれでもできるブックトーク2　中学・高校生編』国土社

(中西英代)

『長田高校の100冊』
―本の推薦文を書く1、2学年を対象とした読書指導―

1 『長田高校の100冊』ができるまで

(1) はじめに

　この実践は、2009年4月長谷川純一氏（旧本校職員・現兵庫県立西宮高等学校国語科教員）が考案されたものである。一昨年、長谷川純一氏が転勤されてからは、一人の国語科教員に引き継がれ、編集作業をしている。さらに、本校国語科教員の協力により、今年度も『長田高校の100冊』2013年度版（外国文学）を発刊することができた。年度毎に日本文学または外国文学の推薦文を掲載している。以下、『長田高校の100冊』の編集の過程と生徒の作品を紹介していきたい。

(2) 『長田高校の100冊』編集の過程
　　（2009年度版より現在に至る）

4月	長谷川純一氏が、提案
5月	司書教諭を含む国語科教員が、千円以内で入手できる日本近現代文学という枠の中で各自の本の推薦本（文庫本に限定）を出し合い、何回かの投票を経て92冊に絞り込む。
6月	投票により選抜された本92冊と、国語科教員8名が推薦する本を8冊加えて長田高校の100冊を決定する。
7月	1、2年の全生徒（約640名）に、92冊を割り振り、本の推薦文を書くことを夏休みの課題として与える。92冊の半分46冊ずつをそれぞれ1学年2学年生徒の担当とし、くじ引きで推薦文を書く本を決定する。残り8冊は、推薦した教員が、それぞれ推薦文を書く。
9月	生徒の推薦文選抜
	提出された推薦文を1、2学年生徒・教員それぞれが読み、相互評価をした後、短い感想文を付け本人に返すとともに、一冊一編の推薦文を決定する。
10月	国語科教員が、推薦文を編集。選ばれた生徒の推薦文を打ち込む。
4月	完成、生徒に配布

(3) 100冊のリスト

　何回かの投票を経て、絞り込んだ国語科教員の推薦する92冊と国語科教員が選んだ8冊を併せた100冊のリストを213ページの「資料1・2」に掲載しておく。2011年度版外国文学と2012年度版日本近現代文学のリストである。日本文学版の中の宿題番号AからJの記号は、国語科教員の選択した本である。（宿題番号とは生徒たちが本をくじ引きで決定する際に利用した番号である。92冊の本に割り振った番号であるが、本の名称は伏せてある。生徒たちは好きな番号を選択するが、その番号の本が宿題になる。）

(4) 推薦文の様式と生徒向け『長田高校の100冊』実施要領（長谷川氏の考案したもの）

　夏休みの課題として、生徒に配布した「推薦文の原稿用紙」と「『長田高校の100冊』実施要領」を214ページの「資料3・4」に掲載しておく。
　いずれも現代文の1学期末の最後の授業時に担当者が生徒に説明し、配布したものである。

2 2012年度版日本近現代文学「推薦文」

　この推薦文は、国語科教員の添削を経たものである。1学年生徒の作品である。
　生徒の原稿を回収し、同じ本について書かれた

推薦文(一作品で平均7～8名)の中から、代表作を選び、添削後、生徒の了承を得て、国語科教員の手で、パソコンに打ち込んだものである。その一部を紹介したい。

『暗夜行路』志賀直哉　　　　　　K・S

　あなたは人を許すことができるだろうか。主人公の時任謙作は、自分に起こる様々な苦難に対して強くもがき苦しみながら、乗り越えようとする。

　時代は明治。小説家の仕事をしながらも放蕩の日々を送っていた彼の出生には、彼自身が知らない秘密があった。彼は両親の子ではなく、実は慕っていた母と四歳から育ててくれたがあまり好きではない祖父との間の子どもだったのだ。ある時ついにこの秘密を知ってしまった彼は、母への大きな失望に襲われる。彼はそれを何とか乗り越えるが、また、様々な苦難が彼の「呪われた運命」に待ち受けている。しかし、そんな彼は最後の最後にある感覚を得てついに……。

　「小説の神様」と呼ばれる志賀直哉の唯一の長編小説である本作は、志賀が十七年をかけて完成させた大作である。様々な悩みに直面する主人公の様子は、今の日本に繋がるかもしれない。是非読んでもらいたい。

『夏の花』原民喜　　　　　　　　M・A

　「夢のような平和な景色があったものだ。」これは、作者が本の中で回想したシーンの言葉である。原爆によって、自らの街、親戚を失った。そんな過酷であった日々を書き残さねばならないと思い、後にまとめたのがこの作品だ。原爆で被害を受けた親戚と懸命に逃げ、安全な所まで行くまでに様々な空襲の真相を知っていく。道や川には「水を下さい。」と叫び続ける人の姿、バスを待つ行列の死骸は立ったまま、ふと、「死んだ方がましさ。」と言う人、一瞬にして人々を地獄へ陥れた原爆の残酷さ。作者はこの様子を鮮明に書いている。

　だからこそ、皆さんにはこの本を読んで欲しい。平和だった日々を奪ったものの恐ろしさを感じてもらいたい。一見のどかな冒頭部分だが、それ以降の悲惨な部分が強調される効果があるこの本。自然と悲惨な光景が頭に浮かぶほど、きっと皆さんに強い印象を与える本となるだろう。

『華岡青洲の妻』有吉佐和子　　　　A・T

　嫁の加恵と姑の於継が共に暮らす生活は、加恵が華岡家に嫁いだことから始まります。夫・青洲が京都へ勉学に行っている間の二人の関係は、穏やかで理想的でしたが、青洲が帰ってきた途端に於継の態度が一変します。息子を想いすぎるあまり、意地悪な姑になってしまったのです。二人は目も合わさなくなり、お互いの嫌なところばかりが目につくようにもなってしまいました。青洲に関することでは特に意地を張り合います。彼は『通仙散』という麻酔薬を作っていたのですが、危険が伴うにも関わらず、二人共がその実験台になりたいというのです。家族でない人の目には、夫のために命を懸ける嫁と姑の姿はとても美しく映ります。しかし、実際は、青洲の愛を賭けた命懸けの争いで…。

　最終的に青洲により愛されるのはどちらなのか。そして、麻酔薬『通仙散』は完成するのか。思っていたより意外とおもしろい物語なので、是非一度、読んでみてください！

『芙蓉の人』新田次郎　　　　　　A・M

　野中到は大いなる夢を抱いていた。「富士山頂での連続気象観察が成功すれば、正確な天気予報が実現して、国民の利益となり、世界に日本の名を高めることにもなる」と。富士山頂の標高三七七六メートルで、冬期に気象観測ができれば、世界でも例がないだけに、意義は計り知れない。明治時代、発展途上であった日本には、なんとしてでも成し遂げたい課題。果たして、この計画は成功するのか。

　この本は野中到本人ではなく、彼の妻、千代子を語り手として話が進む。男尊女卑がなくならないこの時代を生きる、女性の強く、固い決心には、心打たれるものがある。女性にしか見つけられな

い、女性ならではの細やかな表現は、私の心の中に優しく入ってきた。富士山頂という厳しい環境で病にかかりながらも、一つの信念をやり遂げるべく、懸命に生き、励まし合いながら観測を行う野中夫妻。このすばらしいに日本人をあなたにも是非、知っていただきたい。

『死の棘』島尾敏雄　　　　　　　　　　S・I

　売れない小説家の主人公トシオ。身体が弱いトシオのために、妻は身を尽くしてきました。ところが、夫の浮気が発覚し、妻はこれまでの従順な態度を一変させ、トシオの過去を繰り返し追及し、訊問し始めます。夫は妻を恐れ、妻に縛られる日々が続き、自分を失っていきます。この悪循環が続いて、共に死のうとする場面さえもあります。一見、絶望ばかりを描いているようですが、地獄の中でもお互いに少しずつですが、自分自身を見直していきます。そして、お互いがかけがえのない存在だということに気づいていきます。

　夫と妻の二人の争い、それぞれ自身との葛藤、またその中にある愛。限定された局面でまだまだ続きそうな予兆を見せながら、このような夫婦の生活と心情が繊細に描かれています。絆とは何か、また愛とは何かということを深く考えさせられる一冊です。

3　2013年度版外国文学「推薦文」

　以下の推薦文は、2学年の生徒が書いたものである。

『ガリヴァー旅行記』　　　　　　　　　M・F

　「ガリヴァー旅行記」といえば、何といっても地面に縛り付けられ、小人たちに囲まれたガリヴァーの姿が有名ですが、彼の冒険はそれだけにとどまりません。「大人国」やラピュタと呼ばれる「飛ぶ島」、鎖国中の日本にも立ち寄れば、「馬の国」にまで渡ります。

　物語の前半は、軽妙にユーモラスに展開され、愉快な冒険模様にわくわくします。これが架空の話であることなど、たちまち忘れてしまうほどに、具体的で生き生きとしたスウィフトの文章は秀逸です。

　しかし、この物語の要は後半にあります。様々な国を見てまわるうちに、ガリヴァーは政治に、不死に、そして人間に失望していきます。社会や美徳に対する痛烈な批判が多く、そのどれもが現代にも通じる問題であることが、イギリスの風刺文学の傑作と謳われる所以ではないでしょうか。児童文学のイメージが強いですが、作者の想像力と的を射た皮肉は、どの世代にも一読の価値ありの名作です。

『絵のない絵本』　　　　　　　　　　　A・T

　「これは小説なのだろうか、それとも絵本なのだろうか。」

　私は初めてこの本に出会ったときそう思った。絵のない絵本だなんて矛盾のかたまりではないか、とさえ思った。本をぱらぱらめくるも、出てくるのは活字ばかりで絵らしきものは全く出てこない。

　屋根裏部屋に住む孤独な絵描きのために月がいろいろな話をしてくれる。世界中のどこから見上げても常に輝く月は、反対に私たちのことを見守ってくれているかのように。外の世界を知らない絵描きのために。世界中の夜を三十三夜にわたり月は語る。

　あぁ、そういうことか。三十三もの夜の話を読み終えた私には見えた。都市の幽霊が。ポンペイの歌姫が。文字ではなく、三十三枚の絵として。この瞬間この本は絵本になった。この本が小説となるか、絵本となるかは、あなた次第。ぜひお月様の話を聞いて、あなただけにしか作れないたったひとつの一冊を……。

『ボヴァリー夫人』　　　　　　　　　　H・S

　田舎医者ボヴァリーの美しい妻エマは、凡庸な夫との生活に退屈してしまいます。そして、虚栄と浮気を繰り返し、借金を重ね、苦しみながら自殺してしまいます。夫シャルルもまた、謎の死を遂げ、物語は終わります。

　作者のフローベルは、優れた外科医の父を持ち、

秀才の兄と比べられながら、病院の一隅で幼少期を送りました。そのため、正確で科学的な分析力を持ち、また、死や生命に対する強いイメージを持っていたそうです。フローベルの描く、十九世紀フランスの情景はとても美しく、繊細で、そこにいる人々は極めて細やかに描写されています。しかし、そのロマンチックな世界の中で夫人は苦しみ、それは、本書が風俗壊乱のかどで起訴された時、作者が「ボヴァリー夫人は私だ。」と言ったように、彼自身の苦しみでもありました。はじめは、その独特の描写に少し驚くかもしれませんが、読み進むにつれて、次第に引き込まれてしまいます。

『父と子』　　　　　　　　　　K・A

あなたは今までに、親や祖父母、またはその世代の人々の意見や話を聞いたとき、「古い考え方だなあ。」と感じたことはないだろうか。またその考え方を自分たちの手で変えたいと思ったことはないだろうか。

この本の舞台の十九世紀ロシアでは、農奴解放令によって、古い貴族文化から新しい民主的文化に移り変わろうとしていた。そんな中、「ニヒリスト」という既存の権威を否定する人々が台頭し始め、旧世代の人々の思想は打ち砕かれるべきだと主張する。今まで培ってきた伝統や文明を重んじるべきだと信じる旧世代の人々と「ニヒリスト」を始めとする若い人々たちの思想。両者の主張は衝突を繰り返すが、その衝突によって新時代の道が創られていく。そうして時代が進んでいった。

先にも述べたが、自分と違う世代の人々とは、考え方が違うかもしれない。しかし、その人々と意見を交わし合うことは、新しい時代を切り開くために重要なことだと、この本から学ぶことができる。世代間の思想の違いを感じたとき、読んでみてはいかがだろうか。

『ビーグル号航海記』　　　　　　S・S

ダーウィンの「進化論」という言葉を聞いたことがあるだろう。この本はそのダーウィンが海軍の観測船ビーグル号に乗って、南米や南太平洋などを回った五年間を記述したものである。ダーウィンはこの本の中にいろいろな話を収録しているが、特に興味を持ったのは、島々独自の進化を遂げた動物達についてだった。特に巨大なカメやトカゲに注目したらしいが、どうやらこの観察が後に有名な「進化論」のもとになったらしい。それはイコールこの航海に参加しなかったならば、ダーウィンの「進化論」なんて存在しなかったとも言えるだろう。

そんな歴史の詰まったこの本を読んで、自然の美しさや不思議さを改めて知った。

「この夏どこにも行かなかったな」と残念に感じているあなた。この本を読むことで、ダーウィンの訪れた場所を共に回っている気がしてくるかもしれない。

『沈黙の春』　　　　　　　　　　S・T

多種多様な生物が食ったり、食われたりを続けていたら、自然界は安定していたはずだった。しかし、自然界の構成要素の一つにすぎない人間が暴挙に出た。化学薬品の使用である。それが原因で、自然界の均衡は崩れて絶滅という道を歩んだ動物も生じた。強力な殺虫剤を発明した人間はもはや自然界の一部分であるという自覚を失っていた。人間に被害が及んでも、殺虫剤の影響であると認めないアメリカ政府がいい例だ。ようやく殺虫剤の影響であると認めた時には、人間を含めた多くの生物が既に死んでいた。化学薬品から手を引いても、他の害虫の駆除方法を模索する人間には自然界の概念は存在しないように思えた。

丹念な取材に裏打ちされたこの本は、今から約五十年前の環境問題への警鐘であるが、今読んでも私たちに危機感を抱かせる。「人間と昆虫は共存できないものか」考えさせられる一冊である。

『朗読者』　　　　　　　　　　　H・K

「ぼく」がハンナと出会ったのは、十五歳の雨の日でした。気分を悪くしていたところを介抱してくれた、母親ほども年の離れた女性。少年は彼

女に惹かれ、二人は男女の仲になります。「何か朗読してよ、坊や」そのうち何故かハンナは少年に朗読を求めるようになりました。朗読を習慣としながら逢瀬を重ねる二人でしたが、ある日突然ハンナは失踪してしまいます。そして、大学生になった少年が再会したハンナは、戦争犯罪者でした。この物語の上で重要なテーマの一つは、二人の恋の背景に潜んでいたあの悲しい出来事、ナチスドイツのホロコーストです。しかし、それ以上に目を向けていただきたいのが、そこから続くハンナという女性の哀しみ。物語に散在するそれぞれの描写が、読み進めるにつれて一つの事実へと結びついていくストーリー展開は圧巻です。深く心に響く切なさと感動、そして誰かを愛したい気持ち－何度も読み返したくなる一冊です。

『族長の秋』　　　　　　　　　　　　K・N

「族長の秋」は、南米のある国の独裁者の虚構物語なのだが、大統領の断片的な逸話や家族、部下の証言、或いは彼自身の独白によって独裁者の実像を浮き彫りにして行こうとする実験的小説である。本作は、決して読みにくいということがないわけでもない。意識の流れが取り留めのないように、改行が意図的にされていないからだ。人称が知らぬ間にコロコロ変わるからだ。時系列など無視しているからだ。だが、それらの諸点を凌駕する魅力がこの作品にあることを我々は、知っている。

彼の母が憐れんだように、誰からも愛されない大統領。暗殺を恐れる余り、人間不信に陥り、残虐卑劣、彼は本当に学校に行けなかったのだが、無知とさえも言える所業を繰り返す大統領。その災いか、睾丸ヘルニアでイチジクほどの金玉を抱えるコミカルな大統領。

「族長の秋」の魅力は大統領の強烈なキャラクターに集約されているといってよい。あなたも一読すれば大統領の熱狂的なファンとなること間違いない。

4 表紙と効果

(1) 表紙と中身の体裁について

毎年、表紙には本校の校舎の写真を使用している。2013年度の表紙にも校舎を撮影したものを使用した。さらに、本校卒業生のマラソンランナー山本亮選手が昨年のロンドンオリンピックに出場した記念として作成された横断幕も表紙の中に納まっている（215ページの資料5）。長田高校を象徴する校舎を表紙として使うことで、「来年は推薦文に選ばれたい」という生徒の意欲を掻き立てているように思われる。創刊号で長谷川純一氏が考案された体裁を今でも踏襲して使っている。文庫本の表紙を撮影したものと推薦文に1人1ページを割り当てている（215ページの資料6）。

(2) 100冊の効果

2012年度の日本近現代文学と2013年度の外国文学の100冊のリストの本は、図書室で買い揃えていくようにしている。『長田高校の100冊』を配布すると、生徒たちは一心不乱に読み始める。自己の文章が掲載されている喜びを噛みしめ、先輩や後輩、友人の推薦文を探しながら読み進めている。『長田高校の100冊』に触れることで、さらに読書の幅が広がり、読みたい本が増加していくようである。未知の本を読みたい気にさせる啓蒙活動に一役買っていることは明確である。新一年生にも配布するが、『長田高校の100冊』を読んで、本を借りに来る生徒も多いと聞く。このように何を読んでよいかわからない生徒の読書の道標になっている。

（竹内芳子）

『長田高校の100冊』 —本の推薦文を書く1、2学年を対象とした読書指導—

資料1 『長田高校の100冊』 2011年度版外国文学リスト

番号	作品名	著者	訳者	出版社
1	ソクラテスの弁明	プラトン	久保勉	岩波文庫
2	夏の夜の夢	ウィリアム・シェイクスピア	福田恆存	新潮文庫
3	ハムレット	ウィリアム・シェイクスピア	福田恆存	新潮文庫
4	マクベス	ウィリアム・シェイクスピア	福田恆存	新潮文庫
5	リア王	ウィリアム・シェイクスピア	福田恆存	新潮文庫
6	ロビンソン・クルーソー	ダニエル・デュフォー	鈴木建三	集英社文庫
7	ガリヴァー旅行記	ジョナサン・スイフト	平井正穂	岩波文庫
8	若きウェルテルの悩み	ヨハン・ヴォルフガング・フォン・ゲーテ	高橋義孝	新潮文庫
9	孤独な散歩者の夢想	ジャン・ジャック・ルソー	青柳瑞穂	新潮文庫
10	自負と偏見	ジェイン・オースティン	中野好夫	新潮文庫
11	谷間のゆり	オノレ・ド・バルザック	石井晴一	新潮文庫
12	外套	ニコライ・ゴーゴリ	平井肇	岩波文庫
13	クリスマス・キャロル	チャールズ・ディケンズ	池央耿	光文社文庫
14	黒猫	エドガー・アラン・ポー	富士川義之	集英社文庫
15	嵐が丘	エミリー・ブロンテ	鴻巣友季子	新潮文庫
16	白夜	フョードル・ドストエフスキー	小沼文彦	角川文庫
17	絵のない絵本	H.C.アンデルセン	矢崎源九郎	新潮文庫
18	ボヴァリー夫人	ギュスターヴ・フローベール	生島遼一	新潮文庫
19	はつ恋	イワン・ツルゲーネフ	神西清	新潮文庫
20	虐げられた人びと	フョードル・ドストエフスキー	小笠原豊樹	新潮文庫
21	ロウソクの科学	マイケル・ファラデー	三石巌	角川文庫
22	父と子	イヴァン・セルゲービッチ・ツルゲーネフ	米川正夫	岩波文庫
23	若草物語	L.M.オールコット	松本恵子	新潮文庫
24	トムソーヤの冒険	マーク・トウェイン	大久保康雄	新潮文庫
25	人形の家	ヘンリック・イプセン	矢崎源九郎	新潮文庫
26	人は何で生きるか	レフ・トルストイ	中村白葉	岩波文庫
27	女の一生	ギ・ド・モーパッサン	新庄嘉章	新潮文庫
28	宝島	R.L.スティーブンソン	佐々木直二郎・稲沢秀夫	新潮文庫
29	イワンのばか	レフ・トルストイ	金子幸彦	岩波文庫
30	ジーキル博士とハイド氏	R.L.スティーブンソン	田中西二郎	新潮文庫
31	ハックルベリー・フィンの冒険	マーク・トウェイン	村岡花子	新潮文庫
32	十五少年漂流記	ジュール・ヴェルヌ	波多野完治	新潮文庫
33	ドリアン・グレイの肖像	オスカー・ワイルド	福田恆存	新潮文庫
34	火あるうち光の中を歩め	レフ・トルストイ	原久一郎	新潮文庫
35	古代への情熱—シュリーマン自伝	ハインリッヒ・シュリーマン	関楠生	新潮文庫
36	シャーロックホームズの冒険	コナン・ドイル	延原謙	新潮文庫
37	にんじん	ジュール・ルナール	岸田国士	岩波文庫
38	狼王ロボ	A.T.シートン	藤原英司	集英社文庫
39	どん底	マクシム・ゴーリキイ	中村白葉	岩波文庫
40	バスカヴィル家の犬	アーサー・コナン・ドイル	延原謙	新潮文庫
41	桜の園	アントン・チェーホフ	神西清	新潮文庫
42	トニオ・クレエゲル	トーマス・マン	実吉捷郎	岩波文庫
43	ベートーベンの生涯	ロマン・ロラン	片山敏彦	岩波文庫
44	怪談・奇談	ラフカディオ・ハーン	田代三千稔	角川文庫
45	車輪の下	ヘルマン・ヘッセ	高橋健二	新潮文庫
46	赤毛のアン	L・M・モンゴメリ	松本侑子	集英社文庫
47	奇岩城	モーリス・ルブラン	堀口大学	新潮文庫
48	狭き門	アンドレ・ジッド	山内義雄	新潮文庫
49	あしながおじさん	ジーン・ウェブスター	松本恵子	新潮文庫
50	変身	フランツ・カフカ	高橋義孝	新潮文庫
51	月と六ペンス	サマセット・モーム	中野好夫	新潮文庫
52	デミアン	ヘルマン・ヘッセ	高橋健二	新潮文庫
53	阿Q正伝	魯迅	藤井省三	光文社文庫
54	城	フランツ・カフカ	前田敬作	新潮文庫
55	グレート・ギャツビー	フィッツジェラルド	野崎孝	新潮文庫
56	日はまた昇る	アーネスト・ヘミングウェイ	谷口陸男	岩波文庫
57	武器よさらば	アーネスト・ヘミングウェイ	大久保康雄・岡本篤	新潮文庫
58	マルタの鷹	ダシール・ハメット	小鷹信光	ハヤカワミステリ文庫
59	夜間飛行	A・ド・サン・テグジュペリ	堀口大学	新潮文庫
60	Xの悲劇	エラリー・クイーン	大久保康雄	新潮文庫
61	八月の光	W.F.フォークナー	加島祥造	新潮文庫
62	飛ぶ教室	エーリッヒ・ケストナー	丘沢静也	光文社文庫
63	チップス先生さようなら	ジェームズ・ヒルトン	菊池重三郎	新潮文庫
64	風と共に去りぬ	マーガレット・ミッチェル	大久保康雄	新潮文庫
65	ハツカネズミと人間	ジョン・スタインベック	大浦暁生	新潮文庫
66	ジョニーは戦場へ行った	ドルトン・トランボ	信太英男	角川文庫
67	ビーグル号航海記	チャールズ・ダーウィン	荒川秀俊	講談社文庫
68	チボー家の人々	ロジェ・マルタン・デュ・ガール	山内義雄	白水uブックス
69	異邦人	アルベール・カミュ	窪田啓作	新潮文庫
70	星の王子様	サン=テグジュペリ	池沢夏樹	集英社文庫
71	アンネの日記	アンネ・フランク	深町眞理子	文春
72	一九八四年	ジョージ・オーウェル	高橋和久	ハヤカワ
73	ペスト	アルベール・カミュ	宮崎嶺雄	新潮文庫
74	欲望という名の電車	テネシー・ウィリアムズ	小田島雄志	新潮文庫
75	ジェイン・エア	シャーロット・ブロンテ	小尾芙佐	光文社文庫
76	動物農場	ジョージ・オーウェル	高畠文夫	角川文庫
77	かわいい女	レイモンド・チャンドラー	清水俊二	創元推理
78	火星年代記	レイ・ブラッドベリ	小笠原豊樹	ハヤカワ
79	ライ麦畑でつかまえて	J.D.サリンジャー	野崎孝	白水uブックス
80	老人と海	アーネスト・ヘミングウェイ	福田恆存	新潮文庫
81	華氏451度	レイ・ブラッドベリ	宇野利泰ハヤカワ	
82	悲しみよ こんにちは	フランソワーズ・サガン	河野万里子	新潮文庫
83	蝿の王	ウィリアム・ゴールディング	平井正穂	新潮文庫
84	10月はたそがれの国	レイ・ブラッドベリ	宇野利泰	創元推理文庫
85	長距離走者の孤独	アラン・シリトー	河野一郎	新潮文庫
86	地下鉄のザジ	レーモン・クノー	生田耕作	中公文庫
87	イワン・デニーソヴィチの一日	ソルジェニーツィン	木村浩	新潮文庫
88	ウは宇宙船のウ	レイ・ブラッドベリ	大西尹明	創元SF
89	沈黙の春	レイチェル・カーソン	青樹簗一	新潮文庫
90	23分間の奇跡	ジェームズ・クラベル	青島幸男	集英社文庫
91	アルジャーノンに花束を	ダニエル・キース	小尾芙佐	ダニエル・キイス文庫
92	かもめのジョナサン	リチャード・バック	五木寛之	新潮文庫
93	百万ドルをとり返せ!	ジェフリー・アーチャー	永井淳	新潮文庫
94	シャイニング	スティーヴン・キング	深町眞理子	文春
95	スタンドバイミー	スティーヴン・キング	山田順子	新潮文庫
96	存在の耐えられない軽さ	ミラン・クンデラ	千野栄一	集英社文庫
97	ワイルド・スワン	ユン・チアン	土屋京子	講談社文庫
98	日本語の美	ドナルド・キーン	金田一真澄	中公文庫
99	朗読者	ベルンハルト・シュリンク	松永美穂	新潮文庫
100	停電の夜に	ジュンパ・ラヒリ	小川高義	新潮文庫

資料2 (同左) 2012年度版日本近現代文学リスト

100冊番号	宿題番号	作品名	作者	価格	年度	出版社
1	101	破戒	島崎藤村	660	1906	新潮文庫
2	201	野菊の墓	伊藤左千夫	300	1906	新潮文庫
3	102	三四郎	夏目漱石	340	1908	新潮文庫
4	202	夢十夜	夏目漱石	420	1908	集英社文庫
5	103	遠野物語	柳田国男	500	1910	角川文庫
6	203	阿部一族	森鷗外	420	1913	岩波文庫
7	104	銀の匙	中勘助	420	1914	岩波文庫
8	204	高瀬舟	森鷗外	350	1916	新潮文庫
9	105	戯作三昧	芥川龍之介	420	1917	新潮文庫
10	205	生れ出づる悩み	有島武夫	300	1918	新潮文庫
11		恩讐の彼方に	菊池寛	500	1919	新潮文庫
12	206	友情	武者小路実篤	380	1919	新潮文庫
13	A	小川未明童話集	小川未明		1921	新潮文庫
14	107	ある阿呆の一生	芥川龍之介	380	1927	新潮文庫
15	207	桜の樹の下には	梶井基次郎	420	1928	新潮文庫
16	108	蟹工船	小林多喜二	380	1929	角川文庫
17	208	銀河鉄道の夜	宮沢賢治	280	1933	新潮文庫
18	B	怪人二十面相	江戸川乱歩		1936	ポプラ社文庫
19	109	暗夜行路	志賀直哉	860	1937	新潮文庫
20		雪国	川端康成	340	1937	角川文庫
21	110	風立ちぬ	堀辰雄	340	1937	新潮文庫
22	210	智恵子抄	高村光太郎	280	1941	新潮文庫
23	111	李陵	中島敦	380	1943	新潮文庫
24	211	モオツァルト	小林秀雄	500	1946	新潮文庫
25		夏の花	原民喜	380	1947	集英社文庫
26	212	人間失格	太宰治	270	1948	新潮文庫
27	112	俘虜記	大岡昇平	780	1948	新潮文庫
28	113	壁	安部公房	460	1951	新潮文庫
29	114	野火	大岡昇平	340	1951	新潮文庫
30	214	あすなろ物語	井上靖	460	1954	新潮文庫
31	115	ひかりごけ	武田泰淳	420	1954	新潮文庫
32	215	父・こんなこと	幸田文	420	1955	新潮文庫
33	116	金閣寺	三島由紀夫	580	1956	新潮文庫
34		楢山節考	深沢七郎	420	1956	新潮文庫
35	117	おとうと	幸田文	420	1957	新潮文庫
36	217	死者の奢り	大江健三郎	460	1957	新潮文庫
37		裸の王様	開高健	540	1957	新潮文庫
38	218	赤ひげ診療譚	山本周五郎	580	1958	新潮文庫
39	119	点と線	松本清張	460	1958	新潮文庫
40	219	海と毒薬	遠藤周作	380	1958	新潮文庫
41	120	敦煌	井上靖	500	1959	新潮文庫
42	220	忍ぶ川	三浦哲郎	540	1961	新潮文庫
43	121	何もも見て育てやろう	小田実	770	1961	講談社文庫
44	221	砂の女	安部公房	500	1962	新潮文庫
45	122	古都	川端康成	460	1962	新潮文庫
46	222	さぶ	山本周五郎	660	1963	新潮文庫
47	123	個人的な体験	大江健三郎	540	1964	新潮文庫
48	223	黒い雨	井伏鱒二	620	1965	新潮文庫
49	124	華岡青洲の妻	有吉佐和子	420	1966	新潮文庫
50	224	戦艦武蔵	吉村昭	500	1966	新潮文庫
51	125	書を捨てよ、町へ出よう	寺山修司	540	1967	角川文庫
52	225	塩狩峠	三浦綾子	660	1968	新潮文庫
53	126	櫻下	水上勉	660	1969	新潮文庫
54	226	家族八景	筒井康隆	460	1971	新潮文庫
55	127	芙蓉の人	新田次郎	520	1971	文春文庫
56	C	天草の雅歌	辻邦生		1971	新潮文庫
57	227	地図のない旅	五木寛之	480	1972	集英社文庫
58	D	坂の上の雲	司馬遼太郎		1972	文春文庫(全8巻)
59	128	太郎物語-高校編-	曽野綾子	500	1973	新潮文庫
60	E	挟み撃ち	後藤明生		1973	講談社文芸文庫
61	F	街道をゆく6	司馬遼太郎		1975	朝日文庫
62	228	小説熱海殺人事件	つかこうへい	500	1976	角川文庫
63	G	ポーの一族	萩尾望都		1976	小学館コミック文庫
64	129	日本人とは何か	加藤周一	840	1976	新潮文庫
65	229	枯木灘	中上健次	599	1977	河出文庫
66	130	死の棘	島尾敏雄	820	1977	新潮文庫
67	230	若き数学者のアメリカ	藤原正彦	540	1977	新潮文庫
68	H	怪しい来客簿	色川武大		1977	文春文庫
69	131	蛍川	宮本輝	380	1978	新潮文庫
70	231	父の詫び状	向田邦子	530	1978	文春文庫
71	132	文車日記	田辺聖子	580	1978	新潮文庫
72	232	風の歌を聴け	村上春樹	400	1979	講談社文庫
73	133	コインロッカーベイビーズ	村上龍	920	1980	講談社文庫
74	233	青が散る	宮本輝	660	1982	文春文庫
75	134	思考の整理学	外山滋比古	546	1983	ちくま文庫
76	234	岳物語	椎名誠	450	1985	集英社文庫
77	135	蟬しぐれ	藤沢周平	740	1987	文春文庫
78	235	ダイヤモンドダスト	南木佳士	490	1988	文春文庫
79	136	西行	白洲正子	500	1988	新潮文庫
80	236	浪人情報商店街	宮部みゆき	420	1989	新潮文庫
81	137	空飛ぶ馬	北村薫	714	1989	創元推理文庫
82	237	TUGUMI	吉本ばなな	480	1989	中公文庫
83	138	海の鳥・空の魚	鷺沢萠	460	1991	角川文庫
84		晩年の子供	山田詠美	470	1991	新潮文庫
85	139	夏の庭	湯本香樹実	420	1992	新潮文庫
86	239	火車	宮部みゆき	900	1992	新潮文庫
87	140	医学生	南木佳士	500	1993	文春文庫
88	240	深い河	遠藤周作	620	1993	講談社文庫
89	141	地下鉄に乗って	浅田次郎	580	1994	徳間文庫
90	241	父と暮せば	井上ひさし	340	1994	新潮文庫
91	142	GO	金城一紀	460	2000	講談社文庫
92	242	流星ワゴン	重松清	730	2002	講談社文庫
93	I	つむじ風食堂の夜	吉田篤弘		2002	ちくま文庫
94	143	重力ピエロ	伊坂幸太郎	660	2003	新潮文庫
95	243	博士の愛した数式	小川洋子	460	2003	新潮文庫
96	144	ワセダ三畳青春記	高野秀行	580	2003	集英社文庫
97	244	夜のピクニック	恩田陸	660	2004	新潮文庫
98	J	天国はまだ遠く	瀬尾まいこ		2004	新潮文庫
99	145	東京タワー	リリー・フランキー	740	2005	新潮文庫
100	245	かもめ食堂	群ようこ	480	2006	幻冬舎文庫

資料3 本の推薦文原稿用紙

【本の推薦文】

書名／訳者名／出版社名（文庫名）／作者名
番号／年／組／番

資料4 『長田高校の100冊』実施要領

長田高校の一〇〇冊（二〇一三年度版）

今年も長田高校の本の推薦文を作ります。

◆まず、指定された本を早く手に入れる。（学校での販売は行わない）

◇家にあった。（これはラッキー）
◇普通の〈新刊書取扱の〉本屋さんで購入する。
 その本屋さんに確認することが限らない。棚にあるとは限らない。別の本屋さんを探すか、注文する。
 絶版になっていて、取り寄せられない本は無いはずである。万一あったら、国語の先生に相談すること。
◇古書店の店舗で購入する。
◇〈ブックオフ〉など安価で新刊書を購入できる可能性がある。
◇ネット上の書店で新刊書を購入する。
 定価よりかなり安価で大型の古書店が増えている。
◇〈アマゾン〉など多数ある。
 定価までは送料がかかる。友達と共同で買うなど工夫すれば送料は無料になる。
◇本屋さんで取り寄せるより早く手に入る。
◇ネット上の古書店で購入する。
 〈ブックオフオンライン〉など多数ある。
 一定額までは送料がかかる。友達と共同で買うなど工夫すれば送料は無料になる。
 定価よりかなり安価で購入できる可能性がある。
◇図書館で借りる。
 まずは長田高校の図書館。（早い者勝ちになるだろう。）
 神戸市内や周辺地域に図書館は大小多数ある。調べてみよう。
 指定された作品は全集に含まれている可能性もあるので、よく調べよう。
 借り出し期限など、ルールを守ろう。
◇ネット上のサイトからダウンロードする。
 最近読書専用端末が何種類も新発売されたが、それぞれの書籍サイトは必ずしも充実しているわけではない。見付ければそのサイトで購入してダウンロードする。
 印刷・製本された本より安価である。
 〈青空文庫〉など、無料のサイトもある。
 パソコンのディスプレイや読書専用端末で読むことができる。

◆次に、本を読む。
◇丁寧に読む。
◇その作品の魅力を見つけ出す。

◆いよいよ、推薦文を書く。
◇どのような本なのか、分かるように書く。
◇友達や後輩に薦めるつもりで書く。
◇一般的な案内ではなく、自分にしか書けない内容で書く。
 その本が読みたくなるように書く。

◆最後に、推薦文を提出する。（必ずこの用紙で）
◇現代文／総合国語Gの二学期の最初の授業で提出する。

『長田高校の100冊』 ―本の推薦文を書く1、2学年を対象とした読書指導―

資料5 『長田高校の100冊』2013年度版表紙

資料6 『長田高校の100冊』2012年度版

⑧ 高瀬舟
森鷗外・著　集英社文庫・他

京都の罪人を遠島に送るために高瀬川を下る船に、喜助という男が乗せられた。護送役の同心である庄兵衛は、喜助が晴れやかな顔をしていることに疑問を抱き、その理由を尋ねる。喜助は不治の病の弟を殺してやることができたため、このような表情だったのである。この作品のテーマは「安楽死」といわれるが、他方で「知足」とする声も多い。「知足」とは現状が十分に満ち足りていることを知り、不足感を持たないということである。僕は安楽死を扱う後半部より、いきさつを語る前半部の方が印象に残った。喜助は恨み言を一つも言わないのである。弟、「お上」……彼は何に対しても恨んではいない。逆に罪人であるからもらえるお金や飯に感謝している。不幸を恨む人間は多い。しかし、不幸を被ったあとに感謝できる人間は極端に少ないように思う。欲望だけが肥大していく現代において、このような心のあり方が存在したことを知ることができる、貴重な作品である。

⑦ 銀の匙
中 勘助・著　角川文庫・他

「銀の匙」は、主人公が本棚の引き出しにしまっていた小箱の中にある銀の匙をきっかけに、伯母の深い愛情に包まれた幼少期を回想する自伝的小説です。明治時代の東京の下町を背景に、身も心も成長していく少年の日々がきめ細かく描かれています。灘中学校の国語の授業で、教科書をプリントだけでこの作品と手作りの一切使わずに展開されたことでも有名な作品で、夏目漱石に未曾有の秀作として絶賛された名文のほまれ高い小説でもあります。

私はこの機会に、この本を初めて手にとりましたが、まるで心に沁み込んでくる日記のようで、とても印象に残りました。

「生き物の中では人間が一番嫌い」という主人公が最も敬愛した伯母の愛情の深さにも心打たれます。
あなたも、情景が浮かんでくるかのような美しい文体に、きっと魅せられることでしょう。

読書への道案内
―選書の意義と課題―

1 国語科の読書（小説）

　読書指導も出発は教科書である。「教科書が一番」。何はなくてもまず教科書。これを押さえようと思う。教科書づくりにはさまざまな人が関わり、思慮をめぐらせ、教科書には十分に検討された教材選択、配列がある。またそれは深く教材研究がなされた国民的財産といえる。学力の発達に合わせて、小1から高3まで配置されているといってよい。国語学力やその発達と教材の関係は非常に難しく、その困難の中で、幅広い領域の選択肢から抽出されている。また小説の採用条件もさまざまにある。(「教科書ができるまで　ことばの森を生む」千葉聡『小説すばる』2013.4)

　しかも高等学校の教科書会社は複数存在する。ある種の自由競争である。高校の場合は教師たちの選択に任されている。つまり教材選択の一翼は学校の教師も担っているといえる。だから定番教材(「羅生門」「山月記」「こころ」「舞姫」)が入っていても、それを編集者の怠慢と批判するのは当たらない。現場の教師たちの要望もあるのだから。

　読書指導は、まずは教科書の小説全部を読むことから始まると思う。教科書教材は普通、詳しく徹底的に時間をかけて読み深めるという方法をとる。しかし同時に教科書全編を隅々まで読む多読という方法も可能である。その単元に採られているもう一つの小説は、授業で直接扱わなくても自主的に読ませることができるだろう。

　しかし教科書教材にも年代的、歴史的変遷がある。50年続く教材はまず珍しく、百年一日これを読めばよしとするような客観的な教材は存在しないといえる。(『高等学校の国語教科書は何を扱っているか』京都書房、2000)。

　また学ぶ生徒の学力や関心事も視野に入れなければならない。

　教科書以外に、どのように生徒に自主的な読書を薦めるかは教師の力にかかっている。たとえば「羅生門」から芥川の他の作品へ。また利己心や倫理観というテーマなら島崎藤村や夏目漱石に導くことができる。

　そのように考えたとき、何を読ませたらいいかという選書の課題が現れ、深くて広い「文学の海」のようなものに入らざるを得なくなる。

2 読書指導

(1) なぜ小説を読ませるのか

　教師がどんな本を薦めるかという究極の課題の前に、なぜ読まなければならないかを改めて考えてみたい。

①言葉のみの世界に習熟する

　文字からイメージして、作品世界に入っていくには習熟が必要である。周りには映画やドラマや音楽があふれている。もちろん評価の高い作品もあり一概にそれらを否定するつもりはないが、言葉のみを使用している小説にも慣れさせたい。

　文字からイメージ力を喚起し、他者を想い、わが身を振り返り、生き方の参考にさせたいと思う。

　教師の読書への誘いが成功すれば、国語科の教師として教師冥利に尽きるのではないのだろうか。

②楽しみとする

　『趣味は読書』(斎藤美奈子、2003)という本がある。また『趣味は「読書」』というホームページ(「本選びに役立つ読書支援サイト」とある)がある。趣味の一つとして位置づけられたらどんなに素晴らしいだろうか。

　エンターテインメント(娯楽)としての小説がまず存在する。そして世に出回っている。なぜ読

むか、それは「面白い」からである。数ある面白いことの一つとして、高校生の時に知ってほしいと願う。「面白い」「好きだ」「やめられない」「知らない世界がある」「先がどうなるか知りたい」という心理である。

③人間模様（生きざま）を知る

読書は、同時代の人の言葉を聞くことでもある。虚構としての小説の登場人物に共感したり同化したりしながら、人間とは、自分とは何か、自分はどう生きるのかを知らぬ間に考えている。

人生や人間のことにそう簡単に答えが出せる人はいない。みんな等しく悩みや苦しみの中に沈んだり浮いたりしている。その様を小説は描く。

後に提示するテーマ別編集はここに焦点を当てている。小説では、自分の身の周りの世界からさらに時空を超えて、人間世界がさまざまに展開されている。それを読むことで現代を生きる人間模様を知り、世界の理解にもつながる。

④「時代」「社会」をイメージで知る

すぐれた文学を読むことは、個人のありようを知ると同時に、「時代」や「社会」を知ることでもある。いつの時代も人は、ある政治状況や社会状況の中で生きている。作家はもちろん我々も歴史や社会から逃れられない。大状況の中で戦争もあれば平和もある。小状況の家族の様も時代を映している。小説を読むことで、他人の人生を追体験しながら、時代や社会状況の中で生きる人間を知ることができる。

それが文化を味わい、教養を高めることの一つではないだろうか。人間の生きざまをつなげてみると一つの歴史や社会を感じることができるであろう。

⑤他人や次世代に伝える

いい小説に出会ったときは何にもまして嬉しい気持ちになる。そして自分が感動したことは他の人に伝えないではいられない。そして誰かとその喜びを共有したくなる。また次世代の人にも伝えたいという気持ちになる。友達から友達に。親から子に。それは時にベストセラーとして歴史に残っていく。

小説も大きな文化の一つである。だから文学史が成り立つ。教師は、生徒たちが教養（文化）を身に着けて高等学校を卒業してほしいと願っている。「教養」というと現在あまりはやらなくなったが、小説の流れの中に近代現代の歴史を作ってきた証があるということもできる。

⑥叙述力や描写の表現を洞察する

読書に慣れてくると描写や表現技法について見えてくる面がある。

映像を伴わない言葉だけの小説は、その作家の持つ文章力、描写力、表現力に魅了されることでもある。

まずは小説の一文が長いか短いかは、すぐにわかる。文の短い作家（五木寛之、矢作俊彦）に対して、文の長い作家（野坂昭如、川上未映子）というように対比的に読ませることも面白い。

また作家によっては比喩の楽しさなども味わうことができる。（村上春樹『スプートニクの恋人』1999）

(2) 選書の意義

一般的に読書離れと言われている中で、生徒に授業の外で読ませたい。しかしその方法を考える前になぜ選書が必要かを少し考えてみる。

①現代人は時間がない

大人はもちろん、子どもも毎日が忙しい。高校生も勉強（学業の予習復習・検定などのテスト・受験・塾）や習い事などがある。また部活動やスポーツ観戦、音楽鑑賞などがある。家では普通に漫然とテレビが点けられている。ゲーム等の遊びもある。しかし1日はみなに等しく24時間である。また「読書」という作業はエネルギーの要る作業である。時代は、時間と労力を避けるのが大方の流れではある。「読書」はその中でだんだん遠ざけられている運命にある。教師の導きが必要だ。

②周りに「読書」の感動に類するものが多すぎる

その少ない時間を何に取られているか。ドラマ、や映画（ＴＶ、ＤＶＤ）や漫画だ。また音楽である。私たちは今素晴らしい映像や音楽に取り囲まれている。それらは「小説の読書」によって得ら

れる感動と非常に近い。それらを素早く、容易に、手軽に楽しめる。携帯やタブレットでも好きな情報や映像や音楽が容易に受信できるようになった。

これらサブカルチャーをうまく国語科の授業に取り入れようという試みもある。(町田守弘、2011) しかし、読書は現代人の日常生活にとっては努力しないとできない作業(重荷)となっている面がある。そこに食い込むためにも選書が必要である。

③教師は生徒の状況を理解している

自由な読書に関して学校や教師というのは、生徒の自主性という面と半強制的な面の両面の間にあり、生徒にとってちょうど程よい距離にある「場所」だし「人」だと言える。

生徒一人ひとりの興味関心が異なり、読む力に差があり、本を取り巻く家庭や友達の環境も違う。だから「一人ひとりに」合った読書に誘うというのは容易ではない。

しかし読書をするしないを含めて、それが生徒自身に任されているとするなら、その生徒に寄り添った本の選択をしなければ、本を手に取る可能性は減少していく。

世に良書と言われる本は、無数にある。また本の情報についても過多といっていい状況にある。だからこそ高校生のために、何を読めばいいか選び、それをどう広げていけばいいかを考えるのは教師の仕事の一つと考えていいだろう。

「現代を生きる」のに適したものを選びだし、さらに短時間で読めて、文字による抵抗が少ないもので、なおかつ本人の関心事に合わせた「読んでご覧！ 面白いよ」という本を見つけ出したいものである。

そこで教師は、山ほども海ほどにもある作品(デジタル本も含む)の中から目の前の生徒のために、選書しなければならないという宿命にぶつかる。

(3) 何を読ませるか

「たやすく読めて、面白い」という高校生自身の要望に応えつつ、教師が何か本を薦めようとすると「しかし、そうはいってもあるレベルの読書が必要だろう」という教師根性が頭をもたげてくる。「それを読むなら、まだこちらの方を読んでほしい」という場面に出会うこともある。

どういう本を薦め、楽しく読んでもらうか、この一種の闘いは高校教師でなくとも出版社も書店も等しく参戦しているようだ。そしてあの手この手を尽くしているといってよい。夏の文庫合戦はもとより、文庫の案内本にしても、熱意と工夫で本を手に取ってもらおうとしている。

高校生がサブカルチャーに取り囲まれているにもかかわらず、あえて紙の本を手に取らせるには、出版社の努力は参考になる。(文庫の案内本等)

では具体的にどんな小説を薦めるかについては、生徒に薦める本を私は3段階ぐらいに分けて用意したらどうかと考える。

まず第1ステージに「つかみ群」を置く。

第1ステージ「つかみ」では「読書」というものに向かわせなければならないので、最初に出会わせる「作品」の意味は大きい。当然その生徒にとって関心のある領域であり、表現が簡単で読みやすい文章ということになる。例えば、ネコ好きには『ルドルフとイッパイアッテナ』(斉藤洋、1987) 犬好きにはエッセイだが『ハラスのいた日々』(中野孝次、1988) という具合に。野球好きにはエッセイ集『スローカーブを、もう一球』(山際淳司、1981) サッカーファンには『龍時』(野沢尚、2002) はどうだろうか。

またショートショートの星新一が浮かぶ。ともかくまずは生徒の興味から出発する。

次に第2ステージの「展開群」となる。それらは教師の思い入れのある作品群で、教師自身が面白いと思ったものである。その中で生徒に合ったものをどんどん薦めていけるような「展開群」である。どちらかと言えば教師主導である。そしてまた、評価が定まりにくい最近の小説ということでもある。最後に資料として私の推薦本を示す。

第3ステージの「挑戦群」はのちに挙げる文学全集や近代の文学史に載るような作品群である。現在から時代がさかのぼり、戦後の作品、昭和初期、大正期の作品、明治期の作品などとさかのぼっ

ていくことになる。

しかし当然読書慣れした生徒には、第1ステージからとは限らない。第2ステージ、第3ステージからの選択もあるだろう。つまりそのステージは客観的な尺度として分類ができるというわけではなく、その生徒の持っている関心事と読み取る力によって異なるということを明記しておきたい。

そこでその分類作業を求めて選書することになるが、その前に私がどのように生徒たちの読書にアプローチしたか、その前後とこれからの可能性を述べたい。

(4) どう読ませられるか
①「教科書」から派生して

すでに述べたが、教科書に載っている作家の別の作品を生徒に薦めたり、読ませたりした。やはり授業が一番強い動機になるだろうと思われる。芥川龍之介は新潮文庫では『羅生門・鼻』で「王朝もの」と呼ばれる一連の物が読める。「蜘蛛の糸」は有名であるが、「杜子春」を読んでいない生徒は意外に多い。

また川端康成は「雪国」「伊豆の踊り子」は知っていても「古都」は知らないということがある。

中島敦は「山月記」の後「名人伝」「李陵」と続く。漱石は「夢十夜」に行けそうである。またこれはこれまで一般的に指導されてきたことだろう。

②「国語表現」の授業で

生徒に表現させるために、モデルの文章を提示する。その時生徒は集中力を発揮する。書くために読むのである。私は表現の授業で以下の作品を提示し（部分あり全体あり）生徒たちはまねたり、換骨奪胎したりして文章をつづっていった。

「朽助のいる谷間」「おふくろ」井伏鱒二、「冬の蠅」梶井基次郎、『二十歳の火影』（「途中下車」）宮本輝、「野火」大岡昇平、「キッチン」よしもとばなな

③選択科目で読む宮澤賢治

有名な宮澤賢治も高校生になってから読むとまた別の角度で深く読める。私は教室で半年かけて『注文の多い料理店』を連続して読んだことがある。1時間で1作品のペースであった。（『表現する高校生』(2003、三省堂)）

④夏休みの「読書感想文」の事前指導……「読書計画表」（B6判）の試み

夏休みの課題「読書感想文」を目当てに、書店出版社が夏の大文庫フェアという作戦をとる。古典的な作品とともに出版社独自の新しい本も入っている。

「新潮文庫の100冊」「発見！角川文庫」「ナツイチ」（集英社文庫）「講談社文庫の100冊」「心を運ぶ名作100」（幻冬舎文庫）「ハヤカワ文庫の100冊」「私の好きな岩波文庫」などがある。

それらを念頭に置きながら、私は夏休みに入る前に「読書計画表」なるものを書いて出させたことがある。読む予定の本をあらかじめ小さい用紙に提出させるのである。その当時は（平成元年〜6年）夏休みに読書感想文を書かせるのは国語科の宿題で、それを読むのは国語科の教師の仕事だと思っていた。

強制的な指導が何かのきっかけになることもある。計画表に書き込ませることにより、まず本に「文庫本」「新書本」「単行本」という区別があるのを知る。それから本の書名と小説題名が違うこともわかっていくのである。

読み始める予定の日付と読み終わる予定を書いて提出する。またその本をなぜ読もうと思ったのか、どういう手段でその本を手に入れたかを書く欄も設けた。

毎年夏休みの終わりを、宿題感想文でばたばたと過ごすのを解消するのも狙いであった。全員提出させた。

⑤教師として過去にさかのぼれば

国語の教師として喜びの一つは、薦めた本を読んでくれて「面白かった」と言ってくれることだ。

私は、勤め初めのころ、娯楽小説（エンターテインメント）であれば生徒たちに喜んで受け入れられるかと思っていた。昭和40年代は五木寛之（昭和41年直木賞受賞）や野坂昭如（昭和42年受賞）、井上ひさし（昭和47年受賞）などの小説

が、社会への発信力を持っていたからたくさん薦めた。生徒は簡単には読んでくれなかった。なかなか難しいと思った。

また平成に入って、ねじめ正一『高円寺純情商店街』（平成元年受賞）、芦原すなお『青春デンデケデケデケ』（平成3年受賞）、浅田次郎『鉄道員』（平成9年受賞）、重松清『ビタミンF』（平成12年受賞）、石田衣良『4TEEN』（平成15年受賞）などが出てきた。青春物を中心に、これらの「直木賞」作品を薦めた。

⑥読書のスタイルが変わってきた

図書館にわざわざ行かなくてもいい。スマートフォン、タブレット、パソコン等の端末でいつでもどこでも読める。画期的なまた革命的な変化である。探そうと思う気持ちさえあれば携帯電話でも今や手軽に読める。だから教師のちょっとした示唆があれば小説への到達は驚くほど簡単である。

またインターネットでの検索やweb上のホームページでどんな本がいいか、自分の関心にしたがって本を探すことができる。yahoo「知恵袋」や「質問箱」でもどんな本があるか質問しているし「答え」もいろいろある。

そしてその選んだ小説を電子データで読める「青空文庫」もある。また「読書メーター」などインターネット上のウェブサイトで本情報を得るとともに、自分の読書量をグラフで記録・管理してくれる。また本屋さんに足を運ばなくてもどんな本が出ていて、どんな本が人気があるかも教えてくれる。

『本は、これから』（池澤夏樹、岩波新書、2010）で、そのような読書状況の変化（紙の本の未来）に37人の執筆者がどう向かおうとしているかを書いている。

⑦人間関係の中での読書は大きい力となる

人との出会いが一期一会のように、本との出会いも一期一会である。「あの人があの本を読んだ。私も読んでみよう！」これは、ある種の強制力も働いている。仲良くなった人に「これどう？」と薦める。そして「面白かった」といえばその知人を巻き込んで読んでもらう。「面白い」には複層的な評価が混じっているわけであるが、それ以上は問わない。

また私は職場でも同僚を巻き込み、「読書の輪」を起こし、少しずつ広げたことがある。他から薦められてよかったのは『ぼっけえ、きょうてえ』（岩井志麻子）である。私一人だとほとんど読まないであろうと思われるホラーという領域である。

⑧映像作品とのコラボ

映像と本の抱き合わせは、角川映画が大々的に始めたことであるが、しかし、だいたいきまって映画の評価の方が分が悪い。「国語便覧」にも映像化作品がいくつか挙げられているが、本より映像の方が優れていると思われるのは、管見によれば『ラブレター』（岩井俊二）くらいである。

しかしすべての世界の文学に精通する時間はないので、それらのだいたいの内容を知るのは映画でも構わないと小谷野敦は言っている。（『バカのための読書術』（ちくま新書、2001）また、逆に脚本を読むということもできる。（「黒沢明全集」「山田太一作品集」「向田邦子シナリオ集」）

(5) 学校全体として

①司書教諭の存在

現在のインターネットの検索力は高く情報量も多いが、生身の人が相手をしてくれて「読書」について語ったり「本の薦め」をしてくれたりするのは、学校での貴重な体験の一つである。司書教諭の存在は大きい。図書館での体験が、読書の広い世界に向けて羽ばたく第一歩になってほしいと願う。

②読書の個別性と集団性について

読書は、個別性がある。個性の要素が強い。人それぞれ興味のある分野、領域があり、その知識、理解力にも個人差がある。活字を読むスピードも個人差がある。

その意味では、「学校」が一人一人のニーズに合わせて教育を営もうとしていることはよく理解できる。しかし、学校は集団でもある。集団であることの意義は言うまでもなく非常に大きい。集団であることが、協同性・協力性の役割や機能を

持っていることは誰も否めない。すでに「読書計画表」のところで述べたが、
　「あいつがこんなものを読んでいるのか」
　「あの子（あの先生が）が薦めているのだったら、私も読んでみようかなあ」
　「これおもしろかったよ」
　「あの作家ってどう？」
などの会話が成立すればと期待する。

　その点で兵庫県立長田高等学校の『長田高校の100冊』（2010～2013）は秀逸である。生徒63回生64回生65回生の実名入りで、日本文学100冊（2010年版）外国文学が100冊（2011年版）紹介されている。生徒自身が外国文学を紹介するということも驚嘆のうちに入るが、この名前入りというのが素晴らしい。同じ学校の生徒が読んで推薦しているという情報は、生徒たち相互にとって大いなる刺激になっているはずである。

　友達、先輩後輩が刺激し合う。学校だからこそできる学びがある。また国語科の教師の陰の努力がうかがわれる。

　またその形式を模した『私が感動した30冊―伊川谷高校2012―』も「朝の読書」や図書委員会の活動を組織している教師の工夫や努力が推し量られる。

③集団読書（協同性）

　「朝の読書」通称「朝・読」については、時間の枠を強制的に提供する。これは学校という集団の協同性がなければ成立しない。いろいろ経緯を経ながら、現在も続いている。特徴的なことは、選書について生徒に任せたことである。教師の強制というものが入らないような配慮がある。また選書を生徒にさせようという高い目標があることももっと知らしむべきであろう。

　また「読書へのアニマシオン」という活動も、全員が同じものを読むという協同性が生きている。遊びの要素の中から読書を楽しもうという試みである。合わせてコミュニケーション力もつけていける。

　「ブックトーク（お話会）」は「一定のテーマを立てて一定時間内に何冊かの本を複数の聞き手に紹介する行為」（ウィキペディア）であるが、大小さまざまな形で広がりを見せているようだ。

　また本の紹介方法で『ビブリオバトル』（2013、谷口忠大）という書評合戦も全国的な展開を見せている。発表者5、6人の競技スタイルの読書紹介の会で、一人5分の本紹介と2分の質疑、最後に参加者全員の投票でどの本が一番読みたくなったかを決める。

④情報収集力（「生きる力」へ）

　インターネットについてはすでに述べたが、情報は周りにあふれている。しかし、どんなに周りにあふれていても、こちらが能動的にならなければ、向こうからは来てくれない。

　「高等学校学習指導要領　国語編　第3章各科目にわたる指導計画の作成と内容の取扱い」には以下のように述べられている。

　「(2) 学校図書館を計画的に利用しその機能の活用を図ることなどを通して，読書意欲を喚起し幅広く読書する態度を育成するとともに，情報を適切に用いて，思考し，表現する能力を高めるようにすること」と。

　図書館やインターネット、その他で情報収集する技能や技術を習得し、自ら学ぶ気持ちを高めようというわけである。どんな本を読んだらいいか、自ら探していく力を生徒自身が身につけなければならないということになる。

　それには教師自身の力も試されることになる。しかし現在の情報量はすごい。教師もなかなか全部を押さえることはできない。分野も多岐にわたっている。また教師が調べて読みたいと思ったとしてもなかなか時間が取れないのが現状だ。

⑤地域性のある文学

　その関心のありようを、時代という時間の流れで見る（文学史）とともに、地域性という空間で見ることもできる。史跡をめぐる旅行案内記のようなものからその土地の風土とその地に生きた人々を活写した書物もある。自分の住んでいる地域の身近さで生徒を読書へひき込むこともできようか。

　学燈社が出版した『文学と史蹟の旅路　九州沖

縄』（昭和53、助川徳是）が手元にある。このシリーズで全国を8巻に収めている。

朝日新聞（2013.3.3読書欄）は「本の舞台裏」で『増補改訂版　全国文学館ガイド』（小学館）を紹介している。全国には671件の施設がある。『新総合　図説国語』（東京書籍、2003、改訂新版）は、図説資料として「近現代の文学地図」が全国6地域ごとに分けて書かれていて、全国の主な文学館も紹介されている。

⑥兵庫県・神戸市・阪神間の文学について

『兵庫県文学読本』（平成5年、第一学習社、兵庫県高等学校教育研究会国語部会編）は高校生を視野に入れた兵庫県の文学を編集した。生徒は自分の住んでいる地域とかかわりの深い作家たちに親近感を覚えるであろう。

現在、文化が東京を中心としているのは自明だが、阪神間に在住して活躍している作家も多い。宮本輝・田辺聖子・筒井康隆・湊かなえ・谷川流（『涼宮ハルヒの憂鬱』）・有川浩（『阪急電車』）。兵庫県生まれで言えば、玉岡かおる（三木市）陳舜臣（神戸市）中島らも（尼崎市）灰谷健次郎（神戸市）村上春樹（芦屋市育ち）かんべむさし（西宮市）らがいる。

彼らが書いた中で、自分たちの住んでいる身近な場所の描写がどのように書かれているか興味のあるところである。そこから「風景の見方・感じ方、書き方、さらに人間の見方」などを読み取り、さらに自分の目でどのようにとらえられるのかを見極めさせたい。（『孤高の人』新田次郎、「火垂るの墓」野坂昭如など）

また『高校生のための阪神間の文学』（1993 兵庫県立鳴尾高等学校　国語科）は実際に高校生が歩いた文学散歩の報告である。

文学館では「神戸文学館」がある。「ネットミュージアム兵庫文学館」（バーチャル版のみ）も利用したい。

また神戸の震災で言えば『作家たちの大震災』（メディアコンプレックス・プロジェクト実行委員会、2001）がある。

3　私の選書実践

どこでどのように本を探していくか、いよいよ本情報を求めて歩み出す。しかし、選書は入れば入るほど迷宮入りの様相を見せてきた。そこで、その迷走ぶりを簡単に紹介する。

(1) スポーツ小説選び

現在若者や生徒は、するにしても観るにしてもスポーツに関わる時間が多い。スポーツに関してはおそらく今日非常に関心が高い分野であろう。そこで私は、「スポーツ小説50選」の選書を思い立った。まずネットで探してみる。探す場所はすべてインターネットのホームページやヤフーの「質問箱」である。

推薦している10か所で（外国作品を外して）選び出すとだいたい50編が出てきた。その中で複数の人が推薦している本に当たる。それを3人以上推薦している本を上位から挙げると以下のようになった。

	作者	作品
1	森絵都	DIVE!!
2	佐藤多佳子	一瞬の風になれ
3	海老沢泰久	監督
4	三浦しをん	風が強く吹いている
5	あさのあつこ	バッテリー
6	近藤史恵	サクリファイス
7	百田尚樹	ボックス！
8	誉田哲也	武士道シックスティーン
9	あさのあつこ	ランナー
10	アンソロジー	Field, Window
11	はらだみずき	サッカーボーイズ
12	野沢尚	龍時（シリーズ）

兵庫県の「朝読」の実践者、中西英代氏に推薦本を聞いてみると、彼女の推薦とこの表がほとんど一致したことには驚いた。（3は絶版、アンソロジー以外は秀作である。）スポーツ系の生徒には薦めたい。

インターネットがこのように利用できることを知ったのは収穫だった。

以下に私が探した所を簡単に記す。

(2) 国語便覧より
① 『新訂　最新国語便覧』（浜島書店）
② 『新総合　国語図説』（東京書籍）

(3) 情報誌より
① 新聞の毎週の読書欄
② 『ダヴィンチ』
③ 『本の雑誌』
④ 『papyrus（パピルス）』

(4) テレビより
① 『週刊ブックレビュー』（1991～2011）
② 『王様のブランチ』（TBS）本のコーナー

(5) インターネットより
① 『趣味は「読書」』
② 「読書メーター」「WEB本の雑誌」「本が好き」「ブクログ」「ブクレコ」など
③ 「青空文庫」「日本ペンクラブ：電子文藝館」

(6) ブックガイドの本より
① 『本の雑誌』同じ出版社から『新恋愛小説読本　別冊本の雑誌14』（2001）など多数あり。
② 「本屋大賞」は2004年に設立された。
③ 『このミステリーがすごい！』は、1988年から別冊宝島で発行されている。
④ ブックガイド（読書案内）の本としてはいろいろ出ているが、1冊あげるとすれば『L文学完全読本』（斎藤美奈子編著　2002）を挙げたい。

(7) 評論家・作家の批評より
斎藤美奈子の辛辣で痛快な語り口は冴えている。『読者は踊る』『文学的商品価値』など多数ある。以下に私の視野に入った作家の読書紹介を挙げる。『バカのための読書術』小谷野敦（ちくま新書）、『本をつんだ小舟』宮本輝（文春文庫）、『ほととぎすを待ちながら』田辺聖子（中公文庫）、『鞄に本だけつめこんで』群ようこ（新潮文庫）。

(8) 「文学史」より
吉田精一、三好行雄、磯貝英夫、中村光夫などが文学史を書いているが、長谷川泉『近代名作鑑賞』（至文堂、1958）が基本かと思う。近くは朝日新聞が、識者たちを集めて2000～2009の10年間のベスト50冊を決めたことがある。その中に小説もある。

(9) 「文学全集」より
① 大手の出版社が数々手がけ、図書館にはたいてい入っている。筑摩書房、新潮社、集英社、文藝春秋社、講談社、家の光協会、旺文社、河出書房などがある。
② 戦後の作品を集めたものとしては、講談社文庫『現代短編名作編』（昭和54年～）（全10巻）日本文芸家協会編（江藤淳、川村二郎、佐伯彰一、中村光夫、平野謙、山本健吉）がある。

　昭和20年から昭和50年までの30年間を「戦後30余年、時代をつくった名短編の数々」と銘打っている。オーソドックスで安定した選である。文学通の生徒には時代を追って読めるのでぜひ薦めたいと思う。生徒におすすめ「ステージ3」にあたる選集である。

　同じ講談社の講談社文芸文庫編『戦後短編小説再発見』も参考になる。
③ テーマ別編集　全集
　　學藝書林『全集・現代文学の発見』全16巻、別巻1、昭和43年～
　　作品社　『日本の名随筆』「本巻100巻一文字シリーズ」「別巻100巻二文字シリーズ」
　　ポプラ社『百年文庫』100巻（2010～）
④ テーマ別の選集で文庫本を探してみると、なんと400冊以上ある。その中でも2シリーズを以下に挙げる。
　　集英社文庫（日本ペンクラブ編）に日本名作シリーズとしてテーマ別選集があった。（『純愛小説名作選』吉行淳之介編、1989など）

文春文庫で30周年記念企画の「心に残る物語日本文学秀作選」として作家に次々に編集させている。『魂がふるえるとき　宮本輝編』(2004) などがある。

4　課題

(1) 教師として

　社会は常に変化し、流動している。社会が変化すれば表現者も新たなテーマやモチーフに挑む。出版社や作家も次々と挑戦する。

　もしそれを皆教師が押さえなければならないとしたら、はっきり言って絶望的である。一人で向かうには対象が広すぎるし、大きすぎる。教師も読書に充てられる時間は少ない。それと同時に教科書にも採用されるような古典的な近代の作家をどう読みこなすかということもある。時間との闘いである。

　選書の道については、はっきり言って迷宮入りである。どのジャンルについても、また時代の流れも押さえるなどということは至難の業である。

　だから教師個人の興味関心に届く範囲で当たるしかない。そして焦点をある程度絞るしかない。テーマを温めながら時間をかけて選書するしかない。

　つまり、焦らず選書するということである。評価を待つということでもある。一歩後から読んでいってもいい。流行に遅れてもいい。あれを読もうと思って放っておいても構わない。10年前の作品でも感動を呼ぶし、生徒に薦めていい本もあるだろう（『博士の愛した数式』小川洋子、2003）。とにかくアンテナを広げながら、じっと時間をかけて待つことになろうか。

　以下選書に連なる方法をいくつか考えた。各項目の最後の本はそこで出会った本である。

①友の存在

　類は友を呼ぶ。やはり読書好きには読書好きの友が集まる。ある程度の見識があり、良書を選んでくる。多少の好みは分かれても大筋は当たっていてはずれがない。そしてその人との関係性の上で、必ず読まねばならないという気になるところが大きい。そんな人が幾人か自分の回りにいるということは大きい。以下にそれらの本を挙げる。

　『黒い家』（貴志祐介、1997）、『東京タワー　～オカンとボクと、時々、オトン～』（リリー・フランキー、2005）、『プチ哲学』（佐藤雅彦、2000）、『マシアス・ギリの失脚』（池澤夏樹、1993）、『オリガ・モリソブナの反語法』（米原万里、2002）

②組織の存在

　近代文学や国語教育の研究会では、注目すべき作家や作品は必ず俎上に上る。その中で生徒に薦めたい本の情報はよく紹介される。

　そこからの情報は、教育と絡めて考えられる作品もあるし、新しい作品での教育実践もある。それらを参考にしたいと思う。（『西の魔女が死んだ』梨木香歩、1994）（『夜のピクニック』恩田陸、2004）

③インターネットから

　インターネットのホームページは玉石混交であるが、今やその存在は捨てがたい。私も絵本やスポーツ小説の選書では大いに参考になった。世の中には、自分が学ぶべき人たちがたくさんいることをここでも知った。（『ボックス！』百田尚樹、2008）

④賞の存在

　どうしても、芥川賞、直木賞は気になる。世間が大騒ぎするのを横目において静かに見ておくのもいい。また別の文学賞も数は多い。インターネットで探すと軽く400（韻文も含む）を超える。評価が定まってから手に取るのも良いだろう。芥川賞全集は助かる。（『水滴』目取真俊、1997）

　本屋大賞など大きな動きもある。（『海賊と呼ばれた男』百田尚樹、2013）

⑤情報誌、評論家、書評家など

　文藝評論家斎藤美奈子が、毎月大量に発行されている本を渉猟しているのには驚嘆する。語り口がいいのでついつい読んでしまう。ただ彼女が本当にいいといって薦めてくれるものはどんな本なのだろうと思ってしまう。

（『親指Ｐの修業時代』松浦理英子、1993、『犬身』2007）

⑥問題集、入試問題から

　国語科の問題集や大学入試問題にも必ず小説がある。ここで新しい作家に出会うこともある。

　新しくてしかもしっかり書かれていてなおかつあまり知られていない文章もある。

　（『掌の小説』川端康成、1971）

(2) 生徒自身は……本を探し、選ぶ力

　生徒自身が、ある本を読むのにどのくらい時間がかかるかを予測するのも、読書の一つの力と呼べるのではないだろうか。こんな自己認識もさせたい。またどんな本がどこにあるか調べる力を育てることも重要だと言われている。

　次は何を読もうかという気持ちになっているときは、常にアンテナが張ってあり、情報が向こうから跳びこんでくるようになる。

　私たち教師も生徒も同時代に生きているので、一緒に情報収集をし、選び、交流しながらお互い推薦したいものである。

5　私が過去に推薦した本

(1) 青春もの

　『どくとるマンボウ青春記』北杜夫
　『アメリカひじき・火垂るの墓』野坂昭如
　『青春の門』五木寛之
　『ムツゴロウの青春記』畑正憲
　『モッキンポット師の後始末』井上ひさし
　『生きることの意味』高史明
　『やぶれかぶれ青春期』小松左京
　『海を感じる時』中沢けい
　『九月の空』高橋三千綱
　『青が散る』『二十歳の火影』宮本輝
　『春の道標』黒井千次
　『光抱く友よ』高樹のぶ子
　『葡萄が目にしみる』林真理子
　『岳物語』椎名誠
　『６９（シックスティーナイン）』村上龍
　『青春デンデケデケデケ』芦原すなお
　『海峡の光』辻仁成
　『ＧＯ』金城一紀

(2) その他のテーマ

　『或る「小倉日記」伝』松本清張
　『死の棘』島尾敏雄
　『裸の王様』開高健
　『沈黙』遠藤周作
　『竜馬がゆく』『坂の上の雲』司馬遼太郎
　『ブンとフン』『日本人のへそ』井上ひさし
　『岬』『枯木灘』中上健次
　『蛍川』『泥の河』宮本輝
　『遠雷』立松和平
　『わしらは怪しい探検隊』『哀愁の町に霧が降るのだ』椎名誠
　『終りに見た街』山田太一、2013年改訂
　『父の詫び状』向田邦子
　『キッチン』よしもとばなな
　『風葬の教室』山田詠美
　『三年坂』『受け月』伊集院静
　『火車』宮部みゆき
　『風紋』『晩鐘』乃南アサ
　『山妣』坂東眞砂子
　『楽園』鈴木光司
　『鉄道員』『蒼穹の昴』浅田次郎
　『やがて哀しき外国語』『海辺のカフカ』村上春樹
　『レディ・ジョーカー』高村薫
　『ＯＵＴ（アウト）』桐野夏生
　『ぼっけえ、きょうてえ』岩井志麻子
　『ビタミンＦ』『ナイフ』重松清
　『センセイの鞄』『溺れる』川上弘美
　『ららら科學の子』矢作俊彦
　『女たちのジハード』篠田節子
　『背負い水』荻野アンナ
　『空中庭園』角田光代
　『池袋ウエストゲートパーク』『4TEEN（フォーティーン）』石田衣良
　『インストール』『蹴りたい背中』綿矢リサ
　『ナラタージュ』島本理生
　『阿修羅ガール』舞城王太郎

（光武一成）

選択「国語表現」における読書と表現活動
― 「ビブリオバトル」から「どくしょ甲子園」へ ―

はじめに

わが校では1976（昭和51）年から3年次の自由選択科目の中に、「国語表現」の前身に当たる「選択現代国語」の講座を設置し、1年間をかけて作家研究や作品研究を行っていた。学習指導要領で「国語表現」が設置された時点で、講座の名称を「選択国語表現」に変更し、個人研究、共通読書、小論文指導などを行いながら、今日に至っている。内容は受講希望者の人数やその年度の担当者の都合で多少変わるが、基本的には20人以下の少人数編成で開講してきた。

2013年度、久々に講座を担当することとなり従来よりも「話す」（音声言語）の比重の高い国語表現にしようと考え、次のようにシラバスに記した。

［この講座の目標］
①伝え合い、分かり合う力を高め、充実した社会生活を営む基礎を培う。
②総合的な言語活動（読む・聴く・話す）や調べることを通して、問題を発見し、その解決に向けて思考する力を養う。
③現代の社会や文化についての理解を深めるとともに、歴史的、国際的な視野で思考する態度を養成する。

［授業形態］
毎回必ず文章を書く、ないしは発表を行う。また、時として図書館で資料収集や、課題の発見・解決のための活動を行うこともある。

担当する生徒たちは1年生から持ち上がった学年ではないので、受講生19人の個々の力がよく分からず、様子を見ながら内容は柔軟に変えようと決めて出発した。

1　66回生「国語表現」受講者の課題

兵庫県阪神地区では2009（平成21）年度から入試制度が総合選抜制から複数志願制に変わり、わが校でも生徒層が少し変わったが、表現力という点ではさほど大きな変化を感じていなかった。

今年度も最初の授業時にこの自由選択講座の受講動機を作文してもらった。特にこの講座でやりたいことがあれば可能な限り取り入れたいと付け加えた。主な受講動機は「二次試験などで小論文が必要になる可能性が高い（8名）」、「考えたことをよりよく話す・書くことができるようになりたい（7名）」「将来、大学や社会に出たときに必要になるから（4名）」など、ほぼ予想通りであった。しかし「内容の濃い文章を長くわかりやすく書く技術を身につけたい」「討論における技術を身につけたい」など、表現が上達する手っ取り早い「技術」を求めているところが少し気になった。従来必ずあった「定期考査がないから」はなかったが、やりたい（やってほしい）ことについて特別な要望を誰も書いていないのは初めてだった。

続いて「他己紹介」を行った。これからさまざまな表現活動を行うにあたって、気軽に相互批評し合える関係を早い段階で築いておきたいという意図もあって「他己紹介」という形をとった。インタビューを行いながら深く相手を知り、他者に紹介する。そのためにはインタビュー項目を工夫して話を引き出し、聞き手を惹きつけるようにまとめてスピーチする必要がある。紹介し合う相手は籤引きで決定し、2人1組で相談しながら質問項目を考え、相互インタビューを行った（1.5時間）。スピーチの原稿の作成とスピーチ練習（1.5時間）の時間を取って、他己紹介に臨んだ（2時間）。発表時間は3分以内としたが、持ち時間を

使い切った者は少なく、2分前後が多かった。インタビューやスピーチの留意点を教科書やプリントで確認して取り組んだのだが、それらを生かし切れていなかった。

次の取り組みとして意見文作成を行った。最初に新聞の投書欄を読んで興味を持った記事の簡単な分析を行い、それらを参考に自分でテーマを決めて投書を書いた。新聞を読む習慣が確立している生徒も少数いたが、中には投書欄が新聞にあることすら知らない生徒もいた。書き上げた原稿は、400字という指定字数を埋めることはできているが、実体験に基づいた生き生きとした文章が少ないように感じた。また、下書き、推敲、第2稿と書き直していく過程で、字句や段落構成について添削すべき箇所を指摘すると、意外そうな顔をする生徒が何名もいて、表現の向上を目指して受講したはずではないのか、と私自身も心外であった。

以上のようなことから、以下の事柄が、当面の課題であると考え、その次のエッセイを書くまでは当初の計画通りに進め、それ以降を大幅に変えることにした。

> ○ 聞き手を意識し、聞き手を引きつける内容と、表現の仕方（声の大きさ・抑揚・表情など）を工夫する。
> ○ 読み手を意識し、求められている要素に対応した適切な表現（内容・文体ほか）を行う。（意見文・エッセイの場合は、読み手を説得・惹きつけるための具体例、特に自己の体験の提示の仕方を考える。）

2 ディベートか「どくしょ甲子園」か

年間授業計画では、6月下旬から「小論文基礎演習」と銘打って、小論文の典型的な型や自己推薦書の書き方の演習に入る予定であった。しかし、早い時期にAO入試や推薦入試を受ける予定の者はおらず、6月下旬からは、7月上旬の文化祭に向けて、わが校では3年生が早朝や放課後の練習に燃える。この時期に1時間で完結する小論文練習を積み重ねるのは無理であると判断した。また、投書やエッセイを書く過程で、生徒たちが素材として取りあげることがらが幼いことや、自分の生活圏外のこと、時事問題などへの関心が乏しいことが、小論文作成でもネックとなってくることが予想された。「書く」「話す」のどちらにしても取り上げる素材の幅を広げ、表現の質の向上をはかるには、生徒たちに現在自分の内にあるものでは足りない、外から知識・情報・考え方などを吸収し、断片的知識をつないだり掘り下げる必要があるという自覚を促すことだ、と考えた。そこで、4つ目の取り組みは、生徒たちが新たに表現するための材料を自分の外から取り込まざるをえない活動として、次のどちらかにしようと考えた。

1）ディベートを行う
2）「どくしょ甲子園」に参加する

「どくしょ甲子園」は概要を説明したプリントを配付し、ディベートは2年次に体験済みなのでワンランクアップのテーマを提案するように求め、どちらをやってみたいかアンケートを行った。どちらを行うにしても、総論賛成・各論反対になってテーマや本の選定で難航すると、時間が足りなくなってしまう。それで、理由とディベートのテーマ・読みたい本も同時に書いてもらった。生徒たちの記した理由は以下の通りである。

> ○「どくしょ甲子園」をやりたい理由
> ・本を読む時間がないので本を読みたい
> ・本と向き合うよい機会である
> ・他人の考えを聞ける
> ・人の心を読み取る力を本から学びたい
> ・意見をぶつけ合うことは、こちらでもできる
> ○ディベートをやりたい理由
> ・自分の意見を人前で言う力をつけたい
> ・書く力はある程度上達した
> ・現在の日本が抱える問題について考える必要がある
> ・2年次のディベートの内容・技術を更新したい

人数的には「どくしょ甲子園」を推す者13名、ディベート5名で、「どくしょ甲子園」に取り組むこ

とにした。

3 一石二鳥の「ビブリオバトル」

「どくしょ甲子園」参加を決めたものの、授業の時間だけで、課題図書を決め、グループに分けるにはどうしたらよいか、頭を悩ませていた。ちょうどその頃、5/31付けの朝日新聞に「ビブリオバトル」の記事が掲載された。これだ！　この形式で本を紹介し合い、チャンプ本を決める代わりに、「どくしょ甲子園」の課題図書を選び、その本に投票をした者たちでグループを作る。この方法なら、読みたくない本に当たったり、親しい友人がいるいないなどで意欲を失うこともないだろうと考え、次のようなスケジュールを立てた。

月	日	活　動　内　容	場　所
5	29	前期前半まとめ／アンケート配付	教　室
6	5	アンケート回収／演習プリント	教　室
〃	7	結果発表とディスカッション	教　室
〈　前期中間考査　〉			
〃	19	読書	図書館
〃	21	読書	図書館
〃	26	読書	図書館
〃	28	ビブリオバトル	教　室
7	3	ビブリオバトル	教　室
〈　文化祭・曜日変更等　〉			
7	12	チーム分け・計画作成	教　室
〈　夏　休　み　〉			
9	4	話し合い（読書会）	教　室
〃	6	話し合い（読書会）・ボード作り	教　室
〃	11	ボード作り	CP教室
〃	13	ボード作り	CP教室
〃	18	まとめ　／　小論文導入	教　室

（※　「どくしょ甲子園」は、9／20金　必着）

6／19（水）図書館で課題図書を選定するための読書を開始した。アンケートで推薦された図書のリストから選ばずに、改めて選定の時間を3時間設けた。「本を読む時間がほしい」という生徒の要望を尊重したこと、さらに32冊の推薦図書の中には高校3年生が読書会を行って話し合うには物足りない本も多い、と判断したからであった。

6／28（金）・7／3（水）の2回に分けて「ビブリオバトル」を行った。うまくいくか心配したが、4月当初の「他己紹介」よりも大きな声で、持ち時間を有効に使い、落ち着いて発表した生徒が多かった。本来のルールを少し変えて〔資料1〕、3分で合図をするが、超過しても止めないことにして実施した。『人間失格』と『永遠の0』を取り上げた2人は制限時間を大幅に超えて熱く語った。

〔資料1〕

「どくしょ甲子園2013」に向けてのビブリオバトル
　　　　　　　　　　　　　　　　　2013／6／26

〈本来のビブリオバトル〉
○発表者が面白いと思った本を持って集まる
○順番に1人5分本を紹介する
○各発表後、参加者全員で2～3分間、発表に関する討論をする
○「どの本が一番読みたくなったか」を基準に参加者全員が投票をし、最多得票を集めたものが「チャンプ本」となる

〈今回のビブリオバトル〉
○発表者が「どくしょ甲子園」の対象図書として推薦するものを持って集まる
○順番に1人2～3分本を紹介する
○各発表後、参加者全員で1～2分間、発表に関する討論・質問などを行う
○「この本を読んで『どくしょボード』を作ってみたい」と思う気持ちの強かった本を4冊選んで投票する

※この投票をもとに「どくしょ甲子園2013」の4人前後のグループを作る
※ビブリオバトルは、6月28日（金）と7月3日（水）の2回で行う

今回のビブリオバトルでは
①自分の選んだ本の魅力
②本の中で印象に残ったフレーズの引用
③一緒に話し合ってみたいこと
などを中心に、発表内容を考えましょう。

「ぜひ、一緒にこの本を読んで、話し合おう」という姿勢で、熱く語りかけて下さい。

投票は、「どくしょ甲子園」本については、自分の推薦した本に投票してもよいことにして、

a　「どくしょ甲子園」本（第4位まで）
b　個人的に読みたい本（第3位まで）

それぞれ、希望の高い順に書名を書かせた。

7／12（金）、投票結果に基づいた課題図書とグループ分けを発表するプリントを配付した。個人的に読みたい本の上位は『イニシエーション・

ラブ』(8票)『スヌーピーたちの人生案内』(7票)であったが、「どくしょ甲子園」本としては次の6冊に決定した(得票数はともに第3位までの合計)。

　　A『永遠の0』(8票)
　　　(百田尚樹　講談社文庫)
　　B『人間失格』(8票)
　　　(太宰治　集英社文庫)
　　C『ママ笑っていてね』(5票)
　　　(猿渡瞳・猿渡直美　アスキー)
　　D『ディズニー掃除の神様が教えてくれたこと』
　　　(鎌田洋　ソフトバンククリエイティブ)
　　　『一生の仕事が見つかるディズニーの教え』
　　　(大住力　日経ＰＢ社)(ともに4票)
　　E『ハッピーバースデー　～命輝く瞬間』(3票)
　　　(青木和雄　金の星社)

グループ編成はできる限り第1希望か第2希望に選んだ本に当たるようにしたが、第3希望の本となった者が5名いた。『スヌーピーたちの人生案内』(チャールズM・シュルツ　谷川俊太郎訳)が8票を獲得したが、「コミックや映像作品は対象外」と応募規定にあるのではずした。Dについてはどちらもディズニー本であり、選んだ生徒も重なっているので一つにまとめ、どちらにするかはグループに任せた。そして、9月までの課題として、

　○夏休み中に課題図書を読み終えること
　○各班で9／4(水)までに読書会を最低1回
　　は開いて、話し合いを始めておくこと

を指示し、班ごとに活動スケジュールを立てて、夏休みに入った。

4　「どくしょボード」の作成

9／4(水)、恐れていたとおり夏休みに充実した話し合いを持てたグループは少なかった。しかし、残された4時間で「どくしょボード」完成までやり抜くしかない。応募規定では、A3の大きさの画用紙(横長)の表と裏に、以下のことをまとめることになっている。

〈表面〉
1　本を薦めるキャッチコピー
2　印象に残った本文の引用(掲載ページ明記)
3　書名、作者名、出版社名
4　「私たちが見つけたこの本の魅力」
　　(400～600字)
〈裏面〉
◆読書会の様子を伝えるルポ(Ｂ5・1枚)
　面白かったところや苦労したところ
　　(1000～1200字)

この時点で読書会をほとんど終え、文章表現に取りかかっていたグループは1つだけで、他の4つはまだ本格的な読書会になっていなかった。互いに遠慮してリードする生徒がおらず、話が進展しない。見かねて、「私が見つけたこの本の魅力」をまず各自が書いて、それをもとに「私たちが見つけたこの本の魅力」について話し合ってみてはと助け舟を出すと、すぐに原稿用紙に向かって書き始め、その後は生徒たち自身で活動していった。

夏期補習の期間を活用して話し合いを行った唯一のグループが、少し誇らしげに「ルポを見て下さい」と持ってきた。しかし、内容に関する「面白かったところや苦労したところ」は書かれておらず、話し合いが軌道に乗るまでの「苦労したところ」がほぼ8割を占めていた。初稿を1割に圧縮し、内容について話し合うなかで「苦労したところ」と、それによって「話が深まったところ」もっと熱く書き込むよう、練り直しを指示した。

投書作成の時にも少し感じたことだが、規定字数に達すれば文章が書けたと思い、それが課題や要求を満たしたものであるか、読み手の心を強く惹きつけるものであるか、という吟味を客観的に行う力が生徒には不足している。この部分を育てていかないと二次試験の小論文作成においても、求められた課題にきちんと答えた文章が書けるようにならない、と痛感した。しかし、とりあえず「議論の盛り上がりを規定字数の2倍くらい書き、それを半分に圧縮しなさい」と発破をかけた。

9／6(金)は、比較的活発に話し合いが進んだ。

画用紙に実際に書き始めるグループも現れた。所定のＡ３の大きさに切った色画用紙を用意し、その中から本のイメージに合うものを選べるようにした。しかし、まだ文章を練ったり、レイアウトを考えたりしている最中のところも多く、本格的な「ボード作り」は次の時間に持ち越した。

9／11（水）と13（金）は、「コンピューター教室で文章を打ちたい」という生徒の要望を受けて、コンピューター教室を使わせてもらった。生徒の情報機器使用能力は高く、文章を打ち込んで推敲したり、レイアウトの面でキャッチコピーの字体をあれこれ工夫したり、本の内容に関連するような絵（図案）を検索したり、どのグループも仕事の分担をうまく行って、「どくしょボード」がみるみる形になっていった。3つのグループが予定通り9／13（金）の授業の終わりに「ボード」を提出し、あとの2つも9／18に提出した。

読書会風景写真

読書ボード１

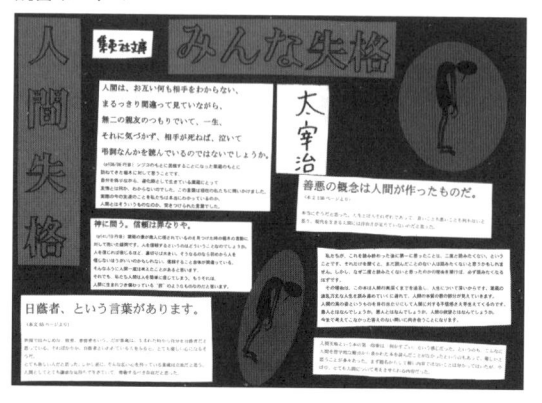

読書ボード２

読書ボード３

読書ボード４

読書ボード５

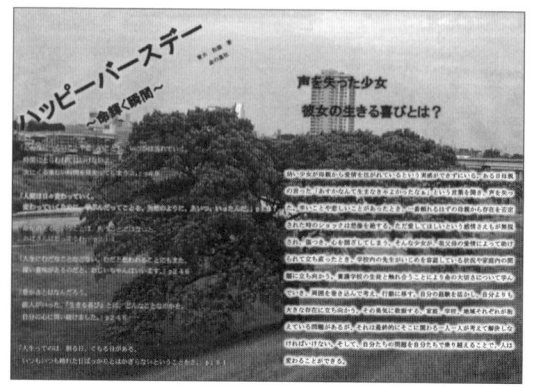

5 「どくしょ甲子園」への取り組みを終えて

9／18（水）、「どくしょ甲子園」に向けての一連の取り組みのまとめを行った。
- おもしろかったところ
- 苦労したところ
- 次年度もこの取り組みをするとすれば

上記の3つのポイントを盛り込んで、あとは自由に400字以内で書いてもらった。

生徒の感想（末尾の〔 〕は課題図書の頭文字）

①初めての話し合いでは、具体的に何をすればよいかわかっていなくて、作業も進まなかった。でも、その日に次までに全員が二百字の原稿用紙に、この本の魅力を書いてこようということになった。そして二回目の話し合いでは、その原稿を互いに共有し合うことができた。一回目では、思っていたことを表現できなかったけれど、文字にすることで、相手にもこの本に対する思いを伝えることができた。そこから、その五人の原稿をまとめて、それぞれが得意なことを生かしながらスムーズに進めることができた。一つの本に対して、他の人と話し合う機会は、なかなかないので、いい経験になった。同じ本でも、人それぞれに感じ方が異なるということを改めて知った。もし、来年度も読書甲子園をするなら、まず自分の考えや思いを文字にしてから話し合いをしていけば、いいのではないかと思う。〔デ〕

②自分たちの班の中で上手くいったところは、3人で作業を分担できたところです。それぞれの得意な分野でパソコンを使う人、紙に絵をはりつけたり自体を考える人、文章を書く人、などにわかれてお互いに作業中にアドバイスを出して1つのものが完成したので、読書を通じて、本の内容だけでなく様々なことを考えさせられました。／苦労したことはルポです。最後は3人でずっと前のことを思い出しながら完成しました。最後にバタバタしてしまいます。だから次の年度は最後にルポ作成よりはその日ごとに少しずつやったことを書いた方がいいと思いました。もう1つ苦労したのは、みんなで意見を言い合うことです。だいたいみんなが同じ意見になってしまってあまり言い合ったり、ということが少なかったので、少し書くのは難しかったですが、なんとかみんなで完成できたので良かったです。〔マ〕

③私が推薦した本が選ばれたと知ったとき、すごくうれしかったがグループの○○さんや□□くんとはこれまでほとんど接点がなかったので、どういう風に話を進めていけばいいのだろうと不安も抱いた。／永遠の０という本は他の班の本とは違い、戦争に関係したもので、グループの仲間とスムーズに話をすることが難しかった。戦争のこと、生きるとはどういうことなのかと、現代人が忘れかけてしまっているこの深い内容をどのような言葉で表現すれば良いのか分からなかった。たくさんのキャッチコピーも挙げてみたが、ピンと来るものがなかなか見つからず苦労した。／非常に難しい内容ではあったが、全員でこの本の魅力を伝えられたと思う。ビブリオバトルを通し、自分の意見を述べまた話を進めていくことができて良かった。〔永〕

④　私は「ハッピーバースデー」という本を選んで、私達のグループは夏休みの最初のときの何回か集まって話し合いをしました。集まる前は正直面倒くさいと思うところもあったけれど、本を読んでみて、思ったことはたくさんあったので、それを話し合いでうまく自分の言葉で伝えたいとも思いました。実際に話し合ってみると、私が気づかなかったことが意見として出たり、私とは全く違う視点から考えていたりといろんな意見が出て、もちろん私も自分の言いたいことが言えて、思っていたよりも充実した話し合いになったので良かったです。レイアウトなども難しかったけれど、やはり一番大事なのは中身だと思ったので、その中身はいいものにできたと思います。／あと、しっかり読んで見ると、本の中には、自分の心に響くような言葉がたくさんあって、今まではなんとなく読んでいたけれど、今回やってみて、本には著者が伝えたいことがしっかり含まれているのだと思いました。〔ハ〕

⑤選んだ本が難しかったので、話があまり進まず苦労した。しかし、回数を重ねると、話す内容も多く、そして深くなっていったので良かった。また、絵を上手に書ける人がいなかったので、そこが一番問題だったと思う。／よかった点は、普段あまり手に取ることのない本を取る機会になり、またその本についてみんなで意見を話し合えたのが良かった。／おもしろかったことは、いろ

いろな意見がきけて、それについて話せたのがおもしろかった。／次年度も参加するなら、あと一回か二回あった方が余裕を持って丁寧に仕上げることができると思う。本の決め方は良かったと思います。〔人〕

⑥「どくしょ甲子園」に取り組んで感じたことは、1つの作品に対する感想をみんなで話し合うことのおもしろさです。同じ部分に対する感想でも、それぞれが感じる方法はそれぞれで違っていることが多くあり、他の人の意見を聞くことでその本自体がよりおもしろく感じることもありました。そのそれぞれに違った意見を1つの「どくしょボード」にまとめ、話し合いの過程をも書かなければいけなかったので、最初はどのように書き始めたらよいのかわからずに苦労しましたが、終わってみるととても新鮮で楽しい経験だったと思います。〔デ〕

⑦ビブリオバトルで、自分が読んだ本に対する思いを発信したり、人の紹介を聞いたりしたり、どくしょボードの製作で、一冊の本を複数名で読み、感想や意見を交流させたりする取り組みは、とても新鮮でおもしろかった。今まで、読書は静かにする「ひとりのもの」という考えを持っていたが、この活動を通して、こういう本の読み方もあるのだなあと感じた。／ただ、自分たちが3年生だということもあり、製作に当てられる時間が、非常に少なくて、チーム内で妥協が生まれ、中途半端なままで提出するという形になってしまって残念だった。またチーム内での温度差も生じてしまった。／これをふまえて、次年度もこの活動をするならば、有志の取り組みとし、十分に製作の時間を取り、できれば夏休みなどの長期休暇をはさまないほうがよいと思う。〔デ〕

⑧普段本を読む習慣がなく、あまり本を読みたいとも思うことがなかったので、この機会に友達が推薦する本を読めて良かった。ストーリーに感動し、感じたことを数人で話し合い、それぞれの考えを聞くことができたし、同じ部分に感動を味わっていたことを共感できたときは、より楽しかった。／読書ボードを完成するにあたって、どうすれば、強い印象を与えられるような表紙ができるか、興味を引かすような文章を書けるかなど、全体にまとめる作業は難しかった。しかし、グループで意見を出し合うことで出来あがったボードは、とても良いものになったと思う。〔デ〕

⑨私は普段あまり本を読む機会がなかったので、色々な本に出会える良いチャンスだったと思います。いつもは普通に読み流してしまうフレーズに注目したりなど違った本の読み方をすることができて、普段見つけることのできなかった作者の主張などを発見することができました。また、1つの本を自分1人だけで読むのではなく、同じ本を選択した仲間と意見を出し合い、内容を深めることができたのも良かった点だと思います。夏休みなどで取り組んだことのある読書感想文とは違って、色やデザインを本のイメージに沿って作り上げる作業も個人的には楽しかったです。ただ、そのイメージを表現するのに色やデザインを選択するのに予想以上に苦労したり、本の魅力を文章にするのも難しかったです。けれども、いつも仲間と協力して取り組めたので色々なこともスムーズに進められたので良かったと思います。〔デ〕

⑩たった1枚の紙で本の良さ、おもしろさを伝えるにはどうしたら良いかを考えるのに苦労した。伝えたいことが1つだけならよかったが、たくさんあるので、余計に困った。4人で考えて特に伝えたいことをしぼったのでなんとか完成した。／おもしろかったことは特になかった。あるとすれば、この本を読めたこと／よかった点は、一度見ただけで、過去と現在が対比できるようなレイアウトにしたことと、4人それぞれが伝えたいことをまとめ1つのものにできたのが良かった。協力してできた。／次年度も参加するとすれば、もう少し早い段階で動き出すことが重要だと思う。準備期間があと少しとれたらもう少しよい作品に仕上がっていたはず。〔永〕

⑪私は昔から本を読むことが好きで、普段から一般的な高校生よりは本を読んでいるだろうと自負していた。そんな私がこの『読書甲子園』という取り組みに抱いた最初の印象は「おもしろい本が読める楽しい取り組み」ぐらいなものだったが、実際にやってみた今、この取り組みはそんな簡単なものではないと身を持って実感した。／最初に「これは大変だ」と実感したのは1回目の読書会だ。メンバーと集まってみても沈黙につぐ沈黙で、とりあえず、と挙げてみた感想も点でバラバラ(ママ)。私たちの選んだ本にはいじめや虐待などさまざまなテーマがつめ込まれていたため、どのテーマを深めていくのか、を決めるのにとても時間がかかってしまった。／また、話し合いの中で、本を深く読むことの難しさも実感した。こ

れからは登場人物の発言、行動などから心情を読み取ることに注意して、より深い読書を楽しんでいきたい。〔ハ〕

⑫私のグループは、闘病生活を送る女の子についての本をえらんだのでどうしても読んでいる時や話し合いの時、少し暗い雰囲気になりがちでした。でも、自分の意見を伝えたり友達の感想をきくことで新しい見方をどんどん発見できた時はとても楽しかったです。／作業の時は、3人が分担してそれぞれの役割を全うしていたけれど、やはり字数の多いルポに時間がかかってしまいました。作業を進めていくうちに、どんどん本が好きになっていくと同時に3人の絆も深まっていきすごく良い雰囲気で取り組めました。家に帰ってからも、小物を作ってきてくれたり、レイアウトを考えたりそれぞれが動いていて、協力できたからこそ、限られた時間の中で自分たちが本当に伝えたいものを後悔なく作れたのだと思います。／普段なかなか自分たちだけではできないことを経験できて、うれしかったです。〔マ〕

⑬夏休み前から始めたこの取り組みですが、私たちはガンになった11才の女の子の闘病生活についての本で、ボードを作成することになりました。学校の現代文の時間に読む、教科書以外の文章で、友達と同じものを読む、ということはほとんどありません。だから、同じ本を読み、それについて討論する、という今回の取り組みは新鮮なものでした。／闘病生活の話だったので、討論をする、というよりは、主人公の女の子を今の自分と置き換えて、「自分だったらどうしたか」を中心に、話し合いを進めて行きました。普段からあまり、読書はしない性格の私ですが、読む本も、作られたお話だけでなく、実体験に基づくお話も、すごくこれからの自分のためになるように思いました。／今回の活動から相手に自分の意見を伝える技術を学んだので、これからの高校生活や大学、社会で生かしたいです。〔マ〕

⑭もっと時間をかけてやりたかった、というのが本音です。もっと早くから本を読んで、準備をしていれば、もう少しうまく自分が本を読んで感じたことをまとめられたかな、と思います。／この取り組みでの一番の収穫は新たに本に出会えたことです。名前は知っていても、あえて手にとって読もうとは思わなかった本でしたが、深く考察することで、いつも以上に読書を楽しめました。これから読書するときも、今回みたいな濃い内容の読書ができたらいいなと思います。〔人〕

⑮本について話すことは、たまにすることはあったが、今回のように課題があり、それについて話し合って意見をまとめていくのはとてもやりにくかったです。しかし、三人いるとそれぞれの着眼点が違っていて、話しを〔ママ〕することは楽しかったです。最近はなかなか本が読めておらず、今回をきっかけに本を読む時間を取っていけたらと思いました。本を読み、考えることによって、やはり知識は蓄えられるので、これからもこのような場には参加していけたらと思います。そして、本の面白さやどうすれば本を楽しむ〔ママ〕ことができるか等について広めていくことができたらと思います。〔ハ〕

⑯私はこの活動に感謝している。なぜなら『永遠の0』に出会えたからだ。この本は私の命に対する考え方を大きく変えた。また、活動の中で何度も読み返すことや他の人の感じ方を知ることができて、より感じることが多かった。／題材が重いだけあって、キャッチコピーを決めるのは苦労した。個人でも多くのキャッチコピーを思いつき、さらに4人分から1つに絞ることは容易ではなかった。また、魅力を伝える文章も、誤解を生んではいけないので、言葉を選ぶことに時間がかかった。その分、完成したときの達成感は大きかった。／次年度も参加するならば、授業時間内にもっと熱心に活動するようにしたい。しめ切り直前に焦っては、時間がもったいない。作業は分担して効率よくすべきだと思う。〔永〕

⑰このようなイベントに参加したのは初めてだった。読書甲子園と聞いて、初めは、少し難しそうなものだと思った。しかし、このおかげでたくさんの本と出合うことができ、自分自身の世界観〔ママ〕が広がったように思う。今まで私は本をほとんど読んだことがなかった。だから、この機会は本当に良いものだった。これからたくさんの本を読んで、もっと素晴らしい人になりたいと思った。しかし、とりあえず今は受験生なので、勉強に励みたい。そういった面ではこの取り組みは1年か2年でやりたかったと思った。夏休みをはさんだとはいえ、色々と忙しかったので、結局は授業の時間内に終わらせてしまわなければならなかった。もう少し授業時間があったらと思った。／この「読書甲子園」からは多くのことを学ぶことがで

きた。一冊の本から他人の意見もじっくりと聞けて、自分も少しは成長できた。これからの国語表現も頑張りたい。〔人〕

⑱今回の「読書甲子園」での一番の収穫は、「永遠の０」に出会うことができたことだと思う。この本の内容は少し話が重かったがとても感動できるし、古の戦争のことも詳しく知ることができるものだった。／「永遠の０」を一枚の画用紙にまとめるのは、とても難しかったが、みんなで仕事をわけて協力してできたのでよかった。僕の仕事は絵を描いたり、紙をはったりするだけだったけど、それなりに楽しめた。同じ本を読んでも読む人によって様々な意見が出てきて、その出てきた意見について議論するのも楽しめた。もし、また「読書甲子園」をするならもっと時間をかけてやりたい。〔永〕

⑲始める前は楽しそうだと思ったが、いざ始めてみれば、大変なことばかりだった。スケジュールはきつきつなうえ、意見はまとまりにくいし、楽しくなかった。効率というものの大切さを理解した。効率という点においては、勉強も同じだと思う。／一方で、今まで太宰治の作品を読む機会はなかったので、この授業を通して読めてよかったと思う。表現が難しく、途中で読むのをやめたくなるときがあったが、強制的に読まなきゃいけないと思えば最後まで読み切ることができた。／次年度も参加するとすれば、時期と作品をより考慮に入れて参加したい。もっと計画的に進むようにも努力したいと思う。〔人〕

生徒たちの感想から、今回の取り組みの収穫を次のようにまとめることができる。

1）本を媒介に語り合うおもしろさを実感できた（①④⑤⑥⑦⑧⑨⑫⑬⑮⑱）
2）「この１冊」あるいは「多くの本」と出会う喜びを実感できた（⑧⑨⑩⑭⑯⑰⑱⑲）
3）他者の意見を聞き考えを深めることができた（②⑤⑨⑫⑯⑰）
4）各自の得意なことを活かしてまとめる課程で、協同でつくる楽しさを実感できた（①②⑨⑩⑫）
5）本の魅力や自分たちの思いを伝えるための、言葉の吟味・表現の工夫を行う力が育った（⑧⑩⑫⑬⑭）

そして、チームメートに対する理解が深まり、一つのものをつくりあげたという達成感を味わえたことも付け加えておきたい。

おわりに

今回のこの一連の取り組みは、「聞き手・読み手を強く意識して」表現するために「取り上げる素材の幅を広げ、表現の質の向上をはかる」ことを目指して試みたものであるが、図らずも生徒たちにとっては本と出合い、読書や読書会のおもしろさを発見する活動にもなった。「たくさんの本と出合うことができ、自分自身の世界観が広がったように思う」などの感想には、嬉しく思う反面、このような時間を特に設けないと読書ができない（しない）のが現実であり、読書が生徒たちの生活の一部として溶け込むには道が遠いと思われた。また、「１つの作品に対する感想をみんなで話し合う」おもしろさは多くの生徒が感じていたが、「同じ部分に対する感想でも、…それぞれで違っていることが多くあり、他の人の意見を聞くことでその本自体がよりおもしろく感じる」という感想には、「空気を読むこと」が生徒たちにとっては常態となっている、もう一つの現実を垣間見た思いがした。面と向かって本音を話す機会が少ないがゆえに、「本」を媒介にしても最初は話が弾まなかったのだろう。しかし、「自分の意見を伝えたり友達の感想をきくことで新しい見方をどんどん発見できた時はとても楽しかったです」のように、他者と「感想や意見を交流させ」、それによって考えが変わったり深まっていく発見の喜びも、生徒たちはしっかりと味わっていた。

この「どくしょ甲子園」という企画は「感想文」のコンクールではなく、「読書会コンクール」である。これは国語力を高めるという観点から見ても、たいへんよく考えられた企画である。「ボード」には先にも引用したように、表面に、

1）本を薦めるキャッチコピー
2）印象に残った本文の引用（掲載ページ明記）
3）書名、作者名、出版社名

4）私たちが見つけたこの本の魅力（400〜600字）

裏面には、

- 読書会の模様を伝えるルポを1000〜1200字で（面白かったところや苦労したところなどB5判）を、記すことになっている。

国語の力という点から分析してみると、作品を読んでそれぞれが理解したことを話し合い、意見の一致をみたことの核心を、1）小見出し（キャッチコピー）を付けて、4）要約・解説・主張し、それらが他者からの借り物でないことを、2）本文の引用と、裏面の読書会の「ルポ」で証明するということになるだろう。一連の活動のなかで多様な力が求められ、審査の基準として、以下の2点が明記されている。

1）本の魅力を表現できているか
2）読書会の盛り上がり、議論の深まりを伝えているか

作品そのものの解釈もさることながら、「読書会の盛り上がり、議論の深まり」が半分を占めており、「ルポ」によってそれが審査されるという点が、読書感想文コンクールと大きく異なる。

生徒たちが最も苦労したのもこの「ルポ」であった。「ルポはどんなふうに書いたらいいのですか」と、どのグループからも質問を受けたが、適当な「モデル」を示すことができず、「読書会の雰囲気がありありと伝わるように、意見が分かれて議論が白熱したところと、最終的にどのように落ち着いたかという経緯を書きなさい」と言うに留まった。課題図書として選んだ本によっては白熱した議論にはなりにくかっただろうと推測されるものもあり、図書選定の段階でここまでを見通し示唆すべきであったと悔やまれた。同時に、必修の現代文の授業で扱ってきた文章の種類がきわめて限られているということも再認識した。

「今回の活動から相手に自分の意見を伝える技術を学んだので、これからの高校生活や大学、社会で生かしたいです」とある生徒が記していたが、この取り組みを始める時に、「この先進学や就職をしてから、チームで研究したり新しい企画を考えて、プレゼンテーションを行う機会があるはずだから、その練習も兼ねている」と補足したことが、しっかりと受け止められていた。国語表現の内容を考える上で、このような観点も必要であろう。

「この取り組みは1年か2年でやりたかった」と述べていた生徒が少なくなかった。「どくしょボード」の完成度という点だけではなく、共に読み語り合い表現する楽しさを、できるだけ早い時期に経験することは、個人として、集団としての大きな成長につながる。今回のような単発のビブリオバトルでは「素材の幅を広げる」には限界がある。「テーマ」と「シバリ」を設定して（谷口忠大『ビブリオバトル』文春新書、80ページ）、定期的に積み重ねていくと、読む本の分野が広がっていくだろう。その意味でも低学年から行うことが効果的である。少々難しくても楽しいと思って取り組める要素があったり、チームで取り組む活動には生徒は前向きに取り組む。

9月の下旬から小論文演習を開始した。投書やルポを作成する段階で予想していたように、出題意図を自力で把握すること、試験官（採点者）に強くアピールする理由や体験・具体例を示すことが、生徒たちにとってやはり難しかった。出題意図を読み取ることは、いくつか練習するうちに徐々にできるようになった。しかし、課題文の焼き直しではない、「課題文をふまえたあなたの考え」というところで躓いたり、ありきたりのフレーズでまとめてしまう者が今年も少なくなかった。

2カ月間小論文演習を行った後、資料収集を重視したディベートを行い、学年末を迎えた。最後の授業で「表現力を向上させるために大切だと思うこと」を3つ書いてもらった。そのベスト3は、

1）たくさんの文章を読む〔11名〕
2）意見交換をして他者の考えを知る〔9名〕
3）考えて文章を書く〔8名〕

であった。自ら表現力の向上に努めていくための基礎を、なんとか培えたのではないかと思う。

（久保瑞代）

第5章の解題

1 読書指導の推進 ― 一斉読書を基盤として ―（中西英代）

　長い実践の経験に基づく目配りの利いた読書指導の基礎・基本論である。中でも〈読書指導の基盤としての一斉読書〉の項では、〈(1)「朝の読書」に対する誤解／(2) 朝の読書の歴史と理念を理解すること／(3) 教師の側の問題について／(4) 朝の読書の実践から学んだこと／(5) 朝読（一斉読書）の効果　読書指導の基盤としての有効性〉にわたり、朝の読書について力のこもった論述になっている。

　本論考では実践事例は詳述されていないが、実践についての目配りはなされており、本書の別の論考において確かめることができる。ブックトーク（第1章1）、○○高校の100冊（本章2）、ビブリオバトル（本章4）などである。

2 『長田高校の100冊』
―本の推薦文を書く 1、2学年を対象とした読書指導―（竹内芳子）

　学校の取り組み。指導者側で、2011年度版外国文学というふうに各年度100冊のリストを用意する。報告は2012年度版日本近現代文学の場合である。〈『長田高校の100冊』編集の過程〉によれば、7月には〈1、2年の全生徒（約640名）に、92冊を割り振り、本の推薦文を書くことを夏休みの課題として与える。92冊の半分46冊ずつをそれぞれ1学年2学年生徒の担当とし、くじ引きで推薦文を書く本を決定する。〉とあり、9月には〈提出された推薦文を1、2学年生徒・教員それぞれが読み、相互評価をした後、短い感想文を付け本人に返すとともに、一冊一編の推薦文を決定する。〉とある。生徒・教員が切磋琢磨し、学校文化を産んでいる。

3 読書への道案内 ―選書の意義と課題―（光武一成）

　長年、学習者たちに本を読ませることに心を砕いてきた筆者が、選書について現時点でのひとまずの区切りをつけた論考である。選書に向かっての目配りは広く、他者の選書作業も怠りなく参照している。筆者の選書のまとまったものの例としては〈スポーツ小説選び〉〈青春もの〉〈長編〉などがある。こうした一応の決定はあっても、選書はいつも迷いの中にある。迷いがそのまま選書の意義であるとも言える。あとは学習者との対話の中からの決定というのが正解なのであろう。迷いの中にあるといっても、〈スポーツ小説選び〉のように他者（本章1の中西英代氏）との一致を見るものもある。求めれば通じるということである。

4 選択「国語表現」における読書と表現活動
―「ビブリオバトル」から「どくしょ甲子園」へ―（久保瑞代）

　〈ビブリオバトル〉という手法によって、いわゆる読書感想文とは違った読書と表現の連係がなされ、〈どくしょ甲子園〉という実践課題によって、〈ボード作り〉という協同作業が成立している。生徒にはおおむね好評の実践である。

　「ブックトーク」が読んだ本についての紹介を兼ねた語りであるのに対して、バトルとなると、語りの内容と方法がもたらす感動性、説得性を競うことになり、積極的な工夫が求められる。その工夫が形に表れるのが〈どくしょボード〉であろう。ボードに書き込む項目は定式化されており、優秀作を選ぶ審査の基準も明記されている。あとは選書の段階からグループの独創性発揮の問題である。

第6章

言語表現の考察

言文一致文体の課題

はじめに

　現在、私たちが生徒たちに作文指導する場合、口語文法による言文一致文体で書くように指導している。もちろん、あえて強く意識してそのような指導をしているわけではない。私たちを取り巻く言語環境が、新聞にしろ、小説にしろ、教科書にしろ、すべてが言文一致文体で書かれており、私たち自身もそのように教育されてきたのでなんの疑いもなく指導をしているというのが現状である。

　なお、本稿でいう言文一致文体という文体はいわゆる口語文体の総称であり、「だ・である」体や「です・ます」体、さらには「であります」体などの文体を意味する。

　そもそも言文一致が「話しことば」の描写、表記でないことは言うまでもない。

　本稿は、改めて言文一致のさきがけとなった江戸時代後期の資料を通して、言文一致の課題とその可能性について考えることを目的としたものである。

1 方言詩からのアプローチ

　次の詩は、坂本遼の「春」という詩である。

　　　　　　春
　　おかんはたった一人
　　峠田のてつぺんで鍬にもたれ
　　大きな空に
　　小ちゃいからだを
　　ぴよつくりうかして
　　空いつぱいになく雲雀の声を
　　じつと聞いてゐるやろで
　　里の方で牛がないたら
　　じつと余韻に耳をかたむけてゐるやろで
　　大きい　美しい
　　春がまわつてくるたんびに
　　おかんの年がよるのが
　　目に見えるようでかなしい。
　　おかんがみたい
　　　　　　　　　詩集『たんぽぽ』（昭和2年）

　作者の坂本遼は1904年（明治37年）に現在の兵庫教育大学の近く、兵庫県加東市（当時は加東郡上東条村）に生まれ、大阪の朝日新聞社に入社の傍ら、児童詩や童話の創作を続けた人である。この詩は小学校の教科書にも採択されたほどよく知られた詩であるが、この詩の特色は生活語、いわゆる方言を用いて語るところにある。まるで、話していることばをそのまま口述筆記したかのような雰囲気で、田舎で暮す母親を想う気持ちや望郷の思いを実にうまく表現したものとされている。

　ところが、このように話すことばをそのまま表記することが言文一致文体ではなく、また、国語教育の目的でもないことは言うまでもない。

　言文一致の究極の進化形のように思われるが、学説上ではこれは言文一致文体とはみなされていない。坂本遼のような方言を用いた表現や話しことばそのままを写し取ったような文は言文一致文体とは言えないのである。これはただの「描写」なのである。

　しかし、言文一致文体で書かれていないからと言ってだめなもの、意味のないものと片付けてしまうわけにはいかない。

　平成25年に私は勤務する学校で方言詩の授業を行った。その際「最近、服や感覚に関してフィットするという表現を耳にするが、わざとフィットという英単語を用いているのではなく、日本語にそれをうまく言い表す表現がないから、あえて用いているのである。これと同じことが方言にも言えるのではないか。標準語では言い表しにくい

ニュアンスも方言なら言える場合があると思う。心の思いや温もりを伝える手段としての方言で詩を書いてみよう」と呼びかけ、2時間かけて実践した。生徒作品を二点紹介する。

　　　　「仕事」
　　仕事は大切。でも人間関係も大切。
　　自分の所の仕事場はとてもアットホーム。
　　キャリアなんて関係あらへん。
　　まるで第二の我が家や。
　　今のアットホーム感を作り上げてる先輩、後輩、店長。副店長。
　　みんな、ありがとう。
　　自分、ほんまこの仕事に就けてよかった。

　　　　「家族」
　　家族はほんまにやさしい
　　でも、たまに言い合うこともある
　　いつもはよう言わへんけど
　　いっぺんありがとうと言いたい

　詩作の際には何度も音読させて、本当に普段自分が使っていることばになっているかを内省させて書くよう指示した。
　次の例は、以前勤めた定時制高等学校生徒のマレーシア旅行感想文の一部である。

　　1日目と2日目のホテルはちょっといやだったけど3日目のはきれいやったからよかった。料理がまずかってあんまり腹いっぱいにならんかった。向こうの言葉がわからんから話しかけられても全然わからんかった。初めての外国やからどんなかと思ったけど思ってたよりわ良くなかった。

　この文章も話すままに書かれたものである。もちろんこれも言文一致文体ではない。
　ちなみに、音を書き写した表記は、方言学の分野では用いられ、「描写」「記録」としてカタカナ書きで書く決まりになっている。
　　○アソコヤッタラ　アンマリ　カネ　イランシ。（北播磨方言）
　　○オロタエテ　キタケン　チーワスレタ。（佐賀方言）

　では、言文一致文体とはどのようなものなのか、そしてそれはいつごろ完成したものなのかということについて考えてみたい。時期については次のような記述がある。

　　日本語学研究事典（明治書院）【言文一致体】
　　　明治20年代の半ば数年は、言文一致文の未熟さや欧化主義への反動などから下火となるが、明治39年尾崎紅葉が『多情多恨』で「である」調を完成して後、写生文や自然主義文学の隆盛を通じて言文一致体は不動の地位を占める。教育界も、明治36年7月発行の国定教科書以後、次第に多くこの文体を採用することとなる。白樺派の登場する明治43年4月ごろには、言文一致体は小説の文章すべてに及び、以後完成期に入るのである。武者小路実篤の自由奔放な文章、有島武郎の欧文直訳体を摂取した多彩な文章、志賀直哉の簡潔な表現によって、それが成就したのである。ひとり文語体を固守し続けた大新聞の社説も、『東京日日新聞』『読売新聞』が大正10年、『朝日新聞』が翌11年それぞれ口語文化したことから、山本正秀は完成の時期を大正11年としている。

　このように文学作品では明治後期から、新聞では大正末期に一応の完成をみたとされている。
　しかし、実際はそれ以前から試みられていたのである。そのことについて資料を用いて紹介する。

2　江戸時代後期の口語的文章の実態

(1)『呉淞日記』
　まずは岸田吟香が記した『呉淞日記（うーすんにっき）』という資料を紹介する。これは、岸田吟香が1866年（慶応2年）、33歳の時編纂に関わっていた『和英語林集成』の印刷刊行のためにヘボンと上海へ渡航、翌年5月までの9カ月を美華書館で印刷、校訂につとめた際に書き記した日記である。
　上海での滞在期間からすると少なくとも6冊あると思われるが、現存するのは第三之冊・第五之冊・第六之冊の3冊だけであり、残り3冊は所在不明である。ただ、第二之冊は昭和4年に『社会

及び国家』という雑誌に掲載されており、刊行された昭和4年まではあったことが推測される。現在、現存する3冊の資料と第二之冊の文章はまとめて一冊の本として見ることができる。

　この本文の文体を確認しよう。(原文は縦書きであり、改行は／で示した。)

　　　四月
　　初一日てんきおほよし　朝はやくおきて／水ですツかりからだをあらツてせんたくしたての／きものをきて部屋を掃除をしてそれから／なにも用がない　まどのまへの庭木のわかばに／あさひがきらきらとさしてすずめやなにかが／やかましくなく　隔壁の句讀先生のところへこどもが／あつまツてがやがやほんをよむ　丁介生のかみさんが／涼傘をさしてどこへか出ていく　まどにすゑてある／うゑきばちの花へ蜂がきてぶんぶんいふ　其外何も　　　　　　(慶應三年四月一日の記述より)

　これが慶應三年四月に書かれた文章である。「大良し(おほよし)」以外は完全な口語の文章になっているのである。

　他の日付の記述もいくつか紹介する。

　　十三日　けさハ天公かおつう気をもませあがるぜ／寝てゐてそとをミた時ハよツぽとあをいくもが見える／からはねおきてあさゆじやァねェ　あさミづをつかツて／けふはどこぞでかけやうとおもひつゝ掃除などして／めしをくツてしまふころにハ　またもういまにもふりだし／さうな顔つきに成ツてきたからこいつハ一盃くツた／とおもふて　つくゑにかゝツてゆうべ夜中かんがへた／詩をまとめやうとおもふうち　たいそうそとが／あかるくなってきたからみれバ日がさしてきた／からこれからでやうとおもふてゐると　また／なんだかへんてこになッてきた　ちくしやうめ　　　　(慶應三年一月十三日)

　　ゆふべ蚊が出たからけふかやを／つる　けふへぽん對譯辞書にあたらしく／名をつけてくだされ　ほんのとびらがみにかくやうに／よい名をといふから和英詞林集成とつける　昨日／日本人を二三人みた　あすとルうすにとまツてゐる／やうすだとへぽんはなす　だれかまた新来の客と／おもはれる　あひたいもんだ○もうぢきに／かへるんだ　うれしいね
　　　　　　(慶應三年三月二十三日)

　以上、『呉淞日記』の文章の様子を示したが、この時代の口語的な文章は何も『呉淞日記』だけのものではない。そこで、同時代の口語的性格が強いと言われている文章をいくつか抜き出してその口語的実態をみることにする。

(2) 滑稽本『浮世風呂』に見られる口語文

　文化の中心が江戸に移り、江戸文化の華が開いた文化文政の頃、巷で活躍した滑稽本作家の一人に式亭三馬という人物がいる。彼は『浮世風呂』(文化6〔1809〕年刊)や『浮世床』(文化10〔1813〕年刊)で有名な作家であるが、その本領は登場人物の会話を写実的に行おうとしたところにあるといわれている。『浮世風呂　新日本古典文学大系』(岩波書店)から引用してみよう。

　　▲富「きのふ大師河原へ参つたが、ヤ遠いぞ遠いぞ。帰りに羽田の弁天へ廻つて、大森の橋の際へ出たがくたびれはてた。ヲイ金公久しく潮来を聞ねへぜ。ちつとうたはつし
　　金「ヘンそんな安いンじやアねへ。是でも大体銭をかけて習つたのだア。潮来をさらふとつて、毎日六七十づゝ銭をつかつたア
　　　　　　　　　　　　　　　　(72ページ)
　　山「そりやそりや。上方もわるいわるい。ひかり人ツサ。ひかるとは稲妻かへ。おつだネェ。江戸では叱るといふのさ。アイそんな片言は申ません
　　かみ「ぎつぱひかる。なるほどこりや私が誤た。そしたら其、百人一首は何のこつちやェ
　　　　　　　　　　　　　　　　(105ページ)

　式亭三馬は言語感覚の鋭い人物であったようで、助詞をカタカナ書きするなどの工夫により会話の雰囲気がよく伝わってくる。この作品は地の文が文語で書かれているので、言文一致とは言えない

のであるが、よく描写されている。ただし、それはあくまで描写でしかない。三馬は臨場感を出すために、あえて描写をしたのである。言文一致と「描写」との関係は後ほど述べることにする。

(3)『夢酔独言』に見られる口語文

『夢酔独言』は幕末の英雄「勝海舟」の父である「勝左衛門太郎惟寅（幼名　小吉）」という人物が自分の半生を振り返り、子孫への戒めにと天保十四年（1843）に著したものである。下級武士であった小吉はその放蕩生活を咎められ座敷牢に閉じ込められ、その時に書いたものであるが、仮名遣いの間違いも多く、かなり口語に近い表記がなされている。東洋文庫『夢酔独言他』から引用する。

> 馬にばかり乗りし故、しまいには銭がなくなつてこまつたから、おふくろの小遣又はたくわへの金をぬすんでつかつた。兄きが御代官を勤めたが、信州へ五ヶ年つめきりをしたが、三ヶ年目に御機げん窺に江戸へ出たが、そのときおれが馬にばかりかゝついていて銭金をつかふ故、馬の稽古をやめろとて、先生へ断の手紙をやつた。其上にておれをひどくしかつて禁足をしろといゝおつた。夫から当分内に居たがこまつたよ。　　　　（21ページ）

> 夫からいろいろ咄しをして居ると、奇妙のことを種々はなすから、能聞いたら、両部の真言をするといふから、面白い人だとおもつていたら、橋本が親類の病人の事を聞いたら、「夫は死霊がたゝる」といゝおる故、其訳を聞いたら、「其死霊の者は男だ」とつて、年恰好、其時の死ぬまでつぶさに見たよふにいふから、橋本に聞いたら、其通りだといふから大きに恐れて、「弟子になりたい」と頼だら、「随分法をおしへてやろふ」と挨拶するから、内へ連てきて、其晩は泊た。　　　　（69ページ）

この『夢酔独言』には、一文が長いものによく出会う。69ページでの引用も普通なら二文か三文に分けて書きそうなものである。『夢酔独言』で長い文をつくるのは「故」「から」「たら」という語であり、それらがどんどんと文を繋いでいくので、小学校低学年の子供の作文のようになってしまっている。整理してから書いたものではないため、普段話している通りに書いたことが予想され、当時の言語生活を表したものであるといえる。

(4)『鳩翁道話』に見られる口語文

『鳩翁道話』は天保四年（1833）に柴田鳩翁が岡山で講義した道話を、息子の武修に書き取らせた講義記録である。女性や子供に分かりやすく語りかけるような表現が特徴である。東洋文庫『鳩翁道話』から引用する。

> むかし京に今大路何某といふ名醫がござつて、名高ひ御人じゃ。或時鞍馬口といふ所の人、霍乱の薬を製して売ひろめまするにつき、看板を今大路先生に御願ひ申て、書てもらはれました。その看板に「はくらんの薬」と仮名でお書きなされた。ソコデ頼だ人がとがめました。／「先生、これは霍乱の薬ではござりませぬか。なにゆえはくらんとはなされましたぞ」／先生笑うて、／「鞍馬口は京へ出入の在口、往来は木こり・山賎・百姓ばかり、霍乱と書ては分らぬ。はくらんと書てこそ通用はするなれ。眞実のことでも分らぬときは、役にたたぬ。たとえはくらんと書ても、薬さへ効能があれば能いではないか」／と仰せられました。いかさまこれはおもしろいことでござります。聖人の道もチンブンカンでは、女中や子ども衆の耳に通ぜぬ。心学道話は、識者のために設けましたことではござりませぬ。ただ家業におはれて隙のない、御百姓や町人衆へ。聖人の道あることをお知らせ申したいと。先師の志でござりまするゆえ、ずいぶん詞をひらとうしてたとえをとり、あるいはおとし話をいたして、理に近い事は神道でも仏道でも。何でもかでも取込んで、お話し申します。かならず軽口ばなしのやうなとお笑い下されな。　　　　（5ページ）

如来のおっしゃるには、向後其方も、極楽の仲間いりをするものなれば、極楽のようすも、見おぼえておかねばならぬ。今日はまず見物をしたがよいと、観音さまに案内を仰せつけられました。観世音心得て、かの亡者を導き、そこここと極楽の体相をお見せなさる。七宝荘厳目をおどろかし、天人の舞楽耳にみち、八功徳池には蓮のはなざかり、伽陵頻伽のさえづる声は、うぐいすよりもおもしろく、あなたこなたと見物するうち、一つの堂へ御案内なされた。見れば質屋の藏の中見るやうに、四方に棚をつりまわして、おびただしきくらげ、数の子がつみあげてある。さては百味の飲食を調進するお台所かとおもい、観音さまに申すは、／「あの仰山なきくらげは、仏たちの食物に。なりますのか」／と、問ましたれば、／「イヤイヤあれはきくらげではない」／「それなら何でござりまする」／さればあれは、人、娑婆にありしとき、常に忠孝の話を聞いて、げにもと思い、また談義説法を聞いて、ありがたいと思へども、身につとむるところの所作は、悪いことばかりしている者が死ぬると、からだは無間地獄へおち、耳ばかり極楽まいりする。あれは耳の仏になつたのじや」／と、仰せられた。
　　　　　　　　　　　　　（152ページ）

　「じや」「ござります」といった文末表現が特徴的な文である。丁寧な表現の会話ではこのような文体が用いられ、女性などにはわかりやすい表現であると認識されていたことが窺える。

3 「言文一致」と「言文一致文体」

　以上、幕末に記された口語的性格が強いと言われている文章を比較してみたのであるが、小池清治氏は著書『日本語はいかにつくられたか？』（筑摩書房）において次のように述べている。

　『呉淞日記』と『夢酔独言』の共通点は、ともに私的文書、公刊を目的としない文章という点である。このような性質の文章では、いち早く言文一致が実現する。　（154ページ）

　このような指摘を受けて、改めて「言文一致」と「言文一致文体」との関係について整理してみたい。
　山口仲美氏は『日本語の歴史』の中で次のように述べている。

　では、江戸時代には、話し言葉で書かれた文章は、なかったのか。私たちは前の章で、江戸の人々の話し言葉に耳を傾けたではないですか。あれは、何だったんでしょうか。前章でも説明しましたが、あれは、洒落本・滑稽本・人情本に見られる会話文だけに注目して、探ってみたものなのです。これらの作品でも、地の文は、「文語文」です。
　ただし、江戸時代でも教養の低い人々に向かって書かれた人の道を説く文章だけは、話し言葉で書かれています。でも、これは例外的な存在です。一般に認められているのは、書き言葉で書かれた「文語文」だけでした。とりわけ、漢文の直訳に使うような硬い言葉と言い回しを使って書くのが教養層の文章であり、価値があったのです。　（176ページ）

　この指摘から、「言文一致文体」とは、地の文まで口語体で書かれた文章をさし、かつ明治期以降の作品に限定されており、俗文体・俗語体とは一線を画すものであることがわかる。
　つまり、会話ではなく、地の文の文体によって言文一致文体かどうかが決まるということである。
　そしてまた会話や話しことばそのままを写し取ったような文は「描写」であり、いわゆる標準語を文章化した文以外は言文一致文体とは言えないということなのである。
　ということは、「言文一致」という事象と「言文一致文体」という技法は同一のものではないということに気づかされる。
　一般的に辞書では、
大辞林　第二版【言文一致】
　日常用いられる話し言葉によって文章を書くこと。また、特に明治期を中心として行われた文体改革運動をいう。
日本国語大辞典【言文一致】

①話しことばの表現と書きことばとの間に、用語上の違いがないこと。語法上、話しことばに近い形で文章が書かれること。②書きことばの語法は、その時代の話しことばの語法とかけ離れたものでなく、一致したものでなければならないとする考え方。また、その運動。またその運動によって生み出された文体。言文一致体。

などと記され、両者の区別はあまり明確ではない。そのため我々もつい混同して指導してしまっているのではないだろうか。

しかしよく考えれば当然のことだが、「言文一致」と「言文一致文体」は別物なのである。

おわりに

「言文一致文体」はこれまで生徒たちに指導してきたように、明治期の小説などで試行錯誤の末、地の文において「～である」「～だ」等の文体が用いられ、一応の完成をみたことは間違いない。しかし、『浮世風呂』に見られる会話などは描写であるとしても、『呉淞日記』をはじめ幕末の文において一部ではあるが、「言文一致」と言っていい文が作られていた事は忘れてはならないと思う。

今、若者の間で人気のあるスマートフォンのＬＩＮＥというアプリケーションが話題となっているが、あの閉じられた世界の中での会話は「言文一致文体」ではなく、「描写」である。

「言文一致文体」で作文を書くことが少なくなっても、話すことばを表音的に表記する「描写」は教育の目の届かないところでますます盛んになって来ている。

かつて作家のユーゴーが「レ・ミゼラブル」の売れ行きが心配で出版社に「？」という一文字だけ書いた手紙を送り、出版社からは「！」という一文字だけの返事が返ってきた話は有名であるが、今は絵文字やスタンプだけで会話が成り立つのだという。まさしく、「言文一致」を越えた新たな表現方法や心理描写や感情を擬音語で表すなどの表現がインターネットの世界で飛び交っている。

ことばは時代とともに変化するものであり、今もなおその流れは止まっていないのも確かなことではあるが、それゆえよりよいことばを後世に伝えるのもまた私たちの使命なのである。

●参考文献……………………………………………
○島田陽子（2003）『方言詩の世界』詩画工房
○神部宏泰（2006）『日本語方言の表現法』和泉書院
○山口豊（2010）『岸田吟香「呉淞日記」影印と翻刻』武蔵野書院
○神保五彌校注（1989）『浮世風呂』新日本古典文学大系、岩波書店
○勝小吉著、勝部真長編（1969）『夢酔独言　他』東洋文庫138、平凡社
○柴田鳩翁著、柴田実校訂（1970）『鳩翁道話』東洋文庫154、平凡社
○小池清治（1989）『日本語はいかにつくられたか？』筑摩書房
○山口仲美（2006）『日本語の歴史』岩波新書
○松村明編（1999）『大辞林　第二版』三省堂
○日本大辞典刊行会編（1974）『日本国語大辞典』小学館

（山口　豊）

文体的特徴に基づく作文指導

はじめに

　本稿の目的は、先の稿「カキナーレ」(126ページ)において述べたような、生徒の中に存在する「自分たちの興味」「普段着の表現」と、学校で求められる「論じるべき内容」「よそ行きの表現」との間にある壁をできるだけとり除き、生徒の表現意欲をいかした作文指導法を考案することにある。

　指導法の考案は、すでに書かれている生徒作品を分析することによりおこなう。本稿では深谷純一氏の指導、編集による高校生の創作随想文集「カキナーレ」(注1)を取りあげ、その中にみられる生徒作品の文体的特徴の分析を中心におこない、その分析結果から指導法を帰納的に考案する。いわば「カキナーレ」理論編であるから、先の「カキナーレ」実践編と合わせてお読みいただきたい。

　この文集作りに参加した生徒たちは、書くことの苦手意識から解放され、一年間、自発的に書く活動を継続させた。書く機会を与えられたときにはじめて考え書くのではなく、機会を与えられなくとも自ら進んで考え表現し続けられることは、つねに自分自身や身の回りの出来事に対して関心をもち続けることであり、ここにこの文集の意義を見出すことができる。さらに、生徒ごとの作品を時系列にたどり内容面と文体面からの分析をおこなったところ、感情的で自己完結的な文章から社会性を帯びた論説的な文章にまで書き手としての成長が認められる生徒が複数人いることが分かったのである。この点についても考察を加える。

　文集「カキナーレ」作りに参加した生徒たちの自発的、継続的な表現意欲を支えた要因を仮説的に述べるならば、指導者の深谷氏によって、自分たちの日常に目を向けそれを書くようにうながされたこと、話しことばやいわゆる若者ことばなどを使う書きかたを認められたことなどが考えられる。これらのことについては第二章で詳しく検証することとし、ここでは、本稿の柱となる二つの「文体」についての定義づけをおこなっておく。

【談話的文体】
　主として「話しことば」、学校で正式に教えないことば(方言などの位相語、公衆の面前では使わないことば)、家庭用語、友人との会話、職業的方言のように、親しい間柄の中で使われる身内にだけ分かることばで書かれたものとする。

【公共的文体】
　主として不特定多数に向けられた「書きことば」、公衆の面前で使うにふさわしいことば、共通語で書かれたものとする。

　本稿では、文集「カキナーレ」に掲載された文章の約七割が「談話的文体」で書かれていることに着目し、現状の高校の書くことの指導にはあまりみられない「談話的文体」の採用が、生徒の書く意欲を継続させるためのひとつの重要な要因となったと考えたうえで、つぎの手順で作文指導法を導きだす。

　まず第一章で、今日的な書きことばと話しことばのあり方を考察し、書きことばの談話化と、「談話的文体」で書くことの必要性を提言したうえで、高校生に書かせたいモデル文を提示する。つぎの第二章では文集「カキナーレ」中の生徒ごとの作品を時系列にたどり、書き手の成長を指摘すると同時に、モデル文との距離を示すことで、この文集の意義と課題について論じる。そして第三章では、文集「カキナーレ」の生徒作品にみられる「思考の型」を文体的特徴によって分析、分類し、その結果に基づく作文指導法を考案する。

　なお、本稿では、文集そのものを〈文集「カ

キナーレ」〉、文集刊行にいたるまでの実践全体を〈実践「カキナーレ」〉とよび、両者を区別し論じる。

第一章 「文体的特徴」の設定

(1)「一次的ことば」の洗練

　生徒たちが実践「カキナーレ」を継続できた要因の一つに談話的文体が認められた背景があるならば、公共的文体で書くことが当然とされがちな高校生の書くことの指導に、談話的文体を取りいれたことにどのような教育的意義を見出せるかを検討する必要があろう。

　発達心理学者の岡本夏木は、子どもの発達のなかで獲得され変化していくことばのありようを「一次的ことば」と「二次的ことば」の二つに分別した。「一次的ことば」とは、幼児期から小学校低学年頃までにかけ、生活の中の具体的な現実場面において、母親に代表される近親者に向け発せられる、方言での話しことばを主とするものである。「二次的ことば」とは、一次的ことばの中で生活してきた子どもが小学校にあがったとき、学校生活場面、とくに教室や授業ではじめて使用が求められる、不特定多数に向けた共通語での話しことばと書きことばである（注2）。表1は両者の差異と具体例とをまとめたものである（注3）。

　表2は表1からの継続性をおさえるために作成したもので、文集「カキナーレ」の特徴である談話的文体の項目を加えたものである（なお、表2についての説明は後述）。さきに定義した談話的文体は一次的ことばを使って書き表したもの、公共的文体は二次的ことばの書きことばとおきかえてよい。

　まず確認しておきたいことは、それぞれのことばが求める「相手」の違いである。一次的ことばは近しい相手を必要とし、本人と相手との双方向の会話によって内容が深められていく。これに対し二次的ことばは、個人による一方的な自己設計によってのみ内容が深められていく。一次的ことば期で必要としていた相手は、二次的ことば期では自分の中、すなわち、自己の内なる話し相手である内言におかれることになる。

　岡本の提唱する一次的ことばと二次的ことばの論には、本稿の問題意識に関わって注目しておきたいものが二点ある。一つは、幼児期から小学校低学年にかけて言語活動が発達していく過程において、一次的ことばと二次的ことばを相互交渉させることによる「重層的発達」を重要視する考え方である。これは、二次的ことばを獲得すれば一次的ことばは役目を終えたかのように発達が終結してしまうという従来のおおかたの考え方（図1

表1　一次的ことばと二次的ことば

	獲得時期	状況	成立の文脈	対象	展開	媒体
一次的ことば	幼児期	具体的現実場面	ことば＋状況文脈	少数の親しい特定者	会話式の相互交渉	話しことば
	「おいしいなー。」（子どもがケーキを食べながら、母親の顔を見てニッコリして言う。）					
二次的ことば	学童期（教室）	現実を離れた場面	ことばの文脈	不特定の一般者	一方的自己設計	話しことば
						書きことば
	「私はケーキが好きだ（好きです）。このケーキはとてもおいしい（おいしいです）。」					

表2　文集「カキナーレ」に見える談話的文体

	使用場面	状況	成立の文脈	対象	展開	媒体
談話的文体（カキナーレ）	日常	具体的現実場面の再現	ことばの文脈	特定の相手（クラスメイト）	対話的自己設計	話しことばを使った書きことば
	……「ヤバッ」と思った瞬間、私の部屋のドアがガサッと開いた。そこには母が。「何どんどん物にあたってんのよ！」「ウルサイ。自分かってすぐ物に当たるくせに、こんな事くらいで何で部屋までくんの？出ていってや！」「何そんなにキレる事があんの？」「自分が一番わかってるやろ。」「何やねん！？」……					
	（文集「カキナーレ」第六集・60ページ）					

(注4))を、否定するものである。岡本は、二次的ことばを獲得した後も、一次的ことばは一次的ことばとしてさらに深まってゆくことが重要で、言語活動は、両者が相互に連関性を強めることによって発達していくと考えた。図2（ア）部は岡本の作成した図をもとに、ここまでの論をイメージ化したものである（注5）。「重層的発達」とは、図で示す（A）―（B）間の行き来（相互交渉）を指す。

図1　話しことばから書きことばへの移行（これまでの枠組み）

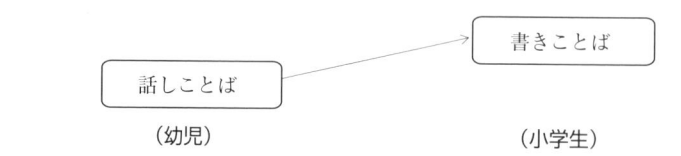

話しことば　→　書きことば
（幼児）　　　　　（小学生）

図2　一次的ことばと二次的ことばの連関性（新しい枠組み）

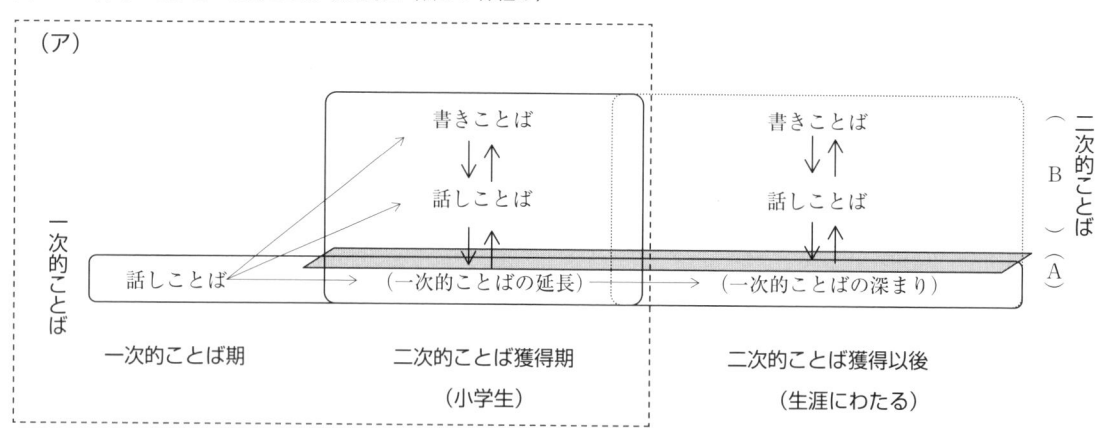

(ア)
一次的ことば

|一次的ことば期|二次的ことば獲得期（小学生）|二次的ことば獲得以後（生涯にわたる）|

話しことば　→（一次的ことばの延長）→（一次的ことばの深まり）

書きことば⇅話しことば

B 二次的ことば
A

そして今一つは、先の論に続いて述べられる教育的配慮の提言である。言語活動の重層的発達を視野に入れることなく二次的ことばの獲得にのみに注力する教育の現状を危惧し、それらがひき起こす二次的ことばの単なる肥大、一次的ことばの圧迫に対してつぎのような警鐘を鳴らした。

　二次的ことばは、特に情報処理機能においてその力をふるう。言語そのもののもつルールや意味にしたがって、一般化や弁別がおこり、論理的範疇化や表現の定式化がおしすすめられる。そしてそれに熟達し、使用経験が慣用化し自動化するほど、ことば記号に結びついた概念は画一化・ステレオタイプ化し、情報に対する接し方や受けとり方、表現の形式も固定化され機械化されてくる。その力は、子どもがそれまでに一次的ことばをとおして自らの中に育ててきた数々の能力や経験的知識を逆にくいつぶしてゆく可能性を宿している。ことばをことばとして孤立化させず、情動的なコミュニケーションの中の一部として用いてゆく態度や、他者との共同性への強い志向、ことばと直結した感情や自由なイメージの喚起作用、物自体や現実に対する新鮮な関心、直観性、また、ことばを交わすことのおもしろさやことばの音声面に対していだく興味等、一次的ことばの中に豊かにはらまれていたものを、二次的ことばは根こそぎにしかねない力を潜在させているのである。(注6)（引用文中の下線はすべて筆者による。以下同じ。）

この指摘に対応させたものとしては、「不特定多数にむけてのことばの使用（話しことばにせよ、書きことばにせよ）の能力の促進ばかりに短絡せず、特定のコミュニケーションの相手を意識した言語使用を、少なくとも小学校の中期まではもっ

と充実しておくことが必要であろう」という岡本本人の提案を見出すことができる（注7）。岡本は、就学期における一次的ことばの消失を否定し、むしろその深まりの必要性を提言したのである。

本稿では、「二次的ことば獲得時期前後」における重層的発達と、一次的ことばのさらなる深まりについて指摘したこの岡本論を援用し、「二次的ことば獲得以後」のそれらについて考えてみたい。まず、二次的ことばを獲得した後の子どもたちの言語生活を、高校生以上を対象にみていこう。ふたたび岡本の指摘をひく。

<u>教育全体の目標と方法が二次的ことばをあやつる能力の育成を核として組織化され、二次的ことばを使用する能率が発達の中心指標として取り出される</u>。そしてその高い技術の所有者ほど、学校教育の場で高い人格評価をうけるし、社会に出てもより高く遇される。そのことは、<u>高校や大学の入学試験で測られようとしている言語能力が何かを考えるならば、容易にみてとれるであろう</u>。（注8）

高校生ともなれば、二次的ことばをあやつる能力は、おおむね備わっていると考えてよい。高校卒業以降、さまざまな表現技術を身につけていく過程においても、二次的ことばの熟達の機会が多く得られることは、想像に難くない。教室でのスピーチや、小論文、レポートの書き方などは、教育の場面におけるその典型例であるし、いよいよ社会人となってからは、不特定多数を相手にした明晰なプレゼンテーション、報告書等の簡潔かつ迅速な作成などの社会的要求とともに、二次的ことばのもつ情報処理機能がいかされ、また向上させられる機会は多いと考えられる。一方で、一次的ことばを洗練させる機会が教育上意図的に設けられる場面は、二次的ことばを獲得した後は、少ないと言わざるを得ない。図2を用いてこのことを述べると、（A）を抑制し（B）を亢進させる教育的活動は行われるものの、（A）と（B）との教室での往来が、年齢や学年があがるにつれて少なくなる、ということになる。社会に出てから両者の乖離がいっそう際だつことは否定できまい。

このような状況をふまえたうえで、本稿で、二次的ことば獲得時期以後の「重層的発達」と一次的ことばの深まりを主張する理由は、おもにつぎのようなことである。

一次的ことばの受けもつ重要な役割が、生活の具体的現実場面における意欲的な表現意欲を支えること、直観や情動といった人間の根本となる感性を充実させることであると考えたとき、一次的ことばは二次的ことばを獲得した後も生涯にわたって使われ、なお洗練され続けるべきことばであると無理なく考えられるからである。加えて、いかなる世界も、主観の私有物ではなく多くの主観の共有物であることを考えると、一次的ことばと二次的ことばの相互交渉の意義は、間主観的世界観（注9）の形成のために必要不可欠なものであるとの立場に立つことができるからである。身近な人と語り合い、伝え合い、理解し合うという双方向の活動と、その活動を活発化させるための努力は必要である。社会に出ていく前段階に、学校というコミュニティで一次的ことばの洗練をひきうけることは、他人とともに生きていくことのいわば基礎基本をになうことと考えられる。

以上、二次的ことば獲得以後の教育的場面における、一次的ことばと二次的ことばの相互交渉による「重層的発達」および、一次的ことばの深まり、永続的な洗練の必要性について論じた。

本稿で扱う実践「カキナーレ」は、二次的ことばを獲得したあとでも、一次的ことばを洗練していく、（A）と（B）との連関性を強化する働きをしたと考えられるものである。図中（A）―（B）間を行き来することばの教育、もしくは学年があがっても（A）をときに認めることばの教育の必要性を本稿で提言する背景となっている。245ページの表2は表1からの継続性をおさえるために作成したもので、文集「カキナーレ」の特徴である談話的文体の項目を加えたものである。文集「カキナーレ」に見られる談話的文体は、生徒の日常で使われることばである。よそ行きでない、

実感のこもった生徒のありのままのことばで描写した具体的現実場面の再現は、書かれたものである以上、ことばの文脈によってのみ行われる。しかし、対象がクラスメイトという読者であることが条件となり、一次的ことばの特徴である「双方向の対話の深まり（この場合は読み読まれるという心理的やりとり）」が活かされながら、二次的ことばの特徴である書くことによる「一方的自己設計」を可能にし、いわば「対話的自己設計」をうながしたと考えている。

(2) カジュアル化する文章

ここまで一次的ことばと二次的ことばとが教育の場面において乖離する危険性を論じ、二次的ことばを獲得した後もなお、一次的ことばを洗練させ充実させる必要があると述べた。つぎに、二次的ことばの完成型ともいえる大人の書きことばに焦点を移し、現在の文章表現観を、その談話化を中心に考察する。

文芸評論家の斎藤美奈子は、谷崎潤一郎『文章讀本』に端を発する数百にのぼる文章の指南書（総じて「文章読本」という）を総覧し、「文章読本」を執筆しているいわばプロの文章家たちが無意識にもつ、作家の文章を頂点とし生徒作文や読者投稿を底辺とするヒエラルキー構造意識（素人作文に対する差別意識）を指摘したうえで、その階層性をつぎのようにまとめた。

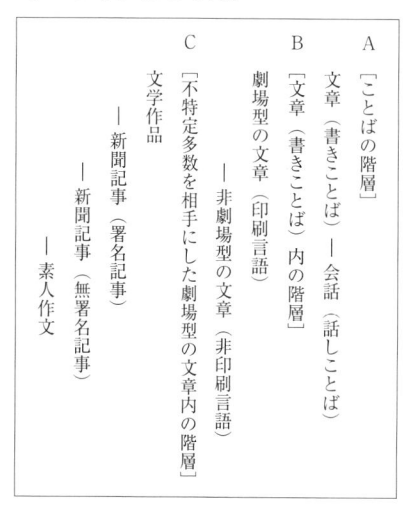

A 「ことばの階層」
文章（書きことば）―会話（話しことば）

B 「文章（書きことば）内の階層」
劇場型の文章（印刷言語）―非劇場型の文章（非印刷言語）

C 「不特定多数を相手にした劇場型の文章内の階層」
文学作品
―新聞記事（署名記事）
―新聞記事（無署名記事）
―素人作文

そして、縦の序列意識のうえに成りたつこの文章観はすでに時代遅れであり、新しい文章の時代がやってきていることをつぎのように指摘した。

> 私は「話すように書け」の時代が、またやってきているように思う。換言すれば、文章のカジュアル化である。（中略）新聞の文章でさえ近頃はずいぶんやわらかくなってきているし、雑誌を開けば文章読本が逆上しそうなラフな文章が満載だ。
>
> さらにもうひとつ見逃せないのが、インターネット上の文章である。（中略）さまざまなサイトに設置された「掲示板」である。大勢の人が自由に出入りして「書く／読む」をくりかえす双方向型のこの形式は「書く人は書くだけ」「読む人は読むだけ」に分断された印刷言語のありようとは大きくことなる。書き手と読み手の距離を近く感じるせいか、掲示板の文章は、書きことばではあっても、限りなく話しことばに近い。（中略）印刷物がスポットを浴びる晴れの舞台なら、ネットはなんとなく人が集まるサロンみたいなものである。前はよそ行きで出席しないと恥をかきそうだった文章発表の場が、普段着でふらっと参加できる程度にまでインフォーマルな場になった、ともいえるだろう。（注10）（引用文中の「中略」はすべて筆者による。以下同じ。）

日本の書きことばの成り立ちの背景には、漢文を基底とする文章体の存在があり、今日の書きことばも少なからずその影響のもとにある。書きことばと話しことばの乖離はもともと大きいものだったが、その延長として、書きことばは目的と結果の両側から、現実場面とは離れた抽象論や正確を要する科学的内容を、不特定多数の読み手に向けて表すのにふさわしいことばとなっている（注11）。しかしながら、斎藤が述べたとおり、インターネットに代表される双方向のメディアやツールの普及により、書きことばが話しことばへ近づいていることは認められるところであろう。

(3) 目標とするモデル文の提示

　ここで、岡本と斎藤の論を、高校生の書くことの指導に照射してみる。高校での書くことといえば、多くは、二次的ことばを使って書く意見文、小論文、また、報告文や記録文である。この手の文章は不特定多数を読者に想定して記述されるため、誰が読んでも誤解の生じない、すき間のない文章が良いものとされる。公共的文体で書かれることはもちろん、もっとも適切な接続詞をふさわしい位置においたり、何かを暗示するような象徴的な言いまわしや個性的な比喩表現はせず、明示的に示されることばの意味内容に依拠する文章となる。会話の描写ばかりに頼った状況描写や説明は、そこに暗示性が生じるだけでなく幼い印象も与えるので、これらもできるだけ使用しない文章表現が良いとされる。

　しかし、これまでに考察した双方向的な文章表現の許容と書きことばの談話化とをかんがみたうえで、生徒に書かせるべき文章の設計図をあらためて描くとしたら、方言を含むセリフのやりとりをはじめとする口語的な文章、読む相手に呼びかけるような近しい読者を想定した表現、直接的でなく象徴的な言いまわし、含みのあるたとえの表現、相手に文脈的余白を想起させる体言止め、こういった表現を取りいれた文章は積極的に容認されるべきものといえるだろう。

　したがって、つぎの文章を高校生に書かせたいモデル文として提示する。提示するのは、朝日新聞主催2007年「高校生の天声新語コンクール（注12）」の受賞作品である。コンクールの特性上、冒頭の二文はすでに用意されたものである。ニュースの関心度の大小について、具体的現実場面にそくした対照的な事例をあげて書いている。

高校生の天声新語コンクール優秀賞

　（ニュースの関心度を測る物差しはいろいろあるが、現場が遠いか近いかもその一つ。地球の裏側の都市で五十軒焼けた火事よりも、隣町のぼや騒ぎの方が、とかく耳目を集める。）

　小学校三年生まで兵庫県に住んでいた私が東京に来て驚いたのは、震災の日を知らないクラスメートの多さだった。まだ四歳になるかならないかという頃の出来事だから、覚えていないのは分かる。しかしその日がたまたま全校集会だった校長先生のお話も、地震に関係のないことだった。先生は、あの日既に大人だったはずなのに。

　私にとって特別な空気を持っていた一月十七日が、いつもと同じように過ぎていく。驚いた、というよりは不思議という感覚に近かったかも知れない。関西では誰もが『あの日』のエピソードを持っていたのに。

　新幹線で二時間半の距離をとても長く感じた。

　数年後、また同じようなことがあった。ただし、今度は逆の立場で。

　地下鉄サリン事件。この事件を私は、自分が生まれる前に起こったものだと思っていた。あれは確か総合の授業。その日の思い出話で盛り上がるみんなを見て、ああ、そうかと思った。

　東京の人だけが自分を取りまく小さな世界のニュースで手一杯なのではなかった。私だってきっと地下鉄サリン事件の時、隣町のぼや騒ぎを気にしていた。今だって、それは余り変わってはいない。いや、これからも変わらないのかもしれない。

　それでいいと私は思う。人ひとりで抱えられる世界は限られている。その自覚と、異なる世界への好奇心さえ忘れなければ。

　この文章の中には、従来の意見文にはかならずしも適応しない要素が含まれている。

　（1）「あの日既に大人だったはずなのに。」「関西では誰もが『あの日』のエピソードを持っていたのに。」「〜のに。」という言いまわしは、本来その後に続くべき言葉が省略されており、読み手に文脈判断をゆだねるかたちである。

　（2）「新幹線で二時間半の距離をとても長く感じた。」これは、「二時間半の距離」ということばが明示する「空間的な距離」以上の「心理的な距離」を、暗示的に表現しているといえるだろう。

（3）「地下鉄サリン事件。」地下鉄サリン事件が何の事件であるかの説明が省略されており、読者がこの事件に関する知識をあらかじめもっていることが前提となる一文である。また、接続詞や文末の付属語が省かれる体言止めは、読者に文脈判断をゆだねる要素が強く、「地下鉄サリン事件」がここでどのような意味的役割を果たすのか、読者の方で意味をくみとる必要がでてくる。

（4）「あれは確か総合の授業。」（1）の「あの日」も同様である。「あの・あれ・あそこ」などの「あ」によって何かを指示する表現は、送り手と受け手が同じ場に立つ必要があるため、その場にいなかった受け手を送り手側に強引に引き込むものである。本来説明すべき「あの」「あれ」が指し示す内容説明を省略することは、（1）から（3）の表現と同じく、これもまた、読者に文脈判断をゆだねる表現である。

（5）「ああ、そうかと思った。」書き手の感嘆を直接的に表現する談話体である。

みてきたように、いつ誰が読んでも誤解の余地のない不特定多数に向けた文章というよりも、世代、状況などの文化的背景を共有する読み手を想定している文章意識がみえる。これが斎藤の指摘する文章のカジュアル化であり、本稿で論じる書きことばの談話化である。書きことばの談話化はもはや社会で許容されるものであろう。生徒に談話的文体を認め、生活の具体的場面を取りあげさせることは、「一次的ことば」をいっそう充実させることであり、「一次的ことば」と「二次的ことば」との連関性を保障することである。これらのことを考慮した場合の、高校生に積極的に書かせたいひとつのモデル文を提示した。

第二章　文集「カキナーレ」とその周辺

(1) 指導目的と学習意義

本節では実践「カキナーレ」について、深谷氏の指導目的と生徒が実感している学習意義とをすり合わせ整理することでその本質をとらえる。

深谷氏の指導方法を整理し、実践の目的を考察するための資料はおもにつぎの二つである。

1、深谷純一氏へのインタビュー（メモ）
　2007年7月27日実施
2、同志社大学講義「国語科教育法Ⅰ」
　2007年度前期資料（深谷純一作成）

生徒の実感している学習意義をまとめるため、また、次節以降、作品の文体的特徴を考察するために使用する資料はつぎの六冊である。行末のマル付き番号は資料番号とする。この後引用する生徒作品には、この資料番号とページ番号を付す。

1、深谷純一編『女子高生は表現する　カキナーレ』2001年　東方出版 ①
2、（冊子文集）『女子高生と中学生の随想集　カキナーレ』第2集　1997年（1997年度前期）②
3、（冊子文集）『女子高生の創作随想文集　カキナーレ』第4集　1999年（1998年度後期）③
4、（冊子文集）『女子高生の創作随想文集　カキナーレ』第5集　1999年（1999年度前期）④
5、（冊子文集）『女子高生の創作随想文集　カキナーレ』第6集　2000年（1999年度後期）⑤
6、（冊子文集）京都成安高校国語科編『潮流』29号 2004年 ⑥

文集「カキナーレ」の一冊が刊行されるまでの実践方法は129ページに示したものである。

一つの典型としてつぎの作品を示す。

「桃太郎？」
　ある日の夕御飯の時、父が話をしだした。
「昔、おばあさんが大きな荷物を持って川を上っていました。すると、川から大きな桃が流れてきました」と。ここで弟が、「桃太郎やろ？」（1）
　父は、それには答えず話を続けて
「おばあさんはその桃を拾って、割ってみると、中から小さな男の子が出てきました。するとその男の子はおばあさんに言いました。『その荷物もっもったろー』……」
　シーン……（2）
　なっなんと、おもしろくない。まじめに聞いて損した！バカバカしい！と思いながらもあまりのくだらなさに笑ってしまった私もそうとう

のバカだ。　　　　　　　　　（④-47）

　日常の風景、夕食のさなかの会話を書きとった作品である。短い中にも父と弟の会話の行き来を冷静な眼でうまくとらえている。（1）部に「と言った」とか、（2）部に「となった」などの地の文が入っていないことも、話がテンポ良く進み読み手を引きつける効果があり、日記や記録ではなく、人に読ませるための「作品」となっているといえる。作品中の話の中にではあるが、オチも用意されており、楽しんで日常をとらえていることがうかがえる。

　このような文章を認めた実践「カキナーレ」の、深谷氏の指導目的と生徒たちの感じていた学習意義について、その代表的なものを整理する。以下に続く指導目的は前掲の資料から抽出した。それを裏打ちする学習意義は文集「カキナーレ」からの抜粋である。

[指導目的一]
　既存の「作文」の概念を取り払うこと。書きたいのに書けない生徒、はじめから書こうとしない生徒が、書くことを楽しいと思うようになり、自発的で持続的な文章表現意欲をもつこと。

[学習意義一]
○カキナーレを書くまで、文章って堅苦しいものだと思い込んでいた。そして、嫌いだった。でも、今は好き。その理由は私の言葉で、私の思ったことを好きな時に好きなだけ書けるから。（中略）カキナーレに出会わなかったら私の文章に対する感じは変わらなかったし、こんなに文章を絶対書いていない。やっぱり文章は自分がおもしろいな、と思いながら書きたい。
　　　　　　　　　　　　　　（④-32）
○どんなことを書くか、とても迷ったが、がんばって書いた。次の週も、その次の週も書いた。書いているうちに〝楽しいな〟という気持ちになった。そのうち〝書きたいなあ〟という気持ちになって、机に向かうようになった。
　　　　　　　　　　　　　　（④-21）

○初めは文章を書くことが好きでなかった私にとっては、「本当に書けるだろうか？」という不安しかなかったが、もはや今では日課となっている。　　　　　　　　　（⑤-77）

　実践「カキナーレ」を展開するにあたり、深谷氏は、要求されるとおりに公共的文体で意見文等を書ける生徒たちのことを、本音の部分ではそこまで念頭においていない。書くことに対して苦手意識ばかりを先行させている生徒たちに眼目をおいている。そして、そのような生徒に限らず、奔放に自らを解放することに抵抗を示し、ノートを提出しない生徒たちがいたことも事実である。ノートを提出しない生徒に対しては、提出の強要はできるだけせず、定期試験で一作品を書かせる程度にとどめたという。この指導方針からは、強制することをできるだけ避け、生徒の「書きたい」という自発的な気持ちを氏がもっとも大切にしていることがうかがい知れる。

[指導目的二]
　友だちの書いた文章を楽しんで読み、そのことで自分も書きたいと思うようになること。活字化され配布されることによって、読者意識、競争意識がうまれ、そのことが文章作成時の向上心となること。

[学習意義二]
○人に読んでもらいたい、そのためには楽しい文にしたい、どういう書き方にしようか、なんて考えるようになった。　　　（④-21）
○カキナーレが配られるとドキドキする。自分の文章がのっているのかというドキドキとのっていたら恥ずかしいなというドキドキ。そして配られたカキナーレを見る。目に飛び込んでくる文章、文字。その中に自分の文章を見つけたときはすっごく落ち込んでしまうのだ。他の人の文章の方がスバラシイくて。みんなは僕の文章を読んでどう思ってるんだろう。（⑥-39）
○私のカキナーレはまだ一度も紹介してもらったことがない。（中略）そこで考えた。先生の

> 気に入る上手なカキナーレとは一体どんなものなのか、と。　　　　　　　　　　（④－60）
> ○こないだうちの母がカキナーレの文集を「おもしろいわー」と言いながら読んでいた。若い子が書いたものの方が新鮮な感じがして飽きないらしい。先日、母は私の書いた「父」のカキナーレを読んで大笑いしていた。自分の夫を違う角度から見られておもしろいらしい。だから、今回は母について書いてみようとおもう。
> 　　　　　　　　　　　　　　　（③－11）

　文集「カキナーレ」の読者は、クラスメイトにとどまらず、他クラス、他学年、校内の教師、各生徒の親にまでわたる。教師からの感想が生徒たちのつぎの作品への創作意欲をいっそうかき立てることとなったり、親の反応を見る楽しみが書くことの動機となったりする。結果、教師や家族、ひいては他人のことをよく観察して書くようになるという、連鎖的な効果がうかがえる。

　そして、そのような細やかな観察は、結果として、作品中に個人情報を多く含んでいる傾向を帯びることとなった。本人や家族に関する個人的な情報が書かれている作品が多く、本名での掲載に反対する声が他の教師からあがったことでペンネーム制となった経緯がこの実践にはある。ペンネーム制が、生徒をいっそう自由にしたり、見えざる相手であるからこそかき立てられる生徒同士の競争心に火をつけたりするのに一役買ったことは、深谷氏の考察にあがるところである。つぎの二人の文章にもそのことはよく表れていよう。

> ○特に今年からは、ペンネーム制という新しい試みが取り入れられたので、名前が出されないという気楽さもあって、ぶっちゃけた内容の事が書けたり、熱く語れたり、何かになりきったりできるというメリットも出てきた。おかげで私はカキナーレ界の強豪である、成安花子、小林少年、バイオレンスといった存在、他にも私を引きつける作者の存在が気になってしょうがない。　　　　　　　　　　　　（④－59）

> ○この間、配られた〝カキナーレ〟を読んでいたら強敵のサルモネラ菌さんの『私的カキナーレ論』に、カキナーレ界の強豪成安花子、小林少年と並べられてバイオレンスの名前も連ねられていた。それを見た瞬間、私はすごくＨＡＰＰＹな気分になった。〝小林少年、サルモネラ菌、成安花子、三杯酢〟等は、バイオレンスがライバルと見なしている人たちだからだ。「カキナーレ常習犯」を目指すバイオレンスとしては、ひどく気になるというか、すごく強敵の四人なのだ。そのうちの一人、サルモネラ菌さんが、私を強豪の中に入れてくれたんだから、もう有頂天になるしかないだろう。まさかそんなことを書いてもらえるなんて思ってもみなかった。
> 　　　　　　　　　　　　　　　（⑤－77）

　ペンネーム制のもたらした効果についてほかにいえることは、自分の名前を出さずに自分の行動や思想を読者に伝えなければならなくなったことで、自分のことを冷静に見つめる眼を育てたことだと考えられる。「私」が何者であるのかが読者に伏せられている場合、書き手である「私」は、文章中の「私」を「私」個人から切り離し、文章中に出てくる一人の登場人物として「私」を対象化させる必要が出てくる。逆に、自分を覆い隠したい、もしくは作りかえたいという欲望、自分を第二の自分として差しだす変装の欲望を満たす条件としてペンネームの効果を指摘する先行論もあり（注13）、生徒はこの覆面的で遊戯的な効果に助けられたとも考えられる。家族や電車の中の他人を観察するのと同じように、自分を冷静に観察する態度を育てたことは、指導方法二、四（127ページ）から帰着するところである。

[指導目的三]
　日常を面白く書いて笑いとばすことが、生きる力につながること。
[学習意義三]
○先週の週末、久々に親戚数人と集まって夕食を食べた。(中略)親戚の一人が、私が成安に行っ

ているということも忘れて、「成安も私らの時代から頭良くない子が行くとこやったなー。」と言った。(中略)しかし、こういうことを言われても私は怒りなんかしない。むしろ「カキナーレのネタになるなー」と思った。(中略)現在の私は、嫌なことがあっても、最高にいいことがあっても、その度に「カキナーレのネタになるなー。」と前向きに考えるようになった。そんな自分を一年の時とかと比べて成長できたかなーと思える。　　　　　　　(⑤-89)
○毎日の生活がゆううつになると、カキナーレのネタはなくなる。正しくはいくらでもあるんだけど気づけなくなる。今ちょっとそれ状態。きっと心に余裕がないんだと思う。今まで私がカキナーレに書いてきたことは本当に小さな小さな、ささいな事ばかりだったのだと改めて実感する。そして、生活の中のそんな小さなことに目を向けて感動できる力を持っていた自分をほんとにすごいと思った。カキナーレがたくさん書けるってことは、私の場合、毎日が楽しい証拠だ。いわばカキナーレは元気のバロメーターである。　　　　　　　　　(①-249)
○うちの母は毎回私がプリントを持って帰るのを楽しみにしている。以前、「私の父」というのを書いたが、一番読んでほしい父にはまだ見せていない。一応、自分の口で言えない本当の気持ちを書いたつもりなのだが、いざとなると照れくさい…。しかし、「カキナーレ」は不思議でおもしろい。父に対しての気持ちも文として書くことができた。とても書いて良かったと思っている。例えば、バスで人間観察などをやっている。いつも同じの毎日がそうすることによってもっと楽しめるのだ。　(④-76)

　生徒の文章からは、自分を取りまく人間関係や社会を観察し思いのままに表現することが、たくましく生きていくためのエネルギーとなっているようすをみてとることができる。はじめ書くことに対して強い拒否感を抱いていた生徒が、書くことを楽しいと思うようになり、自ら表現に挑んでいくこと、文章表現そのものに関心をもつようになることと並行して、自己の内面的な成長を生徒自身が実感していることもこの実践の大きな意義である。
　ここまでみた指導目的と学習意義の一から三は、深谷氏の意図と学習者の実感が合致するものである。最後は、実践者の目的とは離れたところで生徒たちが見出していた学習意義をみる。感情の発散場所としてのそれである。

[学習意義四]
○私はなかなか自分の思いを言葉にして発散することが出来ない。(中略)けれど、カキナーレと出会ってからはそんな事も少なくなった。カキナーレにぶっつければ自分の思いを文字にすれば、体に詰まっていた冷たさも煮えくりかえる熱さもスーッと引いていった。　(⑥-46)
○自分で書いていても〝こんな気持ちでいるんだ〟〝今こう考えているんだ〟って自分を知れた。ただ文章を書くだけで、自分を発見し、人のことを考えるようになった。　　　　　(④-21)
○普段は恥ずかしくて口にはできないようなことを書いている子がいる。恥ずかしいことだけではなくて、照れ臭いこと、誰でもいいから聞いてほしいこと、ときにはムカツク人のことまで書いている子までいる。こんなこと、普段は絶対に言わないし、言えない。それなのに文章、特にカキナーレにすると、ものすごく簡単に書けてしまう。　　　　　　　　　(⑥-198)

　実践者は、生徒に「私」主体の日記や作文を書かせるのではなく、自己を対象化させることにより冷静で批判的なものの見方を身につけさせたいと考えていた。しかし、実践「カキナーレ」は生徒にとっては感情の発散場所であったこと、また、その場所が確保されたことにより救われた生徒がいたこともこうしてみると事実のようである。
　では、このように生徒たちが楽しんでとり組んだ文集「カキナーレ」には、どのような文体的特徴が表れているだろうか。

(2) 文集「カキナーレ」にみえる文章表現

　ここでは、文集「カキナーレ」にみえる生徒作品を、書き方（どのような文体的特徴が表れているか）と内容（何に目を向けて書いているか）の両面から分類すると同時に、他の文章表現との差異をとらえ、文集「カキナーレ」に特徴的に表れる文章表現について考察をおこなう。

　まず、書き方の差をとらえるために、「公共的文体」と「談話的文体」との定義を、文集「カキナーレ」にみえる文体的特徴に基づき、あらためて確認する。なお、本節以降はペンネーム制のもとで文集に掲載された作品群に対象を絞って文体考察をおこなうため、分析の対象を第5、6集（1999年度の作品、資料番号④⑤）に限定する。あらためて「公共的文体」とは、

- 主として不特定多数に向けられた「書きことば」
- 公衆の面前で使うにふさわしいことば、共通語以上が、文章表現上の特色であるものとする。
　一般的に作文で多く書かれるものである。
　例としてつぎの作品をあげる。

> 「学級崩壊」
> 　私が通っていた中学校では、今、「学級崩壊」が起こっている。主に、三年生の中で起きており、既に先生や生徒を殴り大ケガをさせて逮捕された数名の生徒がいるくらい荒れている。私の妹も今三年生だが、毎日授業もままならないらしい。ある不良グループが中心になっており、授業中廊下を歩いたり学校の物を壊したりと、毎日が先生と生徒の戦争である。　（⑤-131）

また「談話的文体」とは、

- 主として「話しことば」
- 学校で正式に教えないことば（方言などの位相語、公衆の面前ではつかわないことば）
- 家庭用語、友人との会話、職業的方言のように、親しい間柄の中で使われる身内にだけ分かることば

以上が、文章表現上の特色であるものとする。談話的文体作品の例として以下の作品をあげる。文集「カキナーレ」の七割は談話的文体で書かれた作品である（注14）。

> 「全身ブランド男」
> 　電車に乗った。京都駅からはいろんな人が乗り込んでくる。ケータイ片手の女子高生、いかにもって感じのメガネのおぼっちゃま小学生、疲れ切ったサラリーマン。そんな雑多な空気の中にその人は乗り込んできた。（中略）
> 　そらやりすぎやで、おっさん。はあ。とため息をついて目線を落としたその先には…。ガーン！やられた。こいつ、ただ者ではない。靴にはフェラガモの金の板がはっつけてあった。もうこうなりゃ、探しまくれっ。と必死に彼の身につけるものに目を走らせた。
> 　　　　　　　　　　　　　　　（⑤-82）

　つぎに文集「カキナーレ」に掲載された作品群と、他の文章表現群との相対的な位置関係を把握するために示した先の稿の図2（132ページ）について、文集「カキナーレ」より、［1A］［2B］［3C］の典型的表現をひき、この表を補足説明する。

> 1A
> ［1］　事実を羅列してある。
> ［A］　自己感情の表出が作品の中心である。
> 私は思いっきり睨んだ。それに気付いた男子高校生の一人が、香水をかけたやつに「めっちゃおこったはるやんけ。ちょっとやりすぎちゃう。」と笑いながら言っていたのが、余計にむかついた。駅について、降りる瞬間、おもいっきりカバンを体にぶつけてやった。それでも、怒りは収まらない。世の中の人は、女子高生をバカ扱いしているけど、男子高校生も問題だと思う。
> 　　　　　　　　　　　　　　　（④-81）

> ここには普段におこった出来事を書けばいいらしい。でも、私にはこれといってノートに書けるような喜ばしいことなんてない。
> そう、風邪を引いてしまったのだ。こんな程度のことだ。つまらない…。（中略）
> 本当なら今日は同じ中学の同級生と自然一杯の

中でバーベキューをする予定だったのに。
ああ、やっぱりつまらない。　　　　（④－15）

　男子高校生に電車の中で香水をかけられた生徒は、「思いっきり」「むかついた」「おもいっきり～してやった」など、自己の内にある怒りを勢いのある感情表現で叙述している。日常の具体的な出来事をとらえているとはいえ、出来事の羅列は日記的である。「むかついた」「つまらない」など、本人の感情や価値判断が直情的に吐露された、自分のための完結した感情表現が作品の中心であり、人にそれを伝えたところでとくに解決地点を見出せない文章と分類し、このような文章を［１Ａ］の位置に配置する。

2B

　［２］　書き手の感情を間接的に表現している、観察力が働き叙述が細やかであるなど、書き手が対象を冷静にとらえている。
　［Ｂ］　個性的な比喩表現を使用している、ことばの描写を多用しているなど、文脈判断を読み手にゆだねる表現がみられる。

　（少女マンガを―引用者注）最初はにやけながら見ているが、それに慣れてくるとそういうわけにはいかない。そんなシーンが出てくるとだんだん腹が立ってきて、マンガの主人公とは逆に、私の頭の中は〝むなしさ〟と〝むかつき〟が駆け巡る。そのうちにマンガを読む度に〝私も彼氏がほしいな…〟と心の中で何度もつぶやくようになった。　　　　　　　　（④－18）

　私は英語を勉強してかれこれ六年になる。その私の脳から「それは間違っている」という信号が出されたと同時に思わず口からも出てしまった。　　　　　　　　　　　　　　　（④－25）

　いつもいつもごろごろ、なぜか下着姿で寝ころび、しまいには大きないびきをかいてぐっすり寝てしまう。タバコとお酒は毎日欠かさない。でも酔っぱらって家族に迷惑をかけたことはない。そんなおやじを私は好きでも嫌いでもない。そんなごくふつうのおやじが私のおやじ。
　　　　　　　　　　　　　　　（⑤－62）

　テスト期間中は、一種のイベントであると思う。(中略)三時。眠たい。息が統一されて荒くなってきた。そして、頭と手と目以外は寝てるのがわかる。太ももなんてとっくに寝てるのがハッキリわかる。あっ小さな大名行列が見えるかもしれん！！寝ようかな。朝、電車の中でもできるし。　　　　　　　　　　　（⑤－84）

　［２Ｂ］領域には、文集「カキナーレ」の作品群が多く配置される。［１Ａ］で取り上げた作品と比べて大きく違うのは、対象に対する冷静な認識であり、先の稿の指導方法四（127ページ）で述べた自己の対象化に関連するところである。たとえば同じ「むかつき」を表現した文章で比較すると、［１Ａ］では自分の感情を「（私は）ムカついた」と表現したのに対し、［２Ｂ］では「私の頭の中は〝むなしさ〟と〝むかつき〟が駆け巡る」「～という信号が出された」としているのは、感情をこえて自己をとらえなおし、冷静な叙述の眼が働いている表現と判断した。実践「カキナーレ」の典型例としてひいた作品「桃太郎？」（250ページ）には、「……バカバカしい！と思いながらもあまりのくだらなさに笑ってしまった私もそうとうのバカだ。」という表現がみえる。さらに、第一章で提示したモデル文（249ページ）のなかにも、「小学校三年生まで兵庫県に住んでいた私が東京に来て驚いたのは、……だった。」のように「私」を修飾することばの量の多いものがみられる。一つのものを修飾するために使われる語の量が多い表現は、自己を対象化していたり、対象物を冷静にとらえたりできている一つの目安とみてよいだろう。一般的とはいえない独特の比喩表現でおもしろく表現していることも、この領域の特徴である。

3C

［3］　主題や問題意識が、社会問題、抽象論までおよぶなど、認識の深まりがみられる。
　［C］　接続詞を多用する、具体例に基づき意見を述べるなど、論理的に書こうとする姿勢がみられる。

　ここでは一つの作品を例示する。

「人間関係のあり様」
　（1序論〈主張〉）「今の世の中は、全面的な人間関係をもっと重視すべきだ」と私は思う。ここでいう「全面的な人間関係」とは、「なにかにつけ相談したり助け合えるようなつき合い」のことである。
　（2本論〈具体例〉）「お父さんの子どもの頃はいろんな友達の家に上がり込んでお腹がすいたら、その家の台所にある大きな鍋のふら開けてみんなで食べたナァ。どの子の家もみんなの家やったし、家族中で付き合ってで。」と、父は時々こんなことを言う。
　とてもうらやましい。今の日本の現状を考えると、まずこんなことはありえない。家族中でのつき合いがあったとしても平気でドカドカ家に上がり込んで人の家の鍋の物を食べたとしたら、まず親同士が気まずくなるであろう。今では、父が言うようにこんな人間関係はもちろんのこと、何でも相談できて助け合えるようなつき合いは少ない。
　（3本論〈予想される反論〉）しかしながら、「全面的なつき合い」にはプライバシーというものがなくなってしまうかも知れない。何でも相談ということは「さらけだす」ということだからだ。では、「気軽に話し合えて行き来ができるようなつき合い」くらいなら丁度いいと考える人がいると思うが、これはどうだろうか。(中略)
　（4結論〈主張の再確認〉）今の社会では、殺人とか自殺とか虐待等、様々な問題が存在する。これらの問題は、昔はこれほどは存在しなかっただろう。〝気軽に行き来し話のできるつき合い〟は決して悪くない。でも、プライバシーはないかも知れないが、今の私達には、やっぱり〝なんでも言え、助け合い〟のできる〝あたたかい〟人間関係が必要だと思う。　（⑤－113）

　この文章は、（1）の序論で世の中に対する自分の意見を述べ、（2）で体験に基づく具体例をあげ（3）で予想される反論を書き、（4）で自分の意見をあらためて述べるという、ある程度形式の整った、論説的な文章である。問題意識も社会に向けられたもので、「しかしながら」「では」などの接続語句も効果的に使用される。このような文章は［3C］に配置する。
　そして最後に、第一章で設定したモデル文を、［3B］と［3C］の境界線上に配置する。この文章の特徴は、社会に目が向いていること（［3］）と、読者を限定せず提供される不特定多数に向けた文章（［C］）でありながら、談話体や暗示性のある表現を文中に用いているところ（［B］）にある。
　この図を用いてそれぞれの典型的な具体的表現をみたとき、文集「カキナーレ」の作品群は、高校の書くことの指導に一般的に採用される、不特定多数に向けた文章とは一線を画したものであり、書き方の面でも内容の面でも、生徒にとってより身近で、中位中庸の位置にあるととらえることができる。日常の具体的現実場面を談話的文体で書くという［2B］領域の文章表現を容認された生徒たちは、第一章で論じた「一次的ことば」のもとに生き生きと表現する意欲や技術を身につけたといえる。
　生徒たちは、しかし、一次的ことばの中だけで生きていくわけにはいかない。「はじめに」において述べたように、高校生が自分のこと以外（身近なこと、社会、概念論）に関心をもったり、それについて自分の論を述べたりすることは、彼らがやがて出ていく社会から必要とされるところであるからだ。本章では、第一章をうけ、モデル文の位置を［3B］と［3C］の中間においたが、これは、生徒に対して認めても良い、新しい文章表現の一つの姿を提示したのであって、従来の

[C]領域の文章表現指導を批判、否定するものではない。なぜなら前章で岡本の論を中心に指摘したとおり、高校や大学の入試で測られる言語能力や、社会で求められるそれは、二次的ことばの運用能力であるという現実があるからだ。では、実践「カキナーレ」で［２Ｂ］領域を楽しむようになった生徒たちが、［３Ｃ］領域へ自分の文章を変化させる可能性はあるのだろうか。

　つぎは、年間をとおした生徒ごとの作品の変化に焦点をあて、実践「カキナーレ」の成果と課題をまとめる。

(3) 実践「カキナーレ」の成果と課題

　132ページの図２内に、生徒ごとの作品を配置すると、ある一定の変化をたどっている生徒たちを見出すことができる。このことを示したのが図３である。ここでは、この図にみえる生徒の変化に注目し、実践「カキナーレ」の成果と課題にせまる。

　図３内の小さな枠は、凡例に示すとおり生徒Ａ、Ｂ、Ｃ、Ｄ、四名の生徒作品をそれぞれ示している。枠の中に記したのは「作品のタイトル」「プリント掲載日」である。タイトルだけで主題がつかみにくいものは、そのあとのカッコ内に内容を示す語を筆者が補足した。配置する際には、先に示した基準によってのみ機械的に分類マスを決定するのではなく、たとえば同じ［２］の領域にあっても、自分のことを対象化して書いたものと電車の中で他人を観察して書いたものとでは視野の広がりが違うとみなし、幅をもって配置した。

　このような分析、分類方法によって作品を配置し、掲載日順に軌跡をたどった結果、それぞれの生徒はつぎのように変化していることが分かった。（２Ａ２Ｂのように二領域を記した作品は、筆者としては分類しづらく、境界線上に位置すると判断したものである。）

生徒Ａ　２Ｂ（祖母と粉末スープ・４月26日）→２Ｂ（ガングリオン・５月13日）→２Ｂ（お土産再考・６月15日）→２Ｃ（記憶・９月７日）→２Ｃ（学園祭再考・９月13日）→３Ｂ（買ってはいけない・９月22日）→３Ｃ（援助交際が及ぼす影響・９月28日）

生徒Ｂ　１Ａ（ムカツいた誕生日・４月24日）→２Ｂ（ヘビに睨まれたカエル・５月７日）→２Ｂ（気をつけてね、お母ちゃん・９月16日）→２Ａ２Ｂ（問題児・10月５日）→２Ｂ（懐古・11月14日）→３Ｂ（はじらい・12月14日）

生徒Ｃ　２Ｂ（うちのおばあちゃん・５月10日）→２Ｂ２Ａ（声・11月20日／鑑賞・11月20日）→２Ｃ３Ｃ（歴史の問題集・11月１日）→３Ｃ（人間関係のあり様・11月20日）

生徒Ｄ　２Ａ２Ｂ（パブロフの犬・４月26日／樹海・４月26日）→２Ｂ（あなたたちはジャングルジムから落ちたことはありますか・６月14日）→３Ｂ（戦争とウインナー・11月４日）

(注15)

　このように、［１Ａ］方面から［３Ｃ］のモデル文方面へ、上下左右に揺れ幅をもちながら位置的変化を示していることが分かったのである。自分の感情、自分自身のことを書くにとどまっていた生徒が、日常に目を向け、さらに社会に関心をもち自分の態度を示すようになる。社会に目を向けると同時に文体にも変化がおきる。実践「カキナーレ」をとおしたこのような生徒の成長を、実践の成果とすることができよう。

　成果と同時に、課題もまた指摘できる。一つは、文集に掲載されているすべての生徒については、この成長がみられず、［１Ａ］周辺にとどまっている生徒もみられるということである。二つは、［３Ｃ］に分類される作品についても、論理のもろさや冗漫な文章表現がみえるものが多く、達意の文ではないということである。一つめの課題については、深谷実践の指導法にくわえ、前節で考察した文章表現の実際を生徒に意識させることでいくらか克服できる可能性があるとみて、ここでは二つめの課題について、生徒Ａの作品に注目し考察をすすめる。生徒Ａは、文集「カキナーレ」の［２Ｂ］領域から［２Ｃ］、［３Ｂ］、［３Ｃ］へ

図3　書き手の成長過程

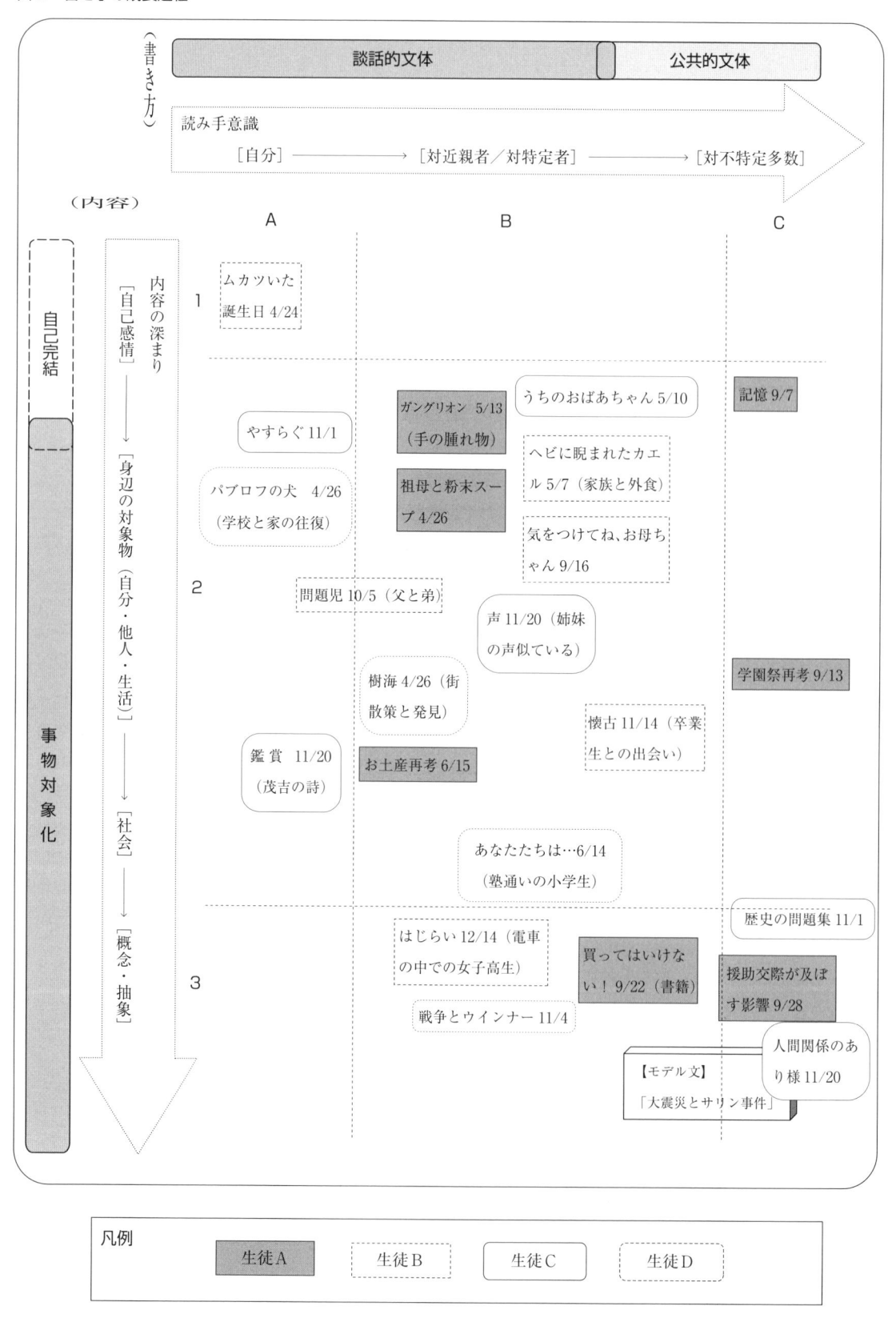

（書き方）

| 談話的文体 | 公共的文体 |

読み手意識
[自分] ──→ [対近親者／対特定者] ──→ [対不特定多数]

（内容）

	A	B	C
1	ムカツいた誕生日 4/24		
2	やすらぐ 11/1 パブロフの犬 4/26（学校と家の往復） 問題児 10/5（父と弟） 鑑賞 11/20（茂吉の詩） お土産再考 6/15	ガングリオン 5/13（手の腫れ物） 祖母と粉末スープ 4/26 うちのおばあちゃん 5/10 ヘビに睨まれたカエル 5/7（家族と外食） 気をつけてね、お母ちゃん 9/16 声 11/20（姉妹の声似ている） 樹海 4/26（街散策と発見） あなたたちは…6/14（塾通いの小学生）	記憶 9/7 学園祭再考 9/13 懐古 11/14（卒業生との出会い）
3		はじらい 12/14（電車の中での女子高生） 買ってはいけない！9/22（書籍） 戦争とウインナー 11/4	歴史の問題集 11/1 援助交際が及ぼす影響 9/28 人間関係のあり様 11/20 【モデル文】「大震災とサリン事件」

内容の深まり
［自己感情］→［身辺の対象物（自分・他人・生活）］→［社会］→［概念・抽象］

自己完結　　事物対象化

凡例：　生徒A（濃灰）　生徒B（破線）　生徒C（実線）　生徒D（点線）

258

と文体と内容の両方の面で成長をみせた生徒である。この生徒作品をたどりながら実践「カキナーレ」の課題について考察する。

「お土産再考」(6月15日掲載／[２Ｂ])
（１）先日、黒部に旅行に行った祖母からおみやげをもらった。祖母はおみやげを買うのが大好きだからたくさんのおみやげを買ってきた。わさび豆にわさびカステラ、栗饅頭。おいしかった。特に私はわさび豆が気に入った。ピリっとしていて、お酒のおつまみにいい。（中略）
　そういえば前にテレビで、おみやげにもらって嬉しくないものランキングをやっていた。一位はこけし、二位は耳かきだった。しかし、私は一位と二位の間にキーホルダーを入れたい。こけしは一番いらないと思う。こけしコレクターという人がいるか知らないけど、そういう人以外は、まずいらないだろう。それに、キーホルダー。
　（２）温泉旅館の売店なんかに行くと、驚くほどダサイのが売っていたりする。金属の阿弥陀地蔵が彫ってあり、「〇×温泉」という名前があって、上に鈴がついているのや透明のアクリルケースみたいなのにドライフラワーが入っていて、外側にこれまた「〇×温泉」と金文字が入っているのもよく見かける。
　（３）私は以前からずっと気になっているのだが、おみやげ製造会社にはキーホルダーデザイナーみたいな人がいるのだろうか。もし、いるとしたらどういった意図でデザインしているのだろう。また、こういったキーホルダーを買う人がいるのも事実である。「人にものをあげる時は、自分が欲しくなるものをあげる」という鉄則があるが、その人達は、キーホルダーを欲しいんだろうか。
　こうして考えていくと、おみやげって奥が深いなあと思う。（４）何だか、温泉旅館の売店のおみやげの仕入れとかをやりたくなってきた。こまめにマーケティング・リサーチなどして売れてるみやげ屋になりたい。キーホルダー・デザイナーも一度やってみて、情けなくなるほどダサイやつをデザインしたい。
　でもその前に、私のもらったキーホルダーを何とかしなければ。誰かいらないおみやげの有効な利用法を教えてください。　　（⑤－48）

　書くきっかけとなる具体物は、祖母にもらったお土産である（１）。温泉地で売ってあるキーホルダーの垢抜けないデザイン性について細かく形状をとらえ（２）、デザイナーやマーケティングにまで話題を広げている（３）。普段気にとめないが、言われてみればそのとおりだというところに面白さがあり、読者をひきつける作品である。お土産についてよくよく考えていくうちに「何だか……仕入れとかをやりたくなってきた」と思いつきで結論部に収束していく箇所（４）が随想的であり、[２Ｂ]領域で楽しんでいる段階である。

「学園祭再考」(9月13日掲載／[２Ｃ])
　今年も又学園祭の季節がやって来た（１）。しかし、学園祭実行委員会や文化委員会、生徒会役員の人達には悪いけれど、ワタシ(ママ)が学園祭と聞いて一番に思ったことはしんどい、面倒臭いということだった。
　高校一年の頃はそんなことはなかった。私は中学から成安に通っているから、五年前から成安の学園祭を見てきた。あの頃は高校のやる学園祭はやはりすごいと思っていたし、みんなが輝いて見えた。高校の学園祭は私の憧れだったと言っても過言ではない。しかし、私が高校一年になり、実際に学園祭を運営する立場になってみると、学園祭の三日間は何か空虚なままに過ぎていった。落胆した。私が買いかぶりすぎていたのか？
　ところが、成安を私以上に何年間も見つめ続けている先生方も私と同じことを思っているらしいことに気づいた。成安の学園祭は毎年〝質〟が落ちている、と。
　（２）では何故学園祭の〝質〟が落ちているのだろう。（３）その理由としてはまず社会情勢。

259

とりわけО─157事件が挙げられる。学園祭でもっとも楽しみな事の一つである模擬店が、様々な点で規制を受ける。それだけでもう、私だけでなく生徒の多くは学園祭に意欲を喪失してしまう。
　そして、他には学園祭の資金不足や開催時期等の問題がある。私は一年生の時、学園祭の会計をしていた。だから、生徒会からの一クラス三万円の支給で、どうやってやりくりしろというのだ？と疑問を持っていた。だから、どうしても〝質〟の高いものにしようとすると、自腹を切るしかなくなる。開催時期についても、高一、高二年生は問題はないが、三年生、特に推薦で大学入試を希望している人にとって、学園祭は、丁度追い込みの時期と重なるからおろそかにならざるを得ない。（4）こうして、学園祭の不備を述べてきたが、やはり成安に通っている限り、学園祭がもっとよいものになって欲しいと思う。
　（5）そこで、以前から言われていることだが、学園祭を三日間から二日間にする案もいいのではないか、と思う。先生方からこういった案が出ていて、生徒達のほとんどが反対しているが、その理由の大半が、授業しているようりも（ママ）学園祭の方が楽だからというものだと思う。現に私もそうだった。しかし、よく考えてみると、学園祭は私達生徒が創り上げるものであり、普段の授業よりも楽であってはならないのだ。そこで、三日間から二日間にすることも考えられるし、また予算の面から見ても単純に考えると、一日分の予算がセーブされることになる。だから、私は学園祭を二日間にする、という意見に賛成なのである。
　（6）さらに、三年生を自由参加にすればいいのではないか、と考える。三年生が参加しないとますます活気がなくなる、という事態も予測できる。しかし、今、現三年である私達は、受験前の時期に半ば強制的に学園祭に参加させられて、シラケムードが漂っている人も少なくない。このシラケた雰囲気が他学年にも影響することを考えると、三年生でやる気のある人だけが参加した方が、もしかして良いのかも知れない。
私の考えていることが、今の成安にとって良いのか良くないのかはわからないが、（7）もっとみんなが学園祭について考えて欲しいと思う。役員に依存して決まった後で文句を言うのは理不尽だ。学園祭を面倒臭いものにしない一番の方法は、まず私達みんなが学園祭に関心を持つことだ。これだけはハッキリ言える。（⑥－32）

　書くきっかけは、学園祭の季節がやってきたこと（1）と、学園祭に対する書き手の問題意識である（2）。問題の所在として、社会情勢と、資金不足や開催時期等の問題をあげ（3）、学園祭がもっとよいものになってほしいという思い（4）から、考えられる解決策を二つ述べている（5）（6）。実行委員経験者として普段からよく考えていることを書きおこしており、問題提起からはじまり、原因分析、解決策と、順序よく述べているし、もっとみんなに学園祭について考えてほしいという確固たる主張、伝達目的がある（7）ためか、公共的文体で書かれていて、波線部のような接続語句、構成を左右する語の使い方も適切で効果的である。テーマが学生生活で終わっていることで［2Ｃ］領域であるが、もしこの作品が、「人任せにしておいてあとで文句を言うことは理不尽である」という主題のもとに一連の体験を具体例として書かれていれば、［3Ｃ］領域の作品ということになる。全体の叙述の冗漫さも課題である。これについては、実践「カキナーレ」の指導方針の特性上（指導方法五、127ページ）、個の状況や必要性に応じ、折をみながら個別に指導をしていくことが自然な形であろうと思われる。
　［3Ｃ］領域への課題はあるものの、［2Ｂ］から［2Ｃ］へと、このような変化をみせた作品が出たときは、文章の目的とそれにそくした文体との関連について考えさせるのに良い機会となるし、学級全体に返しても意義深いと思われる。

「買ってはいけない!!」(9月22日掲載/[3B])

(1) 先日、ある人に一冊の本を紹介してもらった。その本の題名は『買ってはいけない』という少し妖しげ(ママ)なものだった。しかし、その人からその本の内容がどんなものかということを聞いた時、私はこの先、生きてゆくのが不安になる程の恐怖を感じた。

私たちは普段の生活の中で当たり前のように使っている日用品や何も考えずに口に入れている食べ物等(ママ)に気にとめたことがあるだろうか。『買ってはいけない』には、私たちが気にとめずにはいられないような恐ろしい日用品の数々が載せられていた。(中略―引用者)

その本の中でも、とてもショッキングだったのは、リポビタンDは効き目がゼロらしいというものだった。実は私はこれまでずっと愛飲していたのだ。(2)「リポDはやっぱ元気出るわ」と思っていたのに、あれは一体何だったのだろう。私はケイン・コスギと宍戸開の筋肉と汗にだまされていたのだ。それに私たちが今までに一回は使ったことのあるメリットシャンプー。これはまた、ものすごく怖いものだった。毛を全部剃ったラットにメリットを一ヶ月間毎日体に塗り続けたところ、八〇パーセントのラットが皮膚病になり、死んだということだ。しかし、このような皮膚に悪い成分が入っているシャンプーは何もメリットではないはずだ。(3) 私たちはこんなに悪い毒物を毎日頭にふりかけているのだ！

しかし、「シャンプーは水と配合して流れるし……」と思う(ママ)人がいるかもしれないが、水と結合しやすいということは、私たちの流した汚水がまわり回って川に流出するということだ。この本の著者は、そう教えてくれた。

私たちが日用品を使うだけで人体だけでなく地球環境にも害を及ぼすなんて……。(4) 物事を違う視点から見るのって、大切だとつくづく感じた。私たちは都合のよいCMや広告にだまされているのだ。(5) これからは出来るだけ表示指定成分の入った物や添加物の入った食品、外食は避けようと思う。しかし、ここまで害のある物が多いと、一体私たちは何を安心して使うことができるのだろうか。

最後に恐ろしいことをもう一つ。この本が商品の製造メーカーを名指しで指摘しているのに、どのメーカーもこの本を訴えたり、商品の安全性を実証したり一切していないらしい。これを聞いてますますこの本を信じてしまった私である。
((6)-39)

書くきっかけとなったのは、一冊の本である(1)。事例を並べたあと、高校生独特の視点と文体で(2)、読者をひきつける。これは[2B]領域の「お土産再考」と共通しているものの、「物事を違う視点から見るのって大切だとつくづく感じた」と新しい気づきを得(4)、今後の生活にいかそうという態度、何を安心して使うことができるのだろうかという思索に至っていること(5)に認識の深まりをみることができる。さらに[3C]へ移行させようと思えば談話的文体、感嘆文(3)は抑制しなければならず、書き手がどこまで場を意識し表現の調整をできるかが課題となる。

「援助交際が及ぼす影響」(9月28日掲載/[3C])

(1) 最近のことだが、私は京都駅で50歳くらいのオジさんに話しかけられた。けれども私は無視をした。なぜ無視をしたのかというと、援助交際の誘いだと思ったからだ。私が今まで中年のオジさん(たまに若い男性もいるが)に声をかけられた時の内容は十中八九は援助交際の誘いだったからだ。だから私の頭の中には、オジさんに話しかけられる＝援助交際という図式ができあがっていて、話も聞かずに無視するのが習慣になっていた。しかし、後でよく見てみると、その五〇歳くらいのオジさんは他の人に道を聞いていた。その時、私はオジさんを無視したことに強く罪悪感を覚えた。あのオジさんは無視された時にどんなに気分を害した事だ

ろうと。
　（２）私は援助交際というものがあるということを知ってからずっとそれはあってはいけないことだと思っていた。なぜならお金をもらって知らない男性とセックスするということが許せなかったからだ。しかし、たまにテレビで顔にモザイクの入った〝援助交際をしている女子高生〟が出てきて、「別に誰にも迷惑を掛けていないから援助交際をしてもいい。」というようなことを言っているのを聞いても、私は反論できなかった。
　けれども、今では〝誰にも迷惑を掛けていない〟なんて、とんでもないと思う。知らないオジさんに援助交際しないかと誘われてとても悔しく嫌な思いをしている女の子はたくさんいる。そして、その女の子達が私と同じくオジさん＝援助交際＝ヤラしいというイメージを作り上げているのだ。そのために、さっきのオジさんのように、ただ道を聞こうとしただけなのに、無視されて気分を悪くする人も出てきてしまう。
　（３）つまり、援助交際をする女性がいるから男性の間で女性の性の商品化が進むのだ。私は女性差別がなかなかなくならないのは、こういったことも関係していると思う。
　（４）だから私は援助交際をしている中年男性と女子高生にあらためて「ヤメロ」と言いたい。愚かなことをしている彼等のためだけでなく、私達の人間関係をよくするためにも。

(⑥-10)

　書くきっかけとなるのは、中年の男性とのとある出会いである（１）。これまで援助交際はいけないことだと思いながら、「人に迷惑を掛けていないからしてもいい」という意見に反論できなかった生徒は、この経験をとおして、誰にも迷惑をかけていないなんてとんでもないという気づきを得る（２）。出来事の関係者（この作品では中年男性と女子高生）に対する強い主張（４）がみられることは［２Ｃ］「学園祭再考」と同様だが、結論的に社会的な問題にせまる部分（３）が、そ

れまでの体験事例（＿＿部）から導きだしたものとはいえず、「学園祭再考」と比べた場合の論理のもろさが課題として指摘される。自分とは遠い世界にある社会的な問題について、具体例をもとに抽象度をあげることの困難さがうかがえる。

　このように、生徒Ａの作品を中心に数名の生徒の作品変化を考察すると、実践「カキナーレ」の成果と課題がみえてくる。

　まず、図上に生徒作品を配置することでみえてきた、年間をとおした無意識下での生徒たちの成長は、実践「カキナーレ」の一つの成果といえる。深谷氏は実践に際し、生徒たちが書き慣れることをもっとも重視し、虚構を認め、おもしろく書いてよいということで、生徒たちがもつ作文に対する負のイメージをとり除いた。そして、活字化する段階で、自己完結、感情優勢型の文章を省くことにより、多くの人に読んでもらえる文章とはどのようなものかを考えさせた。さまざまなテーマの作品をフィードバックしながら、いわばゆるやかなプロデューサーとなって、生徒にあるべき姿を示し導いたといえる。生徒も、他の生徒作品に刺激されながら視野を広げ、書き方を工夫し、［１Ａ］方面から［３Ｃ］方面への成長をとげた。九つの領域の中を行きつ戻りつしながら文章が変化していくことは、小学校中学校をはじめ、それまでの言語生活でさまざまな文章表現に触れてきた高校生だからこそなしえた成長ともいえるだろう。

　一方で、生徒に求められる文章力がモデル文の位置、もしくは［３Ｃ］領域にあると考えたとき、［２Ｂ］領域から内容の壁と文体の壁を越えることの難しさが課題としてあげられる。続く第三章では、本節で考察した実践「カキナーレ」の課題をふまえ、作文指導法を考案する。

第三章　生徒作品の分類と指導法

(1) 文体的特徴に基づく思考の型の分類

　本章では、これまでにおこなってきた生徒作品の文体的特徴の考察に基づき、生徒の表現意欲をいかした作文指導を考案する。ここまでの経緯をまとめる。

第一章で、書きことばの談話化と、談話的文体で書くことの教育的意義とを論じたうえで、新しい文章表現のあり方をモデル文として提示した。第二章では、生徒に談話的文体で書くことを認めた実践「カキナーレ」をとりあげ、文集「カキナーレ」に掲載された作品の文体的特徴を考察することでその成果をまとめると同時に、二つの課題を指摘した。［１Ａ］から［２Ｂ］へ進むべき生徒と、［２Ｂ］から［３Ｃ］へ進むべき生徒それぞれに対して何らかの指導が必要であるという指摘である。そのうえで、前者については、第二章でまとめた深谷実践の指導法に加え、第二章で考察した文章表現の実際を生徒に意識させることでいくらか克服できる可能性があると考え、本章で考案すべきは、［２Ｂ］から［３Ｃ］へ、もしくはモデル文の方向へ進むための作文指導であるとの方向性を示した。

 以上の経緯をおさえ、本章では［２Ｂ］までたどり着いている生徒たちが［３Ｃ］へ進むための指導法を考案する。

 図４は図３を簡略化したものに、指導の方向性を考えるためのメモを書きいれたものである。これをみると、［２Ｂ］から［３Ｃ］へ進むために、少なくとも二つの道を用意できることがわかる。一つは［２Ｂ］からまず内容の壁を越え［３Ｂ］に向かうこと（α）、もう一つはまず文体の壁を越え［２Ｂ］から［２Ｃ］へ向かうこと（β）である。どちらも最終的には［３Ｃ］へたどり着くことを視野にいれている。くり返しになるが、第一章でモデル文を［３Ｂ］と［３Ｃ］の境界線上においたことは、生徒に対して積極的に認めてよい新しい文章表現の一つの姿を提示したのであって、高校や大学の入試で測られる文章を書く力や社会で求められるそれが、より完成度の高い公共的文体、二次的ことばの運用能力であるという現実があるかぎり、［３Ｃ］領域の文章表現を否定する理由はなく、一度は［３Ｃ］領域へ生徒を導く必要があるとするのが本稿の立場である。

 本章では、そのような立場を前提としたうえで、モデル文の位置で示されるとおり社会で受けいれられる書きことばの談話化が進んでいることと、文集「カキナーレ」にみられる生徒の表現意欲をいかした指導法の考案を目的としていることから、前者（α）、すなわち［２Ｂ］から［３Ｂ］へ進むための方略を考案することとする。

 ［２Ｂ］から［３Ｂ］への進み行きを考えるということは、［２Ｂ］の中で生き生きとした表現を楽しんでいる生徒たちの表現意欲を利用し、生徒が自在に主題を深めたり広げたりできるようにするための指導法を考えるということである。たとえていうなら、［Ｂ］という川の中に心地よく漂っている生徒たちに、その水流を利用し［２］の岩から［３］の岩へ渡るための方法を教える、ということになる。そこで思いいたるのは、各生徒の得意な泳法による渡りである。

 泳法つまり「泳ぎの型」をここで「思考の型」におきかえて考えてみる。生徒が自分の得意とする「思考の型」を知ることができれば、それを利用し［２］から［３］へ渡ることができる。また、他にある思考の型を知れば、自分の作品に取り入れることもできるだろう。

 生徒はまだ自分のもつ思考の型を自覚できていない状態にある。そこで、本節では1999年度の文集「カキナーレ」（資料番号④⑤）の中の、［２Ｂ］作品群246編についての「思考の型」の分類をおこない、次節でその「思考の型」をいかした指導法を考案する。

図４　３Ｃへの方略

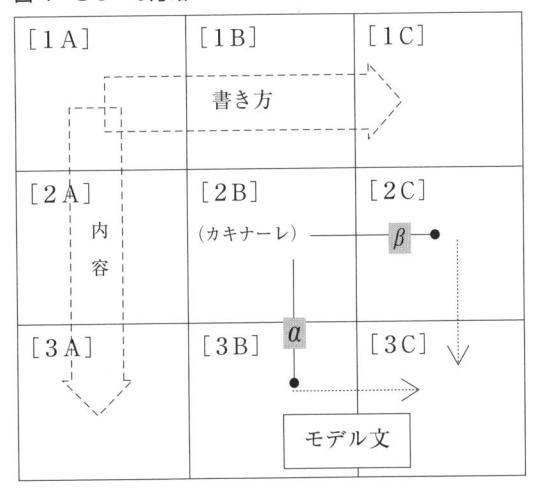

［１Ａ］	［１Ｂ］	［１Ｃ］
	書き方	
［２Ａ］	［２Ｂ］ （カキナーレ）	［２Ｃ］ β
内容		
［３Ａ］	［３Ｂ］ α	［３Ｃ］
	モデル文	

作品の分類は、生徒作品にみえる「メルクマール」に基づいておこなう。「メルクマール（Merkmal）」とは、ドイツ語で「目印、指標」の意であるが、本稿では生徒作品の文体的特徴としてあらわれた「思考の目印」という意味で使用する。そのメルクマールを七類型に分け、作品中に占める割合の多いメルクマールの類型、作品の中心的役割をはたしているところに多いメルクマールの類型を、その作品のもつ「思考の型」を決定づけるものとして採用する。

メルクマールの類型は、図5イ部で示すとおり、「行動」「会話」「状態（多面的）」「状態（平面的）」「過去」「現在」「未来」の七つである。まず、書き手の意識が対象そのものに向いており事象をとらえているか、対象を経由して自分の心象をとらえているかの違いで、対他的か対自的かに区別し（図5ア部）、そのつぎに、対他的に事象の何をとらえているか、対自的に心象をどのようにとらえているかで細分化している。対他的なとらえかたとしては四類型を設けた。とらえるものが「行動」か「会話」か「状態」か、状態ならば「多面的」にか「平面的」にか、である。対自的なとらえかたとしては三類型を設けた。対象について「過去とのつながり」あるいは「未来とのつながり」の中で心象をとらえるもの、対象に対して「現在への評価」をくだすものである。このメルクマールの七つの類型をよりどころに、指導に結びつけるために設けた「思考の型」が、「言動描写型」「多面描写型」「平面描写型」「已然評価型」「存続評価型」「未然評価型」「複合型」の七つである（図5ウ部）。おもに人間の行動と会話を描写した作品を「言動描写型」としてまとめ、心象でとらえた種々のメルクマールが一作品の中に同じ割合で混在しているものを「複合型」として、メルクマールの類型とは別に新たに設けた。「已然評価型」「存続評価型」「未然評価型」の名称は本稿のための筆者の造語である。「已然（未然）評価型」は、すでに起きた（まだ起きていない）対象についての価値判断、「存続評価型」は、今、眼前にある（書かれたものという意味では〈きわめて近い過去に、眼前にあった〉）対象についての価値判断が作品の核となっているものを指す。思考の型の名称に

図5　対象のとらえかたと思考の型

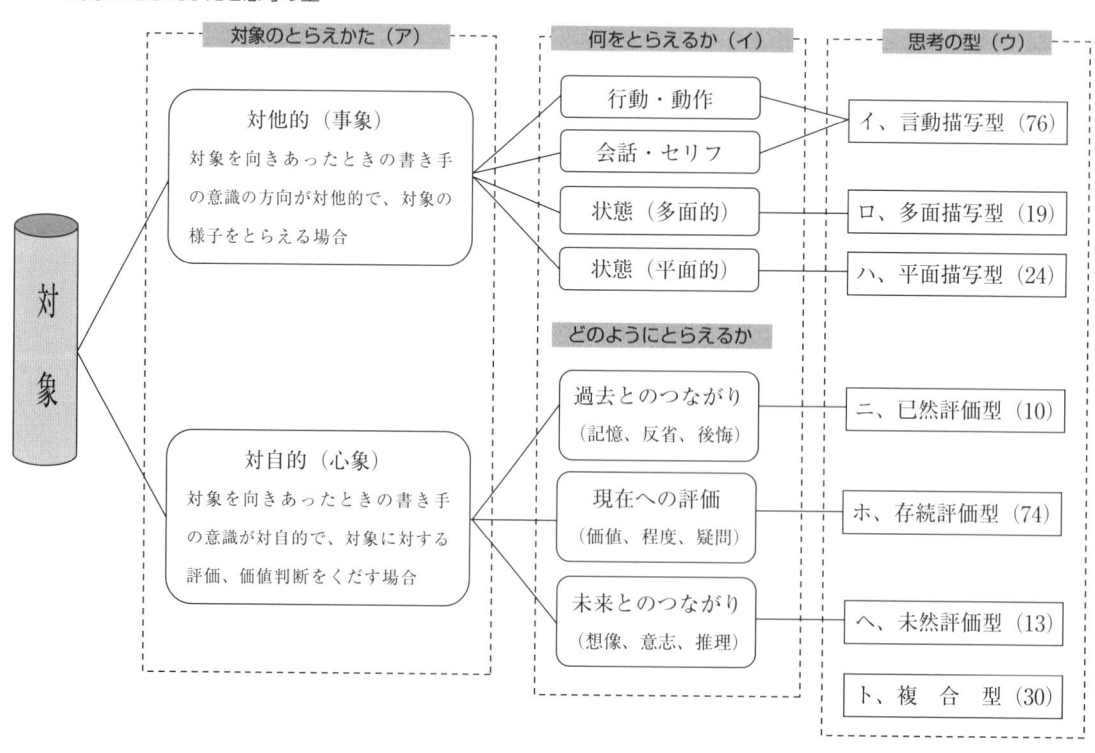

添えて示した数は、それぞれに分類された生徒作品の数である。

以上のことを作品例に基づき確認する。

各文頭にある □、▨ の中には、思考の型の分類を文単位でおこなったときにどの型に弁別できるかを書きいれている。□ が作品の思考の型に結びつくものである。文単位では弁別に迷うものもあったが、この作業をおこなうことの理由は文のまとまりである文章（作品）を分類することであるから、作品中多く含まれる同類型のメルクマールを収集することに重きをおき、文ごとにみたときのそれは一応の目安とした。

イ、言動描写型（76作品）

人や動物の動きや会話が作品の中心となるものをこれに分類する。七つの型のうち、この型に分類される作品の数がもっとも多い。深谷氏が人間観察をするように指導していたことに関係しているだろう。

「九七歳のおばあちゃん」

（文頭の数字についている（＿）は、改行していることを示す。以下同じ。）

（1）状態 部屋でテレビを寝転がって見ていたら、風呂場から妹の叫び声がした。

（2）状態 何かあったのかと思いあわててふろばへ行ってみると、一匹のゴキブリとふるえている妹がいた。

（3）会話 妹は私に「あんたハヤク殺して！！」と涙目で言う。

（4）現在 私だってゴキブリはこわい。

（5）行動 どっちが殺すかをもめているうちにゴキブリが突進してきた。

（6）行動 私と妹は悲鳴をあげて逃げ回っていた。

（7）行動 そこに我が家の九七歳になるおばあちゃんがスリッパをもって登場。

（8）現在 おばあちゃんは強い。

（9）状態 五日前のことだ。

（10）行動 何かパシーンパシーンと家中響く音がしたので、音のするトイレに駆けつけてみると、おばあちゃんがスリッパを振りかざしてゴキブリを殺していたのだ。

（11）行動 妹が「おばあちゃんそこそこ」と指し示し、おばあちゃんはスリッパを持ってゴキブリの方へ近づく。

（12）行動 ゴキブリは触覚を揺らしながら、おばあちゃんの殺気に気づいたらしく、ピタっと止まった。

（13）行動 しーんとした空気が流れた瞬間、ばあちゃんがスリッパを振りかざしパシッ、ゴキブリは一発でとどめを刺された。

（14）行動 妹と私は目を見合わせ、開いた口がふさがらなかった。

（15）行動 おばあちゃんはゴキブを新聞紙でつつみスリッパをはいてスタスタと部屋へ戻っていった。

（16）現在 その時、小さなおばあちゃんの後ろ姿がとても大きく見えた。　　　（④－82）

姉妹と祖母が風呂場にいたごきぶりと格闘する一部始終が、人間どうしの会話、人間とごきぶりの動きの描写を中心に作品化されている。文章中に多くみられる動きをあらわす動詞によって、作品が動的に印象づけられるとみなした。この作品の場合は、下線をひいた会話文や動作を表す動詞の類が、思考の型の分類を「言動描写型」に決定するメルクマークである。

ロ、多面描写型（19作品）
ハ、平面描写型（24作品）

眼前のもの、こと、人についての状況、状態、ようすや気づきを書いたものをこれらの型に分類する。メルクマールは多面描写型、平面描写型いずれも「ある」「いる」「ない」「～になる」「～ている」など広く状況を表すことば、「観察する」「気がつく」など状態描写につながることば、「大きい」「太い」など心象を伴わずに事象をとらえる形容詞、などである。同じ描写型の作品でも、とくに、一つの対象物を多面的にとらえた跡がメルクマー

ルとしてみえるものを「多面描写型」としてもう一段階細かく分けた。つぎの作品で確認する。

「私の父」
（1）状態 最近、父がどんな人かようやく分かってきた。
（2）過去 以前までお互いケンカばかりで、父の悪い所ばかりが目立って見えて、嫌いだった。
（3）状態 私の家は四人家族。
（4）状態 中でも一番大食いでがんこなのが父。
（5）状態 釣りが好きで自然が本当に好きな人である。
（6）状態 父は仕事が休みになると、自然や魚、動物が出てくるテレビ番組ばかり観ている。
（7）状態 そんな父だが実は料理も得意なのだ。
（8）状態 でも、がんこで一番うるさい父。
（9）状態 正直父とは仲がよくはなかった。
（10）過去 特に、中学生の頃が最もひどかった。
（11）状態 高校に入学してからも何度か父とはケンカしたが、その度に相談にのってくれた親友がいる。
（12）現在 親友は「子を思わない親なんていひんと思うで」と言ってくれた。
（13）状態 最近あることがきっかけで、父は家族で一番心配性で、いつも思ってくれているということが分かった。
（14）状態 親友の言っていたことが本当だった。
（15）状態 今でも父はがんこで口うるさい。
（16）現在 が、そんな父でも私は好き。
（④-21）

作品全体にわたって、家族のようす（父親のようす、父親との関係の状況）が書かれている。父親という対象のようすや状態をおもにとらえていて、描写型に分類される作品である。描写型のなかでもとくに、ひとつの対象物をよりよく観察し、自ら掘り起こすように、比較したり、相反する要素をとらえたりするなどして立体的にとらえているものを「多面描写型」としている。この作品を「多面描写型」とする根拠となるメルクマールは「実は」「でも」である。この型に全般的にみられるメルクマールは、逆接の接続語句「しかし」「ところが」や、現状よりも一歩進んで気づきを深めている「それでも」「だけじゃなく」といったものがあげられる。

なお、（4）（8）（15）の文にある「がんこ」「うるさい」「口うるさい」は事象でなく心象、本人の価値判断が入っている存続評価型の文としてもとれる向きもあるが、「ケンカばかりしていた父親」という感情的になりがちなテーマを落ちついた作品にしあげていること、また、そうでなければ多面的な観察はできないとの判断から、状態をとらえた文として弁別した。このように、作品全体の趣が感情的かそうでないかで分類が左右される作品もいくらかある。

ニ、已然評価型（10作品）
ホ、存続評価型（74作品）
ヘ、未然評価型（13作品）

対象を心象でとらえ、主観的評価が作品を印象づけるものをこれらの型に分類する。七分類中、「言動描写型」に次いで多くみられるものが「存続評価型」である。「存続評価型」の作品は、眼前の対象物に対する書き手の価値意識を反映したものであり、ややもすれば個人の主観に傾いた感情的な作品になりがちであるから、「存続評価型」作品群の中には［1］領域よりに位置するものも多い。評価型作品群のうち、ここでは「存続評価型」の作品例をみる。

人間ウオッチング
（1）現在 私は人間観察が好きだ。
（2）現在 四条などに遊びに行った時も何気なく人間を観察してしまう。
（3）現在 最近では無意識のうちにしている

（4）[行動] 街を歩いている時は、主にファッションをチェックする。
　（5）[状態] 店では食事風景を、電車・バス・車に乗っている時は、人の動き・しぐさを観察している。
　（6）[現在] これはマジでおもしろい。
　（7）[未来] まあ、たいていの人は一度はしたことがあると思うが…
　（8）[状態] 人の口を見てると、何を言っているのかわからないが、よく独り言を言っているのを見かける。
　（9）[現在] きっと無意識にしているのだろうが、観察している方としたら、なんて間抜けなヅラなんだと思う。
　（10）[状態] 友だちと一緒だったら笑えるが、さすが一人だと、変な人と思われるので笑いをこらえるのに精一杯だ。
　（11）[状態] こんなわけで今では人間ウオッチングは、私の一番の趣味になっている。
　（12）[現在] 暇なときにこれをしているとあっという間に時間がたってしまう。
　（13）[未来] もしかしたら、人間ウオッチングをしているはずの私が、逆にされているかもしれないが…。
　　　　　　　　　　　　　（④－71）

　「好き」「こわい」「おもしろい」などは書き手の主観的な評価、価値づけである。それだけではなく「なんて間抜けなヅラ」「マジでおもしろい」など、ことの程度を強める表現や、「観察してしまう」「あっという間に……てしまう」など、ある行為についての、自分にとっての価値の軽重をあらわす表現が散見されるのがこの作品群の文体的特徴である。このような表現が多くなりすぎると、自己感情が作品の中心となり、［１］領域に近接する。

　このように、作品全体にわたって、あるいは作品の核となる部分に、どのようなメルクマールを拾うことができるかで、［２Ｂ］作品群を分類することができる。指導者が、生徒作品を分類する

文体的特徴に基づく作文指導

ためのこのような視座をもっていれば、生徒自身のもつ思考の型を意識的に知らしめ、自覚させることができる。自分の「思考の型」を知らされ実感できた生徒たちは、自分の得意とする型をさらに熟練させて書くことを楽しんだり、他の型を利用して書いてみるなどの試みをすることができるだろう。

(2) 指導法

　ここに述べる指導法は、すでに書かれている生徒作品の文体的特徴に基づいて、指導者が生徒個人に対しておこなう指導法を想定している。授業からいったん離れたところで、指導者が、生徒と生徒作品に対面したときにおこなう一対一の対話や助言をとおしての指導である。それは、実践「カキナーレ」が、国語教室での実践というよりも、教室を飛び出したところにあるもっと日常的、課外的な実践形態であることに起因している。教室で一対多数でおこなわれる伝達型の指導法も、国語科の書くことの指導としておこなわれるべきことである。ここではこれを否定するものとしてではなく、生徒の文体的特徴をいかすためのものとして、あえて、個に合わせた対話的な場面に焦点を絞って指導法を考案する。

　指導法は三とおりのものを考える。一つは、生徒が自分のもつ思考の型を利用し、他のテーマで書いてみる方法である。二つめは、他人のもつ思考の型を利用して、興味のあるテーマで書いてみる方法である。三つめは、思考の型も取りあつかう内容もそのままに、興味関心を追究していく方法である。

　一つめの方法、生徒のもつ思考の型を利用して他のテーマで書かせる指導法から述べる。自分の得意な泳法で［２］の岩から［３］の岩へいたる方法である。

　つぎの作品にみられる「言動描写型」の思考をもつ生徒の場合、どのような対話的指導が考えられるか。

「おませな小学生」

先日の夕食時、小学校６年の弟が、「オレ、告白されたわー」
「ええ！いつ？」
　びっくりした私は、普段は話しかけない弟に問いかけた。
「修学旅行で、ふったけど。」と弟。
「何でふったん？もったいない。」と私。
「オレ、好きな人いるし…」と弟。
　まーなんと最近の小学生はませている。と思いながらも私は、
「誰好きなん？」と聞いてみた。
「絶対言わへん。」と弟。
　（１）キ～生意気！
　まあ、そんな簡単に好きな人をペラペラ話すようじゃー、まだまだ子どもやし、言わへんのは当たり前か…と思った。
　（２）ところが、夕食後、母が、
「あの子にも好きな人がいるらしいね。」と私に言ってきた。
　…なんじゃそら。ませててもやっぱり、小学生。まだまだ子どもや。母には話していたらしい。
　けど、好きな人から好きと言われるその女の子に、少し嫉妬を感じた。　　　　（⑤－103）

　書き手と弟、母親の会話を軸に、恋愛で背伸びをしている弟のようす、それにやきもきする姉（書き手）と、それを見守る母親とが、短いことばの描写を中心に生き生きと描かれている。弟の発した「絶対言わへん」のあとの「キ～生意気！」（１）も、書き手の価値判断を集中的に表現していて効果的である。前半部の姉と弟とのテンポのよいやりとりの後、「ところが」からはじまる後半部（２）で、母と書き手とのやりとりを前半部とは対照的に落ち着いて描いたことで、前半部の兄弟げんかの幼さが映え、作品を奥行きのあるものにしている。これを書いた生徒は、第二章（250ページ）で実践「カキナーレ」の典型例としてひいた作品「桃太郎？」を書いた生徒と同じ人物である。「桃太郎？」もまた、父と弟との会話をたくみに描写

した、「言動描写型」の好例である。
　この生徒と対面したとき、指導者は今論じたようなことを生徒に伝え、つぎの作品にいかすように励ますことになるが、その際、家族以外のものに目が向くように助言するのがこの一つめの方法である。「たとえば、街中で聞いた知らない人同士の会話で気になったものや、ニュースでみかけた記者会見でおもしろいと思ったものを、これと同じような調子で会話を中心に書くと、あなたの筆力がいかされていい作品になると思うよ。」という具合である。生徒は人間の会話に耳を澄ますようになるだろう。同時に、書く材料をひろうため、取材活動の範囲（視野）が広がることも期待できる。
　同じ「言動描写型」でも生徒や作品によって「行動」描写か「会話」描写かに傾きがある場合もあるだろう。265ページに掲載した「九七歳のおばあちゃん」はどちらかといえば行動型である。そのことも意識すれば指導にいかせる。
　以上が「言動描写型」の生徒作品についての指導法である。
　もののようすや状況の観察、気づきが活発な描写型の生徒に対してはどうだろうか。ここでは、「多面描写型」と「平面描写型」の二つの型のうち、より幅広い観察力をもつ「多面描写型」をとりあげてみる。

「バスの中の恋物語」
　私は最近毎朝、同じ時間のバスに乗っている。そして、そこには一組のカップルと、男の子に恋する片想いの女の子がいることに（１）気づいた。
　カップルは二人とも私より年下の、高一ぐらいの子だ。女の子の方は知らないけれど、男の子の方は私と小学校が同じだったので（２）知っていた。とにかく二人はいつも一番後ろの四人掛けの席に座って、毎朝（３）楽しそうに笑いありの会話をしている。内容までは聞こえてこないのだが。（４）しかし、楽しそうな会話の中で、気のせいか、男の子の言うことに、女の

子が無理して笑っているように聞こえる。でも、仲良く二人でバスを降りてからも（5）楽しそうにしていのを見ると、お幸せにと言いたくなる。
（6）一方、女の子の方は、全然知らない子なのだけれど、お目当ての男の子が後ろからバスに乗ってくるなり、さっきまで座っていた席を離れ、同じように立ってつり革を持ってじっと彼の方を見ているのだ。私は最初その光景を見て、なんで席立つんやろう、と思ったのだが、それは彼を見つめるためだった。（7）でも、男の子の方は、そのことに全く気づいていないようだ。
がんばってね。　　　　　　　　（⑤-83）

（1）「気づいた」（2）「知っていた」（3）「楽しそうに……会話をしている」（6）「じっと……彼の方を見ているのだ。」（7）「気づいていないようだ」などのメルクマールからも分かるように、通学バスの車内で繰り広げられる人間模様、車内の状況を観察し、作品化している。（4）「しかし……の中で、気のせいか……ているように聞こえる」（6）「一方……なのだけれど」（7）「でも……気づいていないようだ」などのメルクマールからは、静かに観察していながら、能動的に観察対象を掘り下げたり押し広めたりするなどし、「多面」的に対象物をとらえようとしている態度がみてとれる。指導者はここに着目し、今後の作品にいかすようことばをかけることができる。

描写型の作品は、内容の広がり方だけでなく、「多面描写型」と「平面描写型」で視点の動きの幅が違うという問題を含みもつ。「平面描写型」は一点にとどまってじっと注視する集中的思考、「多面描写型」は視点の変化による拡散的思考という思考の型の特徴を指摘できよう。両者を比べて作品数が多かった「平面描写型」の生徒には、「多面描写型」のメルクマールを思考をうながすことばとして与え、作品内に取り入れさせることも考えてよいだろう。視点を立体的にすることは生徒のものの見方を豊かにすることにつながる指導で

もある。逆に多面描写型の生徒に平面描写型の作品を示し、比べ読みさせることで、定点観測のおもしろさに気づかせることも指導として考えられよう。このことは、後に述べる二つめの指導法に関わるところでもある。

最後に評価型思考の生徒について述べる。前節で指摘したように、眼前の対象を対自的にとらえ、自分にとっての評価が作品の中心となっている「存続評価型」の作品は多い。267ページで例示した作品「人間ウオッチング」を書いた生徒は、そのタイトルからも内容からも、街で見かけた人々のようすを描写することに楽しみを見いだしていることがうかがえる。本人はそのつもりであろうが、実は主観的な価値判断が文章から多く読みとれることを指摘し、そのような自分の価値判断や評価を、社会での出来事や自分の生き方などにくだしてみてはどうかと助言する。第二章（261ページ）でとりあげた、「買ってはいけない‼」も、「存続評価型」に類する。そしてこれは［3B］に分類されるものである。メルクマールを中心に引用し確認する。

- その本の題名は『買ってはいけない』という<u>少し妖しげな</u>（ママ）ものだった。
- 私はこの先、……<u>不安になる程の恐怖</u>を感じた。
- <u>当たり前のように</u>使っている日用品や……食べ物等に<u>気にとめたことがあるだろうか</u>。
- 私たちが<u>気にとめずにはいられないような恐ろしい</u>日用品の数々が載せられていた。
- <u>とてもショッキングだったのは</u>、リポビタンDは効き目がゼロらしいというものだった。
- 私たちは<u>こんなに悪い毒物</u>を毎日頭にふりかけているのだ！
- この本の著者は、そう教えて<u>くれた</u>。
- 日用品を使うだけで人体だけでなく地球環境にも害を及ぼす<u>なんて</u>
- 物事を違う視点から見るのって、大切だと<u>つくづく</u>感じた

テーマが社会性を帯び、そのことに対して意見をもてばそれだけ本人の評価が入る。「人間ウオッチング」を書いた生徒には、ここにあげたような［３Ｂ］の作品例を見せることも効果的であろう。

以上が、一つめの指導法である。

二つめは、興味があるテーマについて、いつもとは違う思考の型を用いて書くようにすすめる指導である。［２］の岩から［３］の岩へ渡るために今までとは違った泳法に挑戦してみるという意味では、一つめの指導の応用編といえる。たとえば、電車の中の人間模様を扱うのにも、人の会話を書きうつす（言動描写型）、車内のようすを観察する（平面描写型）、複数の人を比べてみる（多面描写型）、幼い頃の電車の想い出を掘りおこしてみる（已然評価型）、など対象へのせまり方はさまざまにある。同じテーマを違う型で書いている生徒の作品例を比べ読みさせ、とらえかたの違いに気づかせることもできる。このような過程をたどることで、文章表現の多様さを知り、内容を広げるきっかけをつくることもまた、生徒の書く意欲をいかした作文指導である。

三つめは、思考の型も内容もそのままに、生徒が自分の興味のある一つのテーマについての探求を進めることである。指導者は、生徒の書いてきた作品内容に関連の深いもの、あるいは生徒の思考にゆさぶりをかけられるような、本人のものの見方とは相反するとらえかたをしている内容の本を示す。それを生徒が自分の作品と読み比べることでさらに思考の幅を広げ、興味関心を深めることがねらいである。興味関心を深めた生徒がさらに調べ学習などに至り、その学習が以後の作品にいかされれば作品内容もいっそう洗練されたものとなろう。また、比べ読みの本を提示する際に、教科書に掲載されている作品を用意できれば、生徒たちの意識の中にある「自分たちの興味」と「論じるべき内容」との壁、「普段着の表現」と「よそ行きの表現」との間の壁をとり除くきっかけをつくることにもなる。教科書を読んだあとその出典となる書籍を生徒自ら手にとってみたり、同じ著者の本を読んでみたりするといった発展も期待

できる。生徒の興味関心がどこへ向いているかを指導者が察知したとき、一人一人に合った適当な本をすすめられるかどうかはもちろん、指導者の、普段からの研鑽によって左右されるところが大きい。

以上、［２Ｂ］から［３Ｃ］へ向かうための方策のうち、［２Ｂ］から［３Ｂ］へいたる道筋に特化して考えられる指導法を三とおり述べた。

おわりに

本稿の目的は、書くことに対して苦手意識を先行させる生徒たちの意識の中に存在する、「自分たちの興味」と「高校生として論じるべき内容」との間の壁、「普段着の表現」と「よそ行きの表現」との間の壁をできるだけとり除き、生徒の表現意欲をいかした作文指導法を考案することにあった。そこで、実践「カキナーレ」を楽しむ生徒たちの表現意欲に注目すべきものがあるとの立場から、文集「カキナーレ」の生徒作品の文体的特徴に基づき成果と課題をまず導きだしたうえで、指導法を考案した。

導きだされた実践の成果は、第二章で論じたとおり、年間を通した生徒作品の質的な変化である。課題をふまえ考案した指導法は、第三章で論じた「思考の型」を利用した三とおりのものである。

今回考案した指導法のほかにも、132ページの図２のようなものを生徒に与え、文章表現そのものについての関心を高める方法もあろう。生徒に示す図は分かりやすいようにさらなる工夫は必要であるが、ともあれ、生徒と教師がこのような図を共有しそれぞれの領域の文体的特徴を学ぶという、書くこと以前の、文章表現についての基礎的な学習をとおして、生徒が自分自身の文章を分析する目をもつことができれば、自分の文章の位置を図上で確認したりまたそのうえで自分の目標とするモデル文を図上に設定したりすることができるだろう。

書くことの密室性についても気をかけておく必要がある。実践「カキナーレ」の生徒たちのように、書くことを楽しむようになった生徒にとって、

書く行為は、クラスメイトや読者との意思疎通や自分の意見発表の場のように思えてくるものかもしれない。が、書くという行為だけを続けているかぎりは、それは他者との面と向かった対話に比べれば、ずっと個に閉ざされた世界である。書いた内容、あるいは書くような内容について、現実の、日常の談話レベルで友人と会話を楽しんだり意見を交換しあったりできることもまた重要である。心理的な負担によって書くことと話すこととの乖離が生じるようであってはならず、お互いの行き来を指導の場面にあっては重要視しなくてはなるまい。

本稿では、すでに書かれた生徒作品から成果と課題を帰納的に見出すことにこだわり論を進めてきた。結果、生徒作品の文体的特徴に基づいて導きだされた指導法は仮説的なものにとどまっている。したがって、今後、実践および実証の機会を得、その有効性、妥当性の検討がおこなわれるべきである。

また、今回は生徒たちの生き生きとした文章表現を尊重し、それを分析することで、談話的文体で書かせることの可能性を探ってきた。この先［3B］から［3C］へ、談話的文体から公共的文体へと生徒たちが進み行くための指導法を発展的に考案するためには、公共的文体に特徴的にみられる豊かな文章表現についての分析を進めることも同時に必要であると思われる。

生徒たちが教育の場面から離れ社会を構成する一人の大人となったとき、どんな職に就こうとも、どんな立場にあっても豊かな人生を送れるようにする、そのために必要な表現力とはいったいどのようなものか。人間として一生大切にしたい情動や感受性を絶やすことなく、社会で必要とされる文章表現力を伸ばすためにはどのような作文指導が考えられるのか。本稿は、このような筆者の根本的な興味を追究した結果のひとまずのまとめである。指導法の有効性、妥当性を証明するには不十分な論考であるものの、他者と生きるために必要な表現意欲と、その意欲を継続させることの重要性を生徒作品に基づいて考察できたことが、筆者の考える本稿の成果であることを記しまとめとする。

●注
(1) 深谷氏とカキナーレについては126ページを参照。
(2) 岡本夏木（1985）『ことばと発達』岩波新書、27ページの定義による。
(3) 注2に同じ。52ページの表を利用し、筆者が補足的に「獲得時期」の項と事例を加えた。
(4) 注2に同じ。133ページ。
(5) 注2に同じ。（ア）部は133ページの岡本の図を利用した。それ以外は二次的ことば獲得期以後のイメージ図を筆者が加えたものである。
(6) 注2に同じ。158ページ。
(7) 岡本夏木（1982）『子どもとことば』岩波新書、179ページ。
(8) 注7に同じ。161ページ。
(9) 間主観性…「フッサールの表したドイツ哲学用語。自然的世界も文化的世界も一個の主観の私有物ではなく、多くの主観の共有物である。この事態を間主観的世界といい、そこにおいて統一的な客観的世界が成立する。」（『広辞苑』）
(10) 斎藤美奈子（2002）『文章読本さん江』筑摩書房、107ページ。
(11) 書きことばと話しことばの乖離については、波多野完治『文章診断学』（小学館、1990年）Ⅶ章「口語体と文書体」をおもな参考にした。
(12) 朝日新聞社の主催により、2004年から2012年の間開催された。過去の新聞に実際に掲載されたコラム記事（天声人語）の冒頭部が示され、後に続けて文章を展開するものである。
(13) 梅田卓夫他（1989）『新作文宣言』筑摩書房、31ページ。
(14) 1999年度の文集に掲載された417作品のうち、51編の詩作品を除く、305作品が談話的文体で書かれている。
(15) 生徒A、B、C、Dの作品は、遠藤千依「生徒作品の文体的特徴に基づく作文指導」（2008年兵庫教育大学大学院修士論文）巻末資料六、七、八、九に付す。

（秦　千依）

生徒が活動する「程度を表す副詞」の研究
―定時制高校での調査研究―

1 前史（方法とテーマ）

　まず方法から考える。私は長年生徒自身が活動する機会をうかがっていた。国語科の指導が、どうしても一斉授業が中心になるのは仕方がないが、私自身は「読解」にしても「表現」にしても努めて生徒同士の交流を持とうとした。例えば古文の授業（「源氏物語「玉鬘」の巻」）で、1文法班、2語句班、3解釈班、4ノート班として発表させた（光武一成『佐賀大国文7』1979）。

　もちろんグループ学習や発表活動を行うというような、形を追うことが交流であるとは限らない。生徒の読みや表現を生徒が相互に交流するのは、一斉授業の中にも十分存在する。生徒1人が対教師や同教室にいる多数の他生徒と交流し、他者の刺激を受けながら思考したり黙考したりして、一つの目標に向かっていく授業もある。

　しかし目に見えて能動的な活動をし、しかも思考を深めるにはどうすればいいか思案していた。

　次は内容題材である。

　私は、国語科における「語彙指導」ということについてかなり懐疑的でもあった。つまり国語は漢字の書き取りや語句の意味をやっていればいいというような発想が、私にはあまり受け入れられなかった。テストをすれば、それらが全体の20％ぐらいを占めていて、生徒はテスト前にそれだけを勉強して臨むということもよくあった。いっそ国語科のテストは、「語彙」と「読解・表現」に分けて2回したらどうかと思うことがたびたびあった。また、テレビのクイズ番組でも国語の問題はほとんどが漢字の読みである。

　もっとしっかりした語彙のことを考える題材はないものかとずっと探していた。

　私がこれまで扱ってきた日本語や言葉に関しての教材は、池上嘉彦「文化は言語である」、大岡信「言葉の力」、佐藤信夫「コインは円形か」、鈴木孝夫「ものとことば」「相手依存の自己規定」、田辺聖子「古語について」などであった。

　この中で実際語彙の指導として使ったのは田辺聖子「よういわんわ ―古語について」（『現代文改訂版』三省堂、1988）である。田辺聖子は、自分の身近に古語があったのにそれが廃れていくことがさびしいと言う。また奄美の言葉などを題材に古語の微妙な響きと情緒を解説する。

　私は、その文章を、昭和63年度第3学年1学期（兵庫県立尼崎北高等学校）、単元「生活とことば」で読んだ。その後、「ことば探し」と題して「自分の日常生活での中で、言葉に関して興味ある事象を探しなさい」という課題をB6判1枚のカード様式で報告させた。

　一例であるが、ある生徒は「えぐい」とか、ある生徒は「しばく」とかの身近な言葉に注目していた。そして全員が自分の周りの言葉についての関心事を提出した。

　自分たちが使っている言葉に対して十分関心があるということが解った。また彼らの興味をつなぎうることも確認できた。

2 「現代語」という科目

　平成6年から平成14年までの国語科の教育課程では「現代語」（2単位）という科目が存在した。平成15年からは「国語表現」に吸収されたが、私は、この「現代語」という科目において、一人で担当したこともあり、自由に教材を決め、方法を選ぶことができた。

　『尼北国語2』（1995）に「国語学に入門する」という題で書いたが、かいつまんで流れを報告したい。

私が初めて「現代語」という科目を掲げて3年生の選択科目にとりいれたのは平成6年であった。

学習指導要領で「現代語」は、音声言語にも重点を置き、調査、報告、討論などが要望されていた。「言語に対する関心」や「現代語の成り立ちや特色」という文言があり、これが私の関心と重なった。

これまで高等学校の国語学の分野では、古典文法だけが重視され、必須の課題となっていた。解釈のためにどこまで文法の体系が必要かは今後の研究を待たねばならないだろう。

そこで「文法」だけではなく日本語の構造を「語彙・文法・音韻」の面から高校生に理解してもらおうと思った。また生徒が「調べ」「発表する」ということを導入しようと考えていた。

平成6年度の3年生を対象に、「現代語」は他の選択科目の講座と一緒に並び、「現代文精読」「現代文講読」の次にくる講座として生徒をつのった。

大学受験とは直接関係がないというリラックスしたクラスが2クラス（29名と28名）できた。

就職を目指してまじめに取り組む生徒もいるが、進路希望先がはっきりしない生徒は、無気力で意欲が乏しくもあった。

3 教材

その「現代語」では以下の教材を準備した。

(1)「日本語と国際交流」（宮地裕、光村図書、中学校2年教科書）

筆者は、世界中の言語の中で、日本語の位置を示し、外国人の日本語学習の実態から、日本語を相対的に見る。そして人間と人間が通じ合うための努力の必要性を解く。

例として、①実際は「さよなら」とは言わず「バイバイ」と言っている②「はい」と「ええ」は違うということ③「夢を見る」は慣用句なのかということなどをあげて語学に導こうとしている。

(2)「日本語の特色」（斎賀秀夫、光村図書、中学校3年教科書）

日本語を、①発音組織、②表記の特色、③文法の特色に分けて平易に解説している。

(3)「わたし」（森本哲郎、大修館、高等学校国語教科書『国語Ⅰ』）

日本語の一人称が20以上もあることの意味合いを説く。

(4)「春の郊外電車」（佐々木瑞枝、光村図書、中学校1年教科書）

日本人が、家族をお互い呼び合うときの呼称について一つの法則を見つける。

(5)「相手依存の自己規定」（鈴木孝夫、尚学図書『国語Ⅱ』）

日本人の人称で、同一人物をさすのに時と場合によってさまざまに変化するのはなぜか。その問題から日本人を論じている。

副教材として『国語のワーク』（秀学社）、『国語必携　パーフェクト演習』（尚文出版）を使う。

4 授業展開

(1) 上記の副教材で演習ドリルする。
(2) 各教材を通読後、要点をまとめ、ワークブックや教師の質問で読解する。
(3) 調査、発表、説明をする。

普通に(1)(2)で授業を進めた。教材(1)の「日本語と国際交流」の中に「『夢を見る』は慣用句ですね」と中国人留学生が先生に聞く場面がある。「夢を見る」は比喩的な意味の慣用句とは違い、元の意味は失っていないが、語と語の結びつきが決まっているものという解釈を筆者はしている。そこで次のような授業を組んだ。

① 比喩的な慣用句とかはどんなものか調べる。（国語便覧などを使って）
② ＡＬＴ（外国語指導助手）に説明して理解してもらうための慣用句を2つ取り上げる。
③ 授業にＡＬＴに来てもらい、生徒がその慣用句の意味をＡＬＴに説明する。

以下、生徒がどのような語句を選んだかを少し挙げる。

1　道草を食う。顎で使う。
2　歯が立たない。相談にのる。
3　手におえない。おなかいっぱい。
4　鼻にかける。心が揺れる。

5　鼻であしらう。聞き耳を立てる。
6　足を洗う。頭が上がらない。
7　口を滑らせる。頭を痛める。
8　肩の荷がおりる。耳がとおい。
9　鼻につく。脳裏をかすめる。
10　羽を休める。気がふれる。
11　手をやく。いびきをかく。
12　目にあまる。手に汗にぎる。
　　（後略）

外国語指導助手さんに対して生徒が１人２句を説明した。自分が教えるという立場に立たされることによって、それが絶対避けられない所に追い込まれるという効果があった。

また何気なく普段使っている言葉の意味を理解することで、慣用句が非常に比喩的であるということに気付かせることができた。

つまり理解と表現の２領域を覆った仕掛けともなった。

5　生徒の反応および展望

慣用句の説明では、生徒たちは誰もが必死で説明して、伝えようとしていた。英語を使って説明していた生徒もいた。しかし、中には「鼻が高い」が説明できずに立ち往生した生徒がいて、ＡＬＴが「私たち西洋人はよく鼻が高いと言われますがねえ」と助け舟をだしてくれたこともあった。比喩的な意味を聞き出そうとしていたのである。日本語に精通していたと同時に授業のねらいをよく理解してくれていると感心した。

「現代語」全般については生徒全員が真面目に取り組んだ。生徒の興味関心を集めるために「母音と子音」「母音三角形」の説明をした。実際にのどを振るわせながらやって見せ、またおこなわせた。

文学（小説や詩）の授業よりも教えることがはっきりしているという点で、私の方も気が楽だった。国語にあまり興味をもちえない生徒たちに「これは大学でしか勉強しないことだよ」と言いながら引っ張った。

これらの授業を通してその後の見通しを、私は『尼北国語２』（前出）に次のように書いた。

　例えば、方言や大阪弁という地域性に根差した言葉については「文学」以上に「国語学」として十分に生徒たちの興味をひく材料になりうるのではないかという感触をつかんだ。
　また「音韻変化」や「四つ仮名の混同」さらには敬語の揺れ、揺れる表記、揺れる読みなどについて理解しやすいように解説すれば、教材として生きてくるのではないかと思われる。

そして、さらに若者の程度の甚だしいことを表す語（バリ、メチャ、ムチャ、スゴク、ゴッツイ、トテモ、モロ）の使われ方（「程度を表す語についての一考察―「ばり」を中心に―」山口豊『独創』東播磨支部研究誌第８号平成６年）などを生徒が研究していく方法も編み出せないかと考えていた。

6　定時制高校で

それから私は普通科・専門学科を併せ持つ高等学校に転勤し、自分一人で担当する教科はなくなった。そして６年後、平成13年定時制高等学校に転勤することになった。そこで自分一人で受け持つ授業があったのでその構想に心を砕いた。

そのとき頭をもたげたのが、上記の山口豊氏の研究であった。氏は平成６年の上記の発表を『現代語　再発見』（山口豊、私家版、1998）にまとめられていた。私は直接伺ってその研究を聞き、それを調査する観点などもお聞きすることができた。

そして氏の研究に沿って生徒の活動を実践に移すことにした。その概要は平成14年３月に「国語論究の会」で発表したが、その時の資料をもとに授業を振り返る。

7　授業展開

(1) 前段階

①　兵庫県立尼崎南高等学校（夜間定時制課程）

4年生B組　男子4人(内一人60代)女子6人(内一人50代)は落ち着いて授業が受けられるクラスであった。授業内容は教師の裁量に任されている。

②　1学期の授業中、程度を表す語についてその使用語の多様性について投げかけた。

図1の用紙を配り、カッコ内に一番よく使う副詞を入れさせた。図1は「程度を表す語についての一考察」(前出)での調査とまったく同じ言葉(表)を使わせていただいた。

すると、その言葉の広がりに関心を持つ生徒が現れた。

③　夏休み(平成13年)

家族を含んでそのアンケートをなるだけたくさん集めてきなさいという宿題を出した。

④　その結果、集まったアンケート数は50枚弱で少なく、集計してその数値の意味を検討するにはその有効性に疑問があると思った。(しかし、これが本調査の導入になった。)

⑤　この調査を2学期の文化祭で発表することはできないものかと思案した。

そこで同じ敷地内にあった兵庫県立尼崎高等学校の生徒を対象に、下記アンケート(図1)をお願いする。

ショートホームルーム時にアンケートを取ることを承諾していただき、1年生ほぼ全員がその調査の回答者になりサンプルが集まった。(平成13年10月9日～10月12日調査、兵庫県立尼崎高等学校、第1学年7クラス257名)

(2) 授業展開

第1次

宿題で自分たちが集めたアンケートの集計をする。まず、集計の方法に習熟するために、まずは私が作った集計用紙を紙で生徒に配った。

それは大きな表B4縦置きで、縦の1～10列にアンケートの10の項目が並び、横の行に順次使われているVERYを表す言葉を書きいれるようにした。(様式のみ278、279ページの表1、表2と同じ)

図1　アンケート用紙

```
氏名（　　　　　　　　）性別（男・女）
今まで住んだことのある地名（　　　　）
何歳（　　　）

質問　次の空欄にＶＥＲＹという意味の言葉を
入れなさい。ただし、普段使う言葉を書くこと。
また、いくつかある場合は、一番よく使うもの
を（　）に書き問題文の右にその他のものを書
いて下さい。
1　この坂　　　（　　）しんどい。
2　あいつ　　　（　　）むかつく。
3　あいつ　　　（　　）怒られた。
4　あのテスト　（　　）むずかしかった、
5　この絵　　　（　　）きれい。
6　この教室　　（　　）きたない。
7　先生に　　　（　　）ほめられた。
8　車に乗って　（　　）楽(らく)した。
9　この問題　　（　　）簡単や。
10　今日は　　 （　　）ラッキーやった。
```

集計は30歳以上と30歳未満の2つに分けて生徒が自分の分担部分を手書きで集計する。その後教師がそれをエクセルの表に打ち込む。そして考察を加える。

その集計過程で、実際の使用語彙の広がりはものすごく広く、優に80語を超えていたことに私自身が驚いた。山口氏の調査では「8類38種」(前出)とあったが、その数をはるかに超えていた。

中にはVeryの意味ではないと思われるものもあって、このような調査が容易ではないことをうかがわせた。

サンプルは少なかったが、考察は主に276ページの図2のプリントを用いてすすめた。(集計表は省略する)以下の生徒の考察などが本調査への動機づけになった。

●「多いものから並べると『めちゃ』『ばり』『かなり』『すごく』などである。」
●「30代以上の人も若い世代も『めっちゃ』をよく使っている」

● 「『めっちゃ』は女の人『ばり』は男の人がよく使っていた」

第2次

普通科の高校1年生が答えたアンケート用紙を定時制の生徒が分担して集計する。集計は2回目なので、1回目の調査の言葉を左端の欄に書いた。前回使用された約80個の言葉を収集した。（表1、表2参照）

生徒一人当て30枚弱なので、集計はそれほど困難な課題ではなかった。また前に同じような集計をしたことが、経験済みであることと問題意識が出てきたことの2つ要因で、生徒の探究心を膨らませた。

第3次

自分の手書きの表に書き入れた数を、パソコン教室でエクセルの表に数字を打ち込む。その表は、縦の列にアンケートの10の文脈、横の行に使われた言葉が入っている。

第4次

集計した手書きの数値と印刷された自分のシートの数値を点検する。自分のシートを見て、その結果について何か気づきがあればみんなの前で報告する。

第5次

生徒たちが手分けして集計した表を教師が合計して、全体の数値を出した。

その全体の数値を見て、分析する。討議する。

また図2を発展させたプリントを作り、分析や考察をしていった。以下にその考察課題をあげる。その答えについてはAで表示する。

授業の実際の記録がないので、プリントや期末考査をもとに取り組んだ考察を載せることにする。

考察（1）

① ことばのグループは作れますか。（図2以外で「ひどく」系「かなり」系などがある）

② 私たちが調べた（1〜82）なかで合計の最も多い順に10個並べなさい。

A 「めっちゃ」776、「かなり」450、「ばり」395、「めちゃ」128、「すごく」84、「とても」57、「やたら」48、「ほんま」34、「めっさ」

図2 考察プリント

	4年　氏名（　　　　　）	
	この調査でどんなことがわかったか	
①	沢山使われている言葉について	
②	あまり使われていない言葉について	
③	男女差のある言葉は	
④	言葉のグループはできるか	
	めちゃ系	
	ばり系	
	すごく系	
	ごっつい系	
	とても系	
	もろ系	
	ほんま系	
	クソ系	
	その他	
⑤	感想（自分が使う感じとしてどうなのか、ということとこの数値を見て感じること）	

33、「すごい」27

③ あなたはこの使われ方をみて。どのように感じますか。自分が使っている感じと近いのか遠いのか、思ったことを書いてください。

④ 「めっちゃ」（「めちゃ」「めっさ」を含む）と「かなり」と「ばり」はどのような気分や感じで使っていますか。それを考えてみてください。

下に係る言葉（「しんどい」や「きれい」）との関わりを考えてください。「めちゃしんどい」と、「ばりしんどい」とはどんな違いがあるのか。

A 「ばり」はマイナスイメージの語を下接する。「ばり」は主に文頭に来ていて、下接する語は短形である。（前出山口氏説）

⑤ あなたが、全く聞いたことがない言葉があれば、書いてください。番号と一緒に。

⑥ 聞いたことはあるが、使ったことがあまりない言葉を挙げてください。

⑦　なぜ使わないのかを書いてください。
　Ａ　古臭く、今は文（章）語になっている。
⑧　これまで使っていたがもう使わなくなったものがありますか。
　Ａ　「ごっつい」はなぜか山口調査よりもかなり少なかった。私も予想以下で驚いた。
⑨　これからたくさん使われるようになる言葉を、あなたはどれだと思いますか。その理由も書いて予想してください。（例「ちょうばり、ばりくそ、べりべり、ばりばり」）
　Ａ　強調したいため、新奇な言葉や畳語を使う。

考察（2）
①　男女差で使い方の差がある言葉は、どんなものがありますか。（2回目の高校生の調査では、女子も多くは「ばり」を使っている）
　Ａ　「とても」「ごっつい」「くそ」に男子が多い。
②　どうしてそうなっていると思いますか。
　Ａ　女性は汚い感じを避けるから。

考察（3）「ばり」について
①　「ばり」はいつ頃から使われたと思いますか。（例：　何年生の頃から）
②　使うとすれば、あなたはどのように使いますか。文例を挙げてください。（例：あの先生、ばりしつこい。）
③　「ばり」にはどんな語感がありますか。
④　語源（どこから生まれたか）についてあなたはどう考えますか。
　Ａ　定説はないがそれを生徒と一緒に考えることも面白いかと思った。

考察（4）
①　本来形容詞の連用形「すごく」、「えらく」が来る場所に連体形「すごい」、「えらい」に変わっていますが、あなたはどのように使っていますか。それはなぜですか。（例　「すごい怒られた」）
②　あなたは「ほんま」と「ほんまに」、「さいこう」と「さいこうに」の例のように「に」をつけるかどうか、また「まじ」と「まじで」というように「で」をつける場合とつけない場合についてどう考えますか。説明がつけば答えてください。

8　まとめ

①　生徒たちは、よく動いた。意欲的だった。受け身の授業を脱し、何かを調べていくことに積極的になり集中し始めた。

②　期末考査では、前段階の調査についても聞いた。「30歳以上の人たちとの使い方の違いを考えてみよう。若い人が使わない言葉は、どんな言葉ですか。」また「時代とともに移り変わっている言葉があれば書いてください。たとえば昔はこれを使っていたのに最近はこれを使っているというような例を。」と。
　30歳以上未満で調査を分けたので、その違いに注目させた。数値の有効性は疑問だったが、通時的な変遷があることを教えたかった。

③　自分と同じ年代の生徒が使っている言葉を集計していくことで、その言葉の広がりに目を向けることができた。そして生徒たちはかなり高度な課題や考究にもついてきた。考えるということに追い込んでいけたのは成功だった。（答えのほとんどは山口豊氏の研究に依っていたが。）

④　パソコンにも習熟し、エクセルの表を作っていくことで、エクセルの集計方法について学んだ。

⑤　テーマ（語彙調べ）と方法（エクセル集計）の二つがうまくマッチすれば生徒の積極性を導き出すことができることが分かった。

⑥　今後どこかで同じような調査ができたら試していただきたいと期待している。

（光武一成）

表1 副詞研究（1）

		1 しんどい			2 むかつく			3 怒られた			4 難しかった			5 きれい			6 きたない			7 ほめられた			8 楽やった			9 簡単や			10 ラッキー			合計
		男	女	合計	男	女	合計	男	女	合計	男	女	合計	男	女	合計	男	女	合計	男	女	合計	男	女	合計	男	女	合計	男	女	合計
1	めちゃ	6	11	17	4	8	12	4	10	14	4	6	10	4	16	20	4	2	4	4	10	14	1	8	9	3	11	3	9	12	35	93	128
2	めっちゃ	27	69	96	27	38	65	28	52	80	18	54	72	27	64	91	18	50	68	26	67	93	25	54	79	27	52	79	12	41	53	235	541	776
3	めちゃめちゃ	0	0	0	0	0	0	1	1	1	0	0	0	1	0	1	0	0	0	0	1	1	0	1	1	0	0	0	1	1	2	2	5	7
4	めちゃくちゃ	1	1	2	1	0	1	1	1	2	0	0	0	0	1	1	0	0	0	0	0	0	1	0	1	1	2	3	1	2	3	5	8	13
5	めっちゃ	3	1	4	3	1	4	2	1	3	3	0	3	1	3	4	3	0	3	1	0	1	3	1	4	3	3	3	4	0	4	14	19	33
6	めちゃんこ	1	0	1	0	1	1	0	0	0	0	0	0	0	0	0	0	0	0	0	0	0	0	1	1	0	0	0	0	0	0	1	0	1
7	むっちゃ	0	0	0	2	0	2	2	1	1	0	0	0	0	0	0	0	0	0	0	0	0	0	0	0	0	0	0	0	2	2	4	0	4
8	むちゃくちゃ	1	1	1	2	2	2	2	3	5	1	1	1	2	2	2	2	0	0	0	1	1	1	2	3	1	1	1	2	5	10	3	11	14
9	すごく	4	4	4	3	3	3	2	3	3	6	9	9	8	13	21	5	8	8	2	7	9	7	7	7	1	7	7	5	5	8	24	60	84
10	ものすごく	2	0	2	0	0	0	0	0	0	0	0	0	1	0	1	0	0	0	0	0	0	0	0	0	0	0	0	0	0	0	4	0	4
11	すげー	0	0	0	1	1	1	2	1	3	3	0	3	1	2	2	2	1	2	2	2	2	1	1	2	1	1	1	1	2	3	11	7	18
12	ぼり	14	30	44	15	39	54	9	21	30	14	32	46	13	21	34	14	35	49	10	17	27	12	18	30	18	39	57	7	17	24	126	269	395
13	ごっつい	4	4	4	0	0	0	0	0	0	0	0	0	0	0	0	0	0	1	0	1	1	0	0	0	1	0	1	0	1	1	6	1	7
14	ほんとに	0	0	0	0	0	0	0	0	0	0	0	0	0	1	1	0	0	0	0	0	0	0	0	0	0	0	0	0	0	0	1	0	1
15	ほんとうに	1	2	3	4	2	6	1	1	2	1	1	2	1	1	2	2	2	4	0	0	0	1	0	1	1	1	2	0	2	2	6	14	26
16	ほんまに	3	2	5	3	3	3	3	3	3	3	4	5	4	2	6	3	2	5	6	0	6	9	2	11	4	4	4	4	8	9	47	10	57
17	とっても	0	0	0	0	0	0	0	0	0	0	0	0	0	1	1	0	1	1	0	1	1	0	0	0	1	0	1	1	0	1	0	1	1
18	とっても	0	0	0	0	0	0	0	0	0	0	0	0	1	0	1	0	1	1	0	0	0	0	2	2	0	0	0	0	2	2	0	2	2
19	たいへん	0	0	0	0	0	0	0	0	0	0	0	0	0	0	0	0	0	0	0	0	0	0	0	0	0	0	0	0	0	0	0	0	0
20	たいそう	0	0	0	0	0	0	0	0	0	0	0	0	0	0	0	0	0	0	0	0	0	0	0	0	0	0	0	0	0	0	0	0	0
21	ひじょうに	0	0	0	0	0	0	0	0	0	0	0	0	0	0	0	0	0	0	0	0	0	0	0	0	0	0	0	0	0	0	0	0	0
22	ひどく	0	0	0	0	0	0	0	0	0	0	0	0	0	0	0	0	0	0	0	0	0	0	0	0	0	0	0	0	0	0	0	0	0
23	こっぴどく	0	0	0	0	0	0	0	0	0	0	0	0	0	0	0	0	0	0	0	0	0	0	0	0	0	0	0	0	0	0	0	0	0
24	ちょう	1	1	2	2	1	3	0	0	0	1	1	1	1	1	1	1	1	1	1	1	1	2	1	3	1	3	3	0	0	0	4	11	15
25	かなり	23	23	46	17	32	49	24	37	61	25	28	53	16	13	29	25	24	49	17	26	43	20	33	53	13	23	36	10	21	31	190	260	450
26	かんなり	1	0	0	0	0	0	0	0	0	0	0	0	0	0	0	0	0	0	0	0	0	0	0	0	0	3	3	0	0	0	0	0	0
27	おもいっきり	0	0	0	0	0	0	0	0	0	0	0	0	0	0	0	0	0	0	0	0	0	0	0	0	0	0	0	0	0	0	0	0	0
28	ぜんぜん	0	0	0	0	0	0	0	0	0	0	0	0	0	0	0	0	0	0	0	0	0	0	0	0	0	0	0	0	0	0	0	0	0
29	すばらしく	0	0	0	0	0	0	0	0	0	0	0	0	0	0	0	0	0	0	0	0	0	0	0	0	0	0	0	0	0	0	0	0	0
30	えらく	0	0	0	0	0	0	0	0	0	4	0	4	1	0	1	0	0	0	4	0	4	0	0	0	2	1	3	0	0	0	11	1	12
31	ずいぶん	0	0	0	0	0	0	0	0	0	1	0	0	0	0	0	0	0	0	1	0	0	0	0	0	0	1	0	0	0	0	1	0	1
32	やけに	0	0	0	0	0	0	0	0	0	0	0	0	0	0	0	0	0	0	0	0	0	0	0	0	0	0	0	0	0	0	0	0	0
33	さすがに	0	0	0	0	0	0	0	0	0	0	1	1	0	0	0	0	0	0	0	0	0	0	1	1	0	2	2	0	2	1	0	6	6
34	なかなか	0	0	0	0	0	0	0	0	0	0	1	2	1	0	1	0	0	0	0	0	0	0	0	0	2	2	4	1	0	0	4	6	10
35	なんと	0	0	0	0	0	0	0	0	0	0	0	0	0	0	0	0	0	0	0	0	0	0	0	0	0	0	0	0	0	0	0	0	0
36	くそ	0	0	0	0	0	0	0	0	0	0	0	0	0	0	0	0	0	0	0	0	0	0	0	0	0	0	0	0	0	0	0	0	0
37	おちょくそ	0	0	0	0	0	0	0	0	0	0	0	0	0	0	0	0	0	0	0	0	0	0	0	0	0	0	0	0	0	0	0	0	0
38	もう	0	0	0	0	0	0	0	0	0	0	0	0	0	0	0	0	0	0	0	0	0	0	0	0	0	0	0	0	0	0	0	0	0
39	けっこう	0	0	0	0	0	0	0	0	0	0	0	0	0	0	0	0	0	0	0	0	0	0	0	0	0	0	0	0	0	0	0	0	0
40	まあまあ	0	0	0	0	0	0	0	0	0	0	0	0	0	0	0	0	0	0	0	0	0	0	0	0	0	0	0	0	0	0	0	0	0
41	よく	0	0	0	0	0	0	0	0	0	0	0	0	0	0	0	0	0	0	0	0	0	0	0	0	0	0	0	0	0	0	0	0	0
42	ぜったい	0	0	0	0	0	0	0	0	0	0	0	0	0	0	0	0	0	0	0	0	0	0	0	0	0	0	0	0	0	0	0	0	0
43	しんそ	0	0	0	0	0	0	0	0	0	0	0	0	0	0	0	0	0	0	0	0	0	0	0	0	0	0	0	0	0	0	0	0	0
44	はがいしお	0	0	0	0	0	0	0	0	0	0	0	0	0	0	0	0	0	0	0	0	0	0	0	0	0	0	0	0	0	0	0	0	0
	合計	89	145	234	78	127	205	77	127	204	77	135	212	77	138	215	75	129	204	67	131	198	77	132	209	74	147	221	54	104	158	745	1315	2060

表2 副詞研究（2）

		1 しんどい			2 むかつく			3 感じられた			4 難しかった			5 された			6 きたない			7 ほめられた			8 楽やった			9 簡単や			10 ラッキー			男計	女計	合計
		男	女	計	男	女	計	男	女	計	男	女	計	男	女	計	男	女	計	男	女	計	男	女	計	男	女	計	男	女	計			
45	あほみたいに	0	0	0	0	0	0	0	1	1	0	1	1	0	0	0	0	0	0	0	0	0	0	0	0	0	0	0	0	0	0	0	1	1
46	えげつなく	0	0	0	0	0	0	1	0	1	0	0	0	0	0	0	0	0	0	0	0	0	0	0	0	0	0	0	0	0	0	1	0	1
47	えらい	1	0	1	0	0	0	0	0	0	0	0	0	1	0	1	1	0	1	0	0	0	0	0	0	0	0	0	1	0	1	3	0	3
48	おに	0	0	0	0	1	1	0	0	0	0	0	0	0	0	0	0	0	0	0	0	0	0	0	0	0	0	0	0	0	0	0	1	1
49	げき	0	0	0	0	0	0	0	0	0	0	0	0	0	1	1	0	1	1	0	0	0	0	0	0	0	0	0	0	0	0	0	2	2
50	けっこう	0	0	0	1	0	1	0	1	1	0	0	0	0	0	0	0	0	0	0	0	0	0	0	0	0	0	0	0	0	0	1	1	2
51	ごっそ	0	1	1	0	0	0	0	0	0	0	0	0	0	0	0	0	0	0	0	0	0	0	0	0	0	0	0	0	0	0	0	1	1
52	さいこう	0	0	0	0	0	0	0	0	0	0	0	0	0	0	0	0	0	0	0	0	0	1	1	2	0	0	0	0	0	0	1	1	2
53	さいこうに	0	0	0	0	0	0	0	0	0	0	0	0	0	0	0	0	0	0	0	0	0	0	1	1	0	0	0	0	0	0	0	1	1
54	しぬほど	0	0	0	0	1	1	0	0	0	0	0	0	0	0	0	0	0	0	0	0	0	0	0	0	0	0	0	0	0	0	1	0	1
55	すごい	3	3	6	2	4	6	2	4	6	3	3	6	3	2	5	1	2	3	2	1	3	1	2	3	0	0	0	3	2	3	9	18	27
56	ちょー	0	0	0	0	1	1	0	1	1	0	0	0	0	0	0	0	1	1	0	0	0	0	0	0	0	0	0	1	1	1	1	1	2
57	すっげー	0	0	0	0	0	0	0	2	2	0	2	2	0	1	1	2	2	4	0	0	0	0	0	0	0	0	0	0	0	0	0	4	4
58	すっごい	0	0	0	0	0	0	0	0	0	0	0	0	0	1	1	0	2	2	1	0	1	0	1	1	0	0	0	0	0	0	0	4	4
59	すっごく	1	1	1	0	1	1	0	0	0	0	1	1	0	0	0	0	0	0	0	0	0	0	0	0	0	0	0	0	0	0	0	3	3
60	すんげー	0	0	0	1	0	1	1	1	2	0	0	0	0	0	0	1	0	1	0	1	1	1	0	1	0	1	1	1	0	1	3	3	3
61	すんごい	0	0	0	0	0	0	0	0	0	0	0	0	0	1	1	0	1	1	0	0	0	1	1	2	0	1	1	0	0	0	1	0	14
62	すんごく	0	0	0	1	1	0	0	0	0	0	0	0	0	0	0	2	0	2	0	2	2	0	2	2	0	2	2	0	0	0	0	2	2
63	すさまじく	2	0	2	1	1	2	1	1	2	0	0	0	0	0	0	0	0	0	0	0	0	0	0	0	0	2	2	0	0	0	2	12	14
64	そうとう	0	4	4	0	1	1	0	0	0	0	2	2	0	0	0	0	0	0	0	0	0	1	3	3	0	0	0	0	0	0	0	0	0
65	ちょうばり	0	1	1	1	0	1	0	0	0	0	0	0	0	0	0	0	0	0	0	0	0	0	0	0	0	0	0	0	0	0	1	0	1
66	どさんと	0	0	0	0	0	0	0	0	0	0	0	0	0	0	0	0	0	0	0	1	1	0	0	0	0	0	0	0	0	0	0	0	0
67	ぼりくそ	2	2	2	0	0	0	2	2	2	0	2	2	0	2	2	0	0	0	0	0	0	0	2	2	2	2	2	0	2	2	2	18	18
68	ひやや	0	0	0	0	0	0	0	0	0	0	0	0	0	0	0	0	0	0	0	1	1	1	0	1	0	0	0	0	0	0	0	1	1
69	ぶち	0	0	0	0	0	0	0	0	0	0	0	0	0	0	0	0	2	2	0	0	0	0	1	1	0	0	0	0	1	1	1	2	2
70	べりべり	0	0	0	0	0	0	0	0	0	0	0	0	0	0	0	2	0	2	0	0	0	0	0	0	0	0	0	0	0	0	0	2	2
71	ほんと	0	0	0	0	0	0	0	0	0	0	0	0	0	0	0	0	2	2	0	0	0	0	0	0	1	1	0	1	1	0	0	2	2
72	ほんとに	2	3	5	3	4	7	0	3	3	3	4	7	3	2	5	3	4	7	2	1	3	0	3	3	0	1	1	3	4	7	19	15	34
73	ほんま	1	1	2	1	6	7	1	7	8	0	3	3	1	3	4	0	4	4	0	0	0	0	0	0	0	0	0	1	3	4	4	18	22
74	まじ	1	1	2	1	0	1	0	0	0	0	1	1	0	0	0	0	0	0	0	1	1	1	2	3	0	0	0	0	0	0	1	4	5
75	まじで	1	2	2	2	0	2	0	0	0	0	1	0	1	0	0	0	0	0	0	0	0	0	0	0	0	0	0	0	2	2	5	0	5
76	みっちゃや	0	1	1	0	2	2	1	1	2	0	0	0	0	0	0	0	0	0	0	0	0	2	3	3	0	0	0	0	0	0	3	5	8
77	むっちゃや	1	1	2	0	0	0	0	1	1	0	0	0	0	0	0	0	0	0	2	0	2	0	0	0	0	0	0	0	0	0	3	2	5
78	めっ	0	0	0	1	2	3	2	2	4	0	0	0	0	1	1	0	0	0	0	0	0	0	0	0	0	0	0	0	0	0	3	5	8
79	ものごっつう	0	0	0	0	0	0	0	0	0	0	0	0	0	0	0	0	0	0	0	0	0	0	1	1	0	1	1	0	0	0	0	2	2
80	やら	3	8	11	2	0	2	1	2	2	3	4	7	1	4	1	5	4	9	2	1	3	3	3	4	1	1	0	1	2	0	25	23	48
81	やたら	0	0	0	0	0	0	0	0	0	0	0	0	0	0	0	0	0	0	0	0	0	0	0	0	0	1	1	0	0	0	0	1	1
82	わりかし	0	0	0	0	0	0	0	0	0	0	0	0	0	0	0	0	0	0	0	0	0	0	0	0	0	0	0	0	0	0	0	1	1
	合計	9	19	28	7	24	31	8	13	21	10	13	23	11	15	26	10	17	27	7	9	16	6	11	17	4	10	14	9	15	24	81	146	227

日中対照「助数詞」・「量詞」研究

1 はじめに

　多様化する生徒の履修希望・進路選択に応え、特色ある学校づくりをするために、「総合的な学習の時間」や「学校設定科目」の時間帯を活用して、「中国語講座」を設ける高等学校が、急増している。兵庫県下の公立学校においても、平成15年当時の163校中、5校に1校が何らかの形で、「中国語」を指導しており、以後も開講予定の学校はあるという。しかし、「検定教科書」が存在するわけではなく、「学習指導要領」にも、「英語に準ずる」とあるだけで、基準となるものが公式的には何も示されていない。当時勤務していた高校でも「中国語講座Ⅰ」が開講されていた。その授業に外部講師の先生の補助として参加した際、入門・初級レベルの履修生徒22名に「発音以外で難しく感じた箇所はどこか」と尋ねたところ、13名が「物の数え方」だと答えた。これは、意外であると同時に当たり前の話かもしれないと感じた。中国語の「量詞」は、数える事物に対応させて用いるという点では、日本語の「助数詞」と共通しているようでも、ほとんどの場合、異なる語を用いることになるからだ。加えて、最近の日本語は短縮・省略する傾向が強く何にでも「つ」や「個」しか使わなかったり、助数詞を付けなくても通ずることの方が多いからでもある。

　では、2単位、つまり、1週間に50分授業2時間、1年間30週という限られた時間で、基本的な「量詞」をマスターできるような授業を展開するには、どれくらいの数をどのように教えるのが効果的なのであろうか。

　そこで、まず手元にあった『汉语量词学习手册』（北京大学出版社：2002刊）をテキストとして、入門・初級段階で、主に「名量詞」の指導に関するものについて、比較検討してみた。しかし、現在のところ、その「名量詞」習得のための体系的・効果的な学習書は、ほとんど存在していない。もちろん、「入門・初級段階用のテキスト」で、1頁以上の紙数を割いてわかりやすく解説されたものは、1冊もなかった。しかも、大半がかなり学習内容の進んだ時期に、ほんの数種の使用例しか載せていない。これでは、どの「名詞」にどの「量詞」が対応するのかどころか、中国語には「量詞」が日本語以上にたくさん存在するということすらも、なかなか気づかないのではないだろうか。

　実際、どれくらいの数の「量詞」が存在するのかというと、断定しにくいが、『汉语量词词典』（刘子平著；内蒙古教育出版社）892個、『现代汉语名词量词搭配词典』388個、『中国语量词500』500個、『现代汉语八百词』400個、『现代汉语量词用法词典』（语言出版社）637個が、それぞれ収録されているところから、500～600個どころか、「892個」あると言える。もちろん、これは方言も含めての数なので、実際に使われているのは、辞書の性質上から見て、やはり500程度ではないかと考えられる。

　これに対し、日本語の「助数詞」の方は『国語図説』及び『国語便覧』に収録されている数は、各社により若干異なるが、102個であった。

　英語圏の中学生対象の「入門・初級」用の「中国語学習書」のシリーズに『汉语量词学习手册』（187個所収）があり、「量詞とその用例」も記載されている。他にも『汉语量词英译手册』（华语教学出版社刊）600個、『汉英量词词典』（上海交通大学出版社刊）178個記載されているが、「詞典」であるだけに、辞書的な解説に留まり、初心者の学習参考書としてはハードルが高い。

　英語圏の学習者対象のテキストではあるが、上

述の『汉语量词学习手册』を参考にすれば、入門・初級時期の日本語を母語とする学習者にとっても、大いに役立つのではないかと思い、本書を分析することにした。量詞が豊富なことは現代中国語の特徴の一つであり、世界の言語の中でも、その種類が最も多く、その用法も比較的複雑だとされている。中国語の理解を深めるためには、しっかりと押さえておく必要があると考える。

2 量詞とは何か

教学文法書、及び、入門・初級期のテキストにおける「量詞」の取り扱いは、

表数量的名詞・単位量詞・単位詞・副名詞・数位詞・次数詞・範詞・助名詞・附名詞・輔名詞・陪伴詞・類詞・別詞・粘着詞・数詞・単位名詞・度量衡名詞・量詞・常用語・名数詞・助数詞、等

である。このように、実に多くの名称を持ち、近年に至るまで、呼称や定義が定まらず、一つの独立した品詞として取り扱われなかった。

「量詞」が豊富なことは、現代中国語の特徴の一つであり、世界の言語の中でもその種類が最も多く、その用法も比較的複雑だとされている。その割には、多くの教材、学習参考書において、取り扱い方が極めて簡素である。それは、従来の文法研究が、西欧文法の枠組みに基づいて、形成・発展してきたからにほかならない。つまり、西欧文法には、量詞という品詞が存在しないため、近代まであまり注目されなかったためと考えられる。

しかし、量詞は、東洋の言語特有の品詞であるので、避けて通れない重要な文法項目であると同時に語彙でもある。したがって、中国語を真に理解し、習得するうえで、しっかりと押さえておかなければならない。

ところで、この「量詞」という確定・独立した品詞名による研究が本格的に行われるようになったのは、ここ20年以内の話である。そのため、「量詞」習得のための体系的・効果的な学習書は、いまだほとんど存在していない状況である。(『現代汉语量词研究』何杰著参照)

幸い、日本語にも「量詞」のように物を数える時に用いる「助数詞」が存在するため、日本語を母語とする学習者は、西欧言語を母語とする者よりも抵抗なく学習を進めることができるはずである。が、このことが、かえって、思い込みやずれの存在を忘れさせるため、学習が進むにつれて、正しく習得し、使用する際の障害になってしまう原因となる。中国語の「量詞」に比べると日本語の「助数詞」の数がはるかに少ないため、単純に置き換えが利かないことも、その一因であろう。

そこで、日本語を母語とする中国語学習者が系統的に全面的に量詞及びその用法を学ぶのに便利な指導法・タスクを開発する意味でも、「量詞」の研究を進める必要がある。

なお、一般的な辞書や学習書の解説には、「量詞」とは、事物や動作の数量（回数）を数えるときの単位を表す語とある。

例：一只鞋（yì zhī xié）＝片方の靴、一双鞋（yì shuāng xié）＝1足の靴、一件事（yí jiàn shì）＝1つの用事、一些事（yì xiē shì）＝数件の用事、一杯水（yì bēi shuǐ）＝1杯の水、一桶水（yì tǒng shuǐ）＝桶一杯の水、五斤鱼（wǔ jīn yú）＝5斤の魚、十亩地（shí mǔdì）＝10ムーの畑、去一次（qù yí cì）＝1度行く、去一趟（qù yí tàng）＝1往復する

また、量詞は単独では文の成分になれず、常に「数詞＋量詞＋名詞」「指示代詞＋量詞」或いは重ね型の形をとって用いられ、数詞"一"は"买（一）本书"mǎi (yì) běn shū のように、目的語になるときに限って省略できる。量詞は名量詞と動量詞の二つに大別されるともある。

(1) 名量詞とは

事物を数えるときに用いる。中国語では名詞が直接数詞とつながることなく、数詞と名詞との間には量詞が必要である。名量詞が重ね型となると、「例外なく」「どの…も」という意味をもつ。

例：条条道路通北京。（Tiáotiáo dàolù tōng Běijīng.）＝どの道も北京に通じている。

冲破了重重障碍。(Chōng pòle chóngchóng zhàng'ài.) = 幾重もの障害を突破した。

名量詞は、更に、次の七つに分類される。

①個体量詞（个体量词）；個体を数えるのに用いる。個体量詞は、数えられる事物の形状を表すことが多い。たとえば、

- 細長い：条（tiáo）、根（gēn）、枝（zhī）、道（dào）
- 丸くて小さい：粒（lì）、颗（kē）
- 平面をもつ：张（zhāng）、面（miàn）、片（piàn）、块（kuài）、等がある。

しかし、細長いものであれば、例に挙げたどれを用いてもよいわけではなく、さらに細かく使い分けられる。

次の量詞は、どれも他と入れ替えることができない。

例：一条路（yì tiáo lù）= 1本の道
　　一根毛线（yì gēn máoxiàn）= 1本の毛糸
　　一枝笔 = 1本の鉛筆
　　两道浓眉（liǎng dào nóngméi）= 2本の太い眉

②集合量詞（集合量词）；二つ以上の個体から成るものを数える。

二つで一組となったものを数える"双(shuāng)"、"对（duì）"、"副（fù）"や、十二個で一組となったものを数える"打（dá）"などの定量を表すものと、不定量を表す"套（tào）"、"批（pī）"、"帮（bāng）"、"群（chún）"、"对（duì）"、"窝（wō）"、"串（chuàn）"、等がある。

③度量衡量詞（度量衡量词）；長さ・容積・面積・重さなど度量衡の単位を表す。

世界共通の"公制（gōngzhì）"と民間で使われている"市制（shìzhì）"とがある。

a）米（mǐ）= 公尺（gōnochǐ）= メートル、升（shēng）= 公升（gōngshēng）= リットル、千克（qiānkè）= 公斤（gōngjīn）= キログラム

b）(市) 尺（=（shì）chǐ）= 尺、(市) 升（=（shì）shēng）= 升、(市) 斤（=（shì）jīn）= 斤、度量衡の数量句と名詞との間には"的 (de)"を挿入できる。

例：一百里的路（yìbǎi lǐ de lù）= 100里の道。
　　五斤的鱼（wǔjīn de yú）= 5斤の魚

④不定量詞（不定量词）；不定の数量を表すもので、"些（xiē）"と"点（儿）（diǎn（r））"がある。これらの前に使える数詞は、"些"は"一"に、"点（儿）"は"一"と"半"に限られる。"点（儿）"は常に少ない数量を表すが、"些"はそうとは限らない。

例：一点儿（yìdiǎnr）= 少し
　　多点儿（duōdiǎnr）= ちょっと多い
　　这么点儿（zhèmediǎnr）= こんな少しの、これっぽっち
　　一些（yìxiē）= いくらかの
　　多些（duōxiē）= いくらか多くの
　　这么些（zhèmexiē）= こんなに多くの
　　好些（hǎoxiē）= とてもたくさんの

⑤準量詞（准量词）；名詞の中で、直接数詞と結合させて用いることができ、量詞と同じ機能をもつものをいう。

例：年（nián）= 年、星期（xīngqī）= 週、天（tiān）= 日、小时（xiǎoshí）= 時間、分钟（fēnzhōng）= 分、秒（miǎo）= 秒、国（guó）= 国、省（shěng）= 省、市（shì）= 市、县（xiàn）= 県

⑥借用量詞（借用量词）；臨時に量詞として使われる名詞をいう。多くは容器を指す。

a）個体量詞と同じように、どの数詞とも自由に結合し、重ね型になり、名詞との間に"的"を挟まない。

例：一杯水（yìbēishuǐ）= 水1杯
　　一瓶酒（yìpíngjiǔ）= 酒1瓶
　　一盒火柴（yìhéhuǒchái）= マッチ1箱
　　一车货（yìchēhuò）= 車1台の品物

b）数詞は"一"しか取らず、「いっぱい」という意味を表す場合もある。重ね型はなく、名詞との間に"的"を挟むことができる。

例：一脸汗（yìliǎnhàn）= 顔中の汗
　　一桌水（yìzhuōshuǐ）= 机一面の水
　　一身灰（yìshēnhuī）= 体中の埃

⑦複合量詞（复合量词）：二つ以上の量詞から成る。"人次（réncì）=延べ人数"、"架次（jiàcì）=延べ飛行回数"、等。

(2) 動量詞（动量词）とは

動作・行為の回数を数えるときに用いる。動量詞も重ねることができる。

例：顿顿吃米饭（dùndùn chī mǐfàn）＝三度三度お米のご飯を食べる

動量詞も、更に、次の二つに分類される。

①専用動量詞（专用动量词）

"次（cì）"、"下（xià）"、"回（huí）"、"顿（dùn）"、"遍（biàn）"、"趟（tàng）"、"场（chǎng）"、"阵（zhèn）"、"番（fān）"、等は、動作の回数を表すだけでなく、動作の時間の長短や往復、始めから終わりまでの全過程を一度とする数え方も表す。

"下"は、動作の回数を表したり、語気を和らげる働きをする。

例：他敲了几下。（Tā qiāole jǐxià）。＝彼は数回ノックした。

我介绍一下。（＝我介绍介绍。）＝（Wǒ jièshào yíxià.）＝私がちょっと紹介する。

②借用動量詞（借用动量词）：身体部位や道具を表す名詞で、動量詞として用いたものをいう。

例：咬一口（yǎo yìkǒu）＝ガブッと噛む。

看两眼（kàn liǎngyǎn）＝ちらちら見る

踢几脚（tī jǐjiǎo）＝足で数回蹴る

抽一鞭子（chōu yìbiānzi）＝鞭でパシッと1度たたく

开一枪（kāi yìqiāng）＝鉄砲でズドンと撃つ。

打一拳（dǎ yìquán）＝1発ガツンと殴る

3 「助数詞」とは何か

日本語では、ものを数えるときに一般に、数を表す「数詞」に「個」「人」「本」など、その単位ともいうべき「助数詞」を付ける。数えるものによって別々の「助数詞」を付けることは、そうすることで数えるものの形状や性質を大まかに分類するという役目を担っているとも言える。

たとえば、キャンディー（飴）を買うとき「1袋」と言うか「1個」と言うかで、動作の具体的内容は明確になる。同様に、電車が「1両脱線した」のか「1本脱線した」のか、「助数詞」ひとつで状況の詳細をある程度まで言い分けることが可能である。しかし、「助数詞」には、このようにものの性質や形状を示す働きがあるものと、「点」「件」のようにそういう意味合いを必ずしも表出しないものとがある。

また、ものの「数え方」は、「ひとつ、ふたつ、みっつ…」という伝統的な和語によるものと、「いち、に、さん…」という漢字の音読みから来たものとに大きく分けられる。実際にものを数える時、和語系の「数詞」を使うかは、原則として使われる「助数詞」による。つまり、「ふくろ」「かたまり」「やま」「さじ」「はこ」など和語を「助数詞」として用いる場合は、「数詞」も「ひと〜」と和語系になり、「個」「本」「台」「匹」「歩」など漢字の音読みの語を用いる場合は、「数詞」も「いち/いっ〜」と漢語系になる。ただし、「手（て）」は和語であるが「一手（いって）」と漢語系の数詞を用い、「晩（バン）」は漢語であるが「一晩（ひとばん）」と和語系の「数詞」を用いるなど、慣習上の例外もあって注意が必要である。また、和語の「助数詞」には、「ふくろ」「かたまり」など、もともと名詞の語を用いる場合が多いが、漢語の「助数詞」は「個」「匹」など、単独で名詞として用いられることがないものが多い。

一方、「ケース」「パック」などの「外来語」は、「ひとケース」「いちケース」と、どちらでも言える場合が少なくなく、用法に揺れがある。更に、「ペア」「セット」などでは、「数詞」自体に「ワンセット」「ツーペア」等と英語が用いられることがある。しかし、狭義の「単位」である「メートル」「キログラム」「ワット」などは、漢語系の「数詞」を用いることで一定している。

なお、和語系と漢語系の「数詞」の対立は、主として「ひとつ、ふたつ」までである。「みっつ」になると、和語の「助数詞」に付く場合であっても使いにくくなり、「四」以降は和語・漢語いずれの「助数詞」を用いる場合にも、基本的には漢

語系の「数詞」が使われる。ただし、四と七は漢語が「し」と「しち」で区別しにくいためか、それぞれ「よん」と「なな」に言い換えられる場合が多い。

　日本語では、もの（人）の数を言うとき、「四子犬」「四の子犬」とか「鉛筆を五買った」とか等のように、一、二、三、…といった「数詞」だけ（もしくは「数詞＋の」）では言うことができず、「四匹の子犬」「ビールを五本買う」のように、名詞の後に、特定の決まった言葉を添えて使わなければならない（英語では、"three puppies"、"I bought five pencils."）。このように、もの（人）を数えるときに数字に付けて使う言葉を、「助数詞」と呼ぶ。

　このように、日本語にも中国語ほどではないが、ものを数えるときに用いる語、すなわち「助数詞」がたくさんあり、ものによって使う「助数詞」が異なるため、外国人にとって難しいのはもちろんのこと、日本人にとってもなかなか厄介なものである。昔に比べると実際によく使われる「助数詞」の数は減ってきているが、それでも、依然として多いことに変わりはない。

　たとえば、蟹や烏賊は「〜杯」、掛け軸は「〜幅（ふく）」、箪笥・羊羹は「〜棹（さお）」、椅子は「〜脚（きゃく）」、包丁や鋏は「〜丁（挺）」、キャベツは「〜玉（たま）」、折り詰めは「〜折（おり）」、写真は「〜葉（よう）」、新聞は「〜部（ぶ）／〜紙（し）」、手紙・書類は「〜通（つう）」、俳句は「〜句（く）」、短歌は「〜首（しゅ）」、寄付は「〜口（くち）」、等々といった具合で、正確に使いこなすためには、かなりの経験と注意が要求される。

　『岩波　日本語使い方考え方辞典』の解説にも、

　　昔の日本では、「助数詞」を「正しく」使ってものを細かく数え分けることができるかどうかが、教養の有る無しに関わるという考えがなくもなかったようだ。その名残か、現在でも、言葉の手引きの類の本には、必ずといっていいほど「助数詞」の一覧が載っているが、現在においては、そのような詳細な知識に昔ほど価値が置かれなくなってきた。たとえば、箪笥や羊羹を「一本、二本、…」、鋏を「一本、二本、…」、蟹を「一匹、二匹、…」と数えてもよい。

とある。

　従って、日本では、「羊羹は一棹」「蟹は一杯」といった知識を持っているにこしたことはないが、知らなければ、文意が通らなかったり、日常生活で困るというものではない。実際には、「特殊な助数詞」には「一般的な助数詞」で言い換えが利くものが多いので、多くのものに当てはまる一般的な原則を確認した上で、それが当てはまらない、あるいは、当てはめにくいものを頭に入れておけばよいことになる。

　しかし、中国語の「量詞」は、文を構成する重要な成分で、中国人は、「量詞」とともに話題に表現されたある物が、「量詞」の助けによって、たとえ見たことがなくてもどのような物かをイメージするのに役立つので、「量詞」は必要不可欠な存在である。

　だから、中国語においては、日常生活で豊富な「量詞」を正しく使い分け、理解するよう努めなければならない。

　前述の『岩波　日本語使い方考え方辞典』の分類を参照すると、

（１）物の数え方
- 細長いもの…「〜本」例：鉛筆、草花、傘、羊羹、箪笥、刀、瓶、缶
- 薄いもの…「〜枚」例：半紙、写真、窓ガラス、鏡、額、エプロン
- それ以外…「〜つ／個」例：林檎、消しゴム、石、箱、グローブ

例外：書籍「〜冊」、洋服「〜着」、靴・靴下「〜足」、箸「〜膳」、耐久素材（テレビ、冷蔵庫、車など）「〜台」、船「〜隻（せき）／〜艘（そう）」、家・建物「〜軒、〜戸（こ）、〜棟（むね）」、据え付けられた設備（墓、碑、機械など）「〜基」、人体の形をしたもの（仏像、マネキン、遺体など）「〜体」

（２）動物の数え方
- 鳥…「〜羽」

- 虫・小動物…「〜匹」例：蝶、犬（小・中型犬）、魚、烏賊、蛸、蟹
- 大きい獣…「〜頭」例：象、鯨、キリン、オットセイ、犬（大型犬）

（3）人間の数え方…「〜人（にん）」「〜名（めい）」「〜人」と「〜名」の使い分けは微妙だが、単に人数を問題にする場合は「〜人」を使い（例：「3万人の人出」）、①収容人員や定員を言う場合、②特定グループの成員を数える場合に限って「〜名」を使うという傾向がある。「〜名」の方が改まった言い方で、接客場面では「〜名」を使うことが多い（例：「何名様ですか」）。

4　分析資料と研究手順について

まず、「ＨＳＫ甲乙丙丁級詞」の中の量詞の提示をし、総数（90語）について調査した。

甲級：班、杯、本、笔、分、号、节、口、块、门、瓶、声、头、种、家、把、倍、遍、层、次、道、点、段、顿、封、个、公斤、公里、回、间、件、角、斤、句、棵、克、刻、里、辆、毛、米、篇、双、岁、条、位、下、些、一些、元、张、只、支、座、场、根、片（計57語）／乙級：厘米（計1語）／丙級：辈、堆、摊、枝、桩、磅、成、顶、番、公顷、股、毫米、伙、卷、千克、束、艘、丸、箱、盏、幢、串（59〜80の計22語）／丁級：尾、重、担、栋、公尺、公分、具、枚、千瓦、卡（81〜90の計10語）

次に、『汉英对照　汉语量词学习手册』（褚佩如 金乃逯 編著 北京大学出版社 2002/10刊）の内容を検討した。それは、本書が、学習文法を念頭に置いているからであり、中国語学習、及び、「量詞」の理解・習得を深めることができると思われたからである。併せて、調査過程で、今まで気づかなかったものが見えてくるのではないかと考えたからでもある。

上記の過程で見えてきたものは、187語の解説・用例と、同系統の「量詞」の弁別の必要性。たとえば、次のⅠ〜Ⅳ類の各類中の個々の「量詞」の使用上の分類・区別を明確にしなければならないということである。

例：Ⅰ類（紙・書物対象）
　　　本、册、部、卷、堆、张、摞
　Ⅱ類（棒状の事物対象）
　　　只、枝、根、笔、管
　Ⅲ類（草木対象）
　　　棵、根、株、片、丛、簇
　Ⅳ類（パック物対象）
　　　箱、包、袋

混同し易さは、隣接した「量詞」の弁別の難しさから生じるので、なぜ、この「量詞」でなければならないのかを提示しなければならない。

また、そうすることによって、中国人の「認知過程」も見えてくるのではないだろうか。もちろん、分類・識別が明確になるようにすれば、混同を防ぎ、効果的な指導法、及び、「量詞」の組み合わせ学習法を編み出すのにも役立つはずである。

5　今後の展望と課題

今後、日本語の助数詞も中国語の量詞も、徐々に減少していくであろうことは、両国の日常生活の会話状況から容易に推測がつく。そして最終的には、日本語は「こ（個）」・「つ」に中国語は「个（箇）」に収斂されると考えられる。

確かに、日本語は「こ（個）」・「つ」あるいは助数詞なしでも表現伝達可能だが、中国語は量詞の性質上、初級文法レベルの「ＨＳＫ甲乙丙丁級詞」に含まれる「90語」より減ることはないはずだ。

中国人にとっても、量詞の正しい使い分けを習得するのは難しいらしく、幼児期よりの「数え歌」、小学校低学年での徹底した教育・指導によって継承されている。したがって、残すか残さないか、残るか残らないかは国家や社会の姿勢・取組に由るところが大きいと言えるのではないだろうか。

日本では、飲食店で注文する時、「とりあえず、ビール！」と言ったり、「コーヒー」、「ギョーザ」と言ったりしているが、中国では店の人に、怪訝な顔をされたうえ、「何本？」、「何杯？」、「何皿？」と必ず尋ねられる。日本語では、そんなの「1（つ）」

に決まっているではないかと思われるが、「1」だけでは、餃子1個なのか、1皿なのか、1人前なのか、曖昧だからである。付く「量詞」によって、たとえ相手が見たことのないものであっても、その形状や大きさを明確に提示したことになっている。だから、中国語の世界観は、「量詞」によって、自分の身の周りの世界に区切りを入れ、どんな形状をしたものが存在するかを分類・把握した結果なのだとも言える。

　加えて、中国語の「量詞」と日本語の「助数詞」は、物を数える場合に用いるという、基本的な働きにおいては共通するが、対象の形状や量を表現する量詞が豊富過ぎることが、日本語母語話者の中国語「量詞」習得時の混乱・障害となっている。この「助数詞」と「量詞」のずれ・幅が、とりもなおさず、中国語母語話者の日本語「助数詞」習得時の混乱・障害にもなっている。

　そこで、今後の最重要課題としては、「量詞」と「助数詞」の異同比較対照をし、一覧表化したうえで、習得法や形状別分類を検討することであるが、現段階では、4に既出の2種の資料に共通して所収される37語の「量詞」とそれに対応する「助数詞」の関係と解説に止めたい。

　それは、「日中同形同義量詞」と言えるもので、「杯・遍・回・角」等の漢語系の「助数詞」を使う場合であり、「日中同形異義量詞」には「本・枚・張・只」があり、「日中異形同義量詞」には車両を数える「辆」と「両」の通用漢字の転用により生じたと考えられる場合が存在することである。

　最後に、入門・初級学習者向けの「量詞」の解説例を、すなわち、37語（個）の「量詞」を、どのようなものか、次に試みに示したい。

●常用量詞一覧……………………………………
　　量　詞；　特　徴；日本の助数詞　；対　象
1　把 bǎ　　握り・柄・取っ手のあるもの；〜本、〜脚；刀 dāo，椅子 yǐzi，雨傘 yǔsǎn
2　班 bān　①クラス・グループに属する人；〜班・組の人；学生 xuésheng，人马 rénmǎ　②輸送機関の発着回数；〜便、〜番；飞机 fēijī，公共汽车 gōnggòngqìchē
3　杯 bēi　　飲み物など（容器量詞）；〜杯；咖啡 kāfēi，酒 jiǔ，茶 chá，水 shuǐ
4　本 běn　　書籍・ノート類；〜冊　；书 shū，杂志 zázhì，画报 huàbào，笔记本儿 bǐjìběnr
5　笔 bǐ　　筆で表現した芸術、漢字の画数；〜絵、〜書、〜画（かく）；画 huà，字 zì
6　遍 biàn　動作の初めから終わりまでの全体を1回として数える；〜回・〜度・〜遍；看一遍 kàn yí biàn，第一遍 dì yī biàn
7　次 cì　　回数を数える；〜回、〜度；第一次 dì yī cì，见过两次面 jiànguo liǎng cì miàn，有一次 yǒu yí cì
8　点 diǎn　①少量の事物を数える；少し・ちょっと・僅か；一点儿（yìdiǎnr）＝少し，多点儿（duōdiǎnr）＝ちょっと多い，这么点儿（zhèmediǎnr）＝こんな少しの、これっぽっち；吃一点儿 chī yì diǎnr，大一点儿 dà yìdiǎnr，我有一点儿钱 wǒ yǒu yì diǎnr qián　②意見・提案・希望・内容などの数を数える；〜点；几点意见 jǐdiǎn yìjiàn
9　度 dù　①回数を数える；〜度、〜回；一年一度 yì nián yí dù，两度公演 liǎng dù gōng yǎn　②温度・角度を示す；〜度；温度高达35度 wēndù gāodá sānshí wǔ dù，北纬38度 běiwěi sānshí bā dù
10　分 fēn　①時間の単位（60分＝1時間）；〜分；10分 shí fēn ②貨幣の単位（10分＝1（角）毛，100分＝10角＝1元）；〜分；5分 wǔfēn ②（試験・競技などの）得点；〜点；一百分 yìbǎi fēn
11　个 ge　物・人などに幅広く用いる　；〜人、〜個；人 rén，问题 wèntí，苹果 píngguǒ

12 号 hào　事物の順序・番号を示す；～番、～日；三号房间 sān hào fángjiān，号楼 wǔ hào lóu

13 回 huí　動作・行為の回数を示す；～度、～回；我说了两回。Wǒ shuōle liǎng huí.

14 家 jiā　家・家庭・商店・企業など；～つ、～軒；家庭 jiātíng，工厂 gōngchǎng，企业 qǐyè

15 件 jiàn　衣類（上着）・事件・事柄・文書・荷物など；～着，件；衣服 yīfu，事 shì，行李 xínglǐ

16 角 jiǎo　貨幣の単位（＝毛, 10 角＝1 元）；～角；5 角 wǔ jiǎo

17 刻 kè　時間の単位（1 刻＝15 分，4 分の 1 時間）；～刻；3 点 1 刻 sān diǎn yí kè

18 口 kǒu　家族・村・市の人数、（口のあるもの・家畜）井戸、豚；～人、～個、～匹；人 rén，井 jǐng，猪 zhū

19 块 kuài　①通貨単位（＝元）；～元；1 块钱 yí kuàiqián　②塊状のもの；～塊；石头 shítou，肉 ròu，肥皂 féizào

20 辆 liàng　自動車・バス・列車の車両；～台・～両；汽车 qìchē，自行车 zìxíngchē

21 毛 máo　通貨単位（＝角, 10 毛＝1 元）；～角；毛钱 máoqián

22 门 mén　学科・技術、大砲など；～科目、門；功课 gōngkè，学问 xuéwèn，学科 xuékē，大炮 dàpào

23 秒 miǎo　時間の単位（60 秒＝1 分）；～分；15 秒 shíwǔ miǎo

24 片 piàn　平らで薄い物を数える；～かけら・切れ・枚・ひら；肉 ròu，叶子 yèzi，白云 báiyún

25 瓶 píng　瓶に入っているもの；～本；酒 jiǔ，药 yào，花儿 huār

26 双 shuāng　対になったもの；～対；筷子 kuàizi，鞋 xié，袜子 wàzi

27 岁 suì　年齢を示す単位；～歳；20 岁 èr shí suì

28 所 suǒ　家屋・学校など；～棟、～校；房子 fángzi，公寓 gōngyù，学校 xuéxiào

29 条 tiáo　長いもの・動物；～本、～匹；河 hé，绳子 shéngzi，裤子 kùzi，蛇 shé，鱼 yú

30 头 tóu　①ロバ・ラバ・牛・ライオン・ヒョウ・象・コオロギなど；～匹、～頭；牛 niú，驴子 lúzi　②ニンニク・タマネギ・水仙や粟の穂など；～玉、～個；大蒜 dàsuàn，洋葱 yángcōng

31 碗 wǎn　碗に入った食べ物（容器量詞）；～碗、～杯；米饭 mǐfàn，茶 chá，汤面 tāngmiàn

32 位 wèi　人を数える敬語的表現；お～人（方）；老师 lǎoshī，先生 xiānshēng，客人 kèrén

33 一些 yìxiē　不定の数量を示す；幾つかの、幾らかの、少し、若干の；一些问题 yì xiē wèntí

34 元 yuán　通貨単位；～元；50 元 wǔ shí yuán

35 张 zhāng　紙や机などの平たいもの；～枚、～脚；纸 zhǐ，桌子 zhuōzi，床 chuáng

36 只 zhī　①鳥・獣・虫などの動物；～匹・羽・頭；猫 māo，鸡 jī，鸟儿 niǎor，羊 yáng　②耳・目・靴・靴下など対になるものの片方；片方の～；手 shǒu　③箱・かご・船など；～箱、～台、～艘・隻；船 chuán

37 种 zhǒng　種類を数える；～種類；这种商品 zhè zhǒng shāngpǐn，这种菜 zhè zhǒng cài

《参考》　中国語検定準 4 級の中の量詞

(異なり語数は計 28 語)

只，条，把，张，点，次，号，个，岁，辆，封，枝，块，棵，本，节，件，瓶，毛 (2004 年度；19)
张，个，封，点，刻，岁，把，号，口，枝，分，回，本，棵，件，条，节，块，次，碗，瓶，盆，杯，遍，天 (2005 年度；25)

《参考》　中国語検定 4 級の中の量詞

(異なり語数は計 38 語)

点，个，把，片，双，张，天，遍，刻，位，家，口，杯，岁，所，件，块，首，名，次，节，号，部，台，刻，条，斤，本，句，篇，枝，支 (2004 年度；31)
张，个，封，把，号，点，刻，本，口，天，枝，分，岁，回，棵，件，条，节，块，次，碗，瓶，盆，杯，遍 (2005 年度；25)

● 参考文献⋯⋯⋯⋯⋯⋯⋯⋯⋯⋯⋯⋯⋯⋯⋯⋯⋯⋯

○ 鳥井克之著（2002）「中国語の品詞分類再論－新しい中国語教学文法の再構築を目指して」（関西大学文学部中国語中国文学科編『文化事象としての中国』関西大学出版部）

○ 馬真著、鳥井克之編訳（1998）『マーチェン・簡明実用中国語文法』駿河台出版社

○ 褚佩如、金乃逮 編著（2002）『汉英対照 汉语量词学习手册』北京大学出版社

○ 何杰著（2000）『現代汉语量词研究』民族出版社

○ 郭先珍著（2002）『現代汉语量词用法词典』语文出版社

○ 焦凡教授編（2001）『汉英量词词典』话语教学出版社

○ 武柏索編著（1995）『中国語量詞500』中華書店

○ 邵敬敏著（2000）『汉语语法的立体研究』商务印书馆

○ 吕叔湘主編（1980）『現代汉语八百词』商务印书馆

○ 王力著（1958）『汉语史稿』（中册 第三十三节）

○ 郭明昆著（1962）『中国の家族制及び言語の研究』東方学会；「華語における形体観念」（379-448頁）

○ 『日本国語大辞典』（第二版）小学館、2002

○ 『広辞苑』（第四版）岩波書店、1991

○ 『汉语大词典』（増補版第二版）上海辞书出版社、1993

○ 『現代汉语词典』（増補本）商务印书馆、2002

○ 『中日大辞典』（増補版第二版）大修館書店、1999

○ 『中国語辞典』白水社、2002

○ 『大漢和辞典』（修訂版第一刷）大修館書店、1986

○ 『日本語 使い方考え方辞典』北原保雄監修、岩波書店、2003

（金川幾久世）

第6章の解題

1 言文一致文体の課題（山口　豊）

「言と文との分離」、「言と文との一致」、「言文一致体の成立」、「今日の言文一致文体」という歴史をたどる中で、筆者は岸田吟香の『呉淞日記』に早く「言と文との一致」のさまを見る。歴史を鑑みるとき、今日多く見られる「言の描写（会話の描写）」と「言文一致文体」とは違うことに留意する必要があると説く。若者たちの電子媒体でのやりとりは多く「描写」であり、絵文字やスタンプなどの記号化が進んでいることの現状認識を促している。

この問題は、文語と口語、書き言葉と話し言葉、共通語と方言の相関性や差異性にもかかわる検討事項である。

2 文体的特徴に基づく作文指導（秦　千依）

第3章5「『カキナーレ』―二つの実践と考察―」が実践編とすれば、本論考は理論編である。文集「カキナーレ」に掲載された女子高校生の創作随想文の特質や傾向を精細に分析し、次のステップへ向かうための作文指導の方途を仮説したものである。分析に用意したマトリックスは、縦軸に内容として〈自己完結→事物対象化〉の3段階、横軸に書き方として〈談話的文体→公共的文体〉の3段階を設け、［1Ａ］から［3Ｃ］までの9マスである。これに、個々の作品（約250編）の〈対象のとらえかたと思考の型〉を読み取って分類し、配列していく。この分析の結果、筆者は〈［2Ｂ］から［3Ｂ］へいたる道筋に特化して考えられる指導法を三とおり〉案出している。文体的特徴の考察は本章1とも関連する。

3 生徒が活動する「程度を表す副詞」の研究　―定時制高校での調査研究―（光武一成）

かつて存在した科目「現代語」の実践から、「慣用句」の授業と「程度を表す副詞」の研究の授業を取り上げている。特に後者については、収集された資料が今後も比較検討の材料になりうることから、重点的な扱いになっている。この授業の核は、〈アンケート用紙〉と〈考察プリント〉の作業から成る。前者は〈この坂（　）しんどい。〉など10項目の（　）に入る普段使う言葉に答える作業、後者は〈この調査でどんなことがわかったか〉の細目に答える作業である。前者のアンケートの結果（表）を読み取って、考察を加えるという学習である。この実践のアイデアは、本章1の筆者山口豊氏の研究『現代語　再発見』（1998）等に得ており、実践研究の相互交流の意義が認められる。

4 日中対照「助数詞」・「量詞」研究（金川幾久世）

中国語を学ぶ、日本語を学ぶ、相互の学びにとって必要な基礎資料の提示である。双方の文化に必要な表現法が、それぞれの国の伝統的な言語文化の保持（言語表現の豊かさ）と現代国語の合理化（言語表現の簡素化）の波にもまれながら、現在の「助数詞」と「量詞」の差異の姿となっている。豊かさでいえば、中国語の量詞の種類の多さであり、対象の形状や量を表すことができる機能である。

「助数詞」「量詞」は、対象事物の存在とともに今後どうなるか。この点について、筆者は〈残すか残さないか、残るか残らないかは国家や社会の姿勢・取組に由るところが大きい〉と見ている。

付　章

高校国語実践の基本的課題

高校国語における認識の深化と拡充

はじめに

　小学校、中学校を経て、高校国語の学習指導を考えるとき、その技能にあたるものの基本は、高校より前に、ほぼ提示されているように思われる。それはたとえば、文学的文章教材を分析的に読んだり、説明的文章教材の構成をとらえたりする技能である。

　では、高校国語独自のものとはなにか、あるいは、高校になって上積みされるもの、到達するところとはなにか。本稿ではそのひとつを、認識の深化と拡充に求めてみたい。

　ここでいう認識とは、学習指導要領の「ものの見方、感じ方、考え方」をふまえている。もちろん、「見『方』」という方法の面にとどまらず、見えたもの、感じたこと、考えた内容にあたる認識内容も含んでいる。また、「個性の確立に努めるとともに、社会について、広く深い理解と健全な批判力を養い、社会の発展に寄与する態度を養うこと」という、学校教育法第五十一条三項の記述にある「健全な批判力」や「態度」とも関わりの深いものとしてとらえる。

「書くこと」による認識

　岩淵悦太郎は、言語の機能として、「伝達、思考、認識、創造」を挙げている（たとえば『日本語を考える』「はじめに」）。『高等学校学習指導要領解説国語編』では、「文章を理解することは、書き手や文章中の人物のものの見方、感じ方、考え方に触れ、それについて思考したり、想像したり、批評したりする活動であり、それには表現活動が伴うことが多い」（現代文Ｂ・56ページ）と述べられている。表現活動、とくに書くことが、認識の深化、拡充や、自身のものの見方の自覚的な再発見の契機となることは、よく知られているところである。

　大村はまは、自身が小学校五年生の夏休みに、母から言われて毎日の食事の記録を書いたことをふりかえって、次のように述べている。

　　そのうちに、わたしは、なれてきました。ということは、食べる時に「書く」ということを、はっきり意識するようになったのです。特に、覚えようとまでするわけではありませんでしたが、「何々を食べている。」と、一度、はっきり意識するようになったのです。夢中で食べていたのが、いま、「何々を食べている。」と、はっきり思うようになったわけです。それからは、何を食べたか、すっかり忘れてしまうということが少なくなりました。書きとめるのだ、記録するのだ、ということは、このように、無意識に流れすぎてしまうことを、心にとめる、ということをさせてくれることだなと、わたしはつくづく思うのです。そして、食べ物ばかりでなく、情景でも、場面でも、ふんいきでも、人の表情、ことばでも、きちっと目をとめる—意識して見、聞くこと—少しむずかしいことばでいってもいいですか、認識するということ、これが文章の始めであり、文章より何より、「考える」ということの始めなのです。これなしには、心の活動は始まらないわけです。どう歩くかということより何より、そもそも出発をしないわけです。朝、わかめのみそしるであろうと、だいこんのみそしるであろうと、どうということはありません。けれど、それを書くことでわたしの得たものは、今、思えば、じつに、たいせつなものでした。(85-86ページ)

これは、大村はまが中学生に向けて書いた『やさしい文章教室』からの引用である。本書は、高校生にとっても資するところが多い。

　本稿では、国語論究の会の前著『表現する高校生』にあらわれた生徒の姿や文章を手がかりとしながら、彼らの認識の深化と拡充について考えてみたい。以下、特記しない実践事例はすべて、『表現する高校生』によるものである。

抽象的で多面的な見方

　本稿で考える認識の深化、拡充とは、ものの見方Aが、ものの見方Bに取って代わる、というようなものではない。ある認識が、たとえば、単純から複雑、一面から多面、というように変容していく筋道として、描けるように思う。

　児童・生徒にふれさせる認識そのもの（認識内容）は、学年を追って、具体的なものから抽象的なものへ、一面的・一元的なものから、多様な価値をもつものへと移っていくと考える。そのような、たとえば抽象的なことと生徒とを、正面から向き合わせることは、もっともわかりやすい方法のひとつである。

　「生と死を考える」（遠藤和子実践）では、「生と死は薄い膜でしきられているだけであって決して切り離すことはできない。生きている限り、死という黒い影が後ろに迫っていることを忘れてはいけない」（175ページ）という表現が生まれる。生徒は、「今まで私が、『生』と『死』について考えていた内容と、授業をやった後の内容が、同じ『生』と『死』でも全然違うような気がした」、「私は今まで『生』と『死』はまったく別のものだと思っていた。しかし、それは同じものだとわかった」（いずれも176ページ）と、自らの認識の変容を語る。そして、「もうよくわからなくなってきたので、ここで終わりたい。夏休み、生と死について深く考えることができるだろうか。落ち着いてよく考えてみたいと思った」、「『生』と『死』について考え出すときりがないけど、人間にとってこの謎はずっと疑問形であってほしいと思う」（いずれも176ページ）のように、すべてが落ち着きの良い解決に結びつかなくても、それ以後も考え続けたい、という姿勢をもつに至っている。

　同様のことは、「大人になることとは」（遠藤和子実践）にもみられる。「私は今まで『大人になることとは』なんて考えたこともなかった」、「私は少し前まで、大人とは20歳を過ぎた人のことだと思っていた」（いずれも183ページ）、「私は、大人というものを大きく誤解していたように思う」、「僕は『大人』についての考え方が変わった」（いずれも184ページ）と、自らの認識の変容を語り、「大人になるということは簡単なようで難しい」（184ページ）、「はっきり言って全くわからない。（中略）すごく考えさせられた。（中略）私は、まだ、その疑問に対してはっきりと言葉にすることはできないが…」（185ページ）と、問題を正面から受けとめ、今後もなお考え続けようとする意思をあらわしている。「割り切れない」問題に出会わせ、考えさせることは、学習が明確な解の発見によって終わるものばかりではないこと、その問いは、今後も続けて追究されるべきものであること、すなわち、探究的な学習は、「生徒」である学校の時間だけでは終わらないことを、彼らに知らせることにもなる。

時間と空間の認識

　認識の拡充というときの、その方向を考えてみると、まず、時間的なものが挙げられる。

　「私は、本当に『源氏物語』が古典として不易な価値があるとするならきっと今の高校生にも訴える何かがあるだろうと思った」という問題意識から始まる「『源氏物語』を読む」（光武一成実践）は、「現代に通じるものがあるかどうか」を感想の観点に含むようにして、「現代と非常に似かよっている」や「これは現代とは違う、また仮に同じであっても絶対に許せない」、「この（雨夜の―引用者注）品定めを読んでると腹の立つことも多いが、今まで感じたことも考えたこともないような考えまで見出せたのでなかなかおもしろかった」（203ページ）のような表現を引き出している。

　古典のような過去ではなくても、自分の子ども

のころをふりかえる、という広げ方もある。とくに「自分」を見つめることは、過去の一点を想起して書くだけではなく、これからの、未来の自分を展望することにもなる。(「作文とスピーチ『自分を見つめて』」大槻温子実践)

また、空間的な広がりも、認識の拡充をうながすものとなろう。

「視野を広げる」(粟井光代実践)は、海外修学旅行という体験が生徒の認識を直接に広げるものとなっているが、さらにそれを、文章にすることにより、定着・強化している。「修学旅行を終えた今、改めて自然や産業、生活習慣の違いに驚き、未知なるものへの関心や興味を持つこと、現地の人々と交流することは、大切であると感じています」(274ページ)のような表現に、それはあらわれる。

認識をことばにする

このような直接的・具体的な体験を表現するとき、思いや考えを言葉にすることが、ひとつのハードルになる。抽象的なものも含め、生徒の脳裏には、様々な思いがある。しかしそれを表すことばが見つからない、選んだことばが思いをじゅうぶんに伝えているようには感じられない、という葛藤が起きる。直接的な体験や抽象的な思いと、それを表現することばとを結びつけること、往復させることが表現学習のひとつのねらいとなるとともに、表現することばを身につけることが、認識を拡充することにつながり、身につけたことばが、もっている認識の証ともなることが示唆される。

「生徒が心から感動した時の表現」(久保瑞代実践)では、「すごかった」「おもしろかった」「かなりよかった」「なごまされた」「すごくうまくて感動しました」「すごい楽しめた」「二時間はあっという間だった」「未知の音楽みたいやった」「世界に吸い込まれていきそうだった」「鳥肌が立ったりした」「こころから『ありがとうございました』と言いたい」「私のボキャブラリーではもう言い表せません」などの表現が、「ひとつの命を見つめる」(粟井光代実践)では、「賢治さんへ、あなたは妹思いですね」、「とし子さんへ、あなたはやさしい人ですね」、「とし子さんへ、あなたは献身的ですね」、「とし子さんへ、あなたはすごいひとですね」などの表現がみられた。これらを交流させることよって、自分にはない表現の言葉に気づかせ、自分の表現に取り入れさせたり、教師の提示する語句を参考にさせたりする手だてが考えられよう。

平成25年4月24日に実施された「平成25年度全国学力・学習状況調査」の「中学校国語B」問題では、星新一の小説を読み、「あなたが感じたことや考えたこと」を、本文引用等の条件をふまえて書くことが求められた。「解説資料」の「誤答類型」では、「『…』(本文引用)というところがすごいと思いました」という解答は、「感じたことや考えたことが具体的に書かれていない」ため、誤答だとされている(62ページ)。「すごい」という言葉だけでは不足なのだ。自身の認識を適切に表現できるような語句・語彙の指導が求められること、語句・語彙の観点から、指導の内容や評価の規準が設定できることも示唆される。

認識の方法

空間的な広がりといえば、「水の東西」(山崎正和)も、「西」へと生徒の見方を広げ、それが「東」の再発見、再評価になるという点で、価値ある教材である。

さらに、「水」を起点にした東西の文化的差異という認識の内容だけではなく、そのように見る方法、すなわち「ものの見方」の「方」に重点を置いた指導も重要である。

「評論『水の東西』を用いて書くことの力を育てる」(井上雅彦実践)は、「東洋と西洋の水を『対比』して、文化の違いを探るという本教材の構成が、『対比』という概念や技巧を身につけさせるのに適している」と述べ、「私の文化比較論」を書かせることにより、「『対比』して表現することを学ぶとともに、明快な論理的表現力を養えると考えた」としている(218ページ)。

生徒の表現は、取り上げた文化の相違点に着目

したものとなるが、「西洋『数学』と日本の『算』」を対比して述べた生徒は、そのしめくくりで、「論理の積み重ねによって事象を一般化する『数学』。一瞬のひらめきによって問題を解決する『算』。かなり違うもののように思えるが、これらはいずれも日常の『ものを数える』ということから派生してきた学問だ。それを育む環境の違いが、この差を生んだのである」（219ページ）と、共通点にも目を届かせている。

「論理的思考力」の内実と体系および系統については、西郷竹彦、櫻本明美、井上尚美らの提案があり、そのいずれにおいても「比較」が、基盤をなしている。小学校低学年から育てていく比較の思考が、高校に至ってもなお、重要なものとして位置づくことがよくわかる。そして、「論理的思考力」とは、複数の要素の関係を考えるという、「ものの見方」そのものでもある。

認識の方法としての「型」は、文学的文章を書く実践にも効果的に活用されている。『表現する高校生』では、第二章の「模倣・パロディーの表現」がそれにあたる。『日本一短い「母」への手紙』をふまえた「父への手紙」では、表現することが「父」のとらえなおしにつながっている（「真似て書く、ひねって書く」光武一成実践）。

「ものの見方」を育てるための方法は、素朴にいえば「ものを見せる」ことになる。その契機として、そして、見たものを認識に高める方法として、「書くこと」はきわめて重要である。それは、国分一太郎が「教育遺産」とよんだ、「子どもたちのまわりをとりまいている自然や社会や人間のすがたを、つぶさに観察させ、そこから、さまざまな事物についての見方や考え方や感じ方を、次第に育てていく方法」と通底するものでもある。

矛盾や葛藤に誘う

高校生の段階になれば、割り切れるものや、わかりやすいことだけではなく、矛盾や葛藤を含むものをも見つめていくことになるのではないだろうか。

「論説文を書く」（大西光恵実践）では、電車のホームから転落した人を助けようとした二人の男性が電車にはねられて死亡した事件を報じた新聞記事を用いて、生徒に論説文を書かせている。「私は、彼らの行動に対して、どうしても尊敬より『どうして』の疑問が残る。でも、私は彼らの行動に対して、疑問ではなく、尊敬の念を持ちたい」（213ページ）と、生徒の表現は、行きつ戻りつする。「『アナグマさんの遺書』という絵本との出会いが、自分のそれまでの死生観を変容させた」と述べる生徒の表現について指導者は、「一冊の絵本に出会うことにより、それまでの暗くつらい死の受け止め方から、『楽しみを分かち合いながら生き、自然に死を迎える』という方法もあるのだということに、M・Yさん（生徒—引用者注）自身が気づかされていく心の軌跡が記されている」（216ページ）と述べている。

美なるものに対する、美ならざるもの。陰や棘をもつものに目を向けさせることもあるだろう。その契機を提供するのが、文学作品ではないだろうか。「芥川龍之介『羅生門』による表現活動」（石田誠実践）で指導者は、「人生はさまざまなアポリア（難問）に満ちている。（中略）青春の特質は、アポリアと誠実に向き合う姿勢にある。若者は想像力を精一杯働かせ、自分が引き受けられる最善の事態を想定し、その創出に力を尽くす。やがて、人生に可能なのは最善を選択することではなく、選択した結果を最善と見なすことだと知るようになるのだが、一七才はそんな智恵に到達する前の苦闘の時期、まさに〈想像と創造〉に全力を傾注する年齢なのだ」（93-94ページ）と述べている。

内容や主題だけではなく、作家や作品について批評させることも、認識の深化や拡充には、有効にはたらく。以下に挙げるのは、「作品論・作家論に挑戦」（光武一成実践）での、生徒の表現である。

　この、賢治の一見して正反対と見える作品の傾向も、しかし両者共さしたる違和感無く賢治らしい作品として読まれている理由は何だろう

か。

　それは賢治が「人間」を愛していたためであろう。人間の持つ醜い部分も善い部分も、みんな含めて「人間」という存在を愛していたためであろう。彼の作品に見られがちな人々への辛辣な批判も、人間を愛するが故であったのだ。
　私はこう考える。人間というのは神とは違い決して完全にはなり得ない、愚かな愛すべき生命である、と。不完全な人間が持つ醜さ、はかなさ、しかしそれ故に人は愛すべきものなのではないかと。私のこの考えは、賢治の言う「永遠の未完成こそが完成」というものと似通うものがあると思う。愚かな、未完成の人間こそが、完成された美しくもろい精神であると、そう彼は言いたかったのではないだろうか。
　そして彼がそれは人間としてではなく、他の何かとして描くことによって、視点を客観的に据えて一見それとは気づかせず、しかし気づいた時の、読者が心に受ける衝撃を増すことになるのだ。
　だから彼の作品は、彼が愛した「人間」に捧げるソナタなのである。(229ページ)

生徒たちが、文学に出会って拡充・深化させる「認識」については、やや長くなるが、大河原忠蔵の論を引用しておきたい。

　しばしば文学教育は、認識を育てる仕事としての教育のなかで、位置づけられようとする。このこと自体は、基本的に正しいのだが、文学教育で育てようとしている認識がどういうものであるかということは、一般に曖昧にされている。たとえば文学作品を使って、「人間のいのちが大切だという考え方を育てよう」とか「他人の不幸に同情するようなものの見方を身につけさせよう」とか「本当のものと本当でないものとを見分けることのできる目を養おう」とか「いかに生くべきかについて内省させよう」とか、さまざまなことが言われる。しかしそれらの認識は、社会科の指導でも、倫理に関する授業や道徳教育のなかでも、さらに自然科学の時間でも、じゅうぶんに考えられることである。いったい文学教育でやらなければどうしても育てることができない認識とは、どんなものか。私はここでまずこの点を根本的なところまで掘り下げて、検討してみようと思う。(中略)
　文学教育でなければ育てることのできない認識は、何を目標にしているか。この場合、そういう直接そこに到達しなければならないという目標が先に置かれていないというのが、その特徴ではないかと思われる。認識の仕方、つまり認識のかたちは鋭くあっても、知識や観念を予想せず、あらゆる予定調和から解放されることによってのみ、文学教育で育てる認識の独自性が保証されるのではないだろうか。そこで、はじめて既存の知識や常識化された固定観念をつきぬけて、なまなましい現実とじかに接触できる道が開ける。どんなに悪として非難され、毒素として毛嫌いされ、危険な問題として敬遠されているようなことに対しても、目を据える自由が与えられる。(中略)生徒が、鋭い触覚を、状況探知器のように自由にはたらかせて、現実を認識するのを助けてやらなければならない。そういうかたちの認識を、文学的認識と呼ぶならば、文学作品を使って(それ以外の方法もあるが)文学的認識を育てることが、文学教育の本来的なあり方になる。(2-4ページ)

文学作品にあらわれる認識を自己のものとする方法として、リライトは効果的である。「リライトはテクストの〈自己化〉を図るうえで効果的な方法である。それはテクスト世界との『共体験』が避けられないからである」(「パロディーを作ろう」山川庸吉実践、52ページ)というときの「共体験」には、書き手の「ものの見方」を共有することも含まれる。「イミテーションを作ろう」(山川庸吉実践)も同様である。

他者との出会い

生徒の既有の認識を拡充する契機になるのは、

異なる認識や見方をもつ他者との出会いである。

　教室においてはまず、他の生徒、友人が他者となる。交流活動は、その有力な契機である。同一テーマのもとでの多様さを実感できる点においても、課題による表現には意義がある。

　次に、教材とその書き手である。書き手は、生徒相互の交流では得られない高さや深みをもつ他者として機能することが期待される。また、文章を通して伝わってくる書き手の熱意や問題意識も、生徒の認識を拡充するものとなろう。

　小説教材の主題や評論教材の題材、換言すると問題領域は、生徒の認識を拡充するものとして機能する。それゆえ、題材は、いかに効果的に彼らの既有の認識へ働きかけるか、という点で、教材選定の重要な規準となる。たとえば、評論教材を読む前に、その教材が問題としていることについて生徒に書かせたり話し合わせたりして「既有認識」をはっきりと意識させておいたうえで教材にふれさせると、自身、あるいは友人がもちえていなかった筆者の認識の広さや深みに気づき、自らの認識の深化、拡充を実感しやすくなると思われる。「私の『である』ことと『する』こと」（井上雅彦実践）は、副題に「筆者との対話によって生み出された表現」とあり、「評論文の学習指導も、筆者の主張を唯一絶対のものとして受け取り、教材の内容理解に終始するこれまでの授業の転換を図らなければならない」（188ページ）という問題意識をもって展開されたものである。「教材の内容を他人事としてではなく、自己の身に引きつけて読むことになる」（192ページ）ことが実現されている。

　教師は、教材と生徒の間にあって生徒に寄り添って問いを発見していく立場、教材や書き手に近づいて問いかけたり解説したりする立場、さらには、達意の読み手として生徒に教材の深みや読むことの面白さを提示する役割を担う立場など、その位置を自在に変化させ、生徒の認識の拡充に効果的にはたらきかけることが求められる。

　また、認識の拡充の契機として、既有のそれが揺さぶられたり、否定されたりすることもあるだろう。むしろ、そのような過程を経ることが、認識の変容の必然性や意味を、強く実感できるのかもしれない。もちろん、そのような揺さぶりや否定は、教育的でなければならない。

　丹藤博文は、次のように述べている。

　　ここで言いたいことは、〈多様な読み〉にひらきつつ、どこかそれを相対化し批評することが求められるということである。読むとは、読者による創造的な行為だとされる。それは読者が読みを創造することにとどまるものではなく、そのことを通して読者自身読むことによって創造されるものであるはずだ。しかし、創造であるためにはいったんは解体されねばならないだろう。解体されてこそさらに創り変えられる。言葉を換えれば、読むことによってショックを受ける、感動する、認識を変えられるといったことが読書の醍醐味ではないだろうか。とすれば、〈私の読み〉をどこまで推し進めても、あるいは〈多様な読み〉のままであっては、そのような読みのアクチュアリティーへと展開することは難しいと言わねばなるまい。むしろ〈私の読み〉がつき崩される点にこそ、読みのダイナミズムがある。〈私の読み〉を成立させ〈多様な読み〉にひらきつつも、批評行為へと展開する。そのことを実践的に追求したいと考えている。（184-185ページ）

自己の発見

　佐藤学は、「学び」を、「モノ（対象世界）との出会いと対話／他者との出会いと対話／自分自身との出会いと対話」から成るとしている。表現し、交流することによって、生徒は、他者や対象だけではなく、「自己」を発見し、自己と対話することになる。『表現する高校生』から、三例挙げてみる。

　　しかし、私はあまりにも自分の気持ちを抑えすぎてしまうところがある。だから、友だちとケンカしたときに、自分の気持ちをはっきり言

えなかったり、誰かに用事を頼まれたりしたら、断れないということがよくある。自分の気持ちを抑えてしまう。これは、直さなくてはならないと思う。しかし、相手のことを尊重する気持ちはなくさないでいたい。(山本陽子「描写することから始める文章表現」10ページ)

「私への手紙」から書き始めたことで、往復書簡の内容も自分の内面を見つめようとするものが多くなったようである。特に本校生は、高校三年生の進路決定の時期に当たり、友人との関係や進路に迷い、複雑に揺れる思いを抱えていた。そうした思いを手紙に書き記すことで、客観的に自分を見つめ、自らが望んでいることに気づいていく姿も見られた。(遠藤和子「高校生の往復書簡」144-145ページ)

この生徒のように、積極的に自分を語る生徒もいれば、自分についてまったく語れない生徒もいる。「ふれあい」というテーマで作文を書くことになった時、「僕のこれまでの人生で心に残るふれあいなんか思いつかない。」と真顔で相談された。「約束」についても同じである。その生徒は、社会問題には非常に興味があり、議論やディベートを好むが、自分についてや他人との心のふれあった経験を語ることは、恐ろしく苦手とするのである。自分を見つめることを表現の原点と考える私としては、彼にとっても、「国語表現」の授業は「生きる力」を養う絶好の機会であると考えた。日々生活する中で、誰しも自分の生き方を考えることはしても、それを表現する機会は、そうあるものではない。文章に表現してゆく過程で自己認識が深まり、そこから新しい一歩が踏み出せることもある。今年の「国語表現」の授業は、そういう意味において、生徒にとっても指導者の私にとっても、貴重な機会であったと感じている。(大槻温子「作文とスピーチ『自分を見つめて』」34ページ)

表現行為そのものの認識

また、表現する行為そのものにも、思いをめぐらせるようになる。

> 普段、話をよくする人とは「暗黙の了解」みたいなものがあって、主語がなくても分かったりするけど、そのままの調子で他の人と話すと通じなかったり、きちんと説明する癖がついていないから伝わらなかったりする。はじめは「フィーリングで分かれよ!」と思っていたけど、たくさんの人の前で話をする経験をして、考えが変わった。

> スピーチに関して私が思ったことは、「自分の考え」を人に伝えることが、実は「自分の考え」をもう一度考えることなんだ、と思った。それは、「自分の考え」がはっきりしている人ほど、内容的にもおもしろくて、スピーチの組立てもしっかりしていたからだ。「自分の考え」がはっきり自分自身で分かっていないと、聞く方としても結局何が言いたかったのか、よく分からないまま終わってしまっている。(いずれも、高田真理子「三分間スピーチで自己発信!」19ページ)

このような機能を自覚することにより、少々の抵抗感はもちつつも、積極的に表現しようとする生徒、他者との交流に意欲をもつ生徒を育てていきたい。生徒自身が自覚できないときは、教師がそれに気づかせる、具体的には、伸びや広がりを「ほめる」ことで実現できると考える。

おわりに

高校生に深化、拡充をうながしたい認識には、「人間、社会、自然、科学、文化、言語…」などの、対象としての領域、認識内容と、「分析力、批判力、構想力、創造力…」のような、方法としての論理的思考力、認識の方法が挙げられる。

具体的な方法としては、「モノ」「人」のような

他者（文学作品や評論教材の内容も含む）と出会わせたり、そこから自己省察をうながしたりすること。認識し、思考するための方法として、書くことを積極的に位置づけることが想定される。

　そのようにして認識を深化、拡充させた生徒は、どのような姿になるのか。ひとことでいえば、謙虚、だと考える。多様な価値観にふれるほど、様々なものの見方を身につけるほど、絶対的な価値や単一のものの見方は存在せず、そのようなものがあると前提すること自体に無理と危うさがあることに気づいてくれるのではないだろうか。そして、自分にはない多様なものの見方を求めて、積極的に他者と関わり、他者の声に謙虚に耳を傾けるようになるのではないだろうか。そのような者こそが、これから出ていく社会においても、望まれる一員となると考える。

　「『私はもう知るべきことはみな知っているので、これ以上学ぶことはない』と思っている人には『学ぶ力』がありません。こういう人が、本来の意味での『学力がない人』だとわたしは思います。ものごとに興味や関心を示さず、人の話に耳を傾けないような人は、どんなに社会的な地位が高くても、有名な人であっても、『学力のない人』です（285ページ）」という内田樹の指摘を、生徒とともに受けとめたい。

○引用文中の「中略」はすべて引用者（河野）による。また、引用文献等の筆者、実践者の敬称はすべて省略させていただいた。ご了承ください。

● **参考文献**……………………………………………
○岩淵悦太郎（1977）『日本語を考える』講談社学術文庫
○『高等学校学習指導要領解説国語編』2010
○大村はま（1968）『やさしい文章教室』共文社。引用は、『大村はま国語教室　第十四巻』ちくま書房、1983。
○中洌正堯・国語論究の会（2003）『表現する高校生―対話をめざす教室から』三省堂
○国立教育政策研究所教育課程研究センター『平成25年度全国学力・学習状況調査解説資料～一人一人の生徒の学力・学習状況に応じた学習指導の改善・充実に向けて～　中学校国語』http://www.nier.go.jp/13chousa/pdf/13kaisetsu_chuu_kokugo.pdf
○西郷竹彦（1991）『ものの見方・考え方―教育的認識論入門』明治図書
○櫻本明美（1995）『説明的表現の授業―考えて書く力を育てる―』明治図書
○井上尚美（2007）『思考力育成への方略―メタ認知・自己学習・言語論理―〈増補新版〉』明治図書
○国分一太郎「解説」、無着成恭（1956）『山びこ学校』百合出版（初版は青銅社、1951年）。引用は岩波文庫、1995。
○大河原忠蔵（1968）『状況認識の文学教育』有精堂。初出は「文学的認識と作品鑑賞」1959。
○丹藤博文「読者論と国語の授業の歴史」、田近洵一ほか編（1995）『「読者論」に立つ読みの指導　小学校低学年編』東洋館出版社
○佐藤学（1997）『学びの身体技法』太郎次郎社
○内田樹（2012）『街場の読書論』太田出版

（河野智文）

付章の解題

　隔月例会100回を記念して、平成25年12月に二つの講話を行った。その一つが〈高校生の「ものの見方」を広げる（河野智文）〉であり、文章化したものが、本章の「高校国語における認識の深化と拡充」である。
　論考の主旨は、〈国語論究の会の前著『表現する高校生』にあらわれた生徒の姿や文章を手がかりとしながら、彼らの認識の深化と拡充について考えてみたい〉というものであり、次に示す項立てに論考の核心を窺うことができる（ⓐ～ⓘの記号は中洌）。

　　ⓐ「書くこと」による認識　／ⓑ抽象的で多面的な見方　／ⓒ時間と空間の認識
　　ⓓ認識をことばにする　／ⓔ認識の方法　／ⓕ矛盾や葛藤に誘う
　　ⓖ他者との出会い　／ⓗ自己の発見　／ⓘ表現行為そのものの認識

　論考の資料となった本書の姉妹編とも言うべき『表現する高校生』の関係目次を紹介しながら、上記の項立てとのつながりを示してみよう。

　　第一章　表現のデッサン　ⓗ描写することから始める文章表現　山本陽子／ⓘ三分間スピーチで自己発信！　高田真理子／ⓒⓗ作文とスピーチ「自分を見つめて」　大槻温子
　　第二章　模倣・パロディーの表現　ⓔ真似て書く、ひねって書く　光武一成／ⓕパロディーを作ろう　山川庸吉／ⓕイミテーションを作ろう　山川庸吉
　　第三章　文字・映像・リズムの表現　生徒の選んだ西宮高校めい句集　久保瑞代／漢字の魅力　再発見！　高田真理子／コンピュータ利用の国語表現・動的な詩の創作　遠藤和子
　　第四章　虚構の表現　ⓕ芥川龍之介『羅生門』による表現活動　石田誠／主人公に同化して『山月記』を読むために　久保瑞代／Kの日記、〈私〉の日記　石田誠／豊太郎のその後を追う　井上雅彦／小説を書こう　光武一成
　　第五章　交信の表現　人と人とをつなぐ手紙文　大西光恵／ⓗ高校生の往復書簡　遠藤和子／作者に手紙を書こう　山川庸吉／ⓓひとつの命を見つめる　粟井光代／授業の人間関係を育てる自己評価・他者評価　熊代一紀
　　第六章　解釈の表現　ⓑ生と死を考える　遠藤和子／ⓑ大人になることとは　遠藤和子　／ⓖ私の「である」ことと「する」こと　井上雅彦／『平家物語』を読む　大西光恵／　ⓒ『源氏物語』を読む　光武一成
　　第七章　論理の表現　ⓕ論説文を書く　大西光恵／ⓔ評論「水の東西」を用いて書くことの力を育てる　井上雅彦／ⓕ作品論・作家論に挑戦　光武一成／愛の不可能性について　石田誠／多様な言語活動を行う機会を持つ　尾崎寛子
　　第八章　イベント評価の表現　読書の魅力にふれて　中西英代／ⓓ生徒が心から感動した時の表現　久保瑞代／ⓒ視野を広げる　粟井光代
　　付章　実践の展開のために　言語表現の学習指導における評価の内容と方法　中洌正堯

　『表現する高校生』の各章の扉には、その章の中心課題や要旨が200字程度で記されている。河野智文氏によるものであった。その確かな目配りに基づく本論考では、前著から本書へ引き継ぐべき本質（「認識」）は変わらぬことが示唆されている。

あとがき

　「国語論究の会」の例会が、2013（平成25）年7月に100回を迎えた。1996（平成8）年3月に第1回を始めてからほぼ2ヶ月に1回のペースで例会を開き、17年目で100回に到達したわけである。率直な感想を記すなら、よく続いた、ということになろうか。

　本書の「まえがき」に中洌先生もお書きになっているが、途中の40回を過ぎたあたりに、それまでの蓄積を活字にして、高校の国語教育実践のための共有のものにしたいということで、前書『表現する高校生』を上梓した。それからさらに60回ほどの例会と発表を続けてきたことになる。

　前書の「あとがき」にも記したが、我々「国語論究の会」は、中洌先生の呼びかけで兵庫教育大学大学院の修了生を中心として発足したものである。現職の教員が大学院で学び、日頃の実践や研究に磨きをかけて、現場で実践を重ねてそれを例会で報告し、意見交換を経て修正し再度実践するというサイクルがうまく機能したこと、また文学など国語教育以外の研究成果も発表対象としたことも、例会持続につながったのだろう。

　私見であるが、我々のうちの多くが大学院で学ぶことができた1990年代までは、現場での実践に問題意識を持ち、それを大学院で究明・洗練したいという意欲が持てる環境がまだそれなりに保障されていた。しかし、その後日本の経済状況や教育事情が窮屈になり、教育現場の管理や多忙化も重なる中で、大学院での研修の機会が減少し、研究会に教員が自主的に参加することもなかなか困難になってきているように思われる。本研究会の例会参加者が固定化しつつあるのもその現れの一つであるようだ。会員たちは、現場でのそれなりの経験と問題意識を持つ年齢で大学院に学び、修了後に現場での実践に主体的に参与してきた。そして教育環境が変化し、我々の年齢も推移して、定年等で現場を離れる会員も出てきたのが現状である。

　その中で、前書以降の活動のいわば「まとめ」として、今回の企画が中洌先生より提案された。何らかの形でそれぞれの実践・研究の成果を形に残しておくべきだという認識は前書以降も共有されており、今回は「国語論究の会」の設立趣旨に合致した多様な実践・研究の成果をまとめるべく、本書が企画されたのである。

　本書が、前書以上に多様でより充実した内容になっていることを、本書をお読みになった方々に実感していただけるならば、これに勝る喜びは無い。教育の現場で日々の実践を振り返り、研究会での報告や討論で磨き上げて、再び現場での教育に貢献することが我々の大きな目標の一つであった。この成果が、

様々な教育現場での実践に少しでも寄与することができることを願っている。また、個々の研究の成果が、それぞれの分野の研究発展に寄与することを念願する次第である。

　私の個人的な事情を少し述べたい。前書は「国語表現」についての論考を中心とするものであり、私自身のその実践は微々たるものであったので、まとめに値するものが無く、「あとがき」を記すのみであった。今回は、前書以上に多様な実践・研究がまとめられることとなったので、私が興味を持って研究し、この会でもそれなりに発表をしてきた、日本古典文学（特に平安文学）の言語表現分析に関する論考をまとめるつもりでいた。従来の表現分析に基づく論について、その質も量もまだ極めて不十分と思っているからである。しかしながら、2012年12月に、娘が高速道路のトンネル天井板崩落事故で逝去するという事態となり、その後の非日常的な時間の推移の中で、論考のまとめをする時間的・精神的余裕が見いだせず、またもや「あとがき」を記すのみとなった。今後の課題とすることができれば、せめてもの供養と思うばかりである。

　「国語論究の会」の活動も、来し方や将来を省察し展望する時期にさしかかったようである。時代と環境と指導者と仲間に恵まれた、幸運な時間を持つことができたことに感謝し、この研究会で得られた知見や成果を何らかの形で今後も発信し続けて、後に続く方々にそれを受け継いでいただけるならば幸いである。困難な環境の中、会員各位のみならず、全国の国語科教員の方々の今後の精進と奮闘を期待し、お祈り申し上げる。

　最後に、この研究会の発足を提唱し、これまで一貫して関わり続けて下さった中洌正堯先生に心からの御礼を申し上げる。先生の多方面にわたるご活動の中で、この研究会がどれほどの比重を占めるものであるのか、我々には知るよしも無いのであるが、少なくとも我々にとっては、国語科教員としての実践・研究を進めていく上で、極めて重要な場となったことは紛れもない事実であり、その中で、実践・研究の方向に迷う我々に示唆を与え、自信を与えていただいたことについて、感謝の言葉もないほどである。先生のますますのご健勝とご活躍を、会員一同心からお祈りするものである。

　末尾ながら、本書の編集・出版に関して万般の労をお執りいただいた三省堂の瀧本多加志氏に深謝申し上げる。

国語論究の会　事務局担当

松本　邦夫

著者紹介

中洌　正堯（なかす まさたか）

1938年、北九州市生まれ。広島大学卒業後、広島県の公立中・高等学校に勤務。その後、広島大学大学院博士課程を満期退学。鳥取大学を経て、兵庫教育大学に勤務。教授、評議員、学校教育センター長、研究科長、学長を歴任。現在、兵庫教育大学名誉教授。

国語教育地域学の樹立を目ざし、「歳時記的方法・風土記的方法」を提唱する。著書に『国語科表現指導の研究』（溪水社）、『ことば学びの放射線』（三省堂）などがある。監修の『「新たな学び」を支える国語の授業　上・下』（三省堂）は本書とともに、小・中・高等学校の国語実践の小体系をなすものである。

●執筆者（執筆順）

中洌　正堯	（なかす まさたか）	兵庫教育大学名誉教授
髙田真理子	（たかた まりこ）	兵庫県立加古川西高等学校
池信　宏之	（いけのぶ ひろゆき）	兵庫県立猪名川高等学校
熊代　一紀	（くましろ かずのり）	岡山県立岡山東商業高等学校
山川　庸吉	（やまかわ つねよし）	元兵庫県立高等学校
大西　光恵	（おおにし みつえ）	啓明学院高等学校
石田　誠	（いしだ まこと）	元大阪府立桜塚高等学校
久保　瑞代	（くぼ みずよ）	西宮市立西宮高等学校
井上　雅彦	（いのうえ まさひこ）	立命館大学産業社会学部教授
秦　千依	（はた ちえ）	東京都立府中西高等学校
光武　一成	（みつたけ かずしげ）	兵庫大学学習支援センター
遠藤　和子	（えんどう かずこ）	元兵庫県立高等学校
竹内　芳子	（たけうち よしこ）	兵庫県立長田高等学校
中西　英代	（なかにし ひでよ）	元兵庫県立高等学校
山口　豊	（やまぐち ゆたか）	兵庫県立松陽高等学校長
金川幾久世	（かながわ きくよ）	兵庫県立長田商業高等学校
河野　智文	（かわの ともふみ）	福岡教育大学教授
松本　邦夫	（まつもと くにお）	元武庫川女子大学附属中学高等学校

（2014年4月現在）

装丁　三省堂デザイン室
装画　安田みつえ

高校国語実践の省察と展望

2014年8月18日　第1刷発行

著　者	中洌正堯・国語論究の会
発行者	株式会社三省堂　代表者　北口克彦
発行所	株式会社三省堂
	〒101-8371 東京都千代田区三崎町二丁目22番14号
	電話　（編集）03-3230-9411
	（営業）03-3230-9412
	振替口座 00160-5-54300
	http://www.sanseido.co.jp/
印刷所	三省堂印刷株式会社

落丁本・乱丁本はお取り替えいたします。
ISBN 978-4-385-36289-2　＜高校国語 省察と展望・304pp.＞
Ⓒ Nakasu Masataka 2014　　　　　　　　Printed in Japan

> Ⓡ本書を無断で複写複製することは、著作権法上の例外を除き、禁じられています。本書をコピーされる場合は、事前に日本複製権センター(03-3401-2382)の許諾を受けてください。また、本書を請負業者等の第三者に依頼してスキャン等によってデジタル化することは、たとえ個人や家庭内での利用であっても一切認められておりません。